모든 돈의 미래
비트코인

CURRENCY REVOLUTION

모든 돈의 미래
비트코인

금융 자본주의와 화폐의 역사가 말하는 정해진 미래

홍익희 지음

거인의 정원

일러두기

1. 이 책의 많은 부분은 2018년에 앳워크 출판사에서 출간된 《화폐혁명》과 2021~2022년 주간조선에 연재한 〈화폐혁명의 서막〉을 개정한 내용임을 밝힙니다.

2. 따로 표기하지 않은 이미지의 출처는 '위키피디아'입니다.

통화 혁명의 변곡점을 지나며

비트코인이 화폐의 역사를 바꾸고 있다. 2009년 초 글로벌 금융 위기 와중에 탄생한 비트코인은 화폐로서 기능하느냐의 여부가 줄곧 논쟁의 대상이 되었다. 일부는 화폐의 본원적 기능 즉 '교환 매체의 수단, 가치 저장의 수단, 가치 척도의 수단'을 충족하지 못하는 비트코인은 폰지사기라고 혹평했다. 그런가 하면, 일부는 비트코인이 빅브라더로부터 개인의 사생활을 보호하고, 통화 남발로 인한 인플레이션과 통화 교란으로 인한 금융위기를 원천 봉쇄하기 위해 태어난 세계화폐라고 옹호했다. 하지만 많은 사람은 비트코인을 이해하기 어려워 처음부터 알려고 들지 않았다.

이런 와중에 국제결제은행BIS은 암호 화폐의 기술적 탁월성을 알아보고, 각국 중앙은행에 디지털 화폐CBDC 개발을 권고했다. 한편 암호 화폐 시장에서는 달러 등 법정 화폐와 일대일로 연동된 스테이블 코인들이 자리 잡았다.

이 책은 이러한 논쟁과 흐름에 대해 가급적 어려운 전문 용어를 쓰지 않고, 호기심이 많은 독자가 화폐의 통사적 흐름 속에 아래 질문들을 좇아가다 보면 자연스럽게 비트코인과 디지털 화폐들을 이해할 수 있도록 구성했다.

우리는 왜 인플레이션을 두려워해야 하는가?

경제학자들은 왜 세계 화폐를 염원했는가?

신용 화폐는 어떻게 탄생하게 되었는가?

소득불평등 심화와 부의 편중은 왜 가속화되는가?

비트코인이 탄생한 시대적 배경은 무엇인가?

비트코인의 철학과 사상은 무엇인가?

비트코인 가격은 왜 오르는가?

결국 독자는 이 책을 읽어가면서 논리적인 사고 과정을 통해 비트코인과 암호 화폐 시장에 대한 혼란스러움이 걷히고 비트코인 가치에 대한 확신을 얻게 될 것이다. 투자의 관점에서 보더라도, 확신이 서야 장기투자가 가능하다.

2024년 초 암호 화폐 역사에 한 획을 그을만한 큼직한 사건이 터졌다. 미국에서 비트코인 현물 ETF가 승인된 사실이다. 비트코인이 ETF로 거래된다는 의미는 이제 누구나 쉽게 주식처럼 거래할 수 있다는 뜻이다. 이로써 대중 접근성을 획기적으로 높였다. 개인뿐만 아니라 그동안 비트코인의 세무, 회계, 수탁 등의 이슈로 비트코인 매입을 주저하던 기관투자자들에게도 길이 열렸다. 이제 전통 금융과 가상자산 시장이 벽을 허물고 한 울타리 안에서 함께 크는 본격적인 융합의 시대가 도래했다.

블랙록 래리 핑크Larry Fink 대표는 "비트코인 현물 ETF가 승인되면서 가상자산이란 신생 위험 자산군이 ETF라는 안전한 방식으로 노출됐다"라며 "(이번 승인은) 금융시장에서 기술 혁명의 첫 번째 단계에 도달한 것으로, 다음 단계에는 모든 금융 자산의 토큰화가 이뤄질 것"이라고 말했다.

그리고 또 하나의 놀라운 변화는 미국 대선판에서 암호 화폐가 주요 화제로 부상했다는 사실이다. 포문을 연 후보는 무소속의 로버트 케네디 주니어Robert F. Kennedy Jr.였다. 그는 유세에서 미국의 모든 예산을 블록체인에 올릴 것이라면서, 이를 통해 모든 국민이 24시간 원하는 때 모든 예산 항목을 살펴볼 수 있게 하겠다고 말했다. 심지어 당선되면 비트코인으로 미국 달러를 뒷받침할 계획이라고 밝혔다.

그러자 당시 후보였던 공화당의 트럼프도 친 암호 화폐 발언을 쏟아내기 시작했다. 본인이 당선되면 비트코인의 상거래 결제를 허용할 것이며, 미국이 암호 화폐 채굴과 기술 개발의 중심국이 될 수 있도록 지원하겠다고 밝혔다. 그는 또한 개인의 사생활을 침해할 우려가 있는 CBDC 발행은 불허하겠다는 의사를 밝혀 스테이블 코인의 강세를 예고했다.

이에 자극받은 민주당도 변하기 시작했다. 암호 화폐 친화 법안인 'FIT 21'가 민주당 의원의 1/3이 찬성으로 돌아서 초당적으로 통과됐다.

바이든 행정부도 친 암호 화폐 정책으로 선회했다. 그 증거 중 하나가 이더리움 현물 ETF를 '선 승인 후 실무 조치'라는 특이한 해법으로 급하게 승인한 사실이다.

이러한 변화를 이끈 것은 미국 암호 화폐 투자자들의 표심이었다. 2023년 4월 기준, 미국인의 22%가 암호 화폐에 투자한 것으로 밝혀졌다. 2024년 들어 이 숫자는 더 늘어 이제는 미국인의 1/4, 유권자의 1/3이 암호 화폐에 투자하고 있다고 한다.

그간 암호 화폐 시장 발전의 가장 큰 적은 미국의 규제였다. 이러한 문제가 이번 미국 대선을 통해 변화할 조짐을 보이는 역사적 현장을 우리는 목격하고 있다. 미국의 변화는 곧 세계의 변화를 의미한다.

우리는 지금 통화 혁명의 변곡점에 서 있다. 통화 세계는 혁명적인 변화를 맞이하고 있다. 달러 등 법정 통화와 CBDC, 스테이블 코인, 암호 화폐 간의 치열한 경쟁과 더불어 혁신적 융합이 전개되고 있다. 한편 전 세계 중앙은행의 93%가 CBDC를 개발 중으로, 국제정치학적 역학 관계로 인해 경제 블록 간, 지역 간 디지털 화폐의 합종연횡이 추진되고 있다. 여기에 더해 달러의 연속적인 헛발질 곧 스위프트 차단, 외환보유고 압류, 개인 사유재산의 압수 등이 부메랑을 맞으면서 달러 표시 자산(미국 국채) 대신 금과 비트코인을 선호하는 실정이다. 이런 변화의 흐름이 '기축통화의 다원화'와 '통화 종류의 다양화'를 불러오고 있다.

그리고 통화금융 시장은 물론 도도한 현대사의 흐름 자체가 '아날로그에서 디지털화로', '중앙화에서 탈중앙화로', '온라인에서 온체인으로', '공급자 중심에서 소비자 중심으로' 빠르게 바뀌고 있다. 이 과정에서 우리는 몇 번의 큰 기회를 만날 것이다.

하나, 전통 금융과 암호 화폐가 빠른 속도로 융합되어 큰 시장을 창출할 것이다.

둘, 메타버스와 인공지능의 결합은 가상경제 생태계를 크게 발전시킬 것이다.

셋, 온라인 거래 중 상당 부분이 온체인으로 건너올 것이다.

넷, 지금의 달러를 대체할 통화 곧 세계화폐가 등장할 것이다.

다섯, 웹3.0과 스마트 계약을 기반으로 정의로운 프로토콜 경제의 출현을 마주할 것이다.

이 모든 변화의 근저에는 블록체인 기술과 비트코인이 있다.

차례

기축통화 붕괴의 역사
인플레이션을 경계해야 하는 이유

통화 혁명의 서막
경제학자들이 세계 화폐를 주장하는 이유

패권의 희생양들
일본의 잃어버린 30년과 한국의 IMF 사태

비트코인 탄생 비화
통화금융 세력에 도전하는 유대인 암호학자들

통화 혁명의 불씨
글로벌 금융 위기와 암호 화폐 탄생의 상관관계

5장

변화하는 자본주의의 틀
'금융 자본주의'에서 '포용 자본주의'로

6장

디지털 화폐의 미래
기축통화의 다원화와 통화 종류의 다양화

7장

이미 시작된 통화 혁명

허물어지는 달러 아성

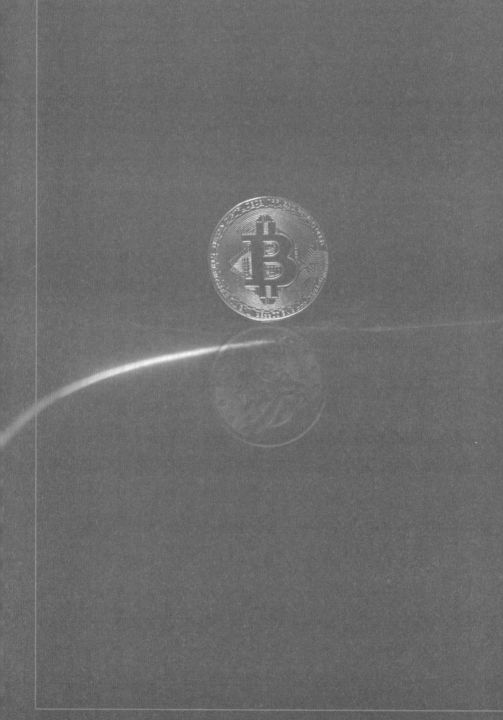

1장

기축통화 붕괴의 역사

: 인플레이션을 경계해야 하는 이유 :

Chapter 1

역사가 보여준
기축통화의 붕괴 패턴

세계 최초의 기축통화는 기원전 6세기 그리스 아테네에서 탄생했다. 기축통화로 통상의 번영을, 솔론의 개혁으로 민주정치의 토대를 이루어낸 아테네는 그리스의 맹주가 된다. 하지만 패권에 대한 집착과 팽창 정책의 유혹에 젖어 들면서 문제가 발생한다. 금화에 구리를 섞는, 도덕적 해이가 뚜렷한 통화 주조 방법으로 세입보다 세출을 늘렸다. 이른바 역사상 최초의 재정 적자 정책이었다. 그 끝은 통화에 대한 신뢰의 상실이었다. 통화 시장이 붕괴되자 아테네도 수명을 같이 했다.

인간은 역사에서 배운 교훈을 그리 오래 간직하지 못한다. 그리스를 정복한 로마 제국도 아테네와 똑같은 우를 범한다. 로마 제국의 기축통화는 데나리우스 은화였다. 네로 황제는 늘어나는 조세 저항과 로마 대(大)화재로 재정 적자가 발생하자 데나리우스 은화에 구리를 섞어 통화를 늘리기 시작했다. 이후 역대 황제들이 계속 구리의 양을 늘려가자 시민들이 동전 및 은화를 불신하면서 통화 시장이 붕괴되었다.

통화 시장이 붕괴되자 시장 기능이 마비되면서 물물교환이 시작되었다. 도시에서 식량을 구할 수 없게 되자 도시민들은 시골로 내려가 영주의 땅을 빌려 농사짓는 농노가 되었다. 이렇게 476년 서로마 제국이 멸망하면서 찬란했던 그리스·로마의 도시문명이 암흑에 묻히는 이른바 '암흑의 중세'가 시작되었다.

13세기 중국과 이슬람 지역을 정복한 원나라는 인류 역사상 가장 큰 제국을 건설했다. 중상주의 정책을 취한 쿠빌라이는 1260년 은과 비단에 기반을 둔 교초 지폐를 발행했다. 원나라는 모든 금과 은을 몰수한 뒤 지폐로 바꾸어 주며 교초만 유통시켰다. 교초는 고려부터 지금의 시리아에 이르는 원나라 영향력 하의 모든 지역에서 통용되는 동양 최초의 기축통화였다. 문제는 거액의 재정 지출이 필요하면 지폐를 마구 발행했다는 점이다. 1380년에는 지폐 한 장당 동전 1,000개였는데, 1535년에는 지폐한 장당 동전 0.28개로 교초 가치가 4,000배 가까이 폭락했다. 그로 인해 초인플레이션이 발생해 통화 시장이 붕괴되면서 물물교환 시대로 되돌아갔다. 이후 농민봉기와 주원장의 발흥으로 제국은 무너졌다.

16세기 스페인은 세계 최초로 해가 지지 않는 제국을 건설해 세계 금과 은 총생산량의 83%를 차지하는 최고 부국이 되었다. 당시 스페인의 '페소 데 오초' 은화는 세계 기축통화였다. 문제는 식민지로부터 금은보화가 쏟아져 들어와도 과도한 팽창주의와 방만한 재정으로 적자 규모가 엄청나게 불어났다는 점이다.

1543년, 경상수입의 65%가 이자 상환에 지출되었다. 결국 1557년에 부도가 났고, 이는 현대적 의미의 첫 국가 파산이었다. 이후 1560년, 1575년, 1596년 연이은 파산으로 결국 쇠퇴의 길로 접어들었다.

1599년 화폐 주조 때는 모든 주화에서 은을 빼 버렸다. 시중의 구화도 강제로 신화와 교환해서 여기서 뽑아낸 은으로 빚을 갚으려 했다. 이로써 저질 주화만 시중에 유통되어 화폐에 대한 불신은 통화 붕괴를 초래해 경제를 파탄으로 몰아넣었다. 그 뒤 스페인 제국은 서서히 해체되기 시작해 세계 강대국 대열에서 영원히 사라지고 말았다. 이번 장에서는 아테네의 기축통화 탄생과 붕괴 과정을 살펴보자.

아테네에 기축통화가 탄생

▲ 아테네의 집정관 솔론

기원전 6세기 아테네의 드라크마 은화를 역사상 최초의 기축통화로 만든 인물은 솔론이다. 당시 그리스 집정관 솔론은 몰락 귀족 집안의 장사꾼 출신으로 경제와 통상에 밝았다. 그는 아테네 경제를 부흥시키기 위해 아테네와 페르시아 간 무역을 늘릴 방안을 찾았다. 그러기 위해서는 먼저 양국 간 화폐 통일이 필요하다고 보았다.

그는 아테네 드라크마와 페르시아 은화의 무게를 같게 만들어 서로 자유롭게 교환할 수 있으면 교역을 늘릴 수 있다고 판단했다. 이를 위해 드라크마 은화의 무게를 살짝 줄여 '1달란트=6000드라크마'의 가치를 '1달란트=6300드라크마'로 만들었다. 4.3g의 순은으로 만들어진 1드라크마는 당시 숙련 노동자의 하루 품삯이었다.

그의 의도는 성공했고, 이로써 당시 최대 무역국인 페르시아와의 교역이 증가했다. 이후 아테네 은화가 지중해 교역에서 가장 널리 쓰이는 화폐가 되었다. 기축통화가 탄생한 것이다. 그 뒤 아테네는 그리스 화폐 주조의 중심지가 되었다. 더구나 기원전 483년에 발견된 라우리움 은광은 국부를 획기적으로 높여 주었다. 그뿐만 아니라 아테네 해군력을 향상시켜 페르시아를 무찌르는 계기가 되었다.

아테네는 은광에서 채취해 쓰고 남은 은을 매년 시민들에게 나누어 주었다. 이는 시민들에게 풍요를 안겨주어 민주주의라는 새로운 정치 시스템을 탄생시켰다.

화폐 전성 시대의 도래

아테네는 주변 도시국가들의 화폐와 도량형을 표준화하기 위해 기원전 449년 그리스 전역에 아테네식 주화와 도량형 사용을 강제하는 통화법령을 반포했다. 이는 교환에 드는 거래 비용을 크게 줄여주었고, 이로써 기원전 5세기 아테네 항구도시 피레아스가 지중해 무역의 중심지가 되었다.

기축통화의 위력은 실로 대단했다. 이를 계기로 지중해 상권이 페니키아와 히브리 왕국으로부터 아테네로 넘어왔다. 해상 무역뿐만 아니라 지중해 경제권 중심축이 완전히 아테네로 이동했다. 아테네 항구 피레아스는 무역상과 환전상의 본고장이 되었다. 피레아스에서 일하는 큰 상인들은 대부분 외국인이었는데, 특히 유대인들의 활약이 돋보였다. 유대인 무역상들은 어디에서 어떤 상품을 구할 수 있는지 파악하는 정보 수단을 갖고 있었고, 유대인 환전상들은 각국 화폐에 정통했다. 아테네 '시장경제'는 오늘날과 별반 다를 바 없었다. 개인 창고업자, 화물운송인, 은행가 같은 서비스가 피레아스 항구를 중심으로 발전했다.

기원전 5세기 말에는 아테네 주화를 본떠 그리스 도시국가들 대부분이 독자적 화폐를 만들어 사용했다. 기원전 4세기 아리스토텔레스는 당시 쓰였던 화폐의 기원을 다음과 같이 기술했다.

"각종 생활필수품은 쉽게 가지고 다닐 수 없으므로 사람들은 철이나 은같이 본질적으로 유용하고 생활에 쉽게 사용할 수 있는 물건을 서로의 거래에 이용할 것에 합의했다. 이러한 물건의 가치는 처음에는 크기나 중량으로 측정됐으나 나중에는 일일이 계량해 가치를 기재하는 수고를 줄이기 위해 사람들은 그 위에 각인을 했다."

그 뒤 동전 각인에 국가 권력을 상징하는 도안을 집어넣었다. 이러한 표시는 동전의 품질과 가치를 보증했고, 위조로부터 동전을 보호했다. 고대 사회에서 돈은 상업과 교역뿐만 아니라 사회 전반의 교환 수단으로 이용되었다. 화폐가 발명된 덕분에 똑같은 기준에 의거해 모든 물건의 가치를 측정하는 일이 가능해졌다.

'유대인의 희년제'를 본받은 솔론의 개혁

아테네가 경제사에 크게 공헌한 것은 다름 아닌 '민주주의와 토지사

유제의 인정'이다. 이는 훗날 자유시장경제의 중요한 밑거름이 된다.

아테네 민주화의 첫걸음은 솔론에 의해 시작되었다. 기원전 594년 그리스 집정관 솔론은 이른바 '솔론의 개혁'을 단행했다.

솔론의 개혁이 나온 배경을 살펴보자. 기원전 6세기 초는 아테네인에게 어려운 시기였다. 무엇보다 시민의 숫자가 점점 줄어들고 있었다. 게다가 귀족과 시민 간의 빈부격차가 날로 커졌다. 여기에 더해 시민과 농민을 괴롭힌 것은 기원전 7세기경에 제정된 일명 '드라콘의 법'이라는 악법으로, 처벌 조항이 혹독하기로 악명이 높았다. 폐단도 극심했는데, 사소한 잘못에 사형당하고 빚을 지면 노예로 전락하는 공포의 법이었다.

귀족 계급은 좋은 땅을 소유하고, 정치를 독점하며, 파벌싸움에 골몰해 있었다. 가난한 농민들은 쉽게 그들의 채무자로 전락해 빚을 갚지 못할 때는 농노 신세가 되거나 노예로 팔려 갔다. 중간 계급인 농민·수공업자·상인은 정치에서 배제되어 불만이 많았다. 이렇듯 아테네는 유력자들과 시민들 사이에 알력이 있었다.

당시 가난한 자들은 예속민이라 불렸는데 유력자 농지에서 일하고 소출의 6분의 1을 바쳤다. 만일 임대료를 내지 못하면 감옥에 갇히고 심하면 노예가 됐다. 모든 부채는 인신(人身)이 담보로 설정되었다. 그래서 시민들은 노예가 되는 것을 가장 두려워했다. 다수가 노예가 되자 시민들이 유력자들에 대해서 반기를 들어 격심한 분쟁이 오랫동안 지속됐다. 결국 양측은 기원전 594년에 솔론을 조정자이자 집정관으로 추대했다.

솔론은 집정관이 되자 개혁을 단행했다. 아테네 시민들에게 역사상 최초로 민주주의의 기초가 되는 법령을 공포했는데 개혁 내용은 가히 혁명적이었다. 먼저 말 많던 드라콘의 법 처벌 조항을 완화하고, 빚진 자들에게 빼앗겼던 땅들을 모두 돌려주고 노예들을 해방시켰다. 그리고 당시 귀족들이 독점했던 정치를 시민들도 부의 정도에 따라 참여할 수 있게 했다. 모든 시민은 민회에 참석할 권리가 주어졌다. 최하층에도 참석할 권리를 주어 평민의 불만을 해소했다. 당시로서는 파격적인 개혁이었다. 이리하여 장차 민주정치의 토대가 마련되었고, 직접 민주정치가 시행되었다.

또한 솔론은 유대인의 희년제를 본받아 부채 탕감을 시도했다. 희년제란 50년마다 돌아오는 희년에 모든 걸 원상태로 돌려놓는 것을 의미한다. 부채를 탕감해주고, 토지를 원 소유주에게 돌려주며, 죄수들에게도 사면을 베풀고, 모든 노예를 해방시키는 아름다운 제도이다. 더 나아가 가축과 땅까지 휴식 기간을 주었다. 희년은 유대인의 이상인 '평등 공동체의 회복'을 뜻한다.

솔론은 기원전 594년에 모든 채무자의 빚을 말소했다. 그리고 채무자를 노예로 삼는 제도 자체를 폐지하는 법률을 통과시켜 빚을 탕감하고 땅을 재분배했다. 그리고 개인이 소유할 수 있는 토지의 상한선을 정하여 부의 집중을 막았다.

원래 솔론의 개혁은 고리채 문제를 해결하기 위한 것이었다. 채무자들이 처음에는 자녀를, 나중에는 자기 자신을 노예로 팔 수밖에 없는 상황에 처하는 경우가 많았다. 그로 인해 시민사회가 붕괴 위기에 처했다. 그러자 솔론은 채무 무효를 선언해 채무 때문에 외국으로 팔려간 자들과 도망간 자들을 돌아오게 했다. 솔론은 또한 인신을 담보로 이루어지는 대부 행위를 금지했다. 한편 주화 사용이 촉진되었고, 새로운 도량형이 도입되었다. 그의 조치는 100년간 효력을 갖는 것으로 선포되었고, 회전 나무판에 새겨져 모든 사람이 볼 수 있게 게시되었다. 그는 그렇게 개혁을 선포한 뒤 모든 걸 내려놓고 표표히 해외로 떠났다.

금화에 구리를 섞기 시작한 아테네

기원전 5세기 펠로폰네소스 전쟁은 아테네와 스파르타가 그리스 지배권을 놓고 다툰 패권 전쟁이었다. 27년간 지속된 이 전쟁에서 아테네는 거의 모든 금화가 전쟁 비용으로 소진되자 아테네 여신상에서 금을 벗겨내어 금화를 주조했다.

결국에는 금이 모자라자 통화량을 편법으로 늘렸다. 세금으로 거둔 금화를 녹여 새 금화를 주조하면서 구리를 섞은 것이다. 처음에는 시민들이 눈치채지 못했다. 하지만 구리의 양이 점차 늘어나면서 구릿빛 금화만 시장에서 통용되고, 원래의 금화는 시장에서 자취를 감추어 버렸다. 악화가 양화를 구축한 것이다.

시장에 갑자기 늘어난 '동전 색깔 금화'는 푸대접을 받았다. 기원전 404년에는 아예 금이 안 들어간 동전만 남게 되어 역사상 최초의 초인플레이션이 발생해 통화 시장이 붕괴되었다. 결국 아테네는 통화 시장

▲ 기원전 5세기 펠로폰네소스 전쟁 당시 시민들에게 연설하는 페리클레스

붕괴로 용병들로 구성된 전투 부대에 더 이상의 전비를 보낼 수 없게 됐고, 이는 스파르타의 승리로 이어졌다. 그러나 스파르타의 위세도 오래가지 못했다. 양국이 모두 탈진한 나머지 새로이 부상하는 마케도니아의 알렉산더 대왕에게 지배권을 내주고, 종국에는 신흥 로마에 정복되어 찬란했던 고대 그리스 시대는 막을 내리고 말았다.

Chapter 2

초인플레이션이 부른
로마 제국의 몰락

고대에는 정복 전쟁이 곧 경제 행위였다. 정복을 통한 부의 수탈과 전쟁 포로로 유지되는 노예 경제가 국가 경제의 버팀목이었다. 전쟁 포로 외에도 고대 그리스 시대부터 흑해 북쪽 연안과 러시아 지역에서 슬라브족 노예가 많이 수입되었다. 오죽하면 '노예slave'의 어원이 라틴어 'sclavus(슬라브)'에서 유래되었을까. 당시 노예는 가장 중요한 생산 기반이었다. 노예 경제를 기반으로 그리스와 로마에서는 민주정 사회가, 동방에서는 절대 봉건주의 국가가 출현했다.

그리스·로마를 포함한 지중해 연안은 동방과는 다른 기후 조건으로 대규모 경작이나 목축이 불가능했다. 이런 불리한 조건을 극복하기 위해 다른 지역을 정복하여 토지와 식량을 얻었다. 이런 의미에서 고대 경제사는 곧 전쟁의 역사와 다름 없다. 이러한 정복 전쟁 와중에도 가나안 사람들인 페니키아인과 유대인은 해상 무역에 종사하며 거래를 통해 교환하는 상업 행위를 했다. 약탈 경제에서 거래 경제로 진화한 것이다.

당시 로마 제국의 경제는 오로지 농업에 의존했다. 고대에 상업은 도덕적으로 문제가 있는 직업으로 여겨졌기에 경제가 제대로 싹을 트지 못했다. 기원전 4세기 아리스토텔레스는 "시민들은 노예나 상인처럼 천박하게 살면 안 된다"라고 가르치면서 농업의 도덕적 우월성을 강조했다. 그리스의 영향으로 로마인들도 상업을 이방인이나 하층민이 하는 하찮은 것으로 경시했다.

고대에 부국강병책은 '농업과 전쟁'이었다. 자국 농경지를 넓히는 것이 부국이요, 정복지에서 물자와 노예를 가져오는 것이 강병책이었다. 농업의 기본 노동력은 노예였기 때문에 전쟁은 매우 중요한 국가 사업이었다. 그런데 빈번한 전쟁으로 인해 보병으로 출정한 자영 농민들의 피해는 커져가는 반면, 전쟁에서 이기고 개선하는 장군과 귀족들은 새로운 영지를 늘려가며 더욱 부유해졌다. 결국 농민층은 점차 몰락해 갔고, 봉건 영주 세력은 점점 커져 부의 양극화가 심해졌다. 이로써 중산층 농민들이 붕괴되면서 농업의 기반이 흔들리기 시작했다.

농촌뿐만 아니라 도시 경제는 타격이 더 심했다. 가장 심각한 문제는 노예 부족이었다. 2세기에 들어 트라야누스 시대부터는 더 이상 정복 전쟁이 없어 노예 공급이 끊겼다. 그 이후 로마는 극심한 인력난에 빠져 농업 생산 체제가 쇠퇴했다. 나중에는 아예 노예를 해방시켜 그들에게 토지를 빌려주어 수확의 일부를 상납하게 하는 소작농 제도가 출현했다. 게다가 2~3세기에는 전염병이 창궐해 인구의 3분의 1가량이 줄어들어 농업 노동력은 물론 외적과 싸울 병력조차 부족했다. 패배라고는 모르던 로마 군대가 번번이 패하게 된 이유였다.

인플레이션에도 늘린 통화 발행

기원전 4세기 알렉산더 대왕 사후에 그리스 제국이 네 개로 분열되면서 시장이 나누어졌고 교역도 줄어들었다. 그러나 알렉산더 대왕이 발행했던 경화 드라크마는 그대로 유통되어 상품이 줄어들자 물가가 뛰었다. 인플레이션이 발생한 것이다. 하지만 로마인들은 그리스 통화 붕괴의 경험에서 아무런 교훈도 얻지 못한 채 주노Juno 신전에 '모네타moneta'라는 조폐소를 차려 돈을 많이 찍어냈다. 이 이름에서 영어 단어 'money'가 유래했다.

로마 제국은 새 정복지가 생길 때마다 군대 주둔 유지비가 크게 증가하며 만성 재정 적자에 허덕였다. 이를 충당할 목적으로 로마 황제들은 여러 정복지로부터 금은 등 귀금속을 세금으로 거둬들여 조폐소에서 돈을 찍어냈다. 스페인 지역에서만 기원전 206년부터 10년 동안 거둬들인 금이 1.8톤, 은이 60톤이나 되었다.

▲ 로마 제국의 기축통화였던 데나리온

기원전 3세기 로마 제국의 기축통화는 데나리온 은화였다. 포도 농장 일꾼의 일당이 데나리온 은화 한 개였다. 기원전 211년, 제2차 포에니 전쟁 중 로마 원로원에 의해 발행되기 시작한 데나리온은 로마 외에도 각지에서 대량으로 만들어져 지중해 지역의 중요한 통화가 되어 활발한 무역을 일으켰다.

카이사르의 혁명적 경제 개혁

율리우스 카이사르Gaius Julius Caesar는 천재였다. 그는 정치와 전쟁에서의 천재적인 재능을 보일 뿐만 아니라 경제의 본질도 꿰뚫어 보았다. 그가 기원전 59년 수석 집정관으로 취임할 당시 로마는 극심한 빈부격차를 겪고 있었다. 특히 토지의 양극화가 매우 심했는데, 카이사르는 이 문제의 해결 방안을 공약으로 내세우며 집정관에 당선됐다.

카이사르 농지개혁법의 골자는 토지를 무상으로 분배해 자작농, 곧 중산층을 양성하는 게 목적이었다. 그는 어려운 농지 개혁 작업을 무리 없이 해냈다. 그뿐만 아니었다. 그 뒤 8년에 걸친 갈리아 정복을 마치고 돌아와 내전에서 승리한 후 종신 집정관이 되자, 그간 마음먹었던 본격적인 개혁에 착수했다. 우선 정치 개혁과 사법 개혁을 단행한 후 경제 개혁을 밀어붙였다. 카이사르는 마르쿠스 브루투스가 연 48%라는 고율의 이자를 받는 걸 보고 분노했다. 당시 원로원 의원들 대부분이 그런 식의 고리대금업을 하고 있었다. 그래서 그는 먼저 원로원 의

원들이 하는 고리대금업 이자를 대폭 낮추었다. 그는 이자율 상한선을 12%로 제한했으며, 6% 이자율을 권고했다.

또한 일정 금액 이상의 현금 보유도 금했다. 장롱 예금을 금지해 돈이 바깥으로 돌도록 한 것이다. 이자율 인하와 장롱 예금 금지는 돈의 흐름을 촉진해 경제에 활기를 불어넣었다. 더 나아가 카이사르는 서민의 빚을 4분의 3으로 탕감하여 대중의 마음을 사로잡았다. 게다가 탕감된 채권의 회수도 활발해져서 돈의 흐름이 더 좋아졌다. 하지만 이로 인해 원로원 귀족들의 반감을 샀다.

카이사르는 조세 정책에서도 파격적인 개혁에 착수했다. 세율을 절반으로 낮추고, 정복지에 대해서도 관대한 세금 정책을 펼쳤다. 그러자 오히려 더 많은 세금이 걷혔다. 세금을 피해 도망 다니던 피정복민들의 자진 납세가 확산했기 때문이다.

그는 화폐 제도에도 손을 댔다. 그 무렵 로마에는 금과 은이 많지 않았다. 전쟁 군비로 바닥난 것이다. 카이사르는 로마 전역 신전들의 봉납물을 공출하여 그것으로 화폐를 만들었다. 로마인들은 화폐를 신성한 것이라고 여겼고, 특히 금은 태양, 은은 달과 연관되어 있다고 생각했기 때문에 신전에서 화폐를 주조했다. 당시 로마에는 오랫동안 은화와 동전밖에 없었다. 이때 최초로 금화를 찍어내 통화로 편입시킨 것이 카이사르였다. 그리고 로마 화폐가 기축통화가 되기 위해서는 금화와 은화의 교환가치가 고정되어야 했다. 당시 그가 정한 금과 은의 교환 비율은 1 대 12였다. 1년 중 태양과 달의 관계였다. 초기 화폐는 여러 신의 모습과 같은 종교적 문양이었으나, 카이사르를 시작으로 황제의

▲ 빈센초 카무치니의 〈카이사르의 죽음〉

모습이 동전에 등장했다. 날마다 보고 만지는 화폐를 선전 매체로 활용한 최초의 황제였다.

그밖에도 카이사르는 기원전 46년에 그간 사용하던 태음력을 태양력으로 바꾼 '율리우스 역법'을 시행해 4년마다 2월 29일을 추가하는 윤년을 두어 1년을 365일로 맞추었다.

그가 가장 역점을 둔 일은 화폐주조권을 국가로 귀속시킨 것이다. 국립조폐창을 만들어 원로원의 주조권을 가져왔다. 그때나 지금이나 이는 기득권의 거센 반발을 무릅쓴 혁명적인 조치였다. 화폐 주조 차익을 빼앗기고 고리대금업의 수익이 낮아진 귀족들의 불만은 독재자로부터 공화정을 지킨다는 명분 아래 결국 카이사르의 암살로 이어졌다.

저질 주화 유통으로 무너진 화폐 경제

카이사르 시대까지만 해도 로마의 금화와 은화는 세계 어디에서든 환영받는 기축통화였다. 하지만 로마 황제들은 금 광산을 24시간 채굴하도록 해 단기간에 돈을 너무 많이 찍어냈다. 당연히 화폐 유통량이 급속히 늘어나며 인플레이션이 일어났고, 주화 가치가 계속해 하락했다. 당시까지만 해도 로마 화폐는 순도 100%의 금화와 은화였다.

▲ 로마의 화폐 가치를 결정적으로 하락시킨 네로 황제

로마 제국의 화폐 가치가 본격적으로 추락한 것은 1세기 네로 황제 시절부터였다. 네로는 세금 징수 규칙을 공표하고 세금을 내지 못하는 시민에 대한 징수권을 1년이 지나면 소멸시켜 세금을 탕감해 주었다. 시민들의 인기를 얻기 위해 일종의 포퓰리즘 정치를 한 것이다.

세수가 줄어들어 국가 재정이 어려워지자 64년 네로는 하지 말아야 할 짓을 한다. 로마 대화재 재건을 위한 재원 확보를 위해 금화와 은화에 약간의 구리를 섞어 유통시켰다. 처음에는 구리 함량이 적어 시민들이 눈치채지 못했다. 그런데 로마 재정이 고갈되자 네로는 금화와 은화 순도를 이번에는 각각 4%와 10%씩 낮춰 버렸다. 얼마 안 가서 그는 금 함유량을 4.5%, 은 함유량을 11%나 줄였다. 화폐공급량이 늘어나자 화폐 가치가 떨어져 물가가 올랐다. 당시 로마 제국의 은 부족은 중국과의 무역 적자가 원인이었다. 기원전부터 로마 제국은 유대인에 의한 중국과의 무역이 발달했다. 로마인들은 중국 비단이나 인도 향신료 등을 구입하면서 주로 은을 지불했다. 중국이 은본위제였기 때문이다. 무역 적자가 계속되면서 유럽에서는 은이 고갈되어 갔다.

117년 로마 역사상 가장 대규모 군사 활동을 이끌었던 트라야누스 황제는 은화의 은 함유량을 15%나 줄였다. 이후 180년 아우렐리우스 황제 시대에는 25%를 줄였다. 그 뒤 셉티미우스 황제 때는 45%, 카라칼라 황제 때는 50%까지 줄였다. 로마 은화의 구리 함량은 점점 늘어나 가치의 3분의 2를 잃어버렸다. 그 후 세베루스 알렉산데르 황제가 재위했을 때 데나리온 은화의 은 함유량은 약 25%였다. 이런 악순환은 지속되어 고티쿠스 황제 시절인 244년에는 데나리온에 함유된 은의 양이 20분의 1에 불과했다. 그 뒤에도 계속 내려가 결국 초인플레이션이 발생했다. 물건값이 두 배, 세 배로 뛰다가 나중에는 열 배, 스무 배씩 뛰었다. 220년 무렵 밀 1부셸(약 27kg)이 200데나리온이었는데, 344년에는 200만 데나리온이 되었다. 무려 1만 배나 되는 초인플레이션이 일어난 것이다. 이방인들은 상품 대금으로 데나리온을 받지 않았고, 로마 군대조차 주둔 경비로 데나리온을 받지 않았다. 데나리온은 돈으로 인정받지 못했고, 교역은 줄어들었다.

수입이 막히자 로마가 시도한 첫 번째 조치는 사치품 수입 제한과 귀금속 소장 금지였다. 그러나 이 조치는 실패한다. 260년 갈리에누스 재위 시 환전상들은 로마 은화를 거절해 사실상 은행이 기능을 상실하고 문을 닫았다. 이로써 경제에 가장 중요한 피가 돌지 않아 화폐 순환이 멈추고 경제가 마비되었다. 데나리온은 가치가 너무 떨어져 심지어 발행한 정부마저 이를 세금으로 받지 않고 순은을 요구했다. 정부가 거둔 은은 다시 가치 없는 데나리온을 만드는 데 사용되었다. 나중에는 은 함유량이 5000분의 1까지 떨어졌다.

네로를 로마 제국 몰락의 원흉으로 꼽는 이유는 여러 가지이지만, 가장 큰 문제는 바로 화폐 가치 하락에 불을 당겨 로마 경제를 돌이킬 수 없는 늪으로 몰아넣었다는 점이다. '경화 주조의 가치 저하'는 통치자의 공적 부패 행위이자 도덕적 타락의 전형이었다. 결국 걷잡을 수 없는 초인플레이션이 발생해 시민들이 화폐를 불신하고 물물거래를 하기 시작했다. 그러자 화폐가 완전히 기능을 잃었다. 겉으로는 태평성대라 불리며 200여 년간 지속된 팍스 로마나Pax Romana 시기에 일어났던 일이다.

▲ 로마 데나리온 통화의 몰락은 달러의 교훈이 될 수 있다

인류 최초의 가격 통제와 제국의 몰락

3세기 말 초인플레이션이 일어나자, 디오클레티아누스 황제는 기축

통화인 데나리온 은화를 폐지하고 새로운 은화와 동화를 발행했으나 제국에 만연한 인플레이션을 막을 수 없었다. 301년, 인플레이션이 더 심해지자 디오클레티아누스 황제는 최초로 가격 통제를 실시했다. 그는 모든 상품과 서비스에 최고 가격을 정하고 그 가격 이상으로 거래하는 사람들은 엄벌에 처했다. 물론 시민을 보호하려는 '선한 의지'였지만, 시장은 혼란에 빠지면서 기능이 마비되었다. 이로써 생산이 급격히 줄어들고 화폐가 기능을 잃자 군인들의 급여도 소금 등 현물로 지급했다. 그 뒤 디오클레티아누스 황제는 화폐 조세에서 물납 조세로 바꿨다. 가치 없는 화폐를 세금으로 받을 수 없었기 때문이다. 이로 인해 경제체제는 장원 단위의 자급자족 폐쇄 경제로 바뀌었다.

5년 뒤 콘스탄티누스 황제는 화폐 개혁을 단행했다. 새 금화 '솔리두스'를 주조해 사실상 유통에서 사라진 금화인 '아우레우스'를 대체했다. 그러나 솔리두스는 아우레우스보다 더 빠르게 로마를 빠져나갔다. 이후 콘스탄티누스 황제는 330년 수도를 로마에서 비잔틴으로 옮겼다. 그 과정에서 로마의 금을 대부분 가져가며 솔리두스는 동로마 제국(비잔틴 제국)의 기축통화가 되었다. 이와 함께 서로마 제국의 불행은 시작되었다. 이국땅에 주둔한 로마 군대를 지원할 수 없게 되자 서로마 제국의 영향력은 줄어들기 시작했다. 게다가 금과 은을 소유한 사람들은 그걸 사용하는 것을 꺼려해 사실상 화폐 공급이 중단되어 통화 시스템이 붕괴되었다.

교역이 위축되면서 유통 상품이 줄어들자 인플레이션이 더 심해졌다. 해적들이 다시 등장했고, 상업이 쇠퇴하자 거래가 중단되면서 시장은 사라졌다. 더 이상 군인들에게 봉급을 지급할 수 없게 되자 마지막에는 용병이었던 바바리안들이 로마의 도시를 침략해 약탈했다. 결국 서로마 제국은 476년에 멸망했다. 그리스처럼 서로마 제국의 멸망도 전적으로 잘못된 통화 정책 때문이었다.

로마 제국 몰락에서 얻어야 할 교훈

해적의 출현으로 그나마 존재했던 무역 활동도 쇠퇴했다. 도시 인구가 시골로 빠져나가며 줄어들었고, 시골의 대규모 영지는 이들을 농노로 받아들여 자급자족 원시 시대 모습으로 되돌아갔다. 이로써 로마 문명의 상징이었던 도시는 시장의 붕괴와 함께 황폐화되었다. 476년 서로마 제국의 멸망은 고대와 중세를 가르는 중요한 분기점이 되었다. 이로써 찬란했던 고대 그리스·로마 도시 문명이 끝나고 암흑의 중세 장원 제도가 시작되었다.

로마의 경제적 몰락이 이렇게 자세히 알려진 것은 17세기경 서기 439년에 제정된 《테오도시우스 법전》이 발견되었기 때문이다. 이 책을 통해 로마 제국 말기의 경제적 취약성, 과중한 과세 부담, 중간 계층의 몰락, 산업의 파탄, 경작지의 황폐 등 몰락을 가져온 요인들이 자세히 밝혀졌다. 훗날 막스 베버는 로마 제국의 멸망은 물물교환 경제를 이루고 있는 경제적 하부 구조에 화폐 경제로 이루어진 정치적 상부 구조가 더 이상 적응하지 못한 결과라고 보았다. 즉 시장 경제의 파탄이 정치적 붕괴로 이어졌다는 것이다.

첫째, 인플레이션의 무서움이다. 불량 화폐의 대량 주조로 인한 인플레이션이 화폐 신뢰도를 떨어뜨리고 실물 선호도를 높임으로써 통화 경제가 몰락해 경제에 피가 제대로 돌지 못했다. 인플레이션은 거대한 제국도 순식간에 몰락시킬 수 있다는 것을 역사는 보여주고 있다. 우리가 인플레이션의 무서움을 알아야 할 이유이다.

둘째, 어떤 국가나 정부도 경제가 제대로 돌아가지 않으면 정치도 성립할 수 없다는 점을 역사가 확실히 보여주었다. 로마 제국 몰락 이후 제국이 다른 나라로 대체되지 않고 한동안 무정부 상태의 암흑 세계에서 지낸 중세의 역사가 이를 말해 주고 있다.

셋째, 로마 제국의 붕괴를 과거 이야기로 치부해서는 안 된다. 동일한 사태가 현대에도 일어나고 있다. 달러가 바로 그것이다. 로마 데나리온은 그 가치가 95% 떨어지는 데 200년이 걸렸지만, 달러는 50년 만에 그 가치의 98% 이상을 잃어버렸다. 1970년 금 1온스당 35달러였던 달러 가치가 2024년 11월 금 1온스당 2,700달러대이다.

글로벌 금융 위기로 인한 대규모 양적 완화와 코로나19로 인한 대규모 통화 팽창과 재정 정책으로 인해 2008년 초에 8,000억 달러 내외였던 연준의 본원 통화 발행액이 2024년 8조 달러에 이르렀다. 16년 사이에 달러가 1000%나 많이 풀렸다.

달러는 앞으로도 그 가치를 얼마나 더 잃어버릴지 모른다. 높은 인플레이션은 시차를 두고 오지만, 하루아침에 들이닥칠 수도 있다. 우리가 달러의 행보를 유의해서 보아야 하는 이유이다.

Chapter 3

동양 최초의 기축통화
'교초'

6세기에 발흥한 이슬람은 신정일치의 종교와 형제애로 다져진 '움마 공동체'를 만들어 짧은 시간 안에 사라센 제국을 건설했다. 이슬람은 7세기 말에 동로마 제국의 금화와 사산왕조의 은화를 통합했다. 이로써 서양과 이슬람의 화폐 교환이 한결 수월해져 무역이 활성화되었다.

750년 압바스 왕조가 이슬람 세계를 장악하자 수도를 시리아의 다마스쿠스에서 동양과 좀 더 가까운 메소포타미아에 계획도시 바그다드를 만들어 옮겼다. 이후 바그다드는 이슬람 세계의 중심지로서 정치와 종교를 총괄하는 도시로 성장해 한때 인구가 150만 명에 달하는 세계 최대 도시가 되었다. 당시 바그다드와 견줄 수 있는 도시는 당나라 수도 장안과 동로마 제국 수도 콘스탄티노플 정도였다.

이후 이슬람은 인도와 남중국해로 해상 무역 반경을 넓혀 나갔다. 삼각돛을 단 '다우 Dhow' 범선으로 아프리카에서 중국에 이르는 해상을 연결하며 비단, 도자기 등 각종 교역 품목을 실어 날랐다. 당시 광주(廣州, 광저우)와 그 인근에만 20만 명의 이슬람 상인과 유대 상인, 페르시아 상인들이 거주하는 자치 구역이 있을 정도였다.

이들 중 12만 명이 875~884년에 발생한 '황소의 난' 때 살해당하는 끔찍한 사건이 발생했고, 특히 유대 상인 4만 명이 학살당해 광동 지역 유대인 정착촌은 거의 전멸하다시피 했다. 이후 중국과 이슬람 상인은 인도 남부 항구 퀼론을 경계로 동서 해역에서 각각 해상 무역을 담당했다.

은 부족 사태로 어음 출현

이슬람과 중국 상인의 해상 교류로 인도양 주변 해안 도시들의 상업이 활발해지자 유라시아 경제는 급속도로 발전했다. 게다가 중국은 비단과 도자기 수출 대금을 은으로만 받았다. 그러자 은 공급량이 경제 팽창 속도를 따라가지 못해 10세기에 이슬람 세계는 극심한 은 부족 현상을 겪는다. 중국은 조세의 기본이 은이라서 금에 비해 고평가되었는데, 서양의 금과 은 교환 비율이 1 대 12라면, 이슬람은 1 대 9, 중국은 1 대 6 정도였다. 당연히 서양과 이슬람의 은이 고평가된 중국으로 흘러들어 갔다. 이러한 은 부족을 극복하기 위해 이슬람에서 외상 거래와 어음이 탄생했다. 당시 이슬람 사회의 유대인 공동체와 이슬람 움마 공동체는 그들의 경전인 〈탈무드〉와 〈코란〉이 국제법 역할을 해 먼 거리에 위치한 공동체 간에도 서로 신뢰할 수 있었다. 특히 유대인 공동체는 디아스포라Diaspora 간의 정보 공유 전통으로 인해 지역별 환시세에 정통했다. 그들은 시장에서 서로 다른 화폐를 바꾸어 주는 환전상 업무를 하며 들고 다니기 무겁고 위험한 금속 화폐 대신 다른 지역의 유대인 공동체에서도 통용되는 어음과 수표를 960년쯤부터 발행함으로써 부족한 은화를 보충한 것으로 추정된다. 그 뒤 연이어 일어난 시아파 봉기로 바그다드 주변이 혼란에 빠지자 경제의 중심이 이슬람에서 지중해로 옮겨 갔다. 중세 베네치아에서는 유대 상인과 이탈리아 상인들이 상업과 무역을 발전시켰고, 어음도 이들을 따라 여러 도시로 퍼져나갔다.

중국에서도 이슬람과 비슷한 시기에 어음이 출현했다. 북경(北京·베이징)과 항주(杭州·항저우)를 잇는 대운하 개발로 당나라 말기부터 북송 시대(960~1127년)에 걸쳐 중국의 강남 지역이 활발히 개발됐다. 물이 풍부한 강남 지역의 특성상 경제의 중심은 보리보다 생산력이 수십 배나 높은 쌀로 옮겨갔다. 경제 규모가 비약적으로 커지면서 거래할 때 쓸 동전이 심각하게 부족해지자 북송의 사천(四川, 쓰촨)에서 민간 금융업자가 철전과 동전 대신 종이로 만든 어음인 '교자(交子)'를 유통시켰다. 10세기 후반에 발행된 '교자'는 동전이나 철전을 맡기고 받은 예탁 증서였다.

과도한 지폐 남발로 멸망한 금나라

교자의 편리성이 입증되자 나중에는 나라가 직접 발행을 관장했다. 교자는 여진족의 금나라를 거치면서 '교초'라는 지폐로 발전했다. 원래 여진족은 동전을 기본 통화로 썼는데, 북송을 멸망시키고 화북 지방을

점령한 후 구리가 부족
해지자 1142년에 비단을
기반으로 지폐를 발행했
다. 금나라는 동시에 은
화와 동전도 발행해 금속
화폐와 지폐가 함께 통용
되었다.

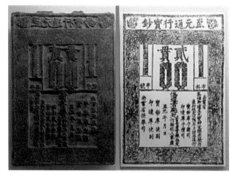

▲ 거푸집으로 찍어낸 원나라 교초

　이후 금나라가 아래로는 남송과 싸우고, 위로는 몽골과 대치하는 과
정에서 전쟁 비용이 증가하자 지폐가 남발되었다. 금나라 말기인 1214
년 무렵에는 초인플레이션이 발생해 1,000관짜리 지폐도 발행되었다.
금나라는 화폐 개혁을 단행해 새로운 지폐인 '보천(寶泉)'을 발행했으나
이미 실추한 신뢰로 인해 시장에서 거부되었다. 사람들은 더 이상 지폐
로 은과 비단을 교환하지 않았다. 과도한 지폐 남발은 금나라 멸망 원
인의 하나로 꼽힌다.

역사상 최대의 제국을 건설한 원나라

　13세기 몽골인이 인류 역사상 가장 큰 대제국을 건설했다. 칭기즈
칸이 25년간 정복한 땅은 로마 제국이 400년간 정복한 땅보다 넓었고,
알렉산더 대왕과 나폴레옹, 히틀러 등 세 정복자가 차지한 땅을 합친 것
보다도 넓었다. 당시 고작 15만 명의 군사로 그 넓은 땅을 정복한 것은

한마디로 기적이었다. 칭기즈 칸의 사망으로 몽골군이 회군하지 않았다면, 서유럽도 무사하지 못했을 것이라는 게 역사학자들의 중론이다.

이렇게 몽골군이 중국 대륙과 중앙아시아 그리고 러시아와 동유럽 일대를 순식간에 정복할 수 있었던 힘은 무엇일까? 바로 신출귀몰한 기동력 덕분이었다. 보통 몽골 기병 한 명이 서너 마리의 말을 끌고 다니며 하루 이동 거리가 200㎞에 달할 때도 있었다. 당시로써는 상상할 수 없는 빠른 속도였다. 러시아와 유럽은 전광석화와 같은 몽골군의 기습에 혼비백산했다. 고대로부터 대규모 부대가 움직일 때는 그 뒤를 따라가는 보급부대가 있어야 했지만, 몽골군은 보급부대를 끌고 다닐 필요가 없어 행군 속도가 빠르고 기동력 있는 작전이 가능했다. 몽골군은 보급부대 없이 장병 스스로 자기 식량을 안장 밑에 갖고 다니며 식사를 해결했다. 그 안장 밑 음식이 바로 말젖 분말과 육포 가루였다.

마르코 폴로의 기록에 의하면 몽골군은 4~5kg 정도의 말젖 분말을 휴대하고 다니다가 아침 무렵에 500g 정도를 가죽 자루에 넣고 물을 부은 다음, 불려서 저녁 때 먹었다고 한다. 그리고 전투 중에는 육포 가루를 물에 타 먹었다. 특히 전쟁 중에 불을 피워 조리를 할 필요도 없어서 부대가 적에게 쉽게 노출되지도 않았다.

그리고 몽골이 전 유라시아를 통일하며 기존의 실크로드 이외에 초원길이 더 뚫렸다. 그들은 네 개의 중요한 동서 교통인 '천산북로, 천산남로, 서역남로, 초원길'로 아시아와 유럽을 이었다. 그리고 통행로 40~48㎞마다 마구간과 숙소를 겸한 '역참'을 세웠다. 역참은 먼 거리 상인들에게 편의를 제공할 뿐만 아니라 각종 정보와 물자를 최고로 빠르게 유통시키는 통신, 교통, 물류 네트워크였다. 이는 동서양 무역을 활성화하기 위한 최고의 무역 진흥 정책이었다.

서양은 이해 못한 원나라 지폐

원(元)나라 초기만 해도 은과 비단이 주요 화폐였다. 교초 지폐는 제대로 유통되지 않았다. 금나라에서 관료로 일했던 야율초재는 칭기즈칸의 눈에 들어 원나라에서도 재무 담당 관료로 일했다. 그는 금나라에서 사용하던 지폐를 활용할 것을 건의해 2대 황제 오고타이(태종) 때 교초를 발행했다.

원나라 때 시행한 역참제로 안전하게 열린 실크로드는 동서 무역의 비약적인 활성화를 가져왔다. '금 항아리를 든 여성이 제국의 끝부터 끝까지 걸어가도 아무런 일이 없을 것이다'라는 말이 있을 정도였다. 원나라는 각 지역의 도시와 항구 그리고 나루터와 관문을 통과할 때마다 내는 통행세나 관세를 없애고, 모든 물품의 세금은 마지막 판매지에서 한 번만 지불하도록 했다. 그 결과 상업과 무역이 활성화되었다. 육로뿐만 아니라 해상 교역도 활발했다. 천주 항구에만 1만 5,000척의 선박이 해상 수송에 종사하고 있었다. 교역에서 거둔 세금과 수익은 거대한 제국을 경영하는 데 큰 도움이 되었다.

동서 무역의 그 먼 거리를 은화와 동전 등을 직접 가지고 다니는 것은 위험할 뿐만 아니라 너무 무거웠다. 본격적인 지폐 시대가 열린 것은 5대 황제 세조 쿠빌라이가 중상주의 정책을 취하면서 제국 전역의 교역 속도를 높이고 안전을 보장하기 위해 지폐의 사용을 급격하게 확대하면서부터이다.

그는 1260년 은과 비단에 기반한 '교초(지원통행보초)'를 발행했다. 이는 은 한 냥을 교초 10관으로 정해 유통시킨 태환지폐였다. 태환지폐란 정부가 금화나 은화를 주조하지 않고 일정한 용량의 금이나 은으로 태환해주겠다는 약속하에 발행한 지폐를 말한다. 원나라 교초는 동판으로 인쇄해 황제의 옥새를 날인해 발행되었다. '위조자는 사형에 처한다'라는 문구도 새겨 넣었다. 덕분에 대량의 주조 비용이 절약되면서 상거래가 활발해졌다.

쿠빌라이 초기에는 금나라의 전철을 밟지 않기 위해 지폐와 은의 철저한 교환 비율을 지켰다. 은을 확보한 만큼만 지폐를 발행했다. 원나라는 지폐 인쇄를 위해 수도 연경 (燕京, 베이징)에 조폐창을 두었다. 이로써 은본위 제도의 이슬람권과 몽골이 공통된 통화 기반을 갖게 되었다. 그뿐만 아니라 중앙아시아 등 유라시아 지역이 모두 은을 기반으로 삼는 화폐 경제 체제로 통합되었

▲ 본격적 지폐 시대 연 원나라 쿠빌라이 황제

다. 교초는 고려부터 시리아까지 몽골의 영향권에 있는 모든 지역에서 통용된 동양 최초의 기축통화였다.

원나라는 아예 지폐만 유통하기 위해 모든 금은과 동전을 몰수하고 이를 지폐로 바꿔 주었다. 지폐 받는 것을 거부하면 사형당했다. 이전 송나라 때 지폐를 사용하긴 했어도, 이처럼 광범위한 지역에서 지폐(교초)만 통용된 것은 원나라 때가 처음이다. 당시 이곳을 방문한 마르코 폴로는 원나라의 지폐 제도에 깊은 인상을 받아 〈동방견문록〉에서 지폐에 대해 자세히 설명했다.

그래도 유럽인들은 아무 가치도 없는 종이가 돈 구실을 한다는 걸 도저히 이해할 수 없었다. 동양에서 지폐가 나온 700년 뒤 스웨덴에서 서구 최초의 지폐가 발행되었다.

▲ 스톡홀름 은행이 1661년에 발행한 지폐(어음)

거대한 제국을 무너뜨린 초인플레이션

원나라는 남송과의 전쟁과 대규모 토목공사 등 거액의 재정 지출이 필요하면 무거운 세금 징수로도 모자라 지폐를 마구 발행했다. 1274~1281년 원은 남송을 병합하고 고려의 제2차 일본 침공으로 고려에 엄청난 원나라 지폐가 유입된다.

과도한 팽창 정책으로 인해 원나라가 빚더미에 앉게 되고 은을 준비금으로 예치하지 않은 지폐가 남발되자 사람들은 은을 지폐와 교환하지 않았다. 이제 교초는 은으로 교환할 수 없는 명목상의 화폐, 곧 명목화폐로 전락했다. 게다가 위조지폐도 등장했다.

처음에는 지폐 한 장당 동전 1,000개였는데 나중에는 지폐 한 장당 동전 0.28개로 교초 가치가 4,000배 가까이 폭락했다. 그로 인해 초인플레이션이 발생해 화폐 체계가 붕괴되면서 통화 시장이 마비되었다. 시장 경제가 무너지자 원시적 물물교환 시대로 되돌아갔다. 그리스와 로마 제국이 밟던 전철을 몽골 제국도 피해 가지 못했다. 이후 농민 봉기와 주원장의 발흥으로 1368년 몽골군은 몽골고원으로 쫓겨나 원의 지폐는 휴지가 된다. 이렇듯 초인플레이션은 거대한 제국도 쉽게 무너뜨렸다.

Chapter 4

스페인 제국도 쓰러트린
재정 팽창의 무모함

16세기 스페인은 세계 최초로 '해가 지지 않는 제국'을 건설했다. 신대륙 발견과 중남미 식민지, 필리핀 등 동남아 식민지, 결혼 동맹으로 획득한 오스트리아 등 합스부르크 영

▲ 스페인 제국의 금화와 은화

토, 지금의 벨기에와 네덜란드, 이탈리아 남부 나폴리 왕국 등이 모두 스페인 제국의 영토였다. 참고로 필리핀은 '필립 왕자의 땅'이라는 뜻이다.

스페인 제국의 이러한 외형적 팽창과는 달리 1492년 유대인 추방 이후 내실은 곪아 가고 있었다. 제국의 재정 충당을 위해 신대륙 식민지에서는 현지 인디오들을 금은 채취와 제련에 강제 투입해 노역시켰다. 그렇게 하여 식민지 개척자들이 채굴한 금

은의 5분의 1을 본국 왕에게 바치도록 했다. 이를 '오일조(五一租)'라 불렀다. 스페인 정복자들은 중남미에서 약탈하거나 채취한 금과 은의 5분의 1만 스페인 왕에게 바치고 나머지는 자신이 가질 수 있었기에 수많은 사람이 신대륙으로 몰려갔다.

스페인 식민지 가운데 볼리비아와 멕시코에서 대규모 은광이 발견되어 대량의 은이 스페인으로 밀려들어 왔다. 1503년부터 1660년 사이에 300톤 이상의 금과 3만 톤 이상의 은이 세비야 항구로 들어왔다. 이는 당시 유럽 전체 은의 무려 3배에 달했다. 16세기경에 스페인은 세계 금·은 총생산량의 83%를 차지하는 최고 부국이었다.

하지만 이런 현상이 마냥 좋은 것은 아니었다. 통화량이 갑자기 늘어나자 인플레이션이 발생해 물가가 폭등했다. 당시에는 사람들이 이런 경제 현상을 이해하지 못했다. 그 무렵 '스페인에서는 은 빼고 모든 게 비싸다'라는 말이 퍼질 정도였다고 경제사학자 페르낭 브로델Fernand Braudel은 저서 《15~18세기 물질 문명과 자본주의》에서 설명했다.

유입량만큼이나 막대한 은이 유럽 여러 나라로 빠져나갔고, 그 은은 다시 국제 무역망을 통해 튀르크와 페르시아, 인도와 중국까지 전 세계로 흘러나갔다. 스페인 은화는 엄청난 물량을 앞세워 국제 화폐 경제에 충분한 유동성을 공급했다. 스페인의 '8 레알(페소 데 오초)' 은화는 사실상 당시의 세계 기축통화 역할을 했다.

18세기에도 3만 9,000톤 이상의 은이 스페인에 유입되었다. 스페인을 통해 세계로 풀려나간 은은 세계 경제에 전례 없이 풍부한 유동성을 공급했고, 이로써 중세에는 상상할 수 없었던 거대한 국제 무역 시대가 도래했다.

과도한 팽창 정책으로 인한 대규모 재정 적자

1492년 초 스페인 제국은 이베리아반도에서 이슬람 세력을 몰아내고 '레콩키스타Reconquista'라는 국토회복운동을 마무리했다. 이후 전쟁 비용으로 불어난 재정 적자를 해결하기 위해 이단 종교를 믿는 유대인을 추방하고 그들의 재산을 몰수했다.

이때 개종을 거부한 유대인 17만 명이 한꺼번에 추방당했다. 그 전후에 종교 재판을 피해 이주한 유대인을 모두 합하면 30만 명에 가까웠다. 이렇게 많은 유대인이 갑자기 사라지자 스페인 제국의 금융산업과 유통산업은 붕괴되고 말았다. 같은 해 스페인 왕국 이사벨 여왕의 지원을 받은 콜럼버스는 신대륙을 발견했다. 이렇게 1492년에 중요한 3개의 역사적 사건이 발생하고, 이를 기점으로 중세와 근대가 나뉜다.

1492년 7월 유대인 추방 직후부터 손실이 나기 시작한 스페인 제국은 국고를 지탱하기 위해서는 외국으로부터 돈을 빌려와야 했다. 주로 제노바와 독일의 금융가에게 신대륙에서 가져온 금과 은을 담보로 맡기고 돈을 빌렸다. 이후에도 팽창 정책이 지속되어 국가 부채가 눈덩이처럼 불어났다. 나중에는 그 이자조차 감당하기 힘들게 되었다. 1543년의 경우 경상수입의 65%가 이미 발행된 정부 공채의 이자 상환에 지출되는 실정이었다.

1550년경 스페인은 경제적으로는 심각한 상황에 봉착했다. 유대인이 빠져나간 후유증으로 산업은 급속히 침몰했고, 전쟁으로 돈은 무한정 빨려 들어갔다. 더구나 영국 해적선들은 스페인 배들을 공격해 금과 은이 스페인에 도착하기도 전에 약탈하곤 했다.

막스 베버Max Weber에 따르면 당시 스페인은 국가 수입의 70%를 전쟁 비용으로 썼다고 한다. 그러니 대규모 재정 적자가 계속 늘어날 수밖에 없었다. 카를로스 5세는 재위 기간인 1516~1556년 40년 동안 부채만 4,000만 두카트Ducat를 남겼다. 같은 기간 신대륙에서 들어온 금은보화 3,500만 두카트보다도 많은 금액이었다. 두카트는 당시 기축통화인 베네치아 금화다.

그 뒤 1568년부터 80년간 네덜란드와 독립전쟁을 벌일 때는 이보다 더 많은 적자가 났다. 이렇게 되자 스페인은 식민지의 은이 거쳐 가는 단순한 경유지로 전락했고, 국내 산업은 침체했다. 스페인은 이를 만회하기 위해 당시 지배하고 있던 네덜란드에 더 많은 세금을 걷으며 통제를 강화했고, 이는 네덜란드 독립전쟁을 초래한다. 여기에 스페인의 독주에 도전하는 영국이 네덜란드를 도왔다.

살인적 증세가 불러온 악순환

스페인은 재정 상태를 호전시키기 위해 증세를 서둘렀다. 그런데 증세 방법으로 최악의 세금 징수 시스템을 선택했다. 바로 거래 때마다 부과되는 소비세 제도를 도입한 것이다. 처음에는 부동산이나 일부 상품의 거래에만 부과되던 것을 점차 과세 대상을 확대해 식료품 등 생활 필수품에도 적용했다.

소비세는 오늘날에도 국가의 경기를 악화하는 작용을 한다. 그러나 당시 스페인의 소비세는 정도가 너무 심했다. 한 상품에 보통 세금이 서너 번 부과되었다. 왕의 입장에서는 세수가 늘어나 좋겠지만, 하나의 상품에 이토록 높은 소비세가 매겨지면 당연히 물가는 올라가고 경기는 나빠지기 마련이다. 실제로 대항해 시대에 물가가 크게 올랐다. 스페인 물가 상승은 은의 대량 도입으로 화폐 유통량의 대폭적인 증가에 기인한 것도 있지만, 그에 더해 이런 무거운 세금 제도가 주범이었다.

스페인 제국은 당시 독일 지방에서 일어난 종교개혁의 여파로 북부 독일 군주들과 전쟁을 시작했는데, 이게 발전하여 오스만 제국과 프랑스 등 사방의 적들과 싸우는 처지가 되었다. 스페인 제국은 광대하지만 흩어진 영토를 가진 탓에 사방이 적들로 둘러싸여 있었다. 카를로스 5세는 이런 상태로는 하나의 왕조가 이를 유지하기 어렵다는 결론에 도달했다. 결국 그는 나라를 둘

▲ 스페인 제국의 카를로스 5세 국왕

로 쪼개어 1555년 신성로마 제국 황제 자리를 동생 페르디난트 1세에게 양도하고, 이듬해에는 스페인 왕의 자리를 아들에게 물려줬다.

현대적 의미의 첫 국가 파산

카를로스 5세에 이어 왕위에 오른 아들 펠리페 2세는 오스트리아를 제외한 모든 영토와 더불어 막대한 빚까지 물려받았다. 그가 1556년 등극하여 보니 1561년까지의 국고 수입이 모두 저당 잡혀 있었다. 결국 등극 다음 해인 1557년에 최초의 파산 선언(디폴트)을 했다. 현대적 의미의 첫 국가 파산이었다.

이는 1588년 스페인 무적함대가 영국에 패하기 31년 전의 일이었다. 제국의 군사력보다 경제력이 먼저 깨진 것이다. 한때 네덜란드, 오스트리아, 독일, 이탈리아 지역까지 합병하고 4개 대륙에 걸쳐 식민지를 운영했던 스페인 제국이 사실상 파산했다. 세계 최강의 군사력을 뽐내던 스페인 제국은 '기독교 왕국'이라는 종교 근본주의에 갇혀 유대인을 추방함으로써 경제 기반을 무너뜨렸다.

그런데도 스페인의 제국주의적 팽창 정책은 멈출 줄 몰랐다. 펠리페 2세의 과도한 정치적 야망으로 계속 전쟁을 치르는 바람에 사태는 더욱 악화되었다. 사실 전비 차입 방식이 문제였다. 한번 놀란 금융업자들은 스페인 장기채를 거들떠보지 않았다. 결국 차입은 대부분 '아시엔토'라는 단기채에 의존할 수밖에 없었다. 채무를 단기로 빌리니 만기가 빨리 돌아왔다. 전쟁 중 만기가 되어도 갚을 수 없는 상황에 직면하자 계속 더 큰돈을 빌려 빚을 갚는 악순환에 빠져 단기채 계약을 계속 체결할 수밖에 없었다. 이 과정에서 많은 국유지와 광산이 채권자 수중으로 넘어갔다. 결국 펠리페 2세는 견디다 못해 1560년에 다시 파산 선언을 했다.

네덜란드 독립전쟁이 한창이던 1572년에는 군사비 지출이 재정 수입의 2배 이상 많았다. 게다가 유대인을 주축으로 한 네덜란드 함선들이 그간 스페인의 주요 수입원이었던 안달루시아 등 주요 소금 생산지 항구들을 봉쇄하자 막대한 이윤이 남는 소금을 수출하지 못하게 된 펠리세 2세 통치하의 스페인은 또다시 파산 지경에 이르렀다.

이렇게 되자 왕에게 돈을 대주던 채권자들도 위험을 감지하고 이자를 천정부지로 올렸다. 스페인에서 추방당한 유대인들이 몰려가 경제를 부흥시킨 네덜란드에서는 이자가 연 3%에 불과했는데 1573년 스페인 왕국은 연 40%의 이자를 물어야 했다. 결국 펠리페 2세는 1575년에 세 번째 파산 선언을 해야만 했다.

1576년에 이르러서는 병사들에게 지불할 급료가 국가 수입액의 2.3배에 달했다. 이번에도 더 이상 막대한 부채를 해결할 길이 없었다. 이때 채무자들에 대한 지불 중단을 선언하면서 등장한 것이 스페인 공채 juro다. 채무를 장기융자로 전환한 것이다. 채무불이행 선언은 거의 20년을 주기로 5번이나 더 계속되었다. 메디치가보다도 돈이 많았다던 독일의 금융 가문인 푸거가와 제노바의 은행가들이 여기서 거덜이 났다.

1581년, 여전히 개신교 지역으로 남아 있던 네덜란드 북부는 펠리페 2세의 통치권을 부인했다. 이에 펠리페 2세는 1588년에 네덜란드 북부의 반란 세력을 지원하고 있던 잉글랜드 왕국을 정벌하기 위해 무적함대를 파병했다. 그러나 오히려 칼레 해전에서 영국에 대패했다.

이때부터 스페인 제국은 완연한 쇠퇴 징조를 보이기 시작했다. 귀족 작위나 영주권이 매매되었으며, 식민지로부터 엄청난 양의 귀금속을 들여왔음에도 군사비 증대로 인한 국고 파탄은 막지 못했다. 결국 1596년에 또다시 대규모 파산 선언을 했다.

한편 네덜란드는 스페인의 소금 수출을 봉쇄하여 전세에 승기를 잡았으나 이는 절임 청어 사업을 주도하는 네덜란드에도 큰 타격이었다. 유대인들은 막강한 경제력을 축적할 수 있는 소금 수입을 위해 멀리 중남미로 눈을 돌려 서인도 제도에서도 소금을 공수해왔다. 17세기 초에는 베네수엘라의 아라야 갯벌 주변에 쌓인 엄청난 소금퇴적물 채굴을 시작해 베네수엘라와 네덜란드 사이에 매년 100여 척의 배들이 오고 갔다. 이로써 네덜란드는 다시 유럽 내 소금 상권과 절임 청어 시장을 장악할 수 있었다. 더 나아가 강력한 해상무역국으로 부상했다.

저질 주화로 통화 시장 붕괴

스페인은 엎친 데 덮친 격으로 3년에 걸쳐 페스트까지 유행했다. 역사적으로 '스페인의 황금 시대'라고 불리는 최전성기를 이끈 펠리페 2세가 1598년 암으로 서거할 무렵, 이미 스페인 시대는 끝나가고 있었다. 거의 모든 세입원이 저당 잡힌 상태였고, 미래의 세입을 담보로 빌린 돈으로 국가 재정을 꾸려야 했다.

이후 등극한 펠리페 3세는 비정상적인 방법으로 사태를 수습하려 했다. 그는 1599년 화폐를 주조할 때 모든 주화에서 아예 은을 빼버렸다. 시중의 구화도 강제로 신화와 교환해서 여기서 뽑아낸 은으로 빚을 갚으려 했다. 이로써 저질 주화만 시중에 유통되고 금화와 은화는 해외로 유출되거나 자취를 감춰 버렸다. 시중 화폐에 대한 불신은 통화 시장 붕괴를 불러와 경제를 파탄으로 몰아넣었다.

정부 수입의 70%가 이자

그 뒤 스페인 제국은 해체되기 시작했다. 1607년 네덜란드 함대가 지브롤터만의 스페인 함대를 격멸했고, 1648년에 마침내 네덜란드가 80년 전쟁 끝에 스페인으로부터 독립을 쟁취했다. 이어 1640~1668년에는 포르투갈이 독립전쟁을 일으켜 분리해 나갔다. 1659년에는 프랑

▲ 네덜란드 함대가 스페인 함대를 격멸한 1607년의 지브롤터 해전

스 남서부와 북부 일부를 프랑스에 내주었다. 그러는 동안 국가 채무는 더 늘어갔다. 1560년에 380만 두카트였던 국가 채무는 1667년에는 900만 두카트로 늘어났다. 당시 차입금은 정부 수입 10년치였다. 채무가 늘어나자 이자도 높아져 정부 수입의 70%가 이자로 빠져나갔다.

1678년에는 동부를 프랑스에 내주었다. 또 스페인 왕위 계승 전쟁 직후인 1714년에는 시칠리와 나폴리 그리고 사르데냐와 네덜란드 남부 지방을 오스트리아에 넘겨 주었다. 그 뒤 스페인은 세계 강대국 대열에서 영원히 사라지고 말았다. 과도한 재정 팽창의 비극은 이렇게 무서운 결과를 가져왔다.

2장

통화 혁명의 서막

: 경제학자들이 세계 화폐를 주장하는 이유 :

Chapter 1

케인스의 염원, 세계 화폐

1944년 브레턴우즈 회의 때 유명한 경제학자 존 메이너드 케인스John Maynard Keynes
는 무역 전쟁과 환율 전쟁으로 인해 세계 대전이 벌어지지 않게 하기 위해서 세계 화
폐를 주장했다.

제1차 세계 대전 직후인 1919년 1월에 열린 파리 강화 회의에서 케인스는 영국 대표
단으로 참가해 독일에 과도한 배상금을 물려서는 안 된다고 역설했다. 그러나 케인
스의 주장은 젊은 경제학자의 치기로 여겨져 묵살되었다. 그는 회의에 참가한 각국
정치인들이 이기적인 자국 정치 논리를 앞세워 경제를 무시하는 무지한 행태에 충격
을 받고 분노했다. 그는 독일에 물린 혹독한 배상금이 전무후무한 인플레이션을 발
생시킬 것이며, 이는 독일 국민을 빈곤으로 내몰아 '극단적 혁명'을 일으킬 거라고 생
각했다. 즉 그는 전제주의 정권의 등장과 새로운 전쟁을 예감했다. 케인스는 독일 경
제 조직을 완전히 초토화하는 내용을 담은 평화조약 초안을 수정하는 일이 더 이상

불가능하다고 판단했다.

결국 케인스는 모든 자리에서 물러나 케임브리지로 돌아온 뒤 분노에 차서 2개월 만에 《평화의 경제적 결과The Economic Consequences of the Peace》라는 책을 저술했다. 그는 이 책에서 연합국 지도자들을 강력하게 비판하며 "가장 중요한 문제는 정치가 아니라 금융과 경제라는 사실을 한 사람이라도 제대로 이해했더라면, (…) 아직 시간이 있을 때 흐름을 이로운 쪽으로 돌려놓아야 한다."라고 주장했다.

케인스가 생각하는 평화조약의 정신은 '관용'으로, 독일에 대한 배상금은 100억 달러를 넘지 말아야 하고, 미국이 유럽 부흥을 돕는 게 바람직하다고 주장했다. 당시 이 책은 출간 6개월 만에 12개 언어로 번역되어 10만 권이나 팔렸음에도 케인스의 제안은 묵살되었고, 그의 불길한 예상은 그대로 현실이 되었다.

결국 그의 경고대로 독일에 대한 거액의 전쟁배상금은 화를 불렀다. 독일은 배상금을 갚기 위해 수출을 늘리는 과정에서 엄청난 화폐를 발행했다. 이러한 화폐 발행량 증가는 결국 초인플레이션을 불러와 사회가 극심한 혼란에 휩싸였다. 이 틈을 타고 히틀러와 나치가 등장했고, 이는 제2차 세계 대전을 불러왔다. 이 모든 사건의 원인은 인플레이션이었다. 제2차 세계 대전이라는 참화는 케인스의 선견지명이 거부된 결과였다.

모든 걸 삼켜버린 독일의 초인플레이션

독일의 초인플레이션은 정부의 화폐 발행량 증가와 은행들의 과도한 신용 창출의 결과물이었다. 독일 정부는 과도한 전쟁배상금 지급과 경기 진작을 위해 수출을 늘려야 했다. 수출을 늘리기 위해서는 마르크화 평가절하로 수출 상품 가격 경쟁력을 높이는 게 유리해 결국 화폐 발행량 증가를 선택할 수밖에 없었다. 그러나 독일 초인플레이션의 진정한 막후 조종자는 거대한 신용 창출을 일으킨 금융 자본 세력들과 그들에 의해 움직인 민간 중앙은행이었다.

은행들의 과도한 신용 창출이 유동성을 급속도로 늘려 초인플레이션으로 이어졌다. 1921년 1월에 0.3마르크 하던 신문 한 부 값이 1922년 11월에는 7,000만 마르크가 됐으니, 2억 배 오른 것이다. 시민들은 생활비를 아껴 평생 저축한 돈이 휴지 조각이 되는 어처구니없는 참담함을 겪었다. 시민들은 항의의 표시로 화폐를 길거리에 버리거나 불쏘시개로 썼다.

시민들은 두 눈 멀쩡히 뜨고 화폐 발행량을 터무니없이 늘린 정부와 금융 세력에 의해 무자비하게 수탈당했다. 특히 부동산 없이 현금만 보

▲ 화폐를 버리거나 불쏘시개로 쓰는 독일 시민들

유했던 빈곤계층 서민들이 발가벗겨졌다. 부자들은 부동산, 토지, 주식, 귀금속 등으로 자신의 재산을 포트폴리오 해놓아 어느 정도 인플레이션의 피해를 피할 수 있었지만, 저소득층일수록 피해가 컸다. 금융투기 세력이 화폐 가치 폭락 과정에서 벌어들인 거대한 이익은 바로 국민이 몇십 년 동안 힘들게 저축해서 얻은 부였다.

금융 투기 세력의 만행

인플레이션이 가속화할 기미를 보이자 여기에 마르크화 금융 투기 세력들이 가세했다. 그들은 막대한 대출을 일으켜 부동산과 기업들을 헐값에 사들이고 돈값이 휴지 조각이 됐을 때 대출을 갚았다. 1923년에는 이틀마다 물가가 2배씩 폭등했다. 이러한 방법을 연속적으로 사용해 독일 최고의 거부가 된 사례가 휴고 스틴네스Hugo Stinnes였다.

▲ 독일의 사업가이자 정치인인 휴고 스틴네스

그는 역사상 인플레이션을 가장 잘 활용(?)한 사람으로 꼽힌다. 그는 대출로 1535개의 기업과 그에 딸린 2888개의 공장을 사들였는데 그 가운데 신문사도 60개나 있었다. 그는 언론조차 입맛대로 조종하며 인플레이선을 부추기기까지 했다. 그는 자기 소유의 신문을 통해, 인플레이션율이 1만%에 이르던 1922년에도 "유통되는 통화가 부족하다. 산업과 질서를 유지하기 위해서는 통화량이 더 늘어나야 한다"라고 주장했다. 이와 같은 주장을 뒷받침하기 위해 경제학자들도 동원했다.

유럽 최고의 작가였던 슈테판 츠바이크Stefan Zweig에 의하면 휴고 스틴네스의 재산은 독일 국부의 4분의 1이었다고 한다. 1923년 〈타임스〉지는 그를 '독일의 새로운 황제'라고 칭했다. 이러한 행태로 인해 파렴치한 투기꾼들과 이를 조장한 유대인 금융가들에 대한 독일 국민의 적개심과 증오는 상상을 초월했다.

초인플레이션이 부른 나치 전제 정권

케인스의 예견대로, 이 틈을 파고들어 대중을 선동해 집권한 사람이 히틀러다. 그가 이끄는 나치의 지지율은 1928년 총선에서는 2.6%에 불과했으나, 2년 후에는 37.4%의 득표  율로 원내 1당이 되어 히틀러가 총리에 올랐다. 1934년 대통령이 서거하자 히틀러는 자신이 총리와 대통령을 겸하는 '총통'이 되겠다고 국민투표에 붙였다. 그는 무려 88.1%의 압도적 지지를 받고 최고권력자가 된다. 이어 홀로코스트Holocaust와 제2차 세계 대전이라는 세계 최대의 비극이 일어난다. 이는 정치를 앞세우고 경제와 금융을 무시한 결과였다.

그 뒤 헝가리에서는 1946년 역사상 최대의 초인플레이션이 일어났는데 0이 29개나 붙는 인플레이션율은 읽기조차 어렵다. 이러한 일은 과거에 국한된 역사적 사건이 아니다. 1990년대 초 브라질에서도 초인플레이션은 일어났으며, 러시아도 1992년에 2600%의 초인플레이션에 시달렸다. 옐친 정부 8년 동안 러시아 인플레이션은 60만 8000%에 달했다. 2007년 나이지리아에서 벌어진 월 796억%에 달하는 인플레이션을 비롯해 2009년에는 짐바브웨가 무려 100조 달러 지폐를 발행하기도 했다. 지금도 베네수엘라는 초인플레이션에 시달리고 있다.

이런 나라의 사람들은 봉급을 받자마자 뛰어나가 카트 가득 물건을 사기에 바쁘다. 조금만 늦으면 지폐가 휴지 조각이 되기 때문이다. 또 이러한 초인플레이션은 개발도상국에만 국한된 일이 아니라 선진국에서도 발생할 수 있는 '화폐적 현상'이다. 제로 금리와 양적 완화 정책 그리고 전례 없는 재정부양책으로 화폐 발행량이 최대로 늘어난 요즘의 현실이 위태로운 이유이다.

초인플레이션이 발생하는 이유

초인플레이션Hyperinflation이란 물가 상승이 정부의 통제를 벗어난 상태로 월 50% 이상의 인플레이션율을 뜻한다. 중앙은행이 돈을 많이 찍어내서 초인플레이션이 일어나는 게 아니다. 돈의 유통 속도가 빨라지면 초인플레이션이 발생한다. 인플레이션보다 무서운 게 '인플레이션 기대 심리'이다.

인플레이션 기대 심리가 만연하면 사람들은 돈이 들어오는 즉시 재화로 바꾸려 든다. 그러면 그 돈을 받은 시장이나 기업 역시 당일로 원자재 구매나 달러 같은 외국 통화로 바꾼다. 이렇게 되면 통화의 유통 속도가 갈수록 빨라져 중앙은행의 통화 정책으로는 제어할 수 없게 된다. 그러면 시중 유동성은 갈수록 증폭되어 초인플레이션이 발생한다.

케인스의 화폐관은 명료했다. 특정 국가에 의해 임의로 발행량이 증가하거나 축소되는 일이 없는, 곧 인플레이션이나 디플레이션이 없는 세계 화폐가 있어야 한다는 신념이었다.

"인플레이션은 부당하고 디플레이션은 비효율적이다. 독일의 경우처럼 극단적 인플레이션을 제외하면, 인플레이션과 디플레이션 중에 디플레이션이 더 안 좋다. 빈곤한 세계에서는 임대인을 실망시키는 것보다 실업을 유발하는 것이 더 안 좋기 때문이다. 그러나 둘 중 하나를 꼭 택해야 하는 것은 아니다. 두 가지가 모두 안 좋고, 모두 피해야 한다."

이처럼 케인스가 디플레이션이 더 안 좋다고 하는 데는 이유가 있다. 다음 달에 물가가 더 싸질 것이라고 생각하면, 사람들이 소비를 미루어 경기 침체에 빠지기 때문이다. 소비가 줄어들면 기업이 생산을 줄이고, 그러면 결국 실업이 유발된다.

케인스의 세계 화폐 구상

케인스는 제1, 2차 세계 대전을 겪으면서, 국제 무역과 관련한 통화 체제의 문제점에 주목했다. 전쟁으로 인한 세계 무역 시스템 붕괴와 인플레이션으로 인한 부의 불평등한 분배 문제를 어떻게 개선해야 할지가 그의 최대 관심사였다. 이를 해결하기 위해서는 인플레이션이나 디플레이션이 일어나지 않는 세

▲ 1944년 브레턴우즈 회의에서 세계 화폐를 주장했던 케인스

계 화폐가 개발되어야 한다고 믿고, 종전 수년 전부터 그런 화폐 연구에 몰두했다.

그는 패권 국가가 극단적인 무역수지 적자를 볼 경우, 무역 분쟁은 물론 환율 전쟁을 일으킬 우려가 있고, 또한 이는 세계 경제를 불경기에 빠트릴 염려가 있어 이를 예방하는 데 초점을 맞추었다. 마침내 그는 세계 화폐 '방코르Bancor'를 고안해 냈다. 방코르는 금을 비롯해 30개 상품의 가격을 기초로 가치가 산정되며, 각국은 자국 화폐를 일정한 고정환율로 방코르와 교환할 수 있게 했다.

케인스의 방코르 구상은 1941년 9월 《전후 통화 정책》이라는 작은 책자를 통해 소개되었다. 그는 '국제 무역기구'와 세계 중앙은행을 맡을 '국제청산동맹'을 설립하고, 세계 화폐 '방코르'를 도입해야 한다고

제안했다. 세계 각국이 평소에는 자국 통화를 사용하되 무역에서는 각 나라 통화를 사용하지 말고, '국제청산동맹'이 발행하는 세계 화폐 방코르로 결제하자는 주장이었다.

케인스는 인플레이션이나 디플레이션이 발생하지 않게 하기 위해서 방코르의 발행량이 무역 거래되는 상품과 서비스의 양에 비례해야 한다고 생각했다. 그래서 그의 제안은 각 나라의 과거 3년간 무역액의 75%를 기준으로 방코르를 미리 각국의 보유 자금으로 할당하고, 각 나라는 수출과 수입의 차액을 이 세계 화폐를 사용해 조정하자는 것이었다. 즉 방코르는 금을 사용하지 않고 무역 결제를 할 수 있는 새로운 세계 화폐였다.

방코르는 실생활에서 사용할 수 없지만, 세계 각국의 중앙은행들끼리 결제할 수 있는 화폐로, 각국 화폐의 가치는 방코르와의 상대 환율로 표시된다. 케인스가 무역 전쟁과 환율 전쟁 예방에 필요한 세계 화폐를 고안해 낸 것이다.

여기에 케인스의 천재적인 면이 엿보이는 '환율 조정 시스템'을 더했다. 케인스는 무역수지 적자국이라면, 적자액만큼의 방코르 초과 인출을 계상할 수 있게 하되 각국의 초과 인출 상한액은 무역 규모에 비례해 설정하도록 고안했다. 각국의 연간 무역수지 적자액이 사전에 설정된 방코르 초과 인출 상한액의 50%에 달하면, 그 나라 화폐는 평가절하를 실시하는 동시에 적자액의 10%를 벌금으로 내게 했다. 벌금 제도는 무역 흑자 국가에도 적용했다. 벌금을 피하려면 각국이 자연스럽게 사전에 환율을 조정해야 하는 시스템을 구축한 것이다.

케인스가 세계 화폐를 주장한 이유

케인스가 세계 화폐를 주장한 이유는 크게 두 가지였다. 첫 번째 이유는 무역 전쟁과 환율 전쟁으로 제3차 세계 대전이 벌어지지 않게 하기 위해서였다. 케인스의 생각은 '세계 화폐는 인플레이션이나 디플레이션이 발생하지 않도록 고안되어야 한다'라는 것이었다. 또 다른 이유는 특정 국가의 위기가 다른 국가로 전이되는 현상을 방지하기 위해서였다. 달러가 기축통화일 경우 미국 내에서 유동성 위기가 일어나면 경제 위기는 전 세계적으로 전이되지만, 세계 화폐를 활용할 경우 경제 위기의 전이는 제한적인 수준에 그친다는 게 케인스의 생각이었다.

케인스는 세계 화폐 방코르를 발행하고 관리할 국제청산동맹의 자본금을 260억 달러로 하자는 제안도 했다. 미국 1년 GDP(국내총생산)보다도 많은 금액이었다. 260억 달러를 지금의 가치로 환산하면 160조 달러 정도 된다.

케인스의 제안에 놀란 미국의 대응

영국의 케인스 안(案)을 전해 들은 미국은 대응 전략 개발에 나섰다. 당시 미국 재무부의 장차관 모겐소와 화이트가 모두 유대인이었다. 미국은 영국이 주장하는 방코르라는 세계 화폐에 대응해 자국의 달러를 전면에 내세우기에는 명분이 약하다고 생각했다. 그래서 생각해 낸 것이 '유니타스Unitas'라는 세계 화폐였다. 유니타스의 가치는 순금 137.7분의 1그레인과 등가로, 10달러와 가치가 같았다. 그리고 케인스가 제안한 국제청산동맹 대신 이를 둘로 나눈 '세계은행'과 '국제안정기금'을 각각 100억 달러와 50억 달러 규모로 만들겠다는 복안을 내놓고 영국과 협상에 들어갔다.

미국의 안(案) 가운데 획기적인 것은 세계은행 설립 계획이었다. '세계은행'은 100억 달러의 자금을 보유하고, 연합국의 재건과 경제 부흥에 필요한 자본 공급을 주목적으로 했다. 또한 세계적 규모의 경제 불황의 예방, 가맹국의 생활 수준 향상, 국제 상품 안정 공사 설립과 은행권 발행 등의 기능을 지닌 초국가적 은행이었다. 하지만 이런 획기적 원안은 미국의 정치 정세 변화, 즉 이를 제안한 민주당이 1942년의 총선에서 패하고 공화당과 남부 민주당의 보수파 세력이 강화됨에 따라 의회 통과 전망이 흐려져 결국 중요 부분이 수정되었다.

1943년 4월에 공표된 수정안에 따르면, 세계은행 설립안은 자취를 감추었고, 국제 안정 기금안도 초국가적 성격이 흐려지면서 미국 중심의 내셔널리즘이 두드러졌다. 이 수정안은 재차 수정되어 현행 IMF의 모체를 이루었다. 그런데도 이때까지 두 가지 안은 금과 연결된 '방코르'와 '유니타스'를 세계 화폐로 채택하고 있었다.

국제청산동맹 구상으로 IMF 탄생

1943년 4월부터 1944년 4월에 걸쳐 미·영 양측은 실질적인 이견(異見) 조정 작업을 거듭했으나, 양측의 세계 화폐에 대한 이견이 좁혀지지 않았다. 달러를 내심 기축통화로 만들고 싶은 미국은 세계 화폐 유니타스를 각국의 통화 가치를 평가하는 계산 단위에 국한하겠다고 돌변했다. 이에 반해 영국은 세계 화폐가 단순한 계산 단위로 작동해서는 안 되며, 각국 중앙은행 사이에서의 수취 가능한 참된 국제 통화가 되어야 한다고 역설했다. 결국 1944년 7월 브레턴우즈 회의까지 양측의 이견이 좁혀지지 않았다. 결국 케인스의 세계 화폐 주장은 받아들여지지 않았다. 달러를 기축통화로 만들어 패권을 잡으려 했던 미국이 반대했기 때문이었다.

케인스가 미국의 제안에 대해 우려했던 것은 '금과 태환됨으로써 달러의 신용을 유지한다'라는 제도가 미국의 금 보유량이 고갈되면 붕괴될 수밖에 없는 체제라는 점이었다. 만약 이런 사태가 벌어지면 세계 경제 역시 큰 혼란에 빠질 수밖에 없음을 걱정했다. 결국 방코르와 국제청산동맹의 꿈은 무산되었지만, 절충이 이루어져 85억 달러 규모의 '국제통화기금IMF'이 설립되었다.

이 과정에서 케인스의 맞상대로 떠올랐던 인물이 해리 덱스터 화이트Harry Dexter White다. 러시아계 유대인 이민자 부부의 막내로 태어난 화이트는 집안이 가난해 대학 진학을 포기하고 제1차 세계 대전 때 군에 자원 입대했다. 전쟁이 끝나자 화이트는 참전용사 지원 프로그램 덕에

컬럼비아 대학에서 공부할 수 있었다. 그는 하버드 대학에서 경제학 박사학위를 받은 후 잠시 교수 생활을 한 뒤 재무부에 취직했다.

▲ 해리 덱스터 화이트

당시 재무부 장관이었던 헨리 모겐소가 그의 능력을 알아봤다. 화이트는 모겐소 장관 보좌관을 거쳐 승승장구해 차관보에 오른 뒤 1944년 7월 브레턴우즈 회의에 미국 대표로 참석했다. 화이트는 케인스에 밀리지 않았다. 미국이라는 힘과 유대 금융 자본의 파워를 배경으로 한 화이트의 적극적인 공세는 압도적일 수밖에 없었다. 다른 참가국들도 제2차 세계 대전의 후유증으로 미국의 도움이 절실할 때였다.

결국 회의는 여러 나라의 반대에도 불구하고 미국의 뜻대로 마무리되었다. 미국은 달러를 기축통화로 하는 금환본위 제도를 실시하기로 했다. 금 1온스를 35달러로 고정하고, 그 외에 다른 나라 통화는 달러에 고정하되 1%의 범위 내에서 조정할 수 있는 재량을 부여했다. 이로써 달러 패권 시대의 문이 열렸다.

Chapter 2

브레턴우즈 체제의 몰락과
흔들리는 미국

제2차 세계 대전이 끝나갈 때쯤 미국은 세계 통화제도를 재정비할 필요를 느꼈다. 당시 영국은 세계 화폐를 주장했고 다른 나라들은 금본위제 복귀를 희망했다. 그런데 금본위제로 복귀하려면 제1, 2차 세계 대전 중에 미국이 애써 모은 금을 각국에 분산시켜야 했다. 미국은 그럴 생각이 없었다. 이때 미국이 고안한 방법이 '금환본위제도'였다. 곧 미국만 금본위 제도를 취하고, 다른 나라들은 자국 통화와 달러와의 교환 비율을 일정 한도 내에서 지키도록 하는 방안이었다.

1944년 7월 브레턴우즈 회의에서 영국 대표 케인스가 제안했던 세계 화폐는 거부되었고, 미국의 의도대로 달러 중심의 금환본위 제도가 확립되었다. 35달러를 금 1온스로의 금태환을 보장하고, 각국 통화 가치를 달러의 1% 범위 내에서 연동시켰다. 브레턴우즈 체제 초기인 1947년까지만 해도 미국 정부는 전 세계 금의 70% 이상을 갖고 있었다.

그러나 이후 일본과 서독의 눈부신 경제 성장과 무역 증대로 세계 무역에서 미국의 위상은 점점 축소되었다. 게다가 베트남 전쟁으로 늘어난 국가 채무, 통화 팽창 등으로 달러 가치는 1960년대 들어 심각하게 떨어지기 시작했다.

달러의 모순을 보여주는 '트리핀 딜레마'

인플레이션의 근본 원인은 통화 팽창과 재정 적자이다. 그런데 미국은 재정 적자가 일어나야만 달러가 발행되는 구조이다. 그리고 경상수지 적자가 되어야 달러가 해외로 공급된다.

국제통화기금IMF 추정에 따르면, 1950년대 세계 경제에 공급된 국제 유동성 85억 달러 가운데 미국이 제공한 액수는 무려 70억 달러에 달했다. 덕분에 미국은 만성적인 적자 상태에 허덕여야 했다. 1950년대 미국의 경상수지 적자가 이어지자 이러한 상태가 얼마나 지속 가능할지, 또 미국이 경상수지 흑자로 돌아서면 누가 국제 유동성을 공급할지에 대한 문제가 대두됐다. 1960년에 이미 방만하게 공급된 달러는 외환 시장에서 평가절하 압력에 시달렸다.

그러자 미국 예일대 경제학과 교수 로버트 트리핀Rober Triffin은 미국의 방만한 재정 운용 정책이 지속될 경우 금태환이 어려워질 수 있다고 경고했다. 미국의 경상수지 적자가 심각해진 1960년 트리핀은 미 의회에서 기축통화로서 달러의 구조적 모순을 설명했다. 그는 "미국이 경상 적자를 허용하지 않아 국제 유동성 공급이 중단되면, 세계 경제는 크게 위축될 것이다. 그러나 적자 상태가 지속돼 달러화가 과잉 공급되면 달러 가치가 떨어져 준비 자산으로서의 신뢰도를 잃고, 고정환율제도도 붕괴될 것이다"라고 경고했다. 이후 달러화의 이럴 수도, 저럴 수도 없는 태생적 모순을 가리켜 '트리핀 딜레마'라고 한다.

트리핀 교수가 제시한 해결책은 케인스가 제안했던 '방코르'와 유사한 세계 화폐를 만들어서 국제 거래에 활용하자는 것이었다. 그러나 1960년대 초반에 이 해결책을 지지하는 사람은 거의 없었다.

금값 안정을 위한 금풀 협정

1960년대 들어 유럽과 일본이 보유한 달러 자산 총액이 미국이 보유한 금을 초과하기 시작했다. 그러자 미국의 금태환 능력에 대해 의심이 들기 시작하면서 금값이 뛰어오르기 시작했다. 런던 금시장에서 1960년 10월부터 금값이 온스당 40달러를 호가했다. 그러자 금이 미국에서 빠져나와 유럽으로 유입되기 시작했다.

금값이 뛰자 미국은 1961년 12월에 주요국들이 달러를 갹출하여 금값을 안정시키기 위한 자금을 마련하자고 제안했다. 국가별 갹출 비중은 미국 50%, 프랑스·독일·이탈리아·영국 각 10%, 벨기에·네덜란드·스위스 각 3%였다. 이렇게 모인 기금은 금값이 온스당 35달러 이상으로 오르려고 하면 금을 매도해 금값을 안정시키는 데 사용되었다. 다른 출자국들은 금풀Gold Pool 운영에 따른 손실액의 절반을 미국에 보상해주어야 했다.

제2차 세계 대전 이후 세계 외화자산 결제는 주로 달러로 진행되었는데 브레턴우즈 체제의 금환본위제임에도 미국은 암암리에 달러 발행을 남발했다. 당연히 달러의 실질 가치가 많이 떨어졌다. 이에 따라 달러에만 모든 결제를 맡기는 것이 옳은가에 대한 의문이 제기되었다.

IMF의 세계 화폐 발행을 제안한 드골

1964년 IMF 연례총회에서 달러의 독점적 위상을 반대하던 프랑스 샤를 드골Charles de Gaulle 대통령은 IMF의 세계 화폐 발행을 제안했지만, 미국에 의해 즉각 거부되었다.

세계 화폐 제의가 거부되자 드골은 세계 화폐 개념은 새로운 게 아니라 역사 속에서 통용되던 금이 바로 세계 화폐라며, IMF의 세계 화폐가 싫다면 국제 체제의 평등성 회복을 위해 금본위제로 복귀하자고 주

▲ 프랑스의 샤를 드골 대통령

장했다. 그러면서 프랑스가 보유하고 있는 달러를 미국의 금과 바꿀 의향을 밝혔다.

이러한 협박은 미국의 공식 입장에 변화를 주었다. 미국은 달러의 위상이 더 이상 난공불락이 아니라는 점을 인식하고 입장을 바꿔 드골의 세계 화폐 제안에 동의했다. 하지만 미국은 IMF가 발행하는 통화에 '세계 화폐'라는 단어를 붙이기는 싫었다. 그래서 고안해 낸 것이 이른바 '특별인출권SDR-Special Drawing Rights'이라는 이름이었다.

결국 IMF가 1969년 케인스의 세계 화폐 아이디어를 차용해 새로운 국제준비자산 특별인출권을 만들었다. 특별인출권은 IMF 회원국의 국제수지가 악화되었을 때 담보 없이 필요한 만큼의 통화를 인출해 갈 수 있는 권리이다. 쉽게 말해 특별인출권은 IMF에서 사용하는 준비통화로, 달러 체제를 보완하기 위한 세계 화폐이다. 미국은 지금도 특별인출권의 존재를 그리 달가워하지 않는다.

스스로 만든 브레턴우즈 체제를 속인 미국

케인스가 우려했던 것들이 전후 세계 경제 흐름 속에서 차례차례 현실로 드러났다. 1965년 암살당한 케네디 대통령을 승계한 린든 존슨 Lyndon Johnson이 베트남 전쟁에 확대 개입하면서 미국 경제는 점점 더 수렁 속으로 빠져들었다. 그는 당시의 금환본위제를 위배하는 비도덕적 행위도 서슴지 않았다. 부족한 재정을 메우기 위해 연방준비제도에 금 보유와 상관없이 달러를 더 발행하도록 압력을 가했다. 이는 브레턴우즈 체제 참가국들을 속이는 행위였다.

연방공개시장위원회 위원들은 대통령의 압력에 굴복해 화폐 발행량을 늘렸다. 그러자 물가상승률은 6%까지 치솟았다. 이후 1970년대 미국 인플레이션은 두 자릿수를 넘나들었다.

1960년대에 미국의 금 보유량은 전 세계 금의 절반 이하로 줄어들었음에도 1971년 들어 달러 통화량은 10%나 늘어났다. 이에 불안을 느낀 서독이 그해 5월 브레턴우즈 체제를 탈퇴했다. 그러자 달러 가치는 마르크 대비 7.5% 하락했다.

다른 나라들도 동요하기 시작했다. 이제 각국은 달러를 의심하기 시작하며, 보유한 달러를 금으로 바꾸기를 원했다. 스위스가 가장 먼저 7월에 5,000만 달러를 미국으로부터 금으로 바꾸어갔다. 이어 프랑스도 1억 9,100만 달러를 금으로 태환해갔다. 그러면서 1억 5,000만 달러를 더 태환할 계획이라고 발표했다. 드골은 미국에 해군 함대를 보내 프랑스로 금을 운반하는 걸 대내외적으로 과시까지 하며 미국을 압박했다. 이어 스페인도 6,000만 달러를 금으로 교환해갔다. 지금의 가치로 환산하면 수백억 달러어치의 금을 교환한 것이다. 이로써 미국의 금 보유고는 엄청나게 줄어들었다. 달러 가치가 유럽 각국의 통화들에 비해 떨어지자 8월에 스위스도 브레턴우즈 체제를 떠났다.

1971년 8월 9일, 영국의 경제 대표가 재무부에 직접 와서 자그마치 30억 달러를 금으로 바꿔 달라고 요구했다. 미국 정부는 잘못하면 국가 부도 사태를 불러올지도 모르는 비상 국면에 직면했다.

그다음 주 13일 금요일, 리처드 닉슨 대통령은 돌연 행정부 주요 경제정책 담당자 16명에게 헬리콥터를 타고 자신과 함께 캠프 데이비드 군사기지로 가자고 명령을 내렸다. 대통령은 외부와 연락할 수 있는 모든 길을 차단함으로써 이 모임에 대한 정보가 새어나가지 못하도록 했다. 금 고갈에 직면한 미국이 자신만 살길을 찾아나선 것이다.

세계를 우롱한 미국의 배신 '닉슨 쇼크'

영국마저 대량의 금태환 움직임을 보이자 미국은 결국 1971년 8월 15일, 달러와 금의 교환을 일방적으로 중단하는 이른바 닉슨 쇼크를 단행해 브레턴우즈 체제를 스스로 파기하는 비도덕적 배신을 감행했다. 닉슨은 투기꾼들에 의해 달러가 공격받고 있다며, 일시적으로 달러의 금태환을 중지한다고 발표했다. 발표 내용도 지극히 부정직했다. 미국이 하루

▲ 달러의 금태환 정지를 발표한 닉슨 대통령

아침에 금과 달러의 연결고리를 끊어버림으로써 그간 금 교환권이라고 믿어온 달러와 또 그 달러에 연동되어 있던 전 세계 화폐 모두를 종잇조각으로 전락시킨 엄청난 사건이었다. 너무나도 갑작스럽게 일어난 일이라 그 뒤 국제 외환 시장은 아수라장이 되었고, 세계 경제는 극심한 혼란을 겪었다. 브레턴우즈 체제가 붕괴되고 나서도 3~4년 동안 세계는 효과적인 국제 통화 제도를 찾지 못했다. 닉슨은 특별담화문에서 이렇게 발표했다.

"최근 몇 주 동안 투기꾼들은 미국 달러에 대한 전면전을 벌이고 있습니다. 한 국가의 통화의 힘은 그 국가 경제의 힘에 기반하고 있으며, 미국 경제는 세계에서 가장 강합니다. 그래서 저는 재무장관에게 투기꾼으로부터 달러를 방어하는 데 필요한 조치를 취하도록 지시했습니다. 코널리 장관에게 통화 안정과 미국의 이익을 위해 달러의 금 교환을 일시적으로 중단하도록 지시했습니다."

닉슨 쇼크와 동시에 미국 정부는 모든 수입품의 관세를 10% 올리는 보호무역을 단행하고, 국내적으로는 90일간 물가와 임금을 동결시켰다. 또 대외적으로는 달러의 평가절하를 단행하여 목표 금값을 온스당 35달러에서 38달러로 변경했다. 전형적인 '인근 궁핍화 전략'이었다. 1972년에는 달러 가치를 다시 금 1온스당 42.22달러로 절하했다. 금본위제가 공식적으로 폐지된 것은 제럴드 포드가 대통령을 하던 1974년이었다.

사실 달러의 '인근 궁핍화 전략'은 그때가 처음은 아니었다. 1934년 프랭클린 루스벨트 대통령은 달러의 가치를 금 1온스당 20.67달러에서 하루아침에 35달러로 자그마치 69%나 일시에 평가절하한 사례가 있었다. 다른 나라들이야 어떻게 되든 미국 혼자만 살아남겠다는 것으로, 특히 수출 경쟁국들의 고통은 이루 헤아릴 수 없었다. 이후 금본위제의 고삐가 풀린 달러는 틈만 나면 발행량을 늘려 인플레이션이라는 올가미로 가난한 사람은 더 가난하게 만들고, 부자는 더 부유하게 만드는 양극화로 세계를 몰고 가기 시작한다.

Chapter 3

연준의 굴종과
근원인플레이션 지수의 탄생

패권적 통화금융 시스템은 많은 문제점이 있다. 비트코인을 만든 사토시 나카모토는 기존의 패권적 통화금융 시스템으로는 인플레이션을 영원히 막을 수 없다고 보았다. 그는 기존 통화금융 세력이 기득 체제에 복무한다고 여겼기 때문이다. '복무(服務)한 다'란 기득권의 이익을 위한 임무에 힘쓴다는 뜻이다. 즉 통화금융 세력의 임무는 통화 시장을 안정시켜 국민 경제를 활성화하는 것이 아니라 높은 인플레이션이나 금융 위기의 위험이 있을지라도 기득권 세력의 이익에 부합하는 쪽으로 일한다는 것이다. 이는 화폐경제론을 연구하는 대부분 경제학자도 우려하는 사안이다. 존 케인스는 또 다른 시각에서 패권적 통화 시스템에 대해 우려했다. 그는 1944년 브레턴우즈 회의 에서 한 나라의 패권적 통화는 필연코 무역전쟁을 불러와 환율전쟁과 패권전쟁으로 비화하며, 이는 세계 대전을 불러올 수 있다고 경고했다.

케인스와 같은 시대에 활약했던 조지프 슘페터Joseph Alois Schumpeter는 자본주의가 경제면에서는 성공하지만, 사회와 정치면에 변화를 가져와 장기적으로는 새로운 사회주의 질서로 옮겨갈 수밖에 없다고 강조했다. 즉 금융 자본주의가 기본소득 등 사회주의를 가미한 포용 자본주의로 변화함을 뜻한다.

하이에크도 1976년 저서 《화폐의 탈국가화》에서 중앙은행은 정치적 제약으로 인해 높은 인플레이션 문제를 해결할 수 없으므로 화폐 공급은 민간 발행 주체들의 경쟁을 통해 시장에서 자유롭게 결정되어야 함을 주장했다.

미국 경제학자 밀턴 프리드먼Milton Friedman은 1980년에 "인플레이션은 알코올 중독과 정확하게 같다. 처음에는 효과가 좋아 보인다. 정부의 통화량 증가 정책은 누구나 더 많이 지출할 분위기를 만든다. 그러나 곧 나쁜 효과가 드러나기 시작한다. 인플레이션과 경기 침체가 합세한다"라고 말했다.

사토시 나카모토는 금융 위기 와중인 2009년 1월 3일 비트코인 제네시스 코인에 글로벌 금융 위기를 상징하는 문구를 넣어 이를 영원히 알렸다. 그래서 사토시는 애초부터 비트코인 발행 수량을 2,100만 개로 한정해 인플레이션을 원천적으로 차단했다. 사토시 나카모토는 왜 그렇게 인플레이션 억제를 중요하게 생각했을까?

금본위제 하에서는 화폐 발행이 제한되어 인플레이션이 쉽게 일어날 수 없었다. 문제는 1971년 8월 닉슨 쇼크로 인해 달러가 금과의 고리가 떨어져 나간 이후 발생했다. 이때부터 화폐 발행에 통치 세력의 정치 논리와 통화금융 세력의 진영 논리가 교묘히 경제 논리로 둔갑해 기득 세력의 이익을 위해 복무했다.

그중의 하나가 근원인플레이션 지수다. 주부들이 느끼는 장바구니 물가와 중앙은행이 발표하는 물가지수와는 많은 괴리가 있다. 특히 근원인플레이션 지수와 차이가 크다. 또 집값과 전세값은 득달같이 오르는데, 물가지수 발표는 태평성대를 이야기하고 있다. 그 이유를 알아보자.

닉슨이 조종한 번스 연준 의장

1969년 제37대 미국 대통령이 된 리처드 닉슨은 부통령 시절 자신의 경기부양 요구를 들어주지 않았던 윌리엄 마틴 연방준비제도(Fed, 연준) 의장의 교체를 원했으나 대통령이 연준 의장을 해임할 권한은 없었다. 그래서 마틴의 임기가 끝나는 1970년 2월까지 기다렸다가 자신의 보좌관 아서 번스Arthur Burns를 후임 연준 의장으로 임명했다.

▲ 연준의 독립성을 결정적으로 훼손했다는 평가를 받는 아서 번스 연준 의장

닉슨은 번스에게 자신이 재선에 출마할 때 완화적 통화 정책을 펼 것을 지시했다. 그리고 그를 임명하던 날에도 "신임 의장이 '독립적으로' 대통령의 의견은 반드시 따라야 한다는 결론을 내리기를 희망한다"라고 공개적으로 압박했다. 그 무렵 미국의 경제 상황은 녹록지 않았다. 소비자물가지수가 지속적으로 올라 1974년 말에 12.3%로 치솟았다.

임금과 물가 동결을 제안한 번스 의장

아서 번스 의장은 1971년 6월 22일 닉슨 대통령에게 서신을 보냈다. 그는 편지에서 물가 상승이 연준의 통화 정책 때문이 아니라 '급격하게 달라진 경제 구조' 때문이라는 사실을 대통령이 알아주길 원했다. 아서 번스 의장은 정부 차원에서 '임금'과 '물가'를 동결하는 정책을 6개월 정도 펼쳐야 문제가 해결될 것이라고 주장했다.

아서 번스 의장이 인플레이션을 통화 긴축으로 잡을 생각은 하지 않고 공권력을 도입해 인위적인 물가 통제로 물가 상승을 억제하려 한 자세는 큰 문제였다. 연준은 통화 완화 정책을 계속 쓸 테니 물가는 정부가 힘으로 억누르라는 이야기였다. 하여튼 연준이 인플레이션이라는 공을 대통령에게 떠넘긴 것이다.

이런 시점에 터진 게 1971년 8월 15일 닉슨 쇼크였으며, 이후 달러와 금 교환의 일시적 중단은 영구 중단이 되었다. 이로써 달러는 전적으로 미국의 신용에 기초한 '신용 화폐 Fiat Money'가 되었다.

대통령 재선을 돕기 위해 거꾸로 간 통화 정책

닉슨 쇼크로 국제 외환 시장은 혼돈에 빠졌다. 무엇보다 달러가 기축통화의 위상을 상실했다. 미국 경제는 이 조치가 한동안 잘 작동하는 것처럼 보였다. 하지만 시간이 흐를수록 임금과 물가 동결 관련 규제가 늘어나 경제에 부정적인 영향을 미쳤다. 가격 통제의 피해를 보기 싫었던 기업들은 공급을 줄였고, 결국 물가 상승 속도를 더 부추겼다.

경제가 침체될수록 미국 정부는 더 적극적으로 적자 예산을 편성해 재정 정책을 강화했다. 정부의 대량 국채 발행으로 인플레이션이 심화되는 데도 연준은 정부의 눈치를 보느라 적극적인 긴축 정책을 펼칠 수 없었다. 실제 통화 증가율이 13.4%에 달했던 1971년 말, 아서 번스 의장은 당연히 긴축을 위해 기준금리를 올려야 함에도 되레 기준금리를 내렸다. 닉슨의 재선 운동을 돕기 위해 의도적으로 악수를 둔 것이다.

아서 번스 의장은 재선을 앞둔 닉슨 대통령으로부터 금리 인하 압박을 받은 것으로 알려졌다. 1972년 재선에 도전한 닉슨 대통령이 아서 번스 의장에게 대선에서 이겨야겠으니 금리 인상은 꿈도 꾸지 말라고 경고했다고 한다. 당시 미국은 베트남 전쟁 참전과 복지 확대로 돈이 많이 풀려 심각한 인플레이션에 직면하고 있었다. 금리를 올려 돈줄을 조여야 했지만, 닉슨 대통령이 막은 것이다. 당시 연준의 독립성은 없었다. 연준 스스로도 독립성을 지키려는 의지가 없었다.

스테그플레이션에 진입한 미국

닉슨 쇼크 이후 미국은 1971년과 1973년에 각각 8.6%, 10.0%의 평가절하를 감행했다. 세계 각국은 달러에 대한 고정환율제를 포기했고, 달러의 평가절하는 수입 물가 상승을 불러와 물가를 자극했다. 연준은 닉슨이 재선에 성공한 1973년이 되어서야 인플레이션을 잡기 위한 긴축 정책을 황급히 펼쳤다.

하지만 통화 정책의 적절한 시기를 놓친 연준은 1973년 1월 6.0%였던 정책 금리를 그해 8월 11.0%까지 7개월이라는 단기간에 급격하게 올렸다. 급가속이나 급브레이크는 늘 문제를 일으키는 법이다. 결국 급격한 긴축의 부작용은 경기 침체를 불러왔다. 인플레이션과 동시에 경기 침체가 겹치면서 미국 경제는 1973년 말 스태그플레이션에 진입했다.

여기에 엎친 데 덮친 격으로 오일 쇼크가 들이닥쳤다. 1973년 10월 6일 이스라엘과 아랍 국가 간 제4차 중동 전쟁(욤키푸르 전쟁)이 발발했다. 이에 따라 석유수출국기구OPEC 회원국들은 이스라엘을 지지하는 나라들을 제재하기 위해 석유 무기화를 천명하며 원유 가격을 올렸다.

10월 16일, 페르시아만 연안 6개국이 원유 공시 가격을 배럴당 3.01달러에서 5.12달러로 70% 인상했다. 다음날 OPEC는 원유 생산의 단계적 감축을 결정했다. 또한 이스라엘이 점령지에서 철수할 때까지 이스라엘 지지국에 대한 경제 제재(석유 금수)를 선언했다. 12월 23일에는 페르시아만 연안의 산유국 6개국이 1974년 1월부터 원유 가격을 5.12달러에서 11.65달러로 인상했다. 3개월 사이에 석유 가격이 배럴당 3.01달러에서 11.65달러로 3.87% 급등한 것이다. 이때부터 세계 경제는 가라앉기 시작했다.

근원인플레이션 지수의 탄생 배경

당시 닉슨 대통령과 번스 의장의 책상에는 직통 전화기가 놓여 있었다. 그들은 서로 통화할 수 있었지만, 대부분 보좌관이 대통령의 뜻을 전달했다. 보좌관은 아서 번스 의장이 인플레이션과의 전쟁을 이제 그만하고 정부의 경기 부양에 협조해줄 것을 대통령이 원한다는 이야기를 전했다. 그는 연준의 독립성을 뒤로한 채 대통령의 뜻을 따르기로 했다. 그래서 오일 쇼크로 치솟는 물가 속에서도 긴축을 택하지 않고, 대통령이 원하는 통화 팽창 정책을 시행하기로 했다.

하지만 이를 위해서는 명분이 필요했다. 다시 말해 인플레이션을 잡기 위해 긴축 정책을 실시해야 할 판에 팽창 정책을 택하기 위해서는 새로운 형태의 물가지수가 필요했다. 그래서 태어난 게 '근원인플레이션 지수'이다. '핵심물가지수Core Inflation'라고도 한다. 번스는 인플레이션 상승률이 미미하다는 것을 보여주고 싶었다.

1973년 오일 쇼크로 유가가 4배나 뛰었을 때 아서 번스 의장은 "이는 통화 정책과 관련이 없기 때문에 연준은 석유와 에너지 관련 상품, 즉 난방유나 전기료 등의 물가를 소비자물가지수에서 배제해야 한다"라고 주장했다. 통화량과 무관하게 움직이는 물가 상승 때문에 통화 정책이 간섭받아서는 안 된다는 뜻이었다.

당시 대부분 경제학 박사였던 연준의 연구원들은 이에 항의했다. 에너지 관련 상품들이 소비자물가지수에서 차지하는 비중이 11% 이상인데, 이같이 중요한 물가 요소를 무시하는 건 이해가 되지 않는다고 항

변했다. 하지만 아서 번스 의장은 요지 부동이었다. 오히려 그는 연준 내 반대 의견을 가진 사람들에게 불이익을 줬다.

유가가 폭등하자 같은 해 식음료 물가도 치솟았다. 아서 번스 의장은 이번에도 식음료를 물가 지표에서 제외해야 한다고 주장했다. 이번에는 연준 연구원들이 의장의 의견에 복종했다. 이로써 소비자물가지수에서 무려 25% 비중을 차지하는 식음료 아이템을 제외했다. 아서 번스 의장은 이렇게 해서 기존의 소비자물가지수에서 석유류와 식음료를 제외시켰다. 일시적 외부 충격으로 인한 물가 상승은 장기적인 통화 계획을 수립하고 집행하는 데 변동성이 커서 안정성이 결여된다는 게 제외 이유였다.

불행하게도 아서 번스 의장은 거기서 멈추지 않았다. 이후 수년 동안 그는 주기적으로 기이한 논리를 펼쳤다. 이동주택이나 중고차, 아이들 장난감, 심지어 여성의 장신구 가격도 일시적이고 이례적이어서 물가 지표에 적합하지 않다고 했다. 그는 주택 소유 비용을 물가에 포함하는 것에도 이의를 제기했다. 이는 소비자물가지수에서 16% 비중을 차지하는 중요한 요소였다. 번스가 원하는 것들을 제외했을 때, 소비자물가지수에서 남은 요소는 과거 대비 35%에 불과했다. 이렇게 해서라도 그는 인플레이션을 부정하려 했다.

그렇게 물가 상승 요소를 줄이고 줄였는데도 물가는 두 자릿수로 상승했다. 1975년에 이르러서야 그는 마침내 '미국이 인플레이션 문제를 겪고 있다'라는 데 동의했다. 훗날 밝혀진 닉슨 대통령의 도청 테이프에 따르면 아서 번스는 대통령에게 "대통령의 명성과 지위를 높이기 위해 나의 권한 내에서 할 수 있는 모든 것을 하겠다"라고 말했다. 사실상 연준의 독립성을 포기한 것이었다.

물가지수에서 주택 가격 제외

이후 레이건 대통령 때인 1980년대 초에 제2차 오일 쇼크로 물가 상승률이 연 10%에 육박했다. 레이건 행정부는 집값이 물가를 부풀린다며 이를 지수에서 빼고 대신 '자가 임대비'를 넣게 했다. '자가 임대비'란 현재 자신의 집을 임대해 주었을 때 받을 수 있는 예상 임대료를 의미한다. 집값을 지수에서 제외한 것은 주택은 소비품목이 아니라 자본재라는 이유였다. 집을 사거나 주택 개량 지출은 소비가 아니라 투자라는 의미다. 그 뒤 아버지 조지 부시 대통령 시절에는 전통 상품의 비중을 줄이고, 서비스와 금융 부문의 가중치를 높여 물가상승률을 낮췄다. 역대 정권이 모두 어떻게서라도 실제보다 낮은 인플레이션을 국민에게 보여주고 싶어 했다.

그들은 유동성이 늘어나면 가격이 오르기 마련인 자산과 상품을 소비자물가지수에서 제외함으로써 통화 발행에 걸림돌이 되는 것들을 모두 지수에서 빼 버렸다. 그렇게 인간이 살아가는 데 꼭 필요한 '의, 식, 주와 연료' 중에서 농산물과 연료, 주택 가격을 빼버림으로써 '식과 주, 연료'가 제외되고 '의'만 남았다. 이후 연준은 근원인플레이션 지수를 통화 정책의 지표로 삼았다. 즉 근원인플레이션이 허용하는 한도 내에서 달러를 무제한 발행할 수 있게 되었다.

결국 백악관과의 대립을 회피한 아서 번스 의장은 1970년대 물가 안정에 실패했다. 이 시기는 연준 역사상 가장 무능한 통화 정책을 펼친 시기로 기록됐다. 결과는 비참했고, 인플레이션이 두 자릿수로 치솟았다. 아서 번스는 1979년 퇴임하면서 정치적 압박 때문에 필요할 때 금리를 인상하지 못했다고 변명했다.

금융 자본주의의 본질적 문제

근원인플레이션 한도 내에서 무제한 발행되는 달러는 금융 자본주의의 여러 문제점을 일으켰다. 닉슨 쇼크 이전인 1970년만 하더라도 세계 GDP(국민총생산) 대비 금융자산 비중은 50%에 불과했다. 이러한 자본집적도가 1980년에 109%, 1993년에 200%, 2008년 금융 위기 직전 선진국은 400%를 넘어섰다.

GDP가 연 3~4% 성장할 때 금융자산은 연 15% 내외의 증가세를 보였다. 근로소득 증가는 산술급수적으로 성장했으나 자본소득은 기하급수적으로 불어났다. 그 결과가 '소득불평등'과 '부의 편중'으로 나타났다. 이러한 금융자산의 급속한 증가는 통화에 대한 불신을 불렀고, 글로벌 금융 위기 와중인 2009년 초 통화 남발을 근본적으로 원천 봉쇄하게끔 설계된 비트코인을 탄생시킨 배경이 되었다.

Chapter 4

미국 경제를 회생시킨
인플레이션 해결사, 폴 볼커

1970년대의 미국 경제는 암울했다. 미국 역사상 처음으로 베트남 정글에 수십만 미군이 갇히는 패전도 기록했다. 이 와중에 전비를 조달하느라 돈을 많이 찍어내어 발생한 인플레이션은 만성적인 현상이 되어 버렸다. 1971년 8월 닉슨 쇼크로 금과의 고리가 끊어진 달러는 고삐 풀린 망아지가 되어 양껏 발행되기 시작했다.

게다가 가뜩이나 휘청거리는 경제에 오일 쇼크는 치명타가 되었다. 1973년 제1차 오일 쇼크 당시 배럴당 3달러였던 유가는 단숨에 4배로 치솟았다. 이는 당연히 높은 인플레이션으로 연결되었다. 이때 긴축 정책을 써서 시중 유동성을 흡수해야 함에도 연준은 재선을 꿈꾸는 닉슨 대통령의 압력에 굴복하여 긴축을 해야 할 마당에 경기 부양용 통화 팽창 정책을 시행했다. 1970~1978년 9년 동안 평균 물가상승률은 9%였다. 물가 통제로 기업의 수익성은 악화되고 실업자는 늘어났다. 그렇게 높은 인플레이션과 경기 침체가 동시에 일어나는 스태그플레이션이 발생했다.

이후에도 근원인플레이션이 허용하는 한도 내에서 달러는 무제한 발행되었다. 그 결과는 인플레이션의 폭등이었다. 이러한 고(高)인플레이션을 잡은 사람이 폴 볼커이다. 미국 경제학자들은 미국 역사상 지금까지의 연준 의장 가운데 가장 훌륭하게 업무를 수행한 사람으로 폴 볼커를 지목한다. 미국 경제가 최악에 빠져 있을 때 연준 의장이 되어, 인플레이션을 잡고 국가 경쟁력을 확보하는 데 결정적인 공헌을 했기 때문이다.

고인플레이션으로 근로자와 서민들이 피해

1979년 2월 이란의 팔레비 왕조가 이슬람 원리주의자들에 의해 전복되고 그들이 반미 노선을 강화하자 유가는 폭등하기 시작했다. 이른바 제2차 오일 쇼크다. 1980년 4월 유가가 39.5달러로 두 배 이상 올랐다. 게다가 경기를 부양하겠다고 그간 연준과 정부가 돈을 너무 많이 풀었다. 이로 인해 미국의 인플레이션율이 두 자릿수를 기록했다. 재정 적자도 두 배로 늘어났다.

이렇게 1980년대 초반까지 미국 경제는 엉망이었다. 세 차례나 경기 침체에 빠지는 트리플 딥을 겪으며 장기 침체의 늪에서 허우적거리는 가운데 물가가 뛰는 스태그플레이션이 지속되었다. 특히 1979년의 미국 경제는 최악이었다. 그해 인플레이션율은 13.3%나 되었다. 베트남전쟁 패배의 후유증도 컸지만, 연준 스스로가 인플레이션보다는 성장에 신경을 썼기 때문이었다.

이렇게 높은 인플레이션이 발생하면 손해 보는 계층은 근로자와 서민들이다. 임금 인상이 높은 인플레이션 상승률을 쫓아가지 못하고, 갖고 있는 현금과 예금 가치가 인플레이션 상승률만큼 줄어들기 때문이다. 당시 금값은 1971년 온스당 35달러에 비해 20배 이상 올랐다. 이는 곧 달러에 대한 불신의 결과였다.

그 무렵 리처드 블루멘털 재무장관은 인플레이션을 잡기 위해 금리 인상을 주장했다. 그러나 윌리엄 밀러 당시 연준 의장은 통화 정책에 이상이 없다며 긴축에 반대했다. 경제 성장을 주도하는 재무장관과 통화 정책 책임자 사이의 역할이 뒤바뀐 얄궂은 상황이었다. 1978년 카터에 의해 지명된 법률가이자 기업가 출신인 밀러는, 불행하게도 경제와 금융에 관한 지식이 연준 의장직을 수행하기에는 짧아 보였다.

폴 볼커의 등장과 토요일 밤의 학살

두 책임자의 갈등이 심화되면서 1976년 1000선을 돌파했던 다우지수는 800선으로 내려앉았다. 통화 정책에 대한 갈등은 월가 투자자들의 신뢰를 상실했다. 카터 대통령도 "정부가 신뢰의 위기를 맞고 있다"고 선언할 정도였다.

많은 경제학자는 '미국이 남미형의 만성 인플레이션 경제로 추락하거나, 아니면 1930년대와 같은 대공황에 빠져들 것'이라고 비관했다. 밀러는 취임한 지 얼마 되지 않아 재무장관으로 자리를 옮겼다. 이러한 상황에서 연준의 해결사로 등장한 인물이 폴 볼커Paul Adolph Volcker였다. 1979년 8월에 취임한 폴 볼커는 물가와 경기 부양이라는 두 마리 토끼 중 한 마리만 잡겠다고 방침을 굳혔다. 물가를 잡기 위해서는 금리를 올려야 했고, 경기 부양을 위해서는 금리를 내려야 했다. 그는 연준 의장으로서 미국 경제를 내리누르는 인플레이션을 긴축을 통해 잡기로 작정했다. 긴축 정책을 쓰면 단

▲ 역사상 가장 훌륭한 연준 의장으로 평가받는 폴 볼커

기적으로 경기 침체가 심해져 대중과 정치인이 반발하게 마련이다.

폴 볼커 의장은 1979년 10월 6일 '경기 침체 상황임에도' 기준금리를 11.5%에서 15.5%로 한꺼번에 4%나 올리는 조치를 단행했다. 이를 당시 언론은 '토요일 밤의 학살'이라고 불렀다. 그러자 모기지 금리는 18%, 은행 금리는 무려 20% 가까이 뛰어올랐다. 주식과 집값이 폭락했다. 기업들의 파산이 잇따랐고, 실업자가 폭증했다.

연준과 월가, 재무부를 두루 섭렵한 볼커

폴 볼커는 1927년 미국 뉴저지주에서 독일계 유대인 이민자의 후손으로 태어났으며, 아버지로부터 소신과 검약 등의 신조를 물려받았다.

그는 프린스턴대 우드로 윌슨 스쿨을 수석 졸업하며 졸업 논문에서 제2차 세계 대전 이후 연준이 인플레이션 관리에 실패한 이유를 분석했다. 당시 유대인들이 직장을 구하기는 하늘의 별 따기였다. 볼커는 수석 졸업생이라 다행히 연준의 인턴 자리를 구해 조사 보조원으로 일할 수 있었다.

그 뒤 하버드 대학 행정대학원 정치경제학 석사를 거쳐 런던 정경대학에서 수학한 볼커는 1952년 연준에 통화량 분석 담당 정규직으로 입사했다. 이후 1957년 급여가 많은 체이스맨해튼 은행 이코노미스트로 자리를 옮겼다. 그 뒤 1962년에 재무부 금융분석국장으로 등용되었다가 1965년에 체이스맨해튼 부행장으로 복귀했다. 이렇게 연준과 재무부, 민간은행을 섭렵하던 볼커는 1971년에 재무부 국제 통화 담당 차관으로 발탁되어 닉슨이 그해 8월 15일 달러의 금태환 중지를 발표할 때 중요한 역할을 했다.

그 뒤 볼커는 1975년부터 4년 동안 뉴욕 연방준비은행 총재를 거쳐 연준 의장에 발탁되었다. 카터가 볼커를 연준 의장에 임명한 것은 그가 연준 산하의 가장 핵심 지역인 뉴욕연방은행을 맡고 있었고, 보수적이며 월가의 지지를 받고 있었기 때문이다. 당시 미국의 인플레이션은 무려 13%에 달했다. 국가로부터 인플레이션 파이터로 부름받은 그는 이를 피할 수 없는 운명으로 받아들였다. 그는 이제 인플레이션을 잡기 위해 모든 사람과 싸워야 하는 운명임을 직감했다.

폴 볼커 의장의 실수

카터 대통령도 처음에는 국민에게 "신용카드를 이용한 과도한 소비를 억제하라"라고 호소하며 인플레이션 억제 캠페인을 벌였으나 금리가 유사 이래로 최고 수준이라는 평을 받는 20%까지 올라가면서 이야기가 달라졌다. 경기를 악화시켜 유권자의 지지를 잃었기 때문이다. 실업률은 5%에서 10%로 늘었고, 주식 시장은 폭락했다. 1980년에 접어들면서 금리의 급상승으로 미국 경제는 더욱 깊은 불황에 빠져들었다.

그해 여름, 폴 볼커 의장은 지미 카터 대통령으로부터 은근한 압력을 받는다. 인플레이션이 잡혀가고 있고 무엇보다 국민의 고통이 극심하다는 것이었다. 물론 숨은 목적은 본인의 재선을 위한 것이었다. 폴 볼커 의장은 그해 7월 대통령의 뜻을 수용해 17%대의 기준금리를 9%로 내렸다. 그러나 이는 실수였다. 잡히는 듯했던 인플레이션이 다시 올라 12%를 웃돌았다. 그해 가을 대통령 선거에서 카터는 '신자유주의와 감세 정책'을 대선 공약으로 들고나온 공화당의 로널드 레이건에게 패해 재선에 실패했다.

폴 볼커 의장에게 힘을 실어준 레이건

레이건이 대선에서 승리하자 폴 볼커 의장은 고금리 정책을 더욱 독하게 밀어붙였다. 1981년 6월에 기준금리를 19%까지 올렸다. 이제는 누가 뭐라고 해도 소신을 꺾지 않고 강력한 금리 인상 드라이브를 걸었다. 레이건도 '미국 경제가 장기불황에서 빠져나오려면 인플레이션을 잡아야 한다'라는 것만은 분명히 인식하고 있었다. 레이건의 막료들이 '볼커 연준 의장을 그대로 두었다가는 카터처럼 연임에 실패한다'라는 경고를 쏟아냈지만, 레이건은

▲ 레이건 대통령

"우리가 연준을 두는 이유가 무엇이냐"고 반문하며 개입하지 않았다. 그리고 "미국 경제가 제 길을 간다면 나중에는 훨씬 더 건강해질 것"이라고 강조했다.

권총 차고 인플레이션과 싸운 폴 볼커

폴 볼커 의장에 대한 국민의 원성은 커져 갔다. 1981년 빚더미에 앉게 된 미국 농민들이 대거 트랙터를 몰고 워싱턴으로 상경했다. 이들은 도심 한복판을 행진하고 연준 건물을 봉쇄하며 볼커의 퇴진을 요구했다. 이들뿐만이 아니었다. 사상 초유의 고금리 직격탄을 맞고 소속 회사가 문을 닫자 앙심을 품은 한 남자는 연준FRB 건물에 무기를 들고 난입하는 소동을 벌였다. 키가 2m가 넘는 폴 볼커 의장은 재직 중에 권총

을 몸에 지니고 다녀야 할 정도로 온갖 시위와 살해 위협에 시달렸다.

시중 이자가 21% 이상으로 치솟으며 실업률은 10%를 넘어섰다. 이로 인해 미국인 수백만 명이 일자리를 잃었고 소비는 급락했다. 자동차 회사들이나 건설회사 등은 파산 상태로 내몰렸다. 마음 아픈 일이지만 인플레이션을 잡지 않고서는 미국 경제에 미래가 없다는 것이 폴 볼커 의장의 생각이었다. 이렇게 고금리로 인한 고통은 3년이나 지속되었다.

그런데 1981년 중반에 접어들면서 그 효과가 나타나기 시작했다. 은행 예금이자가 높으니 돈들이 은행으로 들어오기 시작했다. 은행 우대금리 21.5%와 그 무렵의 인플레이션 14% 차이만 해도 7%가 넘는 고금리였다. 시중 유동성이 줄어드니 인플레이션이 잡히기 시작했다. 인플레이션율이 한 해 전의 14.6%에서 9%로 꺾였다. 1982년에는 4%로 잦아들었고, 이듬해에는 인플레이션도 2.36%까지 떨어졌다.

연준은 긴축통화 정책을 통해 인플레이션을 이겨냈다. 그리고 경제가 충분히 고통받았다는 판단 아래 긴축을 풀자 경제는 힘차게 되살아났다. 이로써 폴 볼커 의장은 밀턴 프리드먼이 주장한 "인플레이션은 언제, 어디서나 화폐적 현상이다"라는 명제를 대중 뇌리에 심는 데 성공했다.

1980년 4월 817포인트까지 내려갔던 다우지수가 1983년 3월 1130포인트까지 상승했다. 지금은 그가 인플레이션을 잡아 1990년대 경제 붐이 가능했음을 누구나 인정한다. 연준이 인플레이션의 버팀목이라는 명성을 얻게 된 것도 그의 이런 고집 때문이었다. 실제 미국 경제는 1982년부터 힘차게 회복하기 시작해 새롭게 태어났다.

Chapter 5

점점 심화되는
'부익부 빈익빈'

상품과 서비스의 생산과 분배를 위해 교환의 매개체로 등장한 게 돈이다. 그런데 1971년 닉슨 쇼크 이후 금과의 고리가 끊어진 달러는 스스로 자가 증식을 통해 그 성장 속도가 상품과 서비스의 생산, 즉 세계 GDP보다 몇 배 이상 빠르게 불어났다. 이것이 금융 자본주의의 본질적인 문제를 잉태하게 된다. 힘들게 일해서 버는 돈보다 돈이 돈을 불리는 금융 소득과 자산 가격 상승 속도가 훨씬 더 빠르기 때문이다.

게다가 주주 자본주의의 극성으로 근로자에 대한 분배는 1972년 이후 생산성 향상 대비 크게 뒤처지기 시작했다. 닉슨 쇼크 이전의 생산성 증가는 근로자의 임금 증가로 귀속되었는데, 1972년부터 주식 시장에 유동성이 급격히 늘다보니 기업들이 자본가의 눈치를 보기 시작했고 생산성 증가의 과실은 대부분 주주의 몫이 되었다. 그러다 보니 소득불평등이 심화되고 부의 편중, 즉 빈부격차가 극심해졌다. 이게 쌓여서 글로벌 금융 위기라는 화를 부르게 된다.

기하급수적으로 늘어나는 자본집적도

1970년까지만 해도 세계 금융자산 규모는 세계 GDP 규모의 절반에 불과했다. 그러다 1971년 닉슨 쇼크 이후 달러가 근원인플레이션이 허용되는 한도 내에서 제약 없이 발행되었다. 이때부터 세계 금융자산의 증가 속도가 빨라졌다. 금본위제의 제약으로부터 해방된 달러가 근원인플레이션 허용치 내에서 거의 무제한 인쇄되어 전 세계에 뿌려졌다. 하지만 이것이 문제의 시작인지 그때는 아무도 몰랐다. 그러자 경쟁국들도 자국 통화의 절상을 막기 위해 통화 발행을 늘리기 시작했다. 여기에 더해 달러 표시 자산(미국 국채)의 발행은 달러 발행보다 더 많았다. 이때부터 세계 각국은 빚내서 경기를 부양하는 재정팽창 정책을 당연시했다. 각국의 정부 부채가 급격히 늘어나기 시작했다. 유동성이 풍부해져 돈의 융통이 쉬워지니 기업 부채와 가계 부채도 늘어났다. 그 뒤 10년 만인 1980년에 이르러 세계 금융자산 규모는 두 배 이상 커져 GDP 규모를 넘어서기 시작했다. 즉 '세계 GDP로 나눈 자본집적도Financial Depth'가 1971년 50%에서 9년 만에 109%로 두 배 이상 증가한 것이다.

이후 미국에서는 레이건노믹스로 대표되는 신자유주의와 감세 정책이 극성을 부리기 시작했다. 정부의 간섭을 최소화하고 시장의 효율에 맡기자는 정책으로, 적극적인 통화 정책과 금융자유화 그리고 과감한 감세 정책으로 경기를 활성화하는 것이 골자였다. 이후 있는 자들의 부는 급속도로 불어났다. 10년 후 1990년 자본집적도 비중은 무려

263%가 되었다. 불과 20년 만에 GDP 대비 금융자산의 규모가 50%에서 263%로 5배 이상 커졌다.

신자유주의를 강요한 미국

미국은 다른 나라에도 신자유주의를 강하게 밀어붙였다. 이른바 '워싱턴 컨센서스'라는 미국식 시장경제 체제와 금융 시스템의 대외 확산 전략을 말한다. '세계화'와 '자유화'라는 용어가 이때 만들어졌다. 이런 신자유주의의 산물이 정부의 간섭을 배제하는 '탈규제화, 무역자유화, 자본자유화, 민영화'였다.

이후 미국은 1990년대 들어 강제로 다른 나라 외환 시장의 빗장을 열어젖히며 자본 수출에 광분했다. 그 뒤 세계 각국의 외국인 투자 자본의 3분의 2는 미국 자본으로 채워졌다. 제조업 비중이 빈약한 미국이 이후 자본 수익으로 세계 경제의 리더 자리를 지켰다.

신자유주의는 양면성이 있다. 정부의 간섭은 줄이고, 시장에 맡긴다는 면에서는 효율적인 제도다. 최소한 우리나라에서 관치금융을 몰아낸 일등 공신이 신자유주의였다. 그러나 속도가 문제였다. 너무 급격한 변화는 시장 자체를 심하게 망가트렸다.

우리의 1997년 IMF 사태도 '워싱턴 컨센서스'에 희생된 제물 중 하나였다. 이때 우리 은행들의 주식 60% 이상이 그들 손에 넘어갔다. 은행 3개는 아예 통째로 넘어갔다. 대기업 주식도 상당량 외국인에게 넘어가기는 마찬가지였다. 이로써 우리나라도 글로벌 금융 자본이 주식 시장의 3분의 1 이상을 장악했다.

게다가 1990년대는 세계 경제가 골디락스goldilocks를 맞아 금융시장이 호황을 누렸다. 2000년에 세계 자본집적도는 3.10배, 2004년에 3.34배로 증가했다. 금융자산의 증가 속도가 세계 총생산 증가 속도에 비해 서너 배 이상 빨랐다.

주주 자본주의와 소득불평등의 심화

1971년 8월의 닉슨 쇼크는 국제 통화 시장만 왜곡시킨 게 아니라 많은 경제 관련 사항과 경제 지표들을 악화시켰다. 주요 통화의 급격한 가치 하락이 일어났고, 국제 금값은 급등했다. 미국의 국가 부채 역시 급증했다. 이후 미국은 높은 인플레이션으로 인해 10년간 고생해야 했다. 그중에서도 노동시장이 가장 크게 불리해졌다. 주주 자본주의의 극성으로 생산성 향상 대비 근로자에 대한 보상이 제대로 반영되지 않았다. 이로 인해 소득불평등과 부의 편중 즉 부익부 빈익빈이 본격화되었다.

자본집적도의 급격한 증가는 곧바로 큰 문제점을 드러내기 시작했다. 신자유주의 이후 세계의 산업자본주의를 금융 자본주의가 대체하기 시작했다. 이는 부의 분배가 기업가와 노동자에게서 주주와 은행 등 금융 자본가에게 쏠리고 있음을 의미했다.

금융자산이 국내총생산GDP 성장률보다 더 빠른 속도로 축적되어 부가 금융 자본가 등 소수에게 집중되었다. 이에 따라 소득불평등도 커졌다. 문제의 심각성은 이러한 자본집적도 비중의 증가가 양극화로 이어져 부익부 빈익빈 현상이 심화되고 있다는 점이다. 힘든 시기에 가진 자들은 더 많은 부를 움켜쥐었고, 중산층이 빈곤층으로 내몰리고 있었다. 이로써 중산층의 소비력이 급격히 위축되었다.

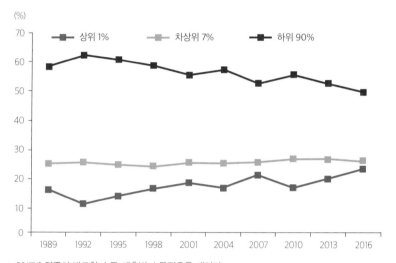

▲ 2017년 연준이 발표한 소득 계층별 소득점유율 데이터

2017년 발표된 연준 자료를 보면, 소득 점유율이 늘어나는 계층은 상위 1%밖에 없다. 상위 1%가 미국 전체 소득의 23%가량을, 차상위 9%가 전체 소득의 27%가량을 가져갔다는 이야기이다. 이 둘을 합하면 상위 10%가 미국 전체 소득의 절반을 가져갔다. 그러다 보니 미국 전체 국민의 90%는 그 나머지 절반을 나누어 가져야 했다. 그런데 이 수

치조차 불행히도 매년 줄어들며 극단적인 소득불평등이 발생하고 있었다.

이런 현상은 자본주의에 대한 심각한 도전이다. 중산층이 붕괴되어 하류로 전락하기 때문이다. 사회의 허리인 중산층이 줄어들면 건전한 자본주의 사회는 지탱하기 어렵다. 1980년대 레이건 정권 때부터 시행한 부자 감세와 금융자유화 정책은 심각한 소득불평등을 불러와 상위 10%가 전체 소득의 거의 50%를 독식하는 체제를 만들었다.

문제는 이로 인해 사회의 소비 수요가 급격히 줄어든다는 데 있다. 중산층과 서민들은 사실 버는 대로 소비할 수밖에 없는 처지이다. 그러나 소득과 부가 상위 극소수 계층으로 몰리면, 그들이 소비하는 데는 한계가 있다. 그들에게 들어간 소득은 사회로 환류되지 않고 그들 곳간에 쌓이게 된다. 사회 전체적으로 봤을 때 소비가 크게 줄어드는 것이다. 이로 인해 생산성의 향상으로 상품과 서비스 공급은 넘쳐나는데 '수요 부족'으로 소비가 크게 줄면서 발생한 것이 대공황이다.

상위 10%가 소득 50%를 독식할 때 공황 발생

놀라운 사실은 최상위 10%의 소득이 전체 소득의 50%에 육박하면서 1929년 대공황이 발발했고, 2007년 다시 이 비율이 50%에 달하면서 글로벌 금융 위기가 터졌다는 점이다. 이는 상위 한 명이 버는 소득이 나머지 9명이 버는 소득과 같음을 뜻한다. 즉 국민의 90%가 소비력

〈미국 상위 10%의 소득점유율 추이〉 (단위: %)

대공황

2차 대전 발발

빌 클린턴 취임

로널드 레이건 취임

조지 부시 취임

블랙먼데이
(주가 대폭락)

2차 대전 종결

▲ 소득은 시장 소득과 자본소득의 합산이며 그래프가 상승할수록 양극화가 심화된다

(출처 : Emmanuel Saez)

을 잃어버리는 경제 체제는 붕괴할 수밖에 없음을 보여주고 있다.

문제는 이러한 실물경제 대비 과도한 유동성 증가에 대한 제어 의지나 적절한 제어 수단이 별로 없다는 점이다. 그나마 유로 지역에서는 화폐수량설에 입각해 정부는 GDP 성장률에 준하는 화폐를 공급하는 데 그쳐야 한다고 주장한다. 반면 미국에서는 케인스학파의 영향으로 시장이 위태로우면 정부가 개입해서 무제한 화폐를 공급해야 한다고 역설한다.

미국은 2008년 금융 위기가 나타나자 보란 듯이 유동성을 무제한으로 늘리는 기민함을 보여주었다. 3차에 걸친 초유의 양적 완화 정책의 실시로 많은 돈이 풀렸다. 이는 EU와 중국, 일본도 마찬가지였다. 세계 4대 통화가 다 같이 통화 팽창에 적극 가담했다. 2020년 코로나 사태 때는 그보다 더 많은 돈이 풀렸다. 미국의 경우 글로벌 금융 위기 이전

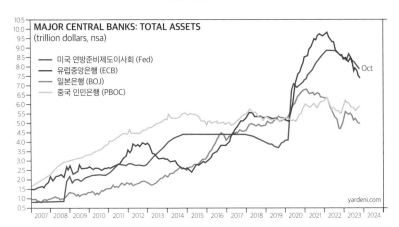

〈주요 중앙은행들의 총 자산〉

MAJOR CENTRAL BANKS: TOTAL ASSETS
(trillion dollars, nsa)

— 미국 연방준비제도이사회 (Fed)
— 유럽중앙은행 (ECB)
— 일본은행 (BOJ)
— 중국 인민은행 (PBOC)

Oct

yardeni.com

▲ 세계 4대 통화 발행 추이

에 비해 약 10배나 많은 돈이 풀렸다. 하지만 이때 중국은 코로나 봉쇄
정책을 쓰면서 돈을 풀지 않았다. 지금 다른 나라들은 인플레이션에 시
달리는데 비해 중국은 인플레이션이 일어나지 않는 이유이다. 이로써
서방 세계는 돈으로 위기 상황을 완화하기는 했으나 문제는 앞으로 나
타날 후유증이다. 고물가 고금리 기조가 상당히 오래 지속될 가능성이
있다.

'화폐의 탈국가화'를 주장한 하이에크

중앙은행이 돈을 발행하는 현재의 화폐 제도에 대해 우려하는 오스
트리아 출신 경제학자가 있었다. 바로 시카고 대학 경제학 교수이자 노

벨경제학상 수상자인 프리드리히 하이에크Friedrich Hayek였다.

▲ 프리드리히 하이에크

제1차 세계 대전 때 오스트리아 군 병사로 이탈리아 전선에서 싸웠던 하이에크는 빈으로 돌아와 초토화된 현실을 마주해야 했다. 급격한 물가 상승으로 부모의 저축은 휴지 조각이 됐다. 이때 경험으로 그는 정부가 화폐 공급량을 늘려 인플레이션으로 경기를 진작시키자는 주장에 단호하게 반대했다. 또한 그는 스탈린이 반대 세력 68만 명을 사형시키고, 63만 명을 강제수용소로 보냈으며, 같은 시기 히틀러가 유대인 600만 명을 죽이는 걸 보면서 정부의 권력 강화가 얼마나 커다란 위험을 초래할 수 있는지를 절감하고 자유주의를 신봉하게 된다.

신자유주의 아버지로 불리는 하이에크는 특히 '화폐와 경제 변동에 관한 연구'의 공로를 인정받아 1974년 노벨경제학상을 수상했다. 그로부터 2년 후에 그는 '자유은행론'을 바람직한 금융 제도로 주장하는 《화폐의 탈국가화The Denationalization

▲ 하이에크가 저술한 《화폐의 탈국가화》

of Money》를 출간했다.

하이에크는 시장의 자유를 철저히 보장하고 정부는 일절 개입해서는 안 된다고 믿었다. 그는 사람들이 화폐발행권을 중앙은행이 독점하는 것이 당연하다고 생각하겠지만, 이 제도가 재정 팽창을 유발하고 경기 변동을 일으킨다고 지적했다. 그는 《화폐의 탈국가화》에서 화폐 발행의 자유화를 주장했다. 하이에크는 중앙은행은 정치적 제약으로 인해 높은 인플레이션 문제를 해결할 수 없으므로 시장에서 경쟁을 통해 민간 주체 누구나 화폐를 자유롭게 발행할 수 있어야 한다고 역설했다. 이 제도가 시행되면 민간 주체들이 자발적으로 발행량을 조정하며, 결국 경쟁에서 우수한 화폐가 살아남는다는 것이다.

국가의 화폐 발행권 독점 때문에 오히려 경제가 불안정해진다는 게 하이에크의 생각이다. 그래서 국가가 화폐를 관리하는 것에 반대했다. 사람들은 중앙은행이 통화량을 조정하지 않으면 큰 혼란이 일어날 것이라고 생각하겠지만, 하이에크는 중앙은행이 없는 세상이야말로 바람직한 세계라고 생각했다.

암호 화폐를 예견한 프리드먼

화폐의 미래에 대해 이야기한 또 한 명의 학자가 있다. 바로 1974년 화폐 이론으로 노벨경제학상을 수상한 또 다른 오스트리아계 유대인 경제학자 밀턴 프리드먼Milton Friedman이다. 통화주의자 밀턴 프리드

먼은 국민 경제의 변화에
영향을 미치는 요인 중
에서 통화량을 가장 중요
한 변수로 봤다. 그는 격
심한 인플레이션이나 대
공황과 같은 심각한 경제

▲ 1974년 노벨경제학상을 수상한 밀턴 프리드먼

교란은 대부분 통화 교란, 즉 급격한 통화량의 팽창이나 수축 때문에
발생한다고 했다.

프리드먼이 주장한 통화 정책의 핵심은 정부가 일정한 통화증가율
을 사전에 공시하고 이를 장기에 걸쳐 철저히 준수하는 것이다. 특정
비율을 정한 규칙이라는 점에서 이를 'K% 준칙'이라고 부른다. 정부가
이 준칙만 잘 지키고 나머지는 민간에 맡기면 통화량의 급격한 변동,
즉 통화 교란으로 인해 발생하는 경제의 혼란(심한 인플레이션이나 대공
황)을 예방할 수 있고, 미래의 불확실성을 축소하여 경제 주체들이 계
획에 입각한 합리적인 경제 활동을 행할 수 있다는 것이다. 다만 적정
통화증가율은 평균 실질 경제성장률보다 약간 높은 수치로 고시할 것
을 권고했다. 당시 이를 비교적 충실하게 준수한 나라가 서독이다. 독
일연방은행은 1974년부터 이 준칙을 지켜왔으며, 독일 경제가 견실하
게 성장한 배경이 되었다. 프리드먼은 "모든 인플레이션은 언제, 어떠
한 경우라도 화폐적 현상이다"라고 말하며, 'k% 준칙'을 위배하는 통화
교란이 경기 불안의 원천임을 밝혔다.

프리드먼은 1991년 그의 저서 《화폐경제학》에서 돈을 마구 찍어내는 국가가 인플레이션으로 어떻게 나라를 망치는지를 알려준다. 그는 책 서문에는 과거 화폐들의 발전 형태를 나열하면서 미래 화폐에 대한 물음을 던진다. "그러면 미래의 화폐는 어떤 형태를 가지게 될 것인가? 과연 컴퓨터의 바이트byte일까?" 그는 비트코인이 탄생하기 18년 전에 이런 자문자답을 했다. 실제 그는 1999년 한 매체와의 인터뷰에서 암호 화폐의 출현을 예언했다.

"그래서 저는 인터넷이 정부의 역할을 줄이는 주요한 원동력 중 하나가 될 것이라고 생각합니다. 놓치고 있는 일 중 하나가, 곧 개발될 신뢰할 수 있는 '전자 현금e-cash'입니다. 인터넷에서 당신이 자금을 A에서 B로 전해줄 수 있는 방법이지요. A가 B를 모르고, B가 A를 모르는 상태로 말입니다. 제가 20달러 지폐를 가져와서 당신에게 건네주는데 그 돈의 출처에 대한 기록도 없고, 당신은 내가 누구인지도 모른 채 건네받을 수 있는 방법입니다. 그런 종류의 것이 인터넷에서 발전할 것이고, 그것은 사람들의 인터넷 사용을 훨씬 쉽게 해줄 겁니다. 물론 부정적인 측면도 있어요. 불법 거래를 하는 갱단들도 그들의 사업을 더 손쉽게 하는 방법을 얻게 됨을 의미합니다."

컴퓨터 저장 단위인 '비트'와 '코인'의 결합이 비트코인이다. 프리드먼이 지금의 암호 화폐와 중앙은행 디지털 화폐의 탄생을 지켜볼 수 있었다면, 비트코인이 과연 자신이 생각한 미래 화폐의 형태에 충족했다고 평가할지 궁금하다.

CURRENCY
REVOLUTION

패권의 희생양들

: 일본의 잃어버린 30년과 한국의 IMF 사태 :

Chapter 1

환율 전쟁이 망가트린
일본 경제

1980년대 들어 미국은 여러모로 힘들었다. 1970년대의 기나긴 인플레이션과의 사투가 시작되면서 들이닥친 스태그플레이션에서 탈출해야 했다. 미국이 선택한 카드는 그간의 케인즈 주의를 버리고 국가의 간섭을 최소화하고 시장의 효율에 맡기자는 신자유주의의 도입이었다. 동시에 레이건 대통령은 소비 증대를 위해서라는 명분으로 부자 감세 정책을 들고 나왔다.

볼커가 1980년대 들어 초강력 긴축으로 가까스로 인플레이션을 잡았을 때, 미국은 쌍둥이 적자인 막대한 무역 적자와 재정 적자에 빠져들었다. 미국은 먼저 무역 적자를 해결하기 위해서 수출 경쟁력을 높이려고 했다. 하지만 무서운 기세로 성장하고 있는 일본과 서독을 상대로 미국 제조업의 품질 경쟁력을 높여 맞선다는 것은 불가능한 상황이었다. 미국은 우격다짐으로 상대국들의 통화 가치를 상승시켜 가격경쟁력으로 승부보고자 했다. 그래서 미국이 선택한 카드가 1985년의 '플라자 합의'였다.

세계 제2의 경제 대국이 된 일본

제2차 세계 대전이 끝난 1945년 이후 미국의 동아시아 핵심 전략은 일본으로 하여금 미국의 동아시아 '대리인' 구실을 시키는 것이었다. 1950년에 터진 한국 전쟁 덕분에 일본은 산업 경쟁력이 크게 강화되었다. 미국은 일본이 한국 전쟁에 필요한 보급품과 군수품을 생산해 조달하도록 했다. 이로 인해 일본 경제는 전쟁 특수 호황을 맞았다. 게다가 미일상호방위조약에 의해 미국은 일본의 군수 산업에 엄청난 투자를 단행했다. 이는 일본의 다른 산업에도 영향을 미쳐 1950년대 일본은 연평균 10%를 웃도는 높은 경제성장률을 보였다.

이를 계기로 일본은 제조업 강국으로 탈바꿈한다. 일본은 1955년부터 1973년까지 연평균 GDP 성장률이 9.3%에 달해 미국과 유럽을 압도하고 세계 최고의 성장률을 보였다.

1960년대 초까지만 해도 일본이 세계 제2의 경제 대국이 될 줄은 아무도 몰랐다. 미국조차 몰랐다. 일본은 카메라, 오디오, TV 등 전자 산업과 기계 산업, 자동차 산업을 앞세워 놀라운 속도로 세계 시장을 장악하기 시작했다. 1960년대 일본 수출이 연평균 18.4%의 속도로 성장했으며, 1960년대 중반 이후 미국 경기의 호황으로 대미 수출이 빠른 속도로 증가하여 엄청난 규모의 무역 흑자를 기록했다. 드디어 1968년 서독을 제치고 세계 경제 대국 2위 자리에 올랐다.

1970년대 오일 쇼크가 터지자 일본 경제는 오히려 호황을 맞았다. 일본 자동차가 다른 나라 자동차보다 연비가 뛰어나다는 것이 알려지면서 자동차 산업을 중심으로 수출이 가파르게 성장했다.

1980년대 일본은 세계 최강의 반도체 강국이 된다. 일본이 메모리 반도체 분야에서 세계 최대 생산국이 되면서 미국의 반도체 산업은 비상이 걸렸다. 인텔을 포함한 미국 반도체 업체들은 일본의 반도체 업체들이 정부 보조금으로 성장해 미국 시장에 덤핑을 치는 불공정 경쟁을 하고 있다고 미국 정부에 호소하며, 일본 반도체 산업 정책의 불공정성을 조사해달라고 요구했다. 미국 반도체 기업 마이크론은 NEC, 히타치, 미쓰비시, 도시바 등 7개 일본 기업을 덤핑 혐의로 미국 무역대표부USTR에 제소했다. 이어 인텔, AMD, 내셔널 세미컨덕터 등 미국 반도체 기업들의 일본 기업들을 대상으로 한 덤핑 관련 제소가 이어졌다. 이 와중에 결국 인텔은 일본과의 경쟁력에서 밀리는 D램을 포기하고 비메모리 쪽으로 방향을 바꾼다. 그러자 미국 정부는 자국 반도체 기업들을 보호하기 위해 일본을 본격적으로 압박하기 시작했다.

1980년대 중반에 들어 미국의 경제 패권 자체가 일본의 경제력 때문에 위협받기 시작했다. 당시 일본의 자동차와 전자 제품을 비롯한 일본 상품 전체가 세계적으로 선풍적인 인기를 끌면서 미국 상품을 시장에서 몰아내기 시작했다. 일본 상품의 세계 시장점유율이 파죽지세로 커지면서 10%를 넘어섰다. 일본의 무역 흑자 역시 대규모로 늘어났다. 제조업 강국 일본은 철강, 자동차뿐만 아니라 당시 첨단산업인 반도체에 이르기까지 미국보다 훨씬 나은 경쟁력을 보였다. 1985년 미국의 1인당 국민소득이 1만 5,000달러 정도였는데, 일본은 1만 8,000달러를 넘어서 일본의 1인당 국민소득이 미국을 앞질렀다.

한 일본 기업 시가총액에도 못 미친
1980년대 한국 GDP

　일본의 국민소득이 올라가자 일본 정부는 저축을 장려했고, 이것은 높은 투자증가율로 이어졌다. 상품 수출 못지않게 일본의 자본 수출도 활발해졌다. 일본 은행들은 자산 규모와 시장가치 면에서 세계 정상을 휩쓸었다. 1980년대 중후반 세계 10대 기업을 살펴보면, 일본통신사 NTT가 1위 그리고 일본 은행 5개, 일본 증권회사 1개, 동경전력이 포함되어 무려 8개가 일본 기업이다. 미국 기업은 IBM(2위), 엑슨(4위) 단 2개만 있을 뿐이다. 이를 세계 50대 기업으로 확대해도 2/3가 일본 기업들이었다. 미국이 긴장하지 않을 수 없는 상황이었다.

　그 무렵 한국의 국내총생산은 2,023억 달러로, NTT 시가총액의 70% 수준에 불과했다. 올림픽을 개최하는 국가의 GDP가 일본 일개 기업의 시가총액보다도 못하다는 점에서 당시 일본의 경제 규모가 얼마나 엄청났는지를 짐작할 수 있다.

순위 88	87	기 업 (국)	주식 시가총액	87 매출액
1	1	NTT (日)	276,840	46,639
2	2	IBM (美)	76,049	54,200
3	4	住友銀行 (日)	65,335	300,933
4	3	엑 슨 (美)	62,572	82,100
5	8	第一勸業銀行 (日)	61,971	325,206
6	9	富士銀行 (日)	59,746	293,103
7	6	東京電力 (日)	57,318	32,455
8	10	三菱銀行 (日)	53,934	296,063
9	5	日本開發銀行 (日)	52,170	225,909
10	7	野村證券 (日)	51,154	28,707
11	13	로열더치셸 (英, 네덜란드)	49,312	78,312
12	14	도요타자동차 (日)	46,334	54,984
13	12	三和銀行 (日)	46,136	262,051
14	11	제너럴일렉트릭 (美)	39,617	39,300
15	23	松下電器 (日)	34,852	39,696
16	77	新日本製鐵 (日)	32,252	19,276
17	32	日立 (日)	31,721	40,980
18	27	東海銀行 (日)	31,288	194,270
19	16	日本長期信用銀行 (日)	30,078	156,087
20	20	三井銀行 (日)	29,351	185,106

◇세계 50대기업 순위

무역 적자 급증 원인을 일본으로 돌린 미국

미국의 대일본 무역 적자가 극심해지고, 일본과 서독의 경제력이 높아지자 미국의 무역 적자가 급속히 늘어났다. 1985년 미국 무역 적자는 GDP의 3%에 육박하는 1,336억 달러에 달했는데 이 가운데 일본과 서독으로부터의 무역 적자가 각각 37.2%와 9.1%였다.

미국은 무역 적자가 심해지자 일본을 공격하기 시작했다. 미국은 특허법을 전면에 내세워, 일본 기업들이 미국 기업의 특허를 도용해 세계 시장을 제패했다고 공격했다. 미국 기업들이 일본 기업들을 상대로 연이어 소송을 제기했다. 이후 일본은 오랜 기간 특허 도용 시비에 휘말리게 된다. 특히 반도체 산업과 전자 산업 분야에서 일본은 호되게 당한다. 미국 정부는 1988년 슈퍼 301조로 불리는 초법적인 무역법을 제정해 일본 기업들을 전방위로 압박했다.

비극의 씨앗 '자이테크', 일석삼조 돈놀이

일본 기업의 기세는 내부에서부터 무너져 내리기 시작했다. 수출보다는 손쉬운 돈벌이의 유혹에 빠진 것이다. 1980년대 초반 일본 기업들은 '자이테크(재테크의 일본식 발음)'라는 자산 운용으로 엄청난 수익을 올렸다. 자이테크 수익이 크니 자연히 영업에는 소홀해졌다. 자이테크 투기가 본격화된 것은 일본 기업들이 역외 시장인 런던 유로본드 시장에 접근하면서부터였다. '역외 시장'이란, 자국의 규제로부터 벗어나 자유롭게 자금을 조달할 수 있는 금융시장을 뜻한다. 대표적인 역외 시장으로는 유로통화 시장과 유로채권 시장이 있다.

1981년 일본 대장성은 금융자유화 조치의 하나로 일본 기업들이 유로본드 시장에서 '신주인수권부사채BW'를 발행할 수 있도록 허용했다. 신주인수권부사채란 채권을 산 사람이 일정 기간 경과 후 일정 가격으로 발행 회사의 신주를 인수할 권리가 있는 채권을 말한다.

일본 기업들은 자사 주가가 오를수록 BW 채권 값이 따라 올랐기 때문에 아주 낮은 이자율로 채권을 발행할 수 있었다. 게다가 엔화 가치 상승이 지속되는 점을 이용해 달러 표시 BW를 발행한 뒤, 통화 스와프currency swap 시장에서 엔화 표시 채무로 바꾸어 엔화 자금을 일본으로 끌어들였다.

'통화 스와프'는 서로 다른 통화를 약정된 환율에 따라 상호 교환하는 외환 거래이다. 이에 따라 당시 가치가 떨어지는 달러 대신 가치가 올라가는 엔화를 조달해 만기 시점에 환차익까지 덤으로 얻었다. 그리고 통화스와프는 통화의 교환 외에 금리의 교환도 수반되어 양국 간의 금리 차이를 계산했기 때문에 일본 기업들은 자금 조달 과정에서 마이너스 이자를 지급했다. 그렇게 돈은 돈대로 빌리면서 오히려 이자를 받았다.

더 나아가 조달한 자금을 주식 시장에 투자하거나 연 8%를 보장하는 증권사 투금 계정에 집어넣어 막대한 차익을 남겼다. 돈을 빌리면서 되레 이자까지 받고, 또 빌린 돈을 예치하고 이자를 받으니 꿩 먹고 알

먹는 셈이었다. 더구나 만기 때 엔화를 달러로 바꾸어 갚으니 환차익까지 남았다. 일석삼조였다.

게다가 당시 미국은 두 자릿수 인플레이션을 잡기 위해 19%대의 고금리를 운영하고 있었다. 이는 일본 우대금리 6%보다 3배나 높았다. 일본 투자자 입장에서는 미국 채권에 투자하면 일본에서보다 3배 이상 높은 투자수익률을 올릴 수 있었다. 이로써 일본 기업가들 사이에서 돈 놓고 돈 먹는 일명 '자이테크' 열풍이 불었다.

이렇게 재테크로 번 돈은 다시 일본 주식 시장과 부동산에 투자되어 활황 장세를 이루었다. 그러자 자산 가격이 치솟기 시작했다. 버블이 시작된 것이다. 일본 기업들은 수출로 번 돈을 기업에 재투자하지 않고 주식 시장과 부동산에 투자했다. 마침내 일본 주식 시장 시가총액이 1987년 미국을 앞섰다. 땅값 역시 마찬가지였다. 버블이 한창일 당시 도쿄 땅을 팔면 미국 땅 전체를 살 수 있었다. 1988년이 되자 세계 10위권 은행은 모두 일본 차지가 되었다. 버블의 한가운데 있을 때는 누구도 위기를 감지하지 못했다. 일본의 장기불황은 이렇게 형성된 거품이 붕괴되면서 시작됐다.

미국의 본격적인 일본 견제, 플라자 합의

1980년대 들어 미국은 일본을 견제하기 위해 여러 계획을 모색했다. 미국은 그간 자유무역주의를 줄곧 주장해왔으나 경기 침체와 물가

상승이 동시에 발생하는 스태그플레이션에 빠지자 자국 시장을 보호하기 위해 '자유롭지만 공정하기도 한 무역'을 강조했다. 즉 보호무역주의를 택한 것이다.

그 중 하나가 1983년부터 시작된 일본 반도체에 대한 본격적인 규제였다. 미 정부는 일본이 자국 반도체 기업에 보조금 수억 달러를 줬다며, 반덤핑 혐의 조사에 나섰다. 동시에 미국 기업들은 특허 침해를 빌미로 일본 기업들을 공격했다. 당시 일본은 세계 최대 메모리 반도체 생산국이었으나 이로써 쇠락의 길을 걷게 된다. 공교롭게도 같은 해 이병철은 동경에서 반도체 사업 시작을 선포했다.

1980년대 미국은 경기 진작과 군사비 지출 확대 등으로 재정 지출이 증가해 재정 적자와 무역 적자가 같이 늘어나는 '쌍둥이 적자'에 시달렸다. 미국은 이를 줄일 방안을 찾아야 했다. 그들은 손쉬운 방법인 환율로 이를 해결하기 위해 우격다짐을 과시한다. 1985년 9월 22일, 미국 재무장관 제임스 베이커James Addison Bake는 뉴욕 플라자 호텔로 선진 4개국 재무장관을 은밀히 소집했다. 베이커는 일본 엔화가 너무 저평가되어 미국의 무역 적자가 심화되니 엔화 강세를 유도해 달라고 강력히 요청했다. 미국이 시장 원리에 맡겨야 할 외환 시장에 각국 정부의 개입을 요청했다.

베이커의 압박에 일본과 서독은 수입 물량 조정, 관세 인상과 같은 직접적인 조치로 타격받는 것보다는 환율 조정이 그나마 받아들일 만하다고 판단했다. 특히 일본은 핵우산과 자위대 문제 그리고 과도한 무역 흑자로 더 이상 미국과 마찰을 일으킬 수 없는 형편이었다. 결국 각

▲ 1985년 미국 뉴욕 플라자 호텔에서 이뤄진 '플라자 합의'에 서명한 각국 재무장관들. 왼쪽부터 게 하르트 스톨텐버그 서독 장관, 피에르 베레고부아 프랑스 장관, 제임스 베이커 미국 장관, 나이절 로슨 영국 장관, 노보루 다케시타 일본 장관이다

국 재무장관들은 달러 가치, 특히 엔화에 대한 달러 가치를 떨어뜨리기로 합의했다. 이 '플라자 합의'로 미국은 엔화와 마르크화를 대폭 평가절상시킴으로써 달러를 평가절하한 셈이 되어 위기를 넘겼다. 달러는 세계 기축통화이기 때문에 스스로 평가절하할 방법이 없다. 즉 상대방 통화를 절상시켜야 달러의 평가절하를 달성할 수 있다.

플라자 합의 직후 엔달러 환율 추이

각국 정부가 외환 시장 개입에 나선 다섯 달 뒤인 1986년 1월, 1달러당 엔화 환율이 259엔에서 150엔으로 떨어졌다. 엔고는 처음에는 일본의 구매력을 배가시켰다. 단기간에 엔화의 구매력이 40% 오르자 달러 표시 상품 가격은 그만큼 하락했다.

일본은 미국을 사들이기 시작했다. 여기에 일본중앙은행이 엔고에 따른 경기 둔화를 우려해 기준금리를 대폭 내리자 부동산과 증시가 폭등했다. 니케이지수는 3년 동안 3배, 부동산은 한 해 70%씩 뛰었다. 일본에 투기 광풍이 불었다. 게다가 배럴당 1985년 11월 31.3달러까지 치솟았던 석유 가격이 1986년 3월 10.4달러까지 떨어지면서 세계 경제에 훈풍이 불었다. 이렇게 인플레이션 압력이 해소되자 각국은 국제 공조 아래 금리를 내렸다. 미국의 시장금리가 다른 나라들보다 더 빠르게 하락해 달러화는 더 큰 폭으로 떨어졌다.

1인당 GDP 세계 1위 오른 일본

1987년까지 달러 가치는 엔화 대비 42%, 마르크화 대비 38% 절하되었다. 1988년 1월 엔화는 1달러당 127엔까지 절상되어 2년여 사이에 2배 가까이 올랐다. 이를 현재 상황에 비추어 생각하면 얼마나 큰 변화였는지 이해할 수 있다. 엔화 시세가 급상승하다 보니 1987년 일본의 1인당 GDP는 세계 1위가 되었다.

사실 일본의 비극은 여기에서 싹텄다. 그동안 일본이 사들인 미국 국채의 실질 가치는 반 토막이 나 미국은 일본에 대한 부채를 반으로 탕감시킨 효과를 보았다. 게다가 1인당 GDP가 미국을 추월했을 뿐만 아니라 규모면에서도 미국의 턱밑까지 쫓아온 일본은 미국이 타도할 대상이 되었다.

1986년 미일 반도체 협정 체결

1984년까지만 해도 미국은 모토로라, 인텔, 마이크론 등을 앞세워 전 세계 반도체 산업을 주도하고 있었다. 그러나 반전이 일어났다. 1985년 일본의 D램DRAM 생산수율이 미국 최고 수율인 50%보다 훨씬 높은 80%에 도달했다. 이때부터 일본산 반도체 수출이 미국을 앞서기 시작했다.

이후 반도체 공급 과잉 현상이 발생하면서, 일본 기업들은 미국 반도체 가격보다 10%나 싼 덤핑 공세를 퍼부었다. 미국은 이를 일본 정부의 보조금 지원 등 불공정 행위의 결과로 보고 일본에 대한 통상 압박을 시작했다. 통상 압박의 정점은 상무부의 직권조사를 통해 이루어졌다. 직권조사란 기업들의 제소 없이도 특정국 수출품의 덤핑 여부 등을 조사해 높은 관세를 부과할 수 있는 매우 강력한 무역제재 수단이었다. 결국 일본은 1986년 미국과 '미·일 반도체 협정'에 서명할 수밖에 없었다.

이에 따라 미국은 일본 반도체에 대해 관세를 100%로 높였다. 게다가 일본은 당시 10% 수준이던 일본 내 미국산 반도체 점유율을 1992년까지 20%로 끌어올려야 했다. 결국 일본은 기존의 반도체 저가 수출을 중단해야 했다. 게다가 미국 반도체 수입을 늘려야 할 판이라 수출 시장이 사라졌으니 반도체 기술 발전이 멈췄다.

이로써 일본의 반도체 산업과 전자 산업이 사양길로 들어서기 시작했다. 일본 기업들은 D램에서 하나둘씩 손을 떼기 시작했다. 반면에 한국 반도체 기업에는 기회가 되어 한국 반도체 산업이 폭발적으로 성장하는 계기가 되었다. 일본 최대 D램 생산업체 엘피다(NEC·히타치 합작 회사)는 2012년에 끝내 파산했다.

루브르 합의로 내수 부양

1985년 플라자 합의 뒤 네 차례나 더 환율 조정 협의가 있었다. 그러다 보니 미국은 이제 환율 하락 속도가 너무 지나치다고 느껴졌다. 달러화 약세에도 불구하고 미국의 무역 적자 비중은 계속 확대되었다. 달러화 가치 폭락에도 미국의 적자가 개선되지 않자, 달러의 평가절하는 이제 그만하기로 했다. 미국은 다른 방법을 찾아야 했다. 이번에도 무역 적자 원인을 외부에서 찾았다. 일본과 서독이 미국 물건을 사주지 않아 무역 적자가 늘어나는 것이라 보았다.

미국은 1987년 2월 파리 루브르에서 선진 6개국(프랑스, 서독, 일본, 캐나다, 미국, 영국) 재무장관 모임을 주선해 미국의 뜻을 전달했다. "더 이상의 달러 가치 하락은 각국의 경제 성장을 저해한다"라며, 각국이 내수경기를 살려 미국 상품의 수입을 늘려달라는 요지였다. 미국은 금리를 인상하여 달러 약세를 막고, 다른 나라들은 금리를 내려 내수를 부양시켜 미국 상품을 수입하자는 것이 미국이 요청한 루브르 합의의 요체였다.

확대되는 미일 갈등과 소련 잠수함 사건

냉전 시대 미국은 소련 잠수함의 위치 추적을 위해 소련 기지 근처에 매복해 있다가 잠수함이 발진하면 그 뒤를 따라다니곤 했다. 그런데 어느 순간부터 미국의 수중음향탐지기에 소련 잠수함이 사라졌다. 즉 소련 잠수함이 미국 근해에 침투해도 발견하기 힘들어진 것이다. 소련 핵잠수함이 바로 미국 코앞에 와 있다고 생각하니 미국 전체에 비상이 걸렸다.

알고 보니 이는 일본의 고급 공작 기계가 소련으로 판매되어 일어난 일이었다. 일본의 '도시바 기계'가 '코콤(COCOM, 대공산권수출통제위원회)'의 규제를 위반해 몇 차례 선박 프로펠러 가공 기계를 소련에 판 것이다. 미·소가 첨예하게 대립하던 냉전 시대라 서방 국가들은 '코콤'이라는 기구를 만들어 군수물자가 '적들의 손'에 들어가지 않도록 했다.

'도시바 기계'는 이를 무시하고 몰래 소련과 거래했다. 이러한 사실이 1987년 3월 양국 신문에 보도되자 미국은 펄펄 뛰었다. 미·일 관계는 걷잡을 수 없이 악화됐다. 당시 나카소네 일본 총리가 공개적으로 사과했고, '도시바 기계'의 사장은 물론 도시바 그룹 회장도 물러났다. 그래도 미국 사회의 분노는 가라앉지 않았다. 미국은 제재에 들어가

'도시바 기계'의 대미 수출은 4년간 중단됐다. 도시바 그룹 전체가 미국 정부와 계약을 할 수 없게 됐다. 이로써 양국 간의 분위기는 냉랭해졌다.

금리를 올려야 할 판에 내린 금리

당시 일본 경제는 루브르 합의를 받아들일 상황이 아니었다. 경제 활황과 자산 가격 폭등으로 오히려 금리를 올려야 할 판국이었다. 하지만 잠수함 사건으로 미일 관계가 극도로 악화되어 미국의 뜻을 받아들이지 않을 수 없는 처지가 되었다. 이게 플라자 합의와 더불어 일본 경제 불행의 단초가 되었다. 이후 일본은 내수 부양을 위해 5조 엔의 재정 투자와 1조 엔의 감세를 발표했다. 이미 과열 조짐을 보이던 일본 경제는 그 뒤 폭발적으로 팽창한다. 일본은 올려야 할 기준금리를 오히려 0.5% 내리고, 내수 부양을 위한 각종 대책을 도입했다. 그 가운데 하나가 부동산 경기 부양이었다.

주택담보 비율을 120%까지 올린 일본

당시 일본 은행들은 부동산 경기가 활황세임에도 주택담보비율LTV, Loan to Value ratio을 경쟁적으로 120%까지 올렸다. 이는 10억 원짜리 아파트를 대출 끼고 구입하기 위해 은행에 가면 12억 원까지 대출해 준다는 이야기이다. 이로써 너도나도 부동산 구입 대열에 끼어들어 1980년대 후반 일본의 부동산 버블이 극에 달했다. 이렇게 일본은 미국이 강제한 두 합의를 이행하는 과정에서 버블을 만들고, 그 버블이 터지면서 이른 바 '잃어버린 30년'의 늪에 빠지게 된다.

Chapter 2

일본의 '잃어버린 30년'의
진짜 주범

세계는 1930년대 대공황 이래 네 차례의 큰 환율 전쟁에 휩싸였다. 대공황 때 프랭클린 루스벨트 대통령에 의해 촉발된 1차 환율 전쟁, 1971년 브레턴우즈 체제를 붕괴시킨 닉슨 쇼크로 촉발된 2차 환율 전쟁, 1985년 플라자 합의로 촉발된 3차 환율 전쟁, 2008년 글로벌 금융 위기로 촉발된 4차 환율 전쟁이 그것이다. 그런데 이 네 차례 환율 전쟁의 공통점은 모두 미국이 주도했다는 점이다. 모든 환율 전쟁은 미국의 일방적 승리로 끝났다. 이로 인해 달러의 실질 가치는 1934년 이래 의도적으로 98% 이상 손실됐다. 1934년 온스당 20.67달러였던 금값이 2024년 11월 2,700달러대에서 형성되고 있으니 말이다. 플라자 합의로 인한 환율 전쟁의 결과로 두 배 이상 절상된 엔화가 이번에는 중국의 네 차례에 걸친 300%라는 위안화의 대폭 평가절하 공격을 당했다. 미국과 중국 양쪽으로부터 협공당한 일본은 제조업 공동화가 발생하고 수출 경쟁력을 잃어버렸다. 이로써 일본의 '잃어버린 30년'이 시작되었다.

거품 경제가 발생한 일본

1985년 당시 일본은 수출로 먹고사는 나라였다. 일본 정부는 급격한 엔고로 인한 기업의 어려움을 덜어주기 위해 저금리 정책으로 전환했다. 일본중앙은행은 수출경쟁력 저하와 불황이 우려되자 1986년부터 1987년 초까지 1년여 만에 정책 금리를 다섯 차례에 걸쳐 5%에서 절반인 2.5%로 떨어뜨렸다.

여기서 문제가 생겼다. 금리를 내렸으면 엔화는 약세로 돌아서야 했다. 교과서에는 금리를 내리면 돈의 가치도 함께 떨어진다고 적혀 있으나 금리는 환율에 그다지 영향력이 없었다. 금리가 떨어지자 유동성은 증가하는데 엔화 강세는 그대로였다. 엔고는 수입 물품 가격을 하락시켜 물가가 안정되면서 니케이지수를 강하게 끌어올렸다. 도쿄 증시는 3년 새 300%나 뛰었다. 그뿐만이 아니었다. 부동산도 뛰기 시작했다. 그렇지 않아도 1956년부터 1986년까지 30년 사이에 일본 땅값은 50배 이상 뛰었다. 반면에 이 시기 소비자 물가는 2배 올랐다. 그래서 일본인들은 땅값은 절대 떨어지지 않는다는 신념을 갖게 되었다.

일본의 엄청난 무역수지 흑자, 엔화의 평가 절상, 금리 인하로 대규모 유동성이 발생했다. 이 돈들이 주식과 부동산 시장으로 흘러들어 거품을 키웠다. 게다가 엔화 강세가 장기 추세로 접어들 모양새를 보이자 대량의 핫머니가 일본으로 몰려들었다. 그렇게 부동산 값이 천정부지로 치솟자 일본은 자만에 빠졌다. 여기에 일본 기업과 개인들이 엔화 가치가 두 배로 뛰자 저금리로 대출을 받아 국내외 부동산을 사들였다.

블랙먼데이로 금리를 낮은 수준으로 억제

1987년 10월 14일, 미국의 9월 무역 적자가 사상 최대로 발표되었다. 시장에 먹구름이 끼며 주식 시장에서 달러 약세를 우려한 투자자들의 이탈이 속출했다. 결국 10월 19일 월요일, 블랙먼데이 사태가 발생했다. 미국 뉴욕 증시가 전일 대비 22.6%나 폭락한 것이다. 일본은 블랙먼데이 직전 금리 인상을 검토했었다. 하지만 블랙먼데이로 인한 세계적인 주가 하락에 제동을 걸기 위해 금리를 계속 낮은 수준으로 억제해야 했다. 이는 일본의 주가와 지가를 또다시 끌어올리는 요인으로 작용했다.

게다가 1987년 12월에는 국제결제은행의 바젤 회의에서 일본 은행의 보유 지분 가운데 미실현 이익을 자본으로 인정하자는 예외 조항이 마련되었다. 그러자 지급준비율에서 자유로워진 일본 은행들은 대출 규모를 늘려 땅값과 주가를 동시에 부양하는 전략을 채택했다. 일본의 거품 경제는 이렇게 해서 생겨났다. 이로 인해 유동성이 폭증해 일본 주가는 1980년대 초 6,000포인트에서 1980년대 후반 약 3만 8,900포인트까지 6배 넘게 올랐다. 그 짧은 기간에 말이다.

일본 은행의 단기 대출 시장은 세계에서 가장 큰 규모가 되었다. 그만큼 투기가 극성을 부렸다. 일본 주식 시장의 버블은 일본 전신전화 주식회사인 NTT의 주가만 보더라도 극명하게 나타난다. 1987년 2월 말 NTT 시가총액은 독일과 홍콩 전체 상장기업 시가총액을 합한 것보다 큰 50조 엔 수준까지 솟구쳤다. 상식적으로 있을 수 없는 일이었다.

지급준비율로 타격을 받은 일본 은행

버블로 정점을 향해 치닫는 일본에 결정타를 먹인 사건이 터졌다. 바로 1988년 7월 은행의 건전성 확보를 위해 국제결제은행BIS이 지급준비율을 8%로 제시한 것이다. BIS는 전 세계 은행들이 1992년까지 전체 대출액의 최소 8%를 지급준비금으로 유지해야 한다는 규칙을 만들었다. 이를 맞추지 못하면 부실 은행으로 분류되어 외화 차입이 불가능했다. 이는 국제금융시장과 무역 시장에서의 퇴출을 의미했다. 당시 일본 은행들의 지급준비율은 6%에 불과했다. 이러한 조치는 세계에서 지급준비율이 가장 낮았던 일본에 가장 큰 타격을 주었다.

이를 두고 여러 이야기가 있는데, 그중 음모론적으로 보는 시각도 있다. 그들의 주장은 미국이 일부러 일본 은행의 지급준비율을 낮추도록 1987년 말에 국제결제은행 바젤 회의에서 일본 은행 보유 지분 중 미실현 이익을 자본으로 인정해 주는 예외 조항을 마련했다는 것이다. 이렇게 해서 일본 은행들의 대출 규모가 확대되어 지급준비율이 형편없이 낮아지자, 미국의 압력을 받은 BIS가 7개월 만에 판을 뒤집었다는 주장이다. 그럴듯하지만 음모론을 부정하는 시각도 있다. 당시 미국 은행들이 무더기 도산하던 때라 일본이 목적이 아닌 미국 은행의 건전성을 강화할 필요가 있었다는 것이다.

일본 은행은 과열을 해소하고 지급준비율을 맞추기 위해 대출을 억제할 필요를 느껴 서둘러 금리를 올렸다. 1989년 5월 한 번에 0.75%의 금리 인상을 시작으로 1990년 8월까지 1년여 동안 다섯 차례에 걸쳐 무려 3.5%나 인상해 2.5%에서 6%로 금리가 단기간에 두 배 이상 올랐다. 그리고 일본 정부는 각종 부동산 규제와 더불어 부동산 세금을 강화하고, '부동산융자 총량 제한' 도입으로 부동산 대출을 금지했다. 경제사에서 보면 언제나 이러한 급선회 정책이 문제다. 일본 역시 이것이 일본 장기불황의 서곡이었다.

미국도 마찬가지였다. 연준은 인플레이션을 잡기 위해 이자율을 일곱 차례 잇달아 올렸다. 그러자 부동산 시장이 침체해 일본인 부동산 투자가들이 먼저 직격탄을 맞았다. 70%를 미국 은행에서 융자받고, 나머지 30%는 일본 은행이 보증한 투자여서 별안간 닥친 높은 이자율은 부동산 가격을 20%나 급락시켰다. 미국 은행은 그 20%를 보전하라며 일본 투자가들에게 현금을 요구했다. 한 부동산을 담보로 다른 부동산 2~3개를 문어발식으로 매입한 일본인들은 현금 요구를 이행하지 못해 미국 내 부동산을 헐값에 되팔아야 했다.

지금까지 저금리에 푹 빠져 있던 일본 내 개인투자자들도 단기간에 6%까지 치솟은 금리 때문에 부동산을 팔기 시작했다. 증시에도 몰락의 서곡이 울렸다. 금리가 급격히 인상되자 주식 수익률이 장기국채 수익률을 밑돌면서 투자자들이 주식 시장에서 대거 이탈하기 시작했다. 이후 부동산 가격이 꺾이자 부동산 담보 대출을 시작으로 부도 도미노가 이어졌다.

파생상품의 공습

그 무렵 일본 상장주식 시장가치는 전 세계 주식 가치의 42% 이상이었다. 이때 일본 경제를 한순간에 무너뜨릴 파생상품이 등장했다. 모건 스탠리와 살로몬 브라더스 같은 월스트리트 투자은행들은 색다른 파생상품과 새로운 금융 기법을 구사하기 시작했다. 그들은 '주가지수 풋옵션put option'이라는 신상품을 개발해 일본에 판매했다. 이 상품은 일본의 주가 상승에 베팅하는 상품이었다. 당시 일본인들은 치솟는 주식 가격이 버블이 아니라 탄탄한 일본 경제의 힘에 의한 성장세로 확신하고 있었다. 이렇게 일본의 자신감이 극에 달해 있을 때 등장한 이 상품은 니케이 지수가 상승하면 상승하는 만큼 투자자들에게 수익을 주고, 반대로 주가지수가 하락하면 투자자들이 큰 손해를 보는 구조였다. 이 상품은 날개 돋친 듯 판매되어 1989년 12월 29일 니케이 지수가 3만 8,915를 돌파하면서 일본 투자자들은 큰 이익을 보는 듯했다.

그러나 1990년 1월 12일 모건 스탠리와 골드만삭스 등 미국 투자은행들은 '니케이 지수 풋워런트put warrant'라는 신상품을 팔았다. 이는 일본의 주가 하락에 베팅하는 상품이었다. 일본에서는 일본 주가지수가 상승하면 일본 투자자들이 큰돈을 버는 '주가지수 풋옵션'을 판매하고, 미국과 유럽에서는 니케이 지수가 폭락하면 큰돈을 버는 '니케이 지수 풋워런트'를 판매해 미국 투자은행들은 양쪽에서 막대한 수수료를 챙겼다.

니케이 지수 풋워런트가 인기를 끈 지 한 달 만에 공매도에 시달린 일본 증시는 결국 무너졌다. 5년 동안 4배나 급등해 4만 포인트 가까이 올랐던 주식 시장이 하루아침에 폭락하면서 1992년에는 1만 5,000포인트까지 떨어졌다. 일본의 대형 금융기관들은 망가지고 1995년 일본의 불량자산이 50조 엔을 넘었다. 일본은 미국의 금융 공격으로 완전히 무너졌다.

1990년에 들어 버블이 급격히 빠지기 시작하자 일본 경제는 버블 전보다 더 악화했다. 그해 여름에는 주가 하락으로 부패 금융 스캔들이 모습을 드러냈고, 수많은 투기꾼이 파산했다. 일본 기업들이 사들였던 해외 자산들은 다시 헐값에 되팔려 나갔다. 또한 버블 기간 동안 일본 기업의 설비투자가 과잉 투자로 드러나면서, 일본 경제는 침체의 늪으로 빠져들었다. 부동산 가격은 무려 80% 폭락했다. 일본 정부는 경제와 증시 부양을 위해 1995년 9월 재할인 이자율을 사상 최저 수준인 0.5%까지 낮추었지만, 이미 기차는 떠난 뒤였다. 결국 경기 부양에 실패하고, 은행과 증권사의 도산 사태가 이어졌다. 1989년 말 3만 8,957 포인트를 찍은 니케이 지수는 2019년 말 2만 3,840 부근에서 맴돌았으니, 최고점 대비 61% 정도만을 회복한 수준이다.

중국의 협공에 무너진 일본

일본은 중국 위안화에도 심하게 당했다. 중국의 덩샤오핑(鄧小平)은 1978년에 유명한 '흑묘백묘론'을 내세우며 중국의 개방화와 세계화를 선언했다. 흑묘백묘론이란 '고양이 색깔이 검든 희든, 쥐만 잘 잡으면 좋은 고양이다'라는 뜻이다. '실질적인 것에 따라 사물의 진리를 찾는다'는 실사구시(實事求是)와도 같은 의미이다. 중국의 환율 정책이 바로 그랬다. 중국은 개방 초기에 수출 기업에게는 달러당 2.8위안, 외국인 직접 투자자나 관광객 그리고 민간에게는 달러당 1.5위안으로 환전해 주었다. 일종의 수출 보조금 제도였다. 당시 암시장 환율 등 3개의 환율이 동시에 존재해 외국인들을 힘들게 했다.

그 무렵 덩샤오핑을 위시한 중국 지도부는 중국이 수출로 일어나기 위해서는 위안화의 평가절하가 긴요하다고 보았다. 위안화의 가치가 쌀수록 수출품의 가격경쟁력은 강해지기 때문이다. 더구나 기술과 자본이 없는 후진국의 경제 발전이 대부분 그렇듯 중국은 값싼 인력을 무기로 세계의 공장을 자임하는 전략을 추구했다. 이 전략의 핵심 요소가 환율이었다.

▲덩샤오핑

중국은 1981년 위안화 암시장을 양성화해 '외환조절센터'를 설립했다. 이로써 중국 중앙은행인 인민은행이 결정하는 공식환율인 '공정환율'과 외환조절센터에서 기업 간 외환거래로 형성된 '조절환율'을 함께 사용하는 이중환율제도가 시작되었다. 이는 사실 중국 정부가 수출을 장려하고 수입을 억제하기 위한 제도였다. 무역 거래와 비무역 거래에 적용하는 환율을 다르게 적용하면서 궁극적으로 중국의 수출 진흥을 위한 환율 정책이었다. 시장 환율인 조절 환율이 크게 절하되기 시작하면서 공정 환율을 견인하는 모양새가 되었다.

위안화의 가치가 싸질수록 임금이 싸져 외국 기업의 중국 투자가 늘어났다. 중국 정부는 1985년 플라자 합의로 인해 가치가 떨어지는 달러에 대항하기 위해 중국 역시 위안화 공정 환율의 평가절하에 속도를 내기 시작했다. 1984년 달러당 2.8위안이었던 것이 1986년에 달러당 3.2위안, 1989년에는 4.7위안, 1990년 5.2위안으로 연속적으로 평가절하를 단행했다. 이때부터 중국은 경상수지 흑자국으로 돌아섰다.

이렇게 위안화는 계속 계단식으로 평가절하되다가 1990년대 들어 조절환율과 공정환율 간에 격차가 벌어지면서 문제가 발생하기 시작했다. 1993년 6월 말 공정환율은 1달러당 5.7위안인 반면, 시장 조절환율은 10.8위안으로 거의 배가 차이났다. 경쟁국들은 중국이 수출 시에는 조절환율을 적용하고, 원자재를 수입할 때는 공정환율을 적용해 수출에 대한 편법적인 보조금 정책을 쓰고 있다고 중국을 비난했다. 중국 정부는 공정환율로는 위안화 가치가 과대 평가돼 시장의 수급 상황을 제대로 반영하지 못하자 1994년 1월 1일을 기해 이중 환율을 일원화하고 환율 결정이 시장의 수급 상황을 일부 반영하도록 하는 '관리변동환율제'를 도입했다.

환율일원화 결과 1993년 말 달러당 5.8145위안이던 공정환율이 이듬해 관리변동환율제를 도입하자 수직 상승해 1월 25일에는 8.7319

위안까지 급등했고, 한 달도 안 되어 무려 49.8%나 평가절하되었다. 1984년 달러당 2.8위안이 10년 만에 무려 300% 이상 평가절하된 것이다.

그러나 이후 점차 하락해 1997년 9월에는 8.28위안대에서 안정됐다. 이는 결과적으로 제조업 경쟁력을 확보하고, 수출을 늘리는 동시에 외국 자본을 유치하기 위한 덩샤오핑의 국가적 작전이었다. 중국의 네 차례에 걸친 약 300%라는 대폭적인 위안화 평가절하는 달러 기준으로 볼 때 인건비가 1/3로 줄어든 셈이었다. 제조업은 인건비가 싼 나라로 몰리는 법이다. 외국인 투자자본 유입과 공장 이전 덕분에 중국은 경제 규모에서 일본을 따돌리고, 세계 2위의 경제대국으로 부상하게 된다.

1997년 말 아시아의 외환 위기가 발생하면서 위안화에 대한 절하 압력이 거세지자 중국은 오히려 위안화를 달러화에 고정시키는 페그제를 도입해 사실상 고정환율제도를 운용했다. 이에 따라 중국의 환율은 2005년 중반까지 1달러당 8.28위안으로 미국 달러에 고정되었다.

직격탄을 맞은 일본

평가절하된 위안화는 전 세계에 '골디락스'를 선물했다. 골디락스란 '중국의 값싼 상품이 인플레이션을 상쇄시켜 세계 경제를 차지도 덥지도 않은 알맞은 성장으로 지탱시켜 주었다'라는 뜻이다. 중국은 세계의 제조업을 낮은 가격으로 무력화시켰다. 중국 저가 제품은 주변국의 제조업을 비롯한 전 세계의 1차 산업을 무너뜨렸다. 특히 일본이 직격탄을 맞았다. 일본은 미국의 플라자 합의보다 중국의 위안화 절하로 맞은 상처가 더 깊고 아팠다.

1889년부터 1995년까지 1위안 당 엔화의 환율은 200엔에서 50엔으로 무려 1/4로 추락했다. 이로써 세계에서 가장 높았던 일본의 제조업 경쟁력은 중국으로 넘어갔다. 일본의 공장들이 속속 중국으로 옮겨가자 일본의 산업공동화가 본격화되었다.

일본 기업들의 자이테크 몰두와 미국과 중국 양쪽으로부터 협공당한 환율 전쟁으로 인한 일본의 잃어버린 30년을 단적으로 볼 수 있는 것이 일본의 세계 수출시장에서의 비중 하락세다. 1990년 당시 일본의 세계 수출 시장 점유율은 8.2%였고, 중국은 1.8%에 불과해 4배 이상의 차이가 났다. 그러나 1994년 중국이 위안화를 40% 평가절하한 이후 가격경쟁력에서 밀린 일본의 수출 증가세는 급격하게 꺾이지만, 중국의 수출 증가세는 폭증하기 시작해 양국 간의 수출 비중은 드라마틱하게 역전된다. 2004년 중국은 일본을 앞서기 시작해 지금은 일본에 비해 4배나 많이 수출하고 있다. 그만큼 환율의 힘이 컸다.

그뿐만이 아니다. 일본의 1인당 국민소득 증가율과 니케이 지수 역시 지난 30년 동안 힘을 못 쓰고 오히려 후퇴했다. 일본의 1인당 국민소득은 1995년 4만 2,516달러 이후 횡보를 거듭하다가 2011년 3월 후쿠시마 원전 사고로 방사능이 누출되면서 다시 급격하게 꺾여 2019년 말 기준으로 3만 8,100달러대에 머물고 있다.

금융 중심 성장 패러다임을 채택한 미국

플라자 합의 이후 환율 조정으로도 미국의 무역 적자는 회복되지 않았다. 미국은 작전을 바꾸었다. 제조업 수출이 아닌 달러 수출 즉 '금융'에서 승부를 보기로 했다. 미국은 다시 한번 선진 7개국 모임을 갖는다. 이른바 1995년의 '역플라자 합의'다. 그리고 플라자 합의와는 정반대로 달러 강세를 만드는 데 합의했다. 플라자 합의 때는 약 달러를 통한 무역 적자 축소를 목표로 했지만, 역플라자 합의에서는 강달러를 통한 기축통화 지배력 증대를 목표로 했다.

'강한 달러화 → 미국으로 자본 유입 → 주가 상승·금리 하락 → 소비 증가·투자 증가 → 수입 증대 → 경상수지 적자 확대 → 전 세계 동반성장'이라는 금융 중심의 글로벌 성장 패러다임을 미국이 선진국들의 협조를 얻어 공식적으로 채택했다. 미국은 이를 실현하기 위해 주식 시장을 타깃으로 정했다.

이후 미국 달러 가치가 50% 이상 올랐다. 강세 통화로 돈이 몰리는 법이다. 미국으로 달러 유입이 급증하면서 나스닥이 5,000포인트까지 상승해 금융시장이 호황을 맞았다. 호황으로 소비와 인플레이션이 가속화되자 앨런 그린스펀 연준 의장은 금리를 빠르게 올렸다. 그러자 금리 폭등과 IT 버블 붕괴로 나스닥은 5,000포인트에서 1,000포인트까지 수직 낙하했다.

중국으로 빨려 들어간 달러로 동남아 외환 위기 발생

위안화의 대폭 평가절하 이후 위안화가 너무 저평가되어 있다는 인식이 퍼지자 조금씩 절상 움직임을 보였다. 그러자 이번에는 외국인 자본이 일본과 아시아의 신흥국을 빠져 나와 중국으로 급속히 이동했다. 이런 유동성은 일본 경제에 치명타였다. 또한 이러한 외국 자본의 급속한 중국 이전은 우리나라를 포함한 아시아 외환 위기의 직접적인 원인이 되었다. 달러가 중국으로 빨려 들어가자 1997년 아시아 금융 위기가 발발했다. 마하티르 전 말레이시아 총리 등 일부에서는 "아시아 금융 위기는 위안화가 대폭 평가절하되어 발생했다"라고 했다. 동남아 외환 위기에 이어 1997년 한국도 IMF 사태가 일어났다.

한국 경제가 일본의 '잃어버린 30년'을 닮아간다는 평행 이론에는 오류가 있다. 많은 사람이 한국도 일본과 비슷한 과정을 겪을 것이라고 이야기하지만, 그들은 몇 가지 중요한 점을 간과하고 있다.

일본 경제가 호황을 누리던 시기에 일본 기업들은 '자이테크'라는 돈놀이에 빠져 본연의 기업가 정신을 잃어버렸다. 또한, 일본은 미국과 중국으로부터 심한 환율 전쟁 공격을 받아 경제적으로 큰 타격을 입었다. 1987년 루브르 합의 이후, 일본 정부는 내수 경기를 부양하기 위해 부동산 담보 대출 비율을 120%까지 높여 부동산 경기를 과열시켰다. 내부적으로는 '자이테크'라는 돈놀이, 외부적으로는 미국과 중국의 환율 공격, 그리고 바젤 규정과 파생상품의 영향이 일본 경제를 망가뜨린 주요 원인이다.

Chapter 3

한국을 덮친 환율 전쟁의 여파, IMF 사태의 진실

강대국의 통화 팽창과 환율 전쟁이 개도국을 어떻게 피폐화시킬 수 있는지를 살펴보자. 1971년 8월, 미국은 자기들이 주도해 만든 브레턴우즈 협정을 스스로 깨뜨려 국제 외환 시장을 아수라장으로 만들어 버렸다. 미국은 혼란을 틈타 달러 가치를 하락시켰고, 그러자 세계 각국은 달러에 대한 고정환율제를 포기했다.

미국은 금과의 연계가 끊어진 달러의 발행량을 1970년대 내내 매년 11% 이상 늘렸다. 이후 미국은 10년 동안 고(高)인플레이션과 힘겨운 싸움을 벌였다. 경기 부진과 물가 상승이 동시에 나타나는 스태그플레이션의 공포가 미국을 덮쳤고, 동시에 무역 적자와 재정 적자가 함께 증가하는 쌍둥이 적자에 시달렸다.

미국은 이러한 적자를 해결하기 위해 달러 평가절하를 택했다. 1985년 9월, 선진 5개국 장관들이 뉴욕 플라자 호텔에 모여 엔화와 마르크화를 절상시켜 달러 가치를 떨어뜨렸다. 플라자 합의 이후 2년 동안 엔화와 마르크화는 각각 65.7%와 57% 절상되었고, 그만큼 달러 가치는 절하되었다. 이것이 일본의 잃어버린 30년의 시작이었다.

중국 정부는 1985년 플라자 합의로 인해 대미 수출 경쟁력에 차질을 빚자, 가치가 떨어지는 달러에 대응하기 위해 위안화 평가절하를 가속화하기 시작했고, 이로 인해 중국은 경상수지 흑자국으로 돌아섰다. 위안화는 계속해서 평가절하되다가 1993년 말 달러당 5.8위안이던 환율이 1994년 1월 25일 8.7위안까지 급등했다. 한 달도 안 되어 무려 49.8%나 평가절하된 것이다. 1984년 기준으로 보면, 달러당 2.8위안이 10년 만에 300% 이상 평가절하된 것이다. 이로 인해 달러 기준으로 중국의 인건비가 3배 이상 저렴해지면서 외국 제조업이 중국으로 몰려들었다. 이후 중국 정부도 위안화를 단기간에 너무 많이 평가절하했다고 판단해 강세 통화로의 움직임을 보였다. 여기서부터 주변국들의 불행이 시작되었다. 외국인 자본이 위안화 강세가 진행되는 중국으로 빠져들기 시작한 것이다. 주변국들에서 외국 자본이 빠져나가자 경제 기초 여건이 튼튼하지 못한 나라들이 하나둘씩 외환 위기에 봉착했다. 인도네시아에 이어 태국도 외환 위기를 맞았다. 결국 한국도 1997년에 IMF 사태를 맞았다. 그 당시 우리의 경제 기초 여건이 얼마나 허약했는지 되돌아보자.

구매력 평가설을 무시한 한국의 환율

우리나라가 IMF 사태 당시 원-달러 환율은 800원대였다. 환율 결정 요인은 수없이 많지만, 장기적으로는 양국 간의 구매력 평가 차이에 수렴한다. 경제학 용어로 '구매력 평가설'이며, 장기환율결정 이론이다. 우리 경제가 본격적으로 올림픽을 준비하기 시작한 1984년의 환율도 800원대였다. 이때부터 1997년 IMF 사태가 발생할 때까지 13년간 한·미 양국 간 물가 상승률의 누적 차이는 30%를 넘었다. 미국의 연간 물가 상승률이 3% 안팎일 때, 우리는 연평균 5.4%로 13년간 물가가 97.5%나 올랐다. 구매력 평가에 따르면, 원-달러 환율은 30% 이상 상승했어야 정상이다. 그런데도 우리 환율은 1984년부터 1997년까지 13년간 800원대 내외에 머물러 있었다. 구매력 평가설에 따르면 1,100원대 이상에 있어야 할 환율이었다.

군사 정권과 김영삼의 무리한 환율 고집

정권의 논리는 단순했다. 군대식이었다. 1988년 올림픽을 치르면서 국민적 긍지를 높이고 '1만 달러 시대'를 앞당겨 '선진 조국 창조'를 해야 한다는 논리였다. 이 정치적 캠페인은 정권의 존립 기반과 연결되어 성역화 조짐을 보였다. 정치 논리가 시장경제 논리를 무시하고 강하게 사회를 이끌면서 시장을 외면했다. '1만 달러 시대의 선진 조국 창조'에 집착하여 무리하게 시장을 방어하는 정책이 계속되었다. 결국 외환보유고가 바닥을 드러냈다. 외국 헤지펀드들이 이 기회를 놓칠 리 없었다. IMF 사태의 원인은 많겠지만, 직접적인 주범은 인위적으로 고평가된 환율이었다. 환율을 시장에 맡겨만 두었더라도 혹독한 외환 위기는 피할 수 있었을 것이다. 게다가 원화의 고평가를 유지하기 위해서는 국내 금리를 국제 금리보다 훨씬 높은 수준으로 유지하는 고금리 정책이 필수적이었다. 그 결과, 부채 비율이 높은 우리 기업들만 큰 타격을 입었다. 이처럼 순리에 어긋나는 일이 벌어진 것은 정권의 이해관계 때문이었다.

화를 부른 종금사의 돈놀이

김영삼 정부의 섣부른 '세계화'는 사실상 외환과 금융에 대한 급진적 규제 철폐를 불러왔다. 감독 기구도 없이 '종합금융사(종금사)' 같은 금융업체 설립이 허가되었다. 이 종금사는 이른바 '만기 불일치' 방식의 금융업 돈벌이를 처음 선보였다. 금리가 싼 엔화 단기 대출을 받아 금리가 비싼 국내 시장과 동남아 금융시장에 투자한 것이다. 이런 일들이 세계화라는 명목으로 진행되었다. 당시 종금사는 '황금알을 낳는 거위'로 여겨졌다. 해외에서 이자가 싼 자금을 들여와 이자가 비싼 국내에서 돈놀이를 했으니 앉아서 큰돈을 벌었다. 이러니 종금사 설립은 거대한 이권이 되었다. 정권은 무더기로 종금사 허가를 내줬다.

그런데 환율이 상승하면 종금사는 환차손을 입을 수밖에 없다. 달러당 800원에 10억 달러를 들여왔다면, 총 8,000억 원을 돈놀이해서 해외 이자와 국내 이자의 차이만큼 돈을 벌어야 한다. 그러나 환율이 1,100원으로 오른다면 원금은 7억 3,000만 달러로 줄어든다. 환차손이 원금의 30%에 이르러 이자 차익으로는 도저히 감당하기 어렵게 된다.

이렇게 되면 종금사는 대부분 무너질 수밖에 없다. 정도의 차이는 있으나 모든 금융기관이 비슷한 처지였다. 이러한 이해관계 때문에 당시 정권은 결사적으로 환율을 방어했다.

국가 부도로 이어진 무리한 원고 고집의 비극

그러나 언제까지나 버틸 수는 없었다. 원화 환율을 800원대로 고집한 결과, 결국 문제가 발생했다. 1986년부터 흑자였던 우리 무역이 1990년대 들어 적자로 돌아서면서 1997년 IMF 사태까지 7년간 무역적자가 계속되었다. 특히 외환 위기 직전 4년 동안의 국제수지 적자는 430억 달러에 달했으며, 이는 1990년대 중반 외환보유고의 두 배에 달하는 수치였다.

외환보유고는 빠르게 줄어들었고, 막대한 단기 외채를 들여와 외환보유고를 메워야 했다. 이는 악순환의 연속이었다. 10년 이상 800원대를 고집한 원화 환율을 1990년대 중반이라도 외환 시장의 기능에 맡겼어야 했는데 그러지 못했다. 환율이 자연스럽게 올라야 국제수지를 호전시킬 수 있었다. 그러나 당시 정권은 환율을 결사적으로 방어했다.

당시의 관치 경제는 국내 자금의 배분과 이자율의 결정, 외환의 배분과 환율 결정까지 관 주도로 이루어졌다. 이승만 정권과 5·16 군사정변 이후 이러한 관행을 부족한 재원의 효율적 집중과 선택이라 여기고 정부 관료는 물론 언론 등 어느 누구도 심각하게 생각하지 않았다. 그만큼 세계 경제의 변화에 둔감했거나 알면서도 직언할 용기가 없었다. 무역 적자의 누증은 국가의 외환보유고가 점점 줄어든다는 의미로, 그 끝은 국가 부도였다.

결국 외환 위기를 맞아 그동안 시장을 무시했던 원화 가치는 한꺼번에 폭락하여 환율이 순식간에 폭등했다. IMF 사태 이후 1998년 1월의 평균 환율은 1707원으로, 1년 전과 비교해 두 배 이상 올랐다. 이 과정에서 환율을 억지로 방어하려다 외환보유고가 고갈되었다. 결국 800원대에 판 달러를 1700원대에 다시 사들여야 했다. 이는 엄청난 국고의 손실이었다.

한국 관료와 종금사의 근친상간 관계

"한국 관료와 종금사는 근친상간 관계에 있다."

미셸 캉드쉬Michel Camdessus IMF 총재가 1997년 말 한국에 구제 금융을 주기 직전 외신 기자회견에서 퍼부은 독설이다. 우리에게는 영원히 씻기 힘든 쓰라린 비난이다. 당시 그만 이런 얘기를 한 게 아니다.

"한국 정부는 모든 것을 비밀로 덮어두고 군대 같은 수직적인 조직에 휩싸여 있다. 한국 국민은 우선 정부 관료들이 수년간 양산한 쓰레기 청소부터 해야 할 것이다." (루디거 돈부시 MIT대 교수)

"한국 경제 몰락의 원인은 지적으로 무능하고 부도덕한 금융 관료 때문이다." (독일 '디 자이트')

"한국이 그동안 고속 성장을 이룬 것은 한국 국민의 근면성, 교육열, 저축심 때문이다. 그러나 정부와 기업이 모든 것을 망쳐 놓았다." (폴 크루그먼 MIT대 교수)

금융에 승부를 건 미국

IMF 외환 위기를 불러온 또 다른 배경에는 미국의 금융 우선 정책이 있었다. 1985년 플라자 합의 이후, 미국은 10년 동안 약달러 정책을 지향했지만, 무역 적자의 수렁에서 벗어나지 못했다. 미국 제조업은 점점 더 경쟁력을 잃어 갔다. 일본 엔화가 80엔까지 떨어지고 미국의 저성장이 지속되자, 미국은 전략을 바꾸었다. 그들이 제조업의 대안으로 찾은 것이 '금융'이었다.

달러가 기축통화라는 점을 무기로 무역수지 적자를 자본수지 흑자로 메우려 했다. 월가는 그때부터 해외 공략의 전진기지가 되었다. 당시 이를 주도한 사람은 로버트 루빈Robert Rubin 재무장관이었다. 루빈은 골드만삭스 회장 출신으로 월가 유대 금융계의 대부였다.

이런 상황에서 1990년 전후로 등장한 '워싱턴 컨센서스'는 미국의 경제 체제 확산 전략이다. 한마디로 외국의 금융 시장과 외환 시장을 강제로라도 열어 미국 자본의 활동 무대로 만들겠다는 전략이었다. 외환 위기 같은 상황을 제삼국의 구조 조정 기회로 삼아 미국식 시장경제 체제인 신자유주의를 심겠다는 미국 행정부와 IMF, 세계은행 정책

결정자들 사이의 합의였다. 워싱턴 컨센서스는 '거시경제 안정화, 경제 자유화, 사유화, 민영화'를 뼈대로 한다. 개발도상국들이 시행해야 할 구조 조정 내용은 '정부 예산 삭감, 자본시장 자유화, 외환 시장 개방, 관세 인하, 국가 기간산업 민영화, 외국 자본에 의한 국내 우량 기업 합병·매수 허용, 정부 규제 축소, 재산권 보호' 등이다.

이 권고를 수용하지 않을 경우, 해당국 집권 세력의 비리를 폭로하고 무력화해 구조 조정을 강제한다는 전략도 숨어 있다. 또한 외환 위기가 발생하면 이를 방치함으로써 구조 조정 프로그램을 관철하는 기회로 삼는다는 것이다. 이처럼 제삼세계의 외환 위기를 구조 조정의 기회로 삼아 신자유주의를 확산시키는 전략이다. 조지 소로스George Soros는 이를 '시장근본주의'라고 비난했다.

일본과 미국의 매몰찬 반응

1997년 11월 시작된 외환 위기 당시 우리 정부는 환율 하락을 막기 위해 10월과 11월 두 달 동안 118억 달러를 외환 시장에 쏟아부었다. 그러나 역부족이었다. 애초에 무모한 게임이었다. 1992년 영란은행과 이듬해 유럽 주요 국가들이 헤지펀드에 당하는 모습을 조금만 유심히 보고 공부했더라면, 이런 객기를 부리지 않았을 것이다. 이로 인해 대외부채 상환용 외환만 바닥났다. 달러를 비싸게 사서 싼값으로 시장에 판 셈으로, 엄청난 국부의 손실이었다. 게다가 더 치명적인 것은 나라

곳간이 비어 국가 부도 직전에 몰린 것이다.

다급해진 정부는 IMF와 비밀 협상을 시작했다. 1997년 11월 중순 IMF와 비밀 협상을 시작한 뒤에도 재정경제부는 아시아태평양 재무차 관회의가 열린 필리핀 마닐라에 엄낙용 차관보를 보내 사카키바라 일본 대장성 차관을 면담하고 도움을 요청했다. 일본 금융기관들이 한국 금융기관들에 빌려준 단기 채무 상환을 연장해 주도록 대장성이 적극 나서 도와달라고 부탁했다. 그러나 매몰차게 거절당했다. 그 뒤에는 미국의 훈수가 있었다.

미국 정부는 한국의 위기 사태 초기부터 직접 지원 방안을 배제한 채, 오직 IMF를 통한 지원 방안만 고수했다. 그 전제는 한국 경제의 강력한 구조 개혁, 곧 '완전 개방 시장경제 체제'로의 환골탈태였다. 미국 정부는 이 방침을 관철시키기 위해 당시 일본 정부가 추진하던 아시아통화기금을 포함해 한국이 시도하던 다른 자금 조달 수단을 차단했다.

당시 국제사회가 한국에 우선적으로 요구한 두 가지는 '투명성 확보와 상호보증 해소'였다. 외환 위기는 신뢰의 위기였다. 멀쩡해 보이던 한국 기업이 픽픽 쓰러지자 월스트리트의 한국 담당자들은 일제히 투명성 문제를 지적했다. "한국은 회계가 엉망이다. 채무가 기록이 안 돼 있다." "부채 규모를 파악할 수가 없다. 상호 지급 보증 때문이다." 이런 지적들 때문에 국제사회에서 '한국은 믿을 수 없는 나라'라는 인식이 박혔다. 그리고 걷잡을 수 없이 돈이 빠져나갔다.

한국을 IMF로 밀어붙인 미국

당시 미국의 서머스 부장관은 "한국 금융기관이 안고 있는 부실채권 규모를 솔직하게 공개해야 한다. 이를 토대로 정리가 불가피한 금융기관을 선정해 조속히 처리해야 한다"라고 못 박았다. 환율 제도도 조속히 자유 변동 환율제로 전환하는 것이 좋을 것이라고 충고했다.

1997년 11월 16일 미셸 캉드쉬 IMF 총재가 입국했다. 김영삼 대통령은 삼성동 인터컨티넨탈 호텔로 찾아가 총재를 만났다. 캉드쉬는 비밀 협상을 현장에서 지휘하려고 내한한 것이다. 그 와중에 대통령은 경제부총리를 경질했다. 임창렬 부총리가 한국 경제의 키를 새로 잡은 11월 19일 오후, 임 부총리는 서울에 와 있던 가이트너 차관보와 IMF 피셔 부총재를 차례로 만났다.

가이트너로부터 전해 들은 미국의 입장은 확고했다. "한국이 지금의 금융 위기를 넘기려면 IMF의 자금 지원을 받는 수밖에 없다. 미국은 IMF를 통하지 않고 양자 지원을 통해 한국을 도울 수는 없다"라는 것이

▲ 재무부 유대인 3인방. 왼쪽부터 루빈, 서머스, 가이트너

요지였다.

미국 현지의 압박도 심했다. 루빈 미국 재무장관은 11월 20일 오전에 한국 관련 성명을 발표했다. "한국이 현재의 위기 상황을 벗어나기 위해서는 금융 체제를 강화할 수 있는 강력하고 효과적인 행동을 신속히 취해야 한다"라는 내용이었다. 더 이상 지체하지 말고 IMF에 손을 벌리라는 경고성 메시지였다. 당시 미국 재무부 3인방이 모두 유대인들이었는데, 결국 우리의 IMF 사태는 유대인들에 의해 주도되었다.

11월 20일, 외환 시장은 달러가 거의 증발한 상태에서 4일째 거래가 중단되었다. 이튿날 재경원이 마지막 순간까지 IMF 자금 지원에 대해 사실 무근이라고 부인했으나, 밤 10시 20분경 임 부총리가 IMF 자금 지원 요청을 전격 발표했다. 지원 금액과 조건 등 실무 협상은 11월 24일부터 시작되었다.

협상이 막바지에 들어서자 미국 대통령까지 나섰다. 클린턴은 11월 28일 김영삼 대통령에게 전화를 걸어 협상의 조속한 타결을 요구했다. "12월 첫째 주가 되면 한국은 파산이다. 협상을 조속히 마무리 짓는 게 좋을 것"이라는 게 통화의 요지였다.

당시 미국 정보기관은 우리 관료들이 '튼튼한 펀더멘털'을 강조하던 1997년 중반부터 이미 단기 부채 급증으로 한국 경제가 심각한 유동성 위기에 빠질 가능성이 크다는 사실을 반복해서 경고했다. 결국 11월 말 정부는 놀라운 사실을 발표한다. 장부상에 남아 있는 것으로 되어 있는 외환 보유액 300억 달러가 실은 거의 바닥났다고 고백한 것이다. 우리 국민만 모르는 사실이었다. 정부는 마침내 IMF에 손을 내밀었다.

Chapter 4

헤지펀드 놀이터가 된 한국

IMF 당시, 미국이 왜 한국 경제를 IMF 관리 체제에 넣으려 했는지에 대한 궁금증은 IMF와 협상하는 과정에서 풀렸다. 미국은 이미 오래전부터 한국 경제를 '팍스 아메리카나'로 일컬어지는 미국 주도의 경제 틀에 맞추려는 의도를 갖고 있었다. 한국의 경제력이 커지면 커질수록, 미국은 한국 경제의 체질을 '관치 경제에서 미국식 신자유주의 경제 체제'로 바꿔야 한다고 생각했다. 그들은 한국 경제의 낡은 틀을 깨부수기 위해 IMF를 통한 관리가 가장 효율적이라고 판단했다. 협상 끝에 IMF는 550억 달러의 패키지 자금을 빌려주는 조건으로 우리 금융 산업의 무장 해제와 주요 경제 정책의 감독권까지 틀어쥐었다.

IMF는 출자액에 따라 지분을 갖는다. 그래서 IMF 구조상 실질적인 운영권은 지분이 가장 많은 미국이 줄곧 장악해왔다. 다만 IMF 구상을 처음 제안한 영국의 입장이 고려되어 총재는 지금껏 유럽이 맡아왔다. 당시 미셸 캉드쉬 총재가 부지런히 서울을 들락거렸고, 휴버트 나이스 단장이 이끄는 대표단과 한국 정부는 협상을 밀고 당겼다.

그러나 말이 IMF 대표단과 협상이지, 실제로는 미국과의 협상이었다. 미 재무차관보 데이비드 립튼이 1997년 11월 30일, 극비리에 서울에 들어와 막후에서 협상을 지휘했다. 립튼 차관보는 IMF를 관할하는 재무부 책임자였다. 당시 한국 상황에서는 그가 곧 IMF였다. 협상장은 힐튼 호텔 19층이었고, 립튼 차관보는 이 호텔 10층에 여장을 풀었다. 나이스 단장은 부지런히 10층을 들락거리며 차관보의 지시를 받아왔고, 협상장에 돌아와서는 이를 그대로 요구했다. 협상은 칼자루를 쥔 그들 의도대로 결정되었다. 그때 그들이 내린 결론은 간단했다. "한국은 그간의 일본식 금융 시스템, 즉 관치 금융을 버리고 미국식 자본주의로 대체한다"라는 것이었다. 이는 합의 이전에 워싱턴에서부터 결정되었던 사항이었다.

당시 미국 재무부는 그 무렵 한국의 금융 관행이 일반적인 방법으로는 치료하기 힘든 중증이라고 여겼다. 로버트 루빈의 자서전 《글로벌 경제의 위기와 미국》에 아래와 같이 기록되어 있다.

"우리의 견해는 한국에서 대대적인 개혁이 이루어지지 않는 한, 어떤 조치로도 시장의 신뢰를 회복할 수 없다는 쪽으로 기울었다. 문제가 되는 한 가지 관행은 '관치금융'으로, 정부 관리들은 누구에게 융자할지를 은행에 지시할 수 있었다. 이 같은 관행은 '정실자본주의'로 불렸다. 결과적으로 한국의 은행들은 기강이 없었고, 기업에 호의를 베푸는 은행들은 도산하지 않도록 보호받았으며, 사실상 금융에 대한 견제는 없었다. 한국이 경제를 되살리기 위해서는 근본적인 문제들을 해결해야 했다. 그러나 국제통화기금 관계자들과의 협상이나 데이비드 립튼과의 논의에서 한국 관리들이 제시한 방안은 미흡했다."

협상이 끝난 후 200여 항목에 이르는 방대한 이행 각서에 김영삼 대통령은 물론 김

대중 후보 등 대통령 출마자들까지 서명해야 했다. 550억 달러의 패키지 자금 가운데 실제로 갖다 쓴 돈은 195억 달러였는데, 그나마 우리 국민의 금 모으기 운동 등으로 이마저 4년 안에 다 갚았다. 그러나 IMF의 후유증은 컸다.

병 주고 약 준 미국

1997년 12월 3일, IMF가 한국에 총 583억 달러의 자금을 지원하기로 확정했음에도 국가 부도 위험으로 환율이 치솟았다. 12월 5일 IMF로부터 52억 달러가 들어왔지만, 이 돈은 중앙은행의 창고에 쌓이기도 전에 곧바로 나라 밖으로 빠져나갔다.

한국 정부는 IMF와 협상이 타결되면 외국계 금융기관들의 자금 인출 사태가 진정되고 국제사회의 신뢰도 회복될 것으로 기대했으나, 실상은 반대였다. IMF를 출발한 달러는 서울을 도착한 즉시 빠져나갔다. 해외 투자자들은 그동안 한국에 달러가 부족해 대출을 적극적으로 회수하지 못했으나, IMF로부터 달러가 유입되자 이때가 기회라며 서둘러 대출을 회수해갔다. 금융시장의 혼란은 좀처럼 개선될 조짐을 보이지 않았고, 오히려 더 심해졌다.

외환 시장에 모라토리엄(외부에서 빌린 돈에 대해 일방적으로 만기에 상환을 미루는 행위)의 위기감이 점증되었다. 12월 10일, 서울 외환 시장은 개장 37분 만에 거래가 중단되었다. 미 달러화에 대한 원화 환율이 하루 상승 제한폭인 1565.90원까지 폭등했기 때문이다. 아무도 달러화를 팔겠다고 나서지 않았다. 연 초 800원대인 환율에 비해 2배가 된 것이다. 12월 18일, 김대중 후보가 대통령에 당선되었을 때 우리나라 외환보유고는 고작 39억 달러였다. 12월 23일, 우리나라로서는 이제 더이상 어떻게 손써 볼 수 없는 마지막 상황에 몰렸다. 환율이 1,960원까지 치솟았다. 이렇게 우리가 국가 부도라는 절체절명의 위기에 처했을 때 위기 상황을 타개해준 것은 그래도 미국이었다.

1997년 12월 19일, 백악관에서 클린턴 대통령 주재로 국가안보회의가 열렸다. 매들린 올브라이트 국무장관, 윌리엄 코언 국방장관, 로버트 루빈 재무장관 등이 둘러앉았다. 이날 회의의 의제는 한국의 외채 만기 연장 문제였다. 루빈 재무장관은 시장 논리를 들어 한국 채권의 만기 연장 문제는 민간 금융기관에 맡겨야 한다고 주장했다. 지금까지 한국의 상황을 이끌어 온 미국 재무부의 입장을 고스란히 반영하고 있었다. 그러자 코언 국방장관이 반론을 제기했다.

"한국은 수만 명의 미군이 휴전선을 사이에 두고 북한과 총을 겨누고 있는 나라다. 한국의 경제 위기는 이 같은 상황을 감안해서 풀어가야 한다."

올브라이트 국무장관도 코언 장관을 거들고 나섰다. 이날 회의의 결과는 한국에 대한 자금 지원을 조기에 재개하고, 은행들의 외채 연장을 적극 유도해야 한다는 것이었다. 그동안 한국을 옥죄어 왔던 경제 문제가 안보 논리로 해결되는 순간이었다.

12월 23일, 한국 외환 시장은 아수라장이었다. 우리나라로서는 이제 더 이상 어떻게 손써 볼 수 없는 마지막 상황에 몰렸다. 이때 구원투수로 나선 사람들이 유대인들이었다. 앨런 그린스펀Alan Greenspan이

자서전《격동의 시기》에서 한국의 외환 위기 해결을 위해 자신이 한 역할을 이렇게 기록하고 있다.

"서울에 급전을 공급해 한국 경제를 회생시킨 로버트 루빈은 재무장관들의 '명예의 전당'에 오를 만하다. 한국 정부는 250억 달러의 외환이 있어 끄떡없다고 주장했으나, 우리는 곧 한국 정부가 장난침을 알았다. 어려운 문제는 전 세계 수십 개 대형 은행에 '한국 부채를 회수하지 말라'고 설득하는 일이었다. 우리는 전 세계 재무장관, 은행장들의 잠을 일시에 깨우는 기록을 만들었다."

당시 재무장관이었던 루빈도 그의 자서전《글로벌 경제의 위기와 미국》에서 이렇게 말했다.

"그해 휴가철에 전 세계 재무상관들과 중앙은행장이 잠을 설치게 하는 데 모종의 기록을 세웠다. 그래도 연방 걸어댄 전화는 보람이 있었다. 나는 서머스 차관의 방에서 미국 은행들과 투자은행들에 전화했다. 뉴욕 연방준비은행장 윌리엄 맥다노는 국제적 상대역들에게 전화했고, 그들은 다시 유럽과 일본 은행에 전화했다."

크리스마스 다음 날 IMF와 미국 등 G7 국가들이 자금을 조기에 지원하기로 했다는 소식이 전해지면서 서울 외환 시장에서 원화 가치가 큰 폭으로 반등했다. 이날 미 달러화에 대한 원화 환율은 모라토리엄 위기감이 감돌던 12월 23일보다 22.6%가 떨어진 달러당 1,498원으로 마감했다. 절체절명의 위기는 이렇게 수습되었다.

IMF 이후 녹아난 한국 경제

그러나 IMF로부터 혹독한 대가를 요구받은 한국 경제는 순식간에 나락으로 추락했다. 외국인에게는 값싼 한국 기업을 사들일 절호의 기회가 온 것이다. 우리나라 최대 기업인 삼성그룹조차 IMF로부터 자유로울 수 없었다. 삼성그룹의 굴삭기가 볼보에, 포크리프트 부문이 클라크에, 화학 부문은 듀퐁과 GE플라스틱에, 석유화학 부문은 아모코에 넘어갔다. 또한 세계 경영을 모토로 하던 대우그룹이 공중 분해되어 대우자동차가 GM에 넘어갔다. 그 밖에도 두산음료가 코카콜라에, 삼양제지가 프로텍터앤갬블에, 오비맥주가 인터브루에 넘어가는 등 크고 작은 업체가 헐값에 외국인에게 매각되었다.

그뿐만 아니다. 당시 외국인 자본은 폭락한 우리나라 상장기업들의 지분을 거저 줍다시피했다. 특히 우량 기업과 금융주들을 쓸어 담았다. 이때 재미를 본 외국인 헤지펀드는 그 뒤에도 목표물을 정해 대량 공략을 일삼았다. 이러한 외국계 펀드는 주로 유대계로, SK텔레콤을 공격한 타이거 펀드, SK㈜를 노렸던 소버린 자산운용, 삼성물산을 괴롭힌 헤르메스 펀드 등이 있다.

1999년 타이거 펀드는 SK텔레콤 지분 7%를 매집한 뒤 적대적 인수합병 위협을 가했다. 하지만 불과 몇 달 뒤 6,300억 원의 시세 차익을 남기고 지분을 SK 계열사에 넘겼다. 또 2003년에는 소버린 자산운용이 SK㈜ 지분 15%를 확보해 최대 주주에 올라선 이후 기존 경영진 사임을 요구하는 등 분쟁을 벌이더니 결국 1조 원의 차익을 남기고 떠났다. 2005년 초 제일은행을 팔아 1조 원이 넘는 이익을 챙겼던 뉴브리지 캐피털, 한미은행 대주주였던 칼라일 펀드 등이 국내에서 돈을 벌어간 대표적인 헤지펀드다.

이렇듯 이들 외국계 펀드는 주주총회 개최 요구 등 적극적인 경영 참여로 주가를 끌어올린 뒤 대규모 시세 차익을 남기고 지분을 정리했다. 그래서 '한국은 헤지펀드의 놀이터'라는 말까지 생겨났다.

기업 사냥꾼으로 세계에서 영향력이 크기로 소문난 인물은 단연 칼 아이칸Carl Icahn이라는 유대인이다. 우리나라에서는 2006년 KT&G 지분을 사들여 10개월 만에 40%의 차익을 남기고 되팔았다. 론스타는 우리나라 외환 위기를 틈타 한국자산관리공사와 예금보험공사로부터

▲ 세계적 기업 사냥꾼인 칼 아이칸

5,000억 원 이상의 부실채권을 사들이면서 진출했다. 2001년 6월 서울 강남구 역삼동에 있는 스타타워, 2002년 한빛여신전문, 2003년 4월에 극동건설을 각각 인수한 데 이어, 같은 해 8월에는 외환은행을 인수함으로써 한국에서도 은행업을 시작했다. 론스타는 또 극동건설을 인수한 지 3년도 안 되어 인수 자금 대비 3배를 벌었다. 그동안 고배당과 부동산 매각 등으로 최소 3,500억 원 이상을 현금화했다. 만도기업의 운명도 극동건설과 비슷하다. 고배당과 자산매각 등으로 이미 인수가의 두 배를 안겨주었다. 론스타는 1조 3,832억 원에 외환은행을 사서 3년

이 채 안 되어 4조 2,500억 원의 매각 차익을 남기고 국민은행에 팔려다 중단된 상태였다. 그 뒤 외환은행은 2012년 2월 배당과 시세 차익으로 4조 원이 넘는 이익을 챙긴 뒤 하나금융지주에 인수되었다.

IMF 구제 금융 이후 외국계 사모펀드가 이렇듯 막대한 수익을 가져간 예는 '론스타-외환은행 사례'뿐만이 아니다. 미국계 사모펀드인 뉴브리지캐피털이 1999년에 5,000억 원을 들여 제일은행을 인수해서 1조 1,800억 원의 매각 차익을 얻었다. 제일은행은 현재 스탠다드차타드은행에서 인수하여 SC제일은행이라는 이름으로 새출발했다. 또한 칼라일이 2000년에 4,559억 원을 들여 한미은행을 인수하여 약 7,000억 원의 매각 차익을 얻고 씨티은행에 팔았다.

여러 국내 금융기관을 문 닫게 만든 JP모건

JP모건 은행은 IMF 외환 위기 초기에 반년 동안 우리나라에서 12건의 채권 발행 주간사로 선정되어 모두 40억 달러어치 채권을 발행했다. 또 1998년 1월 뉴욕에서 열린 단기 외채 210억 달러의 만기 연장 협상에서 서방 채권 은행단 대표 역할을 했다. JP모건은 같은 해 4월 국내에서 사상 최대 규모의 '파생금융상품 사고'를 쳤다.

JP모건은 1996년 말 동남아 통화가 지나치게 강세를 보이자 거품이 심하다고 보았다. 이를 이용해 동남아 채권 연계 신용파생상품을 만들었다. 태국 바트나 인도네시아 루피아의 가치가 올라가면 이를 산 사람이 돈을 벌지만, 통화 가치가 폭락하면 이를 판 JP모건이 떼돈을 버는 구조였다. 문제는 이를 사줄 만한 멍청이를 찾아야 했다. 이때 걸려든 게 우리나라 금융사들이었다.

JP모건은 1997년 봄 주택은행·보람은행·SK증권·한국투신·한남투신·제일투신·신세기투신 등 국내 금융기관들에 무이자로 돈을 빌려주면서 동남아 채권 연계 파생금융상품인 TRS를 사도록 했다. 그리고 겨우 몇 달 뒤 동남아 금융 위기가 터져 두 나라 통화 가치가 급락했다. 이 때문에 우리 금융사들은 자그마치 16억 달러의 손실을 보았다. 이 사건의 여파로 한남투신과 신세기투신은 결국 문을 닫았다. 문제 상품의 판매 간사를 맡았던 SK증권 또한 자본이 완전 잠식되면서 모그룹인 SK그룹의 자금난마저 야기할 정도로 치명적인 손실을 입었다. 이전까지 잘나가던 보람은행도 1998년 9월 8일, 라이벌 하나은행에 합병당했다.

헐값에 넘어간 우리 상장기업 주식들

1997년 외환 위기가 본격화되면서 국내 주식 시장은 폭락했다. 동시에 외국인의 국내 주식 시장 투자 제한이 해제되었고, 대부분의 우량주식이 외국인의 손에 넘어갔다. 1996년 800대를 웃돌던 주가지수는 IMF 사태가 본격화된 1997년 연말에 376까지 떨어졌다. 그러나 700~800원 수준이던 달러 환율은 1997년 말에 2,000원을 넘볼 정도로 치솟았다. 이때 들어온 핫머니는 우리 주식을 헐값에 대량으로 사들였다. 평소 가격의 15% 수준에서 매입한 셈이다. 외국인 투자자들은 2000년 한 해에만 무려 11조 4,000억 원어치의 우리 주식을 사들였다. 이는 외환 위기 직후인 1998년에 기록했던 사상 최고 기록인 4조 8,000억 원의 매입을 두 배 이상 초과한 수치였다.

우리 증권 시장이 개방된 1992년부터 2004년까지 총합계를 내보면, 외국인 투자가들은 유가증권시장(61조 4,000억 원)과 코스닥시장(6조 원)에서 약 67조 4,000억 원 규모를 순매수했다. 이 기간 외국인 지분율은 18%에서 44%로 불어났다.

그 뒤 외국인이 장기 보유한 과실을 본격적으로 수확하기 시작한 것은 2005년부터였다. 이에 따라 국내 증시가 개방된 1992년부터 2008년 9월까지 우리 주식 시장에서 외국인 투자가의 누적 순매도액은 9조 원을 넘어섰다. 외국인 투자가가 국내 증시에 투자한 자금보다 빼내 간 자금이 9조 원이나 더 많았다는 뜻이다. 그런데도 코스피 시장에서 외국인이 보유한 주식 잔고액은 2008년 8월 19일 기준으로 237조 7,000억 원이었다. 시가총액의 30.3%다. 그들이 사들인 금액보다 훨씬 많이 팔았음에도 그들의 시가총액은 단지 13%만 조정되었을 뿐이다. 이처럼 투자한 돈보다 더 많이 빼내가고도 그들은 우리 상장기업 전체 지분의 30%를 쥐고 있었다. '외국인이 국내 주식 시장에서 단물을 다 빼먹는다'라는 속설이 그다지 과장된 이야기만은 아니었다.

우리나라 은행 주식의 외국인 자본 비중은 60%가 넘는다. 삼성전자를 비롯한 대기업들의 외국인 주식 비중 역시 50%를 넘고 있다. 그중 태반이 유대계 자본이다. 과연 우리나라 은행들을 우리 것이라 부를 수 있을까? 외환 위기 때 우리는 얻은 것도 있었지만, 많이 당했다. 하지만 그 안에서 배워야 한다. 지나간, 흘러간 역사가 아니라 현재 숨 쉬고 있는 역사여야 한다. 아팠던 역사는 잊어버리면 안 된다.

비트코인 탄생 비화

: 통화금융 세력에 도전하는 유대인 암호학자들 :

Chapter 1

유대인 암호학자
차움의 등장

원래 인터넷은 군사용으로 개발되었다. 1960년대 미 국방부 산하 고등연구국 Advanced Research Projects Agency·ARPA의 연구용 네트워크가 시초이다. 처음에 미 국방부는 철벽 요새를 구축한 뒤 그곳에 중앙 서버를 두고 중요 군사 정보를 중앙집중형으로 관리하려고 했다. 그런데 핵미사일의 요새 공격에 대한 해결책이 없었다. 그래서 여러 곳에 서버를 분산 설치한 뒤 이를 서로 연결하면 일부 서버가 공격당하더라도 나머지 서버들로 관리할 수 있는 방안이 제시되었다. 이로써 1969년 대학 네 곳을 연결하는 네트워크 '아파넷ARPANET'이 탄생했다.

이후 여러 대학과 기업에서 아파넷을 사용하고 싶다는 요구가 생겼다. 미 국방부는 1973년 아파넷을 군사용 '밀넷'과 민간용 '아파넷'으로 분리시켜, 아파넷을 민간에 개방했다. 이것이 오늘날 인터넷의 시작이다.

여기에 더해 1975년 미국 정부는 군과 정보당국이 독점했던 암호 기술까지 민간에 개방했는데, IBM에 연구 용역을 맡겨 만든 새로운 암호체계 DES Data Encrytion Standard가 그것이다. 이것이 민간이 처음 접한 최초의 고급 암호화 기술이었다.

그런데 여기에 정보당국의 술수가 숨어 있었다. 정보당국이 암호 내용을 검열할 수 있도록 알고리즘에 암호화를 우회하는 뒷문backdoor을 설치한 것이다. 하지만 뒷문은 결국 발각돼 제거되었다. 그 뒤 암호학자들과 컴퓨터과학자들 주도로 프라이버시 보호를 추구하는 사이퍼펑크 운동이 전개되었다.

15차례나 반미 정권을 실각시킨 미국

미국은 1953년 이란을 시작으로 2001년 아프가니스탄, 2003년 이라크까지 15차례나 반미 정권을 실각시켰다. 이중 9차례는 직접 군대를 동원해 무력을 사용했고, 나머지 6차례는 미국 중앙정보국CIA이 쿠데타를 조장하거나 반군을 지원하여 개입했다. 냉전 시대에는 공산주의의 확산을 막기 위해 미 CIA가 암암리에 움직였다.

CIA는 1953년 이란을 정조준했다. 쿠데타를 지원해 선거로 선출된 무하마드 모사데크Mohammad Mossadegh 총리를 실각시키고 친미

▲ 국민적 지지를 받았던 모사데크 이란 총리

성향의 팔레비 왕을 복귀시켰다. 이 사건은 이란인들이 반미로 돌아선 이유 중 하나이다.

이듬해에는 과테말라가 목표였다. CIA가 배후에서 조종한 쿠데타군에 의해 과테말라의 민족주의자 대통령 하코보 아르벤스가 축출되었다.

1960년에는 아프리카 콩고 차례였다. 소련의 지원을 받던 콩고의 파트리스 루뭄바 초대 총리가 미국의 지원을 받은 쿠데타로 암살됐다.

미국은 자국의 뒷마당인 중남미에서 사회주의 세력이 발붙일 수 없도록 반미 지도자들을 철저히 제거했다. 1954년에 과테말라 대통령을 쫓아낸 후, 1973년에는 칠레의 사회주의 대통령 살바도르 아옌데가 CIA가 지원하는 쿠데타군에 맞서 싸우다 자결했다.

미국은 CIA 개입으로도 해결되지 않으면, 무력 침공도 주저하지 않았다. 1961년 쿠바 침공은 실패했지만, 이후 경제 제재는 아직도 계속되고 있다. 쿠바식 사회주의를 따라 하던 후안 보슈 도미니카공화국 대통령은 1965년 미국 침공에 의해 실각했다. 그 뒤 18년 후 좌파 지도자가 총리로 등장하자 미국은 다시 침공해 정권을 무너뜨렸다. 1989년에는 파나마를 침공해 마누엘 노리에가 장군을 마약 밀매 혐의로 붙잡아 미국 법정에 세웠다. 이러한 과정들 속에서 CIA는 반미 지도자들의 전화 도청과 편지, 이메일 무단 검열을 통해 그들의 일거수일투족을 감시하고 동정을 파악했다.

미국 정부가 운영하던 '펜 레지스터'

과거 미국 정부는 전화와 우편물을 모두 감시하기 위해 특정 전화 번호의 송수신을 모두 기록하는 '펜 레지스터 Pen Register'라는 기기를 운 영했다. 정부기관이 요청하면 우편 배달부가 특정인의 우편 내역을 모 두 기록해 제공하는 '메일 커 버 Mail Cover'도 합법이었다. 이후 인터넷이 발전하자 미 국 정부의 전자 감시 활동에 의한 개인의 프라이버시 침 해 사례는 늘어났다.

▲ 미국 정부가 특정 전화번호의 송수신을 모두 기록 한 '펜 레지스터'

1993년 클린턴 행정부 시절, 미국 국가안전보장국NSA은 백도어 코 드가 심어진 클리퍼 칩을 개발했다. 클리퍼 칩은 암호화 알고리즘을 담 은 집적회로IC로, NSA는 각 통신사에 이 칩을 전화기 등 모든 통신 장 비에 설치하도록 권장했다. 이 칩이 설치되면 정부가 국민의 통화 내용 을 감청할 수 있게 된다. 명분은 테러 방지 등 국가 안보 제고였다.

실리콘밸리 기업들과 시민단체들은 정부의 이런 구상에 격렬히 반 대했다. 결국 이 계획은 칩 자체의 결함과 헌법에 반하는 위헌성 때문 에 1996년에 폐기되었다. 당시 클리퍼 칩이 필요하다고 주장했던 NSA 는 무차별 도·감청을 하다가 2013년 에드워드 스노든의 폭로로 크게 곤욕을 치렀다.

유대 통화금융 세력에 도전한 차움

1970년대 미국 경제는 암울했다. 1971년 닉슨 쇼크로 달러와 금의 연계가 끊기자 금값은 폭등하고 달러 가치는 급락했다. 이는 수입 물가 인상과 만성적인 인플레이션을 초래했다. 1972~1973년 인플레이션율은 3.4%에서 9.6%로 뛰었고, 1974년에는 11%를 기록했다. 같은 기간 주가는 43% 폭락했고, 부동산 등 실물자산은 크게 상승했다.

1, 2차 오일 쇼크는 경제에 치명타를 가했고, 유가는 배럴당 3달러에서 24달러로 급등했다. 그 결과 세 차례 경기 침체와 물가 상승이 동시에 발생하는 스태그플레이션에 빠졌다. 1979년 인플레이션율은 13.3%에 달했으며, 연준은 기준금리를 19%까지 올렸다. 시중금리는 21%에 이르렀고, 실업률은 9%로 치솟았다.

경제학자들은 스태그플레이션의 원인을 정부의 재정 확대와 방만한 통화 정책으로 보았다. 세계은행 자료에 따르면 1970~1980년 미국 통화 증가율은 연 11%였고, 금융자산 증가율은 연 15%로 급속히 늘었다. 반면 근로소득 증가율은 미미했다.

이런 상황에서 한 유대인 암호학자의 깊은 고뇌로부터 암호 화폐가 탄생했다. 전산학자이자 암호학자이며, 컴퓨터공학 박사이자 경영학 박사인 데이비드 차움이 등장하기 전까지 실용적인 전자 화폐는 개발되지 않았다.

1955년생인 차움은 천재였다. 이미 고등학교 때 인근 대학UCLA에 가서 강의를 들었다. 이후 UCLA에 입학한 차움은 방만하게 운영되는 현행 통화금융 시스템에 문제가 있다고 느꼈다. 그는 자신이 유대인이 었음에도 유대 금융 세력이 주도하는 미국의 통화금융 정책은 미국과 세계 경제를 위한다기보다 그들의 이익을 위해 복무한다는 인상을 받 았다. 방만한 통화 정책의 결과물인 인플레이션의 고통은 서민들의 몫 인 반면에 그들과 그들의 추종자들, 즉 부호들은 주식과 부동산, 금융 투기로 엄청난 부를 늘려가는 현상을 목도했다. 그는 이러한 부조리와 빈부격차의 확대는 기득 세력의 통화금융 시스템이 자본주의를 지배 하는 한 본질적인 문제라는 생각이 들었다.

검열과 도청은 민주주의의 적이자 죄악

차움은 UC버클리 대학원 시절 도서관에서 CIA에 의한 감시와 편지 검열, 전화 도청으로 1973년 칠레 살바도르 아옌데 대통령이 비참한 최후를 맞이했다는 글을 읽고 큰 충격을 받았다.

의사 출신 아옌데는 1970년 세계 최초로 민주적 선거로 선출된 사회 주의 대통령이었다. 그는 외국 기업이 소유한 구리 광산과 은행을 국유 화했다. 이를 못마땅하게 여긴 미국의 CIA가 사주한 칠레 군부가 쿠데 타를 일으켰다. 이에 맞서 아옌데 대통령은 가족과 관료들을 대통령궁 밖으로 내보낸 뒤 자신은 피신하지 않고 끝까지 대통령궁에 남아 싸우 다 마지막 대국민 고별 라디오 연설을 했다.

"역사는 우리의 것입니다. 그리고 역사를 만드는 건 민중입니다. (중략) 저는 칠레와 그 운명을 믿습니다. 반역자들이 우리에게 강요하려는 이 암울하고 가혹한 순간을 딛고 일어서 또 다른 사람들이 전진할 겁니다. 이것을 잊지 마십시오. 자유로운 인간이 활보할, 더 나은 사회를 향한 크나큰 길을 열어젖힐 일이 얼마 남지 않았다는 걸. 칠레 만세! 민중 만세!"

그는 이 말을 남기고 생을 마감했다. 이후 칠레의 민주주의는 실종됐다. 피노체트의 군부 독재가 17년간이나 이어졌기 때문이다. 이를 계기로 그는 통신과 거래의 개인 프라이버시의 중요성을 절감한다. 또한 통신과 거래의 프라이버시 보호가 민주주의의 필수적인 근간이라는 신념을 가지게 된다. 정부가 개인의 통신이나 거래 정보를 들여다보는 짓은 민주주의를 해치는 악이라고 보았다.

그는 이러한 감시와 검열, 도청으로부터 개인의 프라이버시를 지키는 일이 앞으로 점점 더 중요해진다고 판단했다. 차움은 프라이버시를 지키기 위해서는 민간인들 스스로가 암호학을 발전시켜야 한다고 생각했다. 컴퓨터공학과 전산학을 공부하던 그는 이때부터 암호학 공부에 매진한다.

정부에 대한 불신이 암호학 연구의 동력

차움은 자기의 전공인 컴퓨터공학에 암호학을 접목했다. 그가 처음 접한 논문은 민간 암호학의 효시 격인 공개키 암호학에 대한 연구인

〈암호학의 새로운 방향〉이었다. 이는 스탠퍼드 대학의 전기공학 교수 마틴 헬만Martin Hellman과 컴퓨터과학자 휫필드 디피Whitfield Diffie, 랄프 머클Ralph Merkle이 1976년에 공동으로 출간한 논문이었다.

헬만과 디피는 미국 정부가 1975년에 발표한 암호화 규격 'DES'를 암호의 대중화를 위한 첫걸음으로 여겼다. 그러나 키 사이즈의 축소로 인해 무차별 대입 공격에 취약하다는 사실을 발견하면서 비판적 시각을 갖게 되었다. 정부가 마음만 먹으면 개인 간의 암호통신문을 해독할 수 있다고 보았다. 이들이 보안에 취약한 DES를 대신해 제시한 것이 바로 공개키 암호화 개념이다. 이는 오늘날 암호 화폐와 전자상거래를 가능하게 만든 획기적인 기술이었다.

종래의 대칭키 암호 방식에서는 암호화키와 복호화키가 동일한 비밀키를 사용했다. 그래서 송신자와 수신자는 비밀 통신을 하기 전에 이를 해독할 비밀키를 사전에 공유해야 했다. 반면 공개키 암호화 방식에서는 공개키와 비밀키를 생성하여 공개키는 공개하고, 복호화에 사용되는 비밀키만 사용자가 보관했다. 이렇듯 공개키 방식에서는 송신자와 수신자가 사전에 키를 공유할 필요가 없어 사용자 간에 사전 준비 없이도 암호 통신망을 구축할 수 있는 게 장점이다. 이 논문에서 이들은 공개키 암호화의 개념을 소개하면서 암호화와 복호화에 서로 다른 키를 사용하는 비대칭 암호화 방식을 제안했다. 또한 통신 당사자가 안전하게 공통의 암호화 키를 교환하는 방법인 '디피-헬맨키 교환 프로토콜' 아이디어를 선보였다.

1978년에는 이를 좀 더 실용화시킨 공개키 실용 시스템인 'RSA 암호화 알고리즘'이 MIT의 로널드 라이베스트Ron Rivest, 아디 샤미르Adi Shamir, 레오나르드 아델만Leonard Adleman에 의해 개발되었다. RSA는 이들 성의 첫 글자를 딴 것이다. 공개키에 의해 메시지를 암호화하고, 개인 private 키에 의해 암호를 푸는 이 방식이 암호학 발전에 큰 전기를 마련했으며 현재도 널리 쓰이는 방식이다.

한마디로 공개키는 통장의 계좌번호와 비슷하고, 개인 키는 비밀번호 PIN과 유사하다고 이해하면 된다. 이를 암호 화폐에 대입해 보면, 아무나 공개된 주소로 비트코인을 보내고 그 주소가 얼마나 많은 비트코인을 갖고 있는지도 조회할 수 있지만, 개인 키를 갖고 있는 소유자만이 그 비트코인을 사용할 수 있다.

'부분키'로 비밀키 분할 메커니즘을 개발한 차움

차움은 공개키 방식이 암호화 메시지의 문제점을 개념적으로는 해결했지만, '암호화'가 무조건 안전성을 의미하는 것은 아니라고 보았다. 그는 이제부터가 암호학의 시작이라고 생각했다. 차움은 UC버클리 대학원 재학 중이던 1979년 24세 때 암호학에서 중요한 신개념 중 하나를 개발했다. 암호문을 서로 안전하게 통신하기 위해서는 '비밀키'를 공유하는 것이 핵심인데, 차움은 비밀키 공유의 토대 기술인 '부분키'로 키를 분할하는 메커니즘을 개발했다.

부분키 공유는 기본적으로 비밀키를 여러 개의 부분으로 나누어 참여자들이 개별적으로 보유하는 방식이다. 이 메커니즘의 핵심 목표는 비밀키가 노출되거나 분실될 위험을 줄이는 것이다. 여러 개의 부분으로 나누어 보관할 경우, 단일 키가 노출되는 것보다 보안이 강화된다. 예를 들어, 5명의 참여자가 있을 때 이 중 3명이 각각 자신의 부분 키를 제공해야 비밀키를 재구성할 수 있다. 이처럼 협력적 접근법을 통해 보안성을 높일 수 있다.

또 부분키 방식은 익명 통신 그룹과 디지털 자산 공동관리, 전자투표 시스템 분야에서 매우 유용하게 응용될 수 있다. 차움은 부분키 공유가 단순히 보안만을 위한 것이 아니고 프라이버시를 보호하고 사용자 인증을 강화하는 데도 쓰일 수 있다고 설명한다. 예를 들어, 차움이 제안한 은닉 서명Blind signature 또는 그룹 서명Group signature 기술과 결합하여 사용자가 누구인지 드러내지 않으면서도 서명된 거래의 유효성을 높일 수 있다고 했다. 차움은 이 기술이 궁극적으로 직접 민주주의 실현에 도움이 되길 원했다.

추적당하지 않는 '익명 통신'과 '디지털 화폐' 개발

차움은 개인의 프라이버시가 침해당하지 않으려면 익명으로 서신을 주고받을 수 있는 '익명 통신'의 개발이 시급하다고 생각했다. 그는 암호화된 메시지로 교신하더라도 '대화 주체와 대화 시간'이 노출되는 게 문제라고 보았다. 차움은 1979년 이 문제를 해결할 수 있는 그의 첫 논문인 〈추적 불가능한 전자 우편, 발신인 주소, 전자 서명〉을 발표했다. 차움은 이 논문에서 〈암호학의 새로운 방향〉에 대해 언급하면서 개인정보 침해 문제에 대해 논의하고 '혼합 네트워크Mix Networks'를 활용한 익명 전자우편 프로토콜의 청사진을 제시했다. 혼합 네트워크란 내가 보낸 메일이 추적을 따돌리기 위해 곧바로 상대방에게 가지 않고 인터넷상의 여러 지점을 경유함으로써 발신자의 신원과 발신 시간을 보호하는 프로토콜이다. 이 논문은 1979년에 발표되었지만, 기고는 1981년에 되었다.

차움은 추적 불가능한 통신만큼이나 중요한 것이 개인 계좌 보호라고 생각했다. 개인 계좌의 거래 내용이 추적당하지 않아야 개인의 프라이버시가 지켜진다고 보았기 때문이다. 그는 '인터넷으로 정보가 전달되듯이 가치도 전달할 수 있지 않을까'라는 생각을 했다. 추적 불가능한 디지털 화폐를 만든다면 부조리한 현행 통화금융 시스템을 근본적으로 바꿀 수 있다고 보았다.

차움은 금융 거래 분야 또한 '익명 통신'과 비슷한 관점에서 해석했다. 또한 앞으로 디지털화 되어 가는 세계에서 전자상거래 분야가 엄청나게 커질 것으로 보았다. 한편으로는 인터넷과 전자상거래 발달로 발생할 사회 문제, 즉 정부와 거대 기업과 기관들이 개인정보를 수집하고 추적하는 상황이 되면, 개인의 사생활이 심각하게 훼손될 수 있다고 우려했다. 다시 말해, 빅브라더가 개인의 전자상거래 소비와 결제 이력을 추적한다면, 거래 발생 시간과 구매 상품 내역이 사람들의 신원을 파악하는 데 악용될 뿐만 아니라 개인의 라이프스타일, 소비 행동 그리고 정치색에 대한 정보까지도 수집할 것으로 보았다.

모든 개인 거래의 결제 시간에 대한 정보는 개인의 소재나 소속, 라이프 스타일에 대해 많은 정보를 누출할 것이다. 예를 들어 교통, 숙박업소, 식당, 영화관, 극장, 강의, 음식, 약물, 술, 책, 신문, 각종 요금 및 회비, 종교 및 종교 활동 등에 관련된 결제 내역을 생각해보자.

당시는 컴퓨터가 대중화되지 않아서 아무도 이에 대해 생각하지 못할 때였다. 이러한 우려를 바탕으로 차움은 인터넷으로 주고받을 수 있는 '디지털 화폐' 개념을 창안했다. 이렇게 세계 최초로 추적 불가능한 가상자산 개념이 탄생했다. 이를 바탕으로 그는 1980년 '암호학에 의해 보호되는 디지털화폐 시스템'의 특허(특허번호 4529870)를 받았다. 이는 이후 암호 화폐의 근간이 되었다. 1982년에는 〈추적 불가능한 결제를 위한 은닉 서명〉이라는 논문을 발표하여 익명 결제에 대한 이론을 더 발전시켰다. 이 논문에서 제안된 결제 프로토콜은 발신자의 정보와 결제 내역을 익명으로 보호하고, 혼합 네트워크와 유사한 방식으로 정보를 가렸다.

그의 박사 논문인 〈상호 불신 관계에 있는 집단들에 의해 건설되고, 유지되고, 신용되는 컴퓨터 시스템〉에서는 탈중앙화 서비스의 필요성을 주장하며, 개인정보를 신뢰할 수 있는 방식으로 관리하는 컴퓨터 시스템의 중요성을 강조했다. 당시 그가 발표한 논문에서 나오는 개념들은 다양한 사생활 보호 기술의 기반이 되어 현재까지도 주요 암호 화폐들에 활용된다. 또 차움은 개인의 사생활 보호를 위해서 다양한 종류의 익명 인증 시스템이 마련되어야 한다고 보았다.

그는 1982년 UC버클리에서 컴퓨터공학 박사와 경영학 박사를 취득함과 동시에 뉴욕대 경영대학원과 UC산타바바라에서 강의를 시작했다. 차움은 금융자본주의의 통화 남발로 인플레이션이 발생하고, 소득 불평등과

▲ 유대인 암호학자인 데이비드 차움, 사이퍼펑크 운동을 촉발하며 블록체인 개발의 길을 열었다 (출처: Bitcoinist.com)

빈부격차 확대가 가져올 미래에 대해 고민했다. 1982년에 PC가 '올해의 기계'로 타임지 표지를 장식했다. 이제 막 개인용 컴퓨터가 세계적으로 주목받기 시작했다는 뜻이다. 그는 PC가 가져올 20~30년 후를 내다보며 인터넷과 전자상거래 발달로 발생할 사회 문제, 다시 말해 정부와 기관 그리고 거대 기업들이 개인정보를 수집하고 추적하는 상황이 되면, 개인의 사생활이 심각하게 훼손될 수 있다고 우려했다.

암호학 공동 연구를 위한 '동아리' 조직

차움은 이러한 병폐를 막을 암호화 기술 개발을 위해서는 암호학자들이 뭉쳐야 한다고 생각했다. 그는 암호학자들이 모여 서로 머리를 맞대고 함께 연구할 필요성을 느끼고 '암호학 연구 동아리'를 조직했다. 암호학 정보를 공유하고, 정부 규제에 공동 대응하고, 암호학 연구를

심도 있게 연구하기 위해서였다. 그는 유대인답게 이들과 어울려 토론하며 협업을 즐겼다.

차움은 그 뒤 연구에 매진해, '사이퍼펑크 운동'이 시작되기 전 이미 17건의 특허를 낸다. 그뿐만 아니라 바다 건너 네덜란드 암스테르담 국립수학연구소에도 암호연구그룹을 만들었으며, 이스라엘과 영국 암호학자들과도 교류하며 동아리의 공식 이름을 '국제암호연구회'로 명명해 이끌었다.

개인 계좌 보호를 위해 암호 화폐 '이캐시' 발표

차움은 1982년 한 신문에 '익명성 디지털 화폐'라는 아이디어를 실었다. 이어서 그는 이듬해 〈추적 불가능한 지불 목적에 대한 서명〉이라는 논문을 통해 익명성이 전제된 전자 화폐에 대한 프로그램 개념을 제시했다.

이를 토대로 그는 1990년대 초 세계 최초의 암호 화폐 '이캐시'를 선보이며 '은닉 서명 Blind Signature'이라는 개념을 소개했다. 즉 거래 당사자의 신분과 메시지 내용을 노출시키지 않고, 결제 사실을 검증하는 '은닉 서명'이라는 방식을 통한 익명성 디지털 화폐 프로그램을 제시한 것이다. '은닉 서명'은 웹 보안에 쓰이는 알고리즘을 확장한 것으로 거래 당사자 정보를 암호화해 추적하지 못하게 하면서도 거래의 완결성을 확보한 기술이다.

백서 소스 공개와 전자 화폐 인출기 개발

차움은 같은 해 이캐시 백서의 소스를 공개했다. 소스 개방은 다른 사람들의 암호 화폐 개발에 도움이 되기를 바라서였다. 실제 비트코인 개발에도 이 개념이 적용되었다. 그는 이를 디지털 화폐뿐만 아니라 전자투표 등 여러 분야에 적용하여 사용자의 익명성과 프라이버시를 지킬 수 있다고 주장했다. 특히 그가 제시한 '랜덤 샘플 전자투표'는 향후 직접민주주의 발전에 유용하게 쓰일 것으로 보인다. 이후 그가 개발한 전자서명 기술과 암호학 관련 개념들은 암호 화폐의 근간을 이루는 기술로 발전했다.

차움은 그가 구상하고 있는 디지털 화폐 '이캐시'를 상용화하려면, 먼저 암호 화폐를 손쉽게 사고팔고 송금할 수 있는 P2PPeer to Peer용 전자 화폐 인출기ATM가 필요하다고 보았다. 그래서 1988년 유대인 과학

▲ 암호 화폐를 손쉽게 사고팔고 송금할 수 있는 암호 화폐 인출기

자들과 함께 은닉 서명을 통한 '전자 화폐 인출기'를 개발했다.

알고리즘 게임 이론 권위자인 유대인 컴퓨터과학자 아모스 피아트Amos Fiat와 이스라엘 바이츠만(와이즈만) 연구소 교수 모니 나오르Moni Naor와 공동연구를 통해 만들었다. 이 시스템은 나중에 차움이 암스테르담에 설립한 회사Digicash를 통해 1995년부터 1998년까지 미국 세인트 루이스에 있는 마크트웨인 은행에서 소액 지불 시스템으로 사용됐다.

그 뒤 이들은 이러한 기술적 시스템을 바탕으로 최초의 전자투표 시스템과 '불법 복제 추적 기술'Traitor Tracing을 개발했다. 이 시스템은 훗날 직접민주주의 시현에 크게 기여할 것이다.

Chapter 2

비트코인 선구자
사이퍼펑크 운동가들

1960년대 중반에 들어 미국은 베트남 전쟁과 중동 전쟁의 수렁에 빠져들었다. 전쟁의 계속된 실패와 강제 징집으로 불안한 미국의 젊은이들이 희망을 잃고 실의에 빠지기 시작했다. 이들은 징집을 거부하며 반전 운동을 벌였다. 시위가 점점 격해져 징집 영장 불태우기, 전쟁 규탄 농성까지 벌어지자 미국은 벌집 쑤신 듯 소란스러워졌다. 더 나아가 기존 사회질서를 부정하고, 자유와 평화를 사랑하자며 자연으로의 회귀를 주장하는 젊은이들도 등장했다. 도덕과 이성보다는 자연스러운 감성, 정신적 가치에 무게를 두며, 인간성을 중시하고, 물질 문명을 부정하며 즐거움을 추구하는 운동이 전국적으로 퍼지기 시작했다. 이것이 바로 반체제, 반문화 운동인 '히피'다.

그 뒤 시간이 흘러 히피는 사실상 와해되어 갔으나 히피의 혁신적 분파로 볼 수 있는 '사이퍼펑크 운동'이 일어났다. 이전의 반체제 히피 운동은 사회적 이유에서 비롯되었지만 사이퍼펑크 운동은 개인의 자유에 초점을 맞추고 정부로부터 개인의 사생활,

즉 '프라이버시 보호'를 극도로 중요시했다. 그들은 개인의 통신과 개인 계좌 보호를 위해 익명 통신과 추적 불가능한 암호 화폐 개발에 힘을 모았다. 이 운동이 어떻게 일어나게 되었는지 그 과정을 살펴보자.

사이퍼펑크 운동이 일어난 시대적 상황

1980년대 초, 레이건 정권은 '경제를 시장의 효율에 맡기자'는 시카고학파의 신자유주의로 세계 질서를 재편하기 시작했다. 신자유주의는 케인스 이론을 신랄히 비판했다. 케인스 이론은 정부가 시장에 적극적으로 개입하여 완전 고용을 이루고, 수정자본주의를 채택해 부자 증세로 소득불평등을 보완함으로써 복지국가를 지향하는 정책이다. 반면에 신자유주의는 시장의 효율을 중시하며 '자유시장, 규제 완화, 자유무역, 외환 시장 개방'을 추진했다.

그 결과 부작용도 발생했다. 많은 개발도상국이 '워싱턴 컨센서스'라는 미국의 전략에 의해 외환 위기가 발생하면, 이를 기회로 삼은 IMF에 의해 강제로 외환 시장과 금융시장을 개방당하면서 국부를 잃게 되었다. 미국 지식인들 사이에서도 신자유주의가 피도 눈물도 없는 '무한 경쟁을 초래'하여 빈부격차를 확대하고 '분배의 악화'를 가져온다는 인식이 확산되었다. 하지만 더 큰 문제는 이 과정에서 레이건 정부가 실시한 부자 감세 정책이었다. 역대 대통령들이 계승한 이 정책은 소득불평등을 더욱 심화시켜 심각한 부의 편중을 몰고 왔다.

이로 인해 사이퍼펑크의 활동은 중앙집권적인 통제와 감시의 상징인 정부에 대한 거부감으로 이어졌다. 사이퍼펑크 운동은 개인 프라이버시 보호를 위해 정부가 개인의 사생활 정보에 접근하지 못하도록 암호cypher 체계를 개발하여 사용해야 한다고 주장했다.

차움의 논문으로 시작된 사이퍼펑크 운동

차움이 1985년에 발표한 〈신분 없는 보안 : 빅브라더를 이기는 방법〉 논문은 사이퍼펑크 운동을 촉발시켰다. 이후 미국에는 전화 도청과 편지, 이메일 무단 검열 등 개인 프라이버시 침해에 대해 극력히 반발하는 세력이 생겨났다. 암호학자들이 주도하는 사이퍼펑크 운동은 1990년대 전후 인터넷 대중화와 함께 이루어졌다. 주 활동 지역은 IT 혁명 근거지인 샌프란시스코 베이 지역이었다. '사이퍼펑크cypherpunk'는 '암호cipher'에 저항을 상징하는 '펑크punk'를 붙여 만든 합성어이다.

기밀문서 폭로 전문 미디어 〈위키리크스Wikileaks〉 편집장 줄리안 어산지Julian Paul Assange는 그의 저서 《사이퍼펑크》에서 "사이퍼펑크란 대규모 감시와 검열에 맞서 자유를 지키기 위한 방안으로 강력한 암호 기술을 활용하는 사람을 말한다"라고 정의했다.

유대인 암호학자들이 주축이 된 블록체인과 가상자산 개발 역사는 사이퍼펑크 운동을 통해 본격적으로 시작되었다. 사이퍼펑크들은 정보당국의 검열을 피해 주로 '크립토그래피 메일링 리스트'를 통해 서로 소통하고 활동했다. 사토시 나카모토가 비트코인 개념을 공개한 방식도 이 메일링 리스트를 통해서였다.

프라이버시 침해 문제를 가장 먼저 우려한 데이비드 차움은 1991년에 이렇게 말했다.

"현재 기술의 발전은 프라이버시에 대한 보호 장치와 개인 데이터에 접근하고 수정할 수 있는 권리를 모두 공허하게 만들고 있습니다. 이러한 발전이 계속된다면, 그들의 엄청난 감시 잠재력은 개인의 삶을 전례 없이 집중된 감시와 권위에 취약하게 만들 것입니다."

또한 그는 1992년 한 기사에 이렇게 썼다.

'한 방향으로는 사람들의 삶에 대한 전례 없는 조사와 통제가 이루어지고 있고, 또 다른 한 방향으로는 개인과 조직 간의 안전한 평형 관계(패리티)가 유지되고 있다. 다음 세기의 사회 형태는 어떤 접근 방식이 우세하느냐에 따라 달라질 수 있다.'

본격적인 사이퍼펑크 운동과 합동 연구

개인의 자유를 추구하는 사이퍼펑크 운동이 본격적으로 벌어진 1992년, 사이퍼펑크 족은 정부로부터의 사생활 보호를 극도로 중요시했다. 금전 거래 내역 역시 보호돼야 할 사생활의 일부로 보았다.

모임의 주요 멤버는 수학자이며 컴퓨터 프로그래머인 에릭 휴즈 Eric Hughes, 인텔 시절 컴퓨터 칩의 알파입자 문제를 해결한 티모시 메이

Timothy May, '시그너스 솔루션'의 창립자 존 길모어John Gilmore 등이었다.

이들 세 사람은 데이비드 차움의 영향을 받아 암호학과 자유주의에 대한 열정을 품고 있었는데, 1991년 길모어가 개최한 암호학자들을 위한 파티에서 만났다. 이후에도 이들은 테크 주의자들을 위한 모임을 개최하고 여러 주제에 관해 토론했다. 이를 계기로 암호학자들의 주기적인 모임이 생겨났고, 사이퍼펑크 운동의 초석이 되었다. 이 모임에서 휴즈는 차움의 논문을 토대로 암호학자들을 위한 익명 메일링 리스트를 개발했다. 첫 모임 이후 한 달도 지나지 않아 메일링 리스트가 업로드되었고, 누구라도 'cypherpunks-request@toad.com'를 구독하면 모임에 참여할 수 있었다. 데이비드 차움의 혼합 네트워크 논문이 13년이 지나고 나서야 현실로 실현된 것이다.

1992년 초, 사이퍼펑크 커뮤니티는 100명 이상의 구독자를 모았고, 그해 10월 10일에 사이퍼펑크 커뮤니티는 두 번째 오프라인 모임을 개최했고, 이를 통해 정부 감시에 대항하는 움직임이 더욱 확대되었다. 그해 말에는 2,000명이 넘는 사람들이 참여했다. 이후 암호학자들은 익명 통신으로 서로 정보를 교환했다. 이제 정부의 감시 체제에 대항하는 거대한 반발 세력이 형성된 것이다. 그들은 개인적·산발적으로 추진하던 프라이버시 보호 운동을 조직화하기 시작했다. 이때부터 암호학자들은 서로의 연구 결과를 공유하기 시작했고, 더 나아가 합동 연구를 시작했다.

에릭 휴즈는 1993년에 발표된 사이퍼펑크 선언문에서 "프라이버시는 전자 시대의 열린 사회를 위해 필요하다. 프라이버시는 비밀과는 다르다. 프라이버시는 세상이 알기를 원하지 않는 것이고, 비밀은 어떤 누구도 알기를 원하지 않는 것이다. 프라이버시는 세상에 선택적으로 노출하는 것이다."라고 선언했다.

그는 중앙집권화된 국가와 거대기업들로부터 개인의 프라이버시를 보호하기 위해 암호화된 익명 거래 시스템을 개발할 것을 제안했다. 당시 티모시 메이는 공산당 선언을 흉내 낸 '암호화 무정부주의자 선언'을 쓰기도 했다. 다양한 암호화 기술에 심취한 사이퍼펑크족들은 샌프란시스코 인근에서 정기적으로 회합을 갖기도 했다.

합동 연구로 개발된 블록체인의 바탕 기술

사이퍼펑크 모임에서 개발된 여러 기술이 훗날 비트코인 탄생의 바탕이 되었다. 대표적인 것이 하버드 대학 여성 컴퓨터학자 신시아 더크Cynthia Dwork와 분산 컴퓨팅 분야의 권위자인 유대인 다니엘 돌레브Daniel Dolev가 공동 개발한 '가단성 암호화Malleability' 기술이다. 이는 암호화된 데이터를 사용한 작업이 쉽게 변화되도록 설계한 기술인데 블록체인의 바탕 기술로 평가받고 있다.

사이퍼펑크 운동가들은 개인정보를 보호하는 것이 열린사회를 유지하는 매우 중요한 요소라고 생각했다. 그들은 자신들의 열린 사고방식을 활용해 사람들의 익명성을 지켜줄 수 있는 도구를 지속적으로 개발하기로 했다. 많은 사람이 사이퍼펑크 사상에 공감했나. 사이퍼펑크

▲ 사이퍼펑크 사회를 그린 대표적 영화 〈매트릭스〉의 한 장면

운동은 소속 회원들끼리 뉴스와 관련 소식을 이메일을 통해 주고받으며 폭발적으로 성장하여, 하나의 사회운동에서 점차 집단의 모습을 갖춰갔다. 이메일을 통해 정책, 철학, 기술 등 여러 분야에서 다양한 논의가 이뤄졌다. 수많은 논의는 인터넷과 탈중앙화, 보안에 대한 개념 정립과 발전에 큰 영향을 미쳤다. '네트워크상의 자유와 프라이버시 보호'라는 가치를 지키기 위해 시작된 사이퍼펑크 운동은 다양한 문화와 기술이 자라나는 사상적 토양이 되었다.

어산지의 폭로, 빅브라더의 감시 활동

1990년대 인터넷 보급은 정보 공유와 개인의 의사소통 확장에 많이 기여했다. 하지만 사이퍼펑크 운동을 주도하는 암호학자들이 우려하는 사태가 현실에서 그대로 드러났다. 국가 조직이나 거대기업은 개인 정보의 효율적 관리라는 명목으로, 서버로 집중되는 정보의 감시와 검열 시스템을 구축했다. 일명 '빅 브라더'의 출현이다.

1990년 이래 사이퍼펑크 운동의 중심 인물인 〈위키리크스〉 편집장 줄리안 어산지는 1992년 펴낸 《사이퍼펑크: 어산지, 감시로부터의 자유를 말하다》에서 "해방을 위한 최고의 도구였던 인터

▲ 사이퍼펑크 운동의 대표주자인 줄리안 어산지

넷이 전체주의의 가장 위험한 조력자로 변신했다. 인터넷이 인류 문명을 위협한다"라고 경고하면서 정부의 감시 활동을 고발했다. 그는 구체적인 증거도 나열하며 우리의 모든 표현과 의사소통, 웹페이지, 메시지 그리고 검색 용어들이 수집된다고 주장했다. 특히 미국의 국가안보국, 영국의 정보통신본부 등 전자 감청기관들이 방대한 정보를 수집,

---

Tip 도감청에 이용된 삼성전자 스마트TV

〈위키리크스〉는 2017년에는 미 중앙정보부(CIA)의 사이버 정보센터 내부망에서 확보한 문서 수천 건을 공개했는데, 여기에는 CIA가 애플, 삼성전자, 마이크로소프트 등의 전자기기를 원격 조종해 일반인을 도·감청해 왔다는 내용이 포함되어 있었다. 삼성전자의 스마트TV에 악성 코드를 설치한 뒤, TV 주변의 음성 등을 포착했으며, 이런 도·감청 기술은 TV가 꺼져 있을 때도 작동한다는 내용도 포함되었다고 한다.

보관한다고 했다.

　현재 개인이 인터넷을 통해 이용하는 콘텐츠나 서비스는 대부분 민간 기업이 제공한다. 개인이 이들 서비스를 이용하기 위해서는 개인정보를 제공해야 한다. 그뿐만 아니라 이용자가 인식하지 못하는 사이에 개인정보가 자동으로 수집되기도 한다.

　어산지는 자신의 책에서 민간기업이 개인정보를 가지고 '민영 비밀경찰' 역할을 하고 있으며, 정부와 손잡고 사용자 정보를 팔아넘기고, 사람들의 프라이버시를 침해하며, 통제 시스템의 일부가 되고 있다고 주장했다. 어산지는 이 책에서 인터넷이 전체주의의 위험한 조력자로 변신한 과정을 낱낱이 폭로하며, 우리 모두가 힘을 모아 함께 싸울 것을 촉구했다. 그는 '약자에게 프라이버시를, 강자에게 투명성을'이라는 사이퍼펑크의 전통적 모토를 강조했다.

　어산지가 설립한 〈위키리크스〉는 2010년 4월 미군의 이라크 민간인 사살 영상을 공개하더니, 7월 이라크 아프가니스탄 전쟁 관련 보고서 7만 7000여 건, 12월 국무부 외교 전문 25만여 건을 연이어 폭로했다. 역사상 가장 방대한 규모의 기밀 정보를 세 차례나 공개해 2011년 노벨평화상 후보에 오르기도 했다.

에드워드 스노든의 폭로

2013년 6월 10일, 전직 미국 국가안보국NSA 계약 요원 에드워드 스노든Edward Joseph Snowden이 〈가디언〉과 〈워싱턴포스트〉를 통해 미국 국가안보국과 영국 정보기관들의 도감청 사실을 폭로했다. 그들은 전 세계 유명인사와 일반인들의 통화 기록과 인터넷 사용 정보 등의 개인정보를 '프리즘PRISM'이란 비밀 정보 수집 프로그램을 통해 무차별적으로 수집, 사찰해왔다는 것

▲ 에드워드 스노든

이다. 스노든은 미국 국가안보국이 브뤼셀의 유럽연합본부는 물론 미국 주재 38개국의 대사관을 도·감청한 사실도 폭로했다.

사이퍼펑크 운동은 기본적으로 정부나 거대 기업은 휴대전화나 컴퓨터로 개인이 어떤 정보를 갖고, 어떤 행위를 하든 감시하지 말고 간섭하지 말아야 한다는 주장을 편다. 이러한 감시와 간섭은 개인 자유에 대한 심각한 침해라는 인식이다.

'패놉티콘 Panopticon'이라는 단어가 있다. 이 말은 원래 제러미 벤담Jeremy Bentham이 구상했던 원형 감옥을 뜻한다. 감시자가 자신을 드러내지 않으면서 수용자를 감시할 수 있는 감옥으로, 현대 사회의 감시 체계를 상징한다.

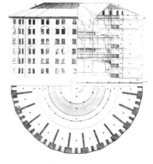

▲ 제러미 벤담의 패놉티콘 감옥

상대가 원하면 일분일초 단위로 감시할 수 있는 그런 사회에 우리가 살고 있다. 이메일, 메신저, 신용카

드, CCTV, 위치 추적, 계좌 추적 등은 감시 체계의 유용한 도구가 돼 버렸다.

예전에는 카카오톡 검열과 전화 도청도 있었다. 어떤 메일은 메일 내용을 자동으로 파악해서 그에 맞는 광고까지 보여준다. 신용카드의 추적 또한 피하기 어렵다.

실제로 우리가 페이스북 같은 소셜미디어(SNS) 활동을 하다 보면, 자신도 모르게 우리의 가치 기준과 취향에 맞는 페친들과 광고로 둘러싸이게 된다. 우리의 정보가 노출되고 감시된 결과이다. 많은 이가 인터넷에 올린 소셜미디어 글들을 통해 신상이 털리고 불특정 다수로부터 공격받기도 한다.

우리나라에서도 2014년 카카오톡을 통해 오간 개인의 대화가 정부 사정·정보기관에 넘겨지고 있다는 소문이 퍼지면서 국내에서 텔레그램의 점유율이 급격히 늘어나기도 했다. 또 페이스북 가입자 8,700만 명의 학력과 전화번호, 종교, 정치 성향 등의 정보가 외부에 넘겨졌다는 소식도 나왔다.

인터넷이 우리를 감시하는 세상

인터넷상에서 누군가가 나를 지켜보고 있다고 생각하면 행동이나 선택이 자유로울 수 있을까? 사이트 당 60명의 감시자가 당신의 모바일과 PC 모니터를 매일 지켜보고 있다면 당신은 무엇을 할 수 있는가?

당신이 매일 어떤 사이트에 들어가는지, 그리고 누구와 친한지, 어떠한 내용의 메신저를 주고받았는지, 무엇에 관심이 있는지, 어떤 상품을 구매했는지를 60개 업체가 추적·분석하고 있다. 이를 알게 되면 당신의 온라인 행동이 망설여질 수밖에 없다. 불행히도 이미 현실이다.

2015년 웹 프라이버시 센서스에 따르면, 세계에서 방문자가 많은 상위 100개 웹사이트에서 6,280개의 HTTP 쿠키가 발견되었다. 온라인상 이용자의 행태 정보를 수집할 수 있는 쿠키가 사이트당 평균 60개씩 설치되어 있었다. 프라이버시 보호란 21세기에 적극적으로 부활시켜야 할 기본권이다.

Chapter 3

세계 최초 암호 화폐
이캐시의 탄생

데이비드 차움은 1988년 〈추적 불가능한 전자 화폐〉라는 논문을 통해 인터넷에서 현금처럼 사용할 수 있는 추적 불가능한 디지털 화폐를 제안했다. 세계 최초로 암호학이 적용된 익명성 디지털 화폐 곧 암호 화폐를 제시한 것이다.

차움은 암호 화폐를 개발하기 위해 1990년 네덜란드에 '디지캐시DigiCash'라는 회사를 창업했다. 미국 정부의 견제를 피해 해외로 나간 그는 1982년 발표한 백서를 토대로 '이캐시ecash(e캐시)' 개발에 착수했다. 그리고 사용자를 비밀에 부치면서 신원을 증명할 수 있는 화폐를 만드는 데 공을 들였다. 마침내 1993년 세계 최초로 컴퓨터 네트워크를 통해 거래할 수 있는 익명성이 보장된 디지털 화폐 '이캐시'를 출시하는 데 성공했다.

차움은 이캐시에 '은닉 서명, 암호화된 계좌, 이중지불 방지 시스템'을 적용했다. 그는 보내는 사람과 받는 사람의 신원은 암호화하지만, 누구에게 보내는지는 식별할 수 있는 시스템을 고안했다. 비트코인과 유사한 아이디어다. 이로써 이캐시는 은행이 모든 거래 내역을 알 수 있는 신용카드와 달리 거래 내역을 관리 주체가 알 수 없도록 익명성을 보장했다. 이게 바로 차움을 암호 화폐의 시조로 부르는 이유다.

이캐시와 비트코인의 차이

이캐시와 나중에 나온 비트코인의 차이는 '탈중앙화' 여부이다. 이캐시는 은행에 라이선스를 판매하려고 은행과의 연계를 위한 '중앙화' 암호 화폐인 반면, 비트코인은 블록체인 기술 기반의 '탈중앙화'를 토대로 했다는 점이다.

〈이캐시 사용 기본 개념〉

- 프라이버시 보호에만 신경 썼다.
- 기존 금융 시스템을 활용했다.

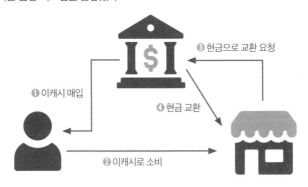

▲ 은행과 연계되어 사용된 최초의 암호 화폐 이캐시

'디지캐시'는 디지털 토큰을 기반으로 한 전자결제 시스템을 개발했는데, 이 시스템을 사용하는 사람들끼리 서로 토큰을 교환할 수 있고 현금으로 교환도 가능했다. 특히 이 토큰은 특수한 경우를 제외하고는 돈이 어디에서 왔는지 알 수 없도록 설계되어 익명성을 보장했다.

차움이 설립한 디지캐시는 제법 잘나갔다. 차움은 네덜란드 정부, 도이체 방크, 크레디트스위스 등과 계약을 맺고 마이크로소프트, 비자카드로부터 지원을 받아 1,000만 달러 이상 투자를 이끌어냈다.

미국 미주리주 지방은행인 마크 트웨인 은행이 1995년 처음으로 이 시스템을 도입해 소액결제에 활용했다. 1997년에는 대형 신용카드 발행사인 머칸틸 은행 등이 이 시스템을 사용했다.

이때 마이크로소프트사에서 1억 달러로 이캐시 시스템을 구매해 윈도우에 설치하겠다는 제안이 들어왔다. 그러자 데이비드 차움은 윈도

▲ 1994년 '디지캐시' 개발팀. 오른쪽에서 두 번째가 닉 재보로 추정됨 (출처: www.chaum.com)

우 패키지 1카피Copy 판매당 2달러를 요구해 협상이 결렬되었다는 이야기가 있다.

이때 이캐시 개발팀에 입사한 인턴사원이 닉 재보Nick Szabo였다. 1964년 미국 워싱턴주 유대인 가정에서 태어나 자란 닉 재보는 1956년 헝가리 봉기에서 소련에 대항해 싸운 아버지의 영향으로 소련과 같은 중앙집중식 정권이 얼마나 쉽게 권력을 남용할 수 있는지를 이해하며 자랐다. 닉 재보는 1989년 워싱턴 대학교 컴퓨터공학과를 졸업했다.

그 뒤 닉 재보는 데이비드 차움이 만든 디지캐시 스타트업에서 암호화폐 이캐시 개발에 참여했다. 데이비드 차움과 닉 재보, 이 두 천재의 만남은 이후 암호 화폐 개발사에 큰 획을 긋는다.

파산한 디지캐시

이캐시는 익명성을 못마땅해하는 미국 정부 눈치도 보이는 데다 당시의 기술적 한계와 사회적 여건의 미성숙으로 계약했던 은행들이 탈퇴하면서 내리막길을 걷게 된다. 결국 디지캐시는 버티지 못하고 파산하고, 이 혁신적인 기술을 널리 보급하는 데는 실패한다.

하지만 차움이 고안한 암호 기술은 중앙기관이 제공하는 신뢰 없이도 누구나 참여할 수 있는 '신뢰 프로토콜'의 핵심 원리를 제시했다는 점에서 획기적이었다. 비트코인의 주요 요소인 '분산공유 원장, 암호화된 계좌, 이중지불 방지 시스템'은 모두 차움이 당시 개발한 것들로부터 비롯됐다. 그래서 그는 비트코인을 만든 '사토시'가 아니냐는 오해를 받기도 했다.

이캐시의 문제점 분석

데이비드 차움과 닉 재보 등 개발팀은 이캐시의 보급에는 실패했지만, 최초의 암호 화폐 이캐시를 거울삼아 문제점을 분석했다.

첫째, 이캐시는 보안에 취약했고, 해킹이 너무 쉬웠다.
둘째, 이캐시를 은행과 연계하다 보니 제삼자의 가치에 신뢰를 의존했다. 이는 감시와 검열에 노출될 우려가 있고, 무엇보다 지속 가능한 생명력에 문제가 있었다.

그들은 이러한 취약점을 보완할 방법에 대해 심도 있게 이야기를 나누었다. 이캐시는 제삼자 즉 은행이나 정부에 의해 그 운명이 좌우되어 영속성에 가장 큰 문제가 있었다고 보았다. 그들은 제삼자에 의존하지 않는 독자적인 탈중앙화 암호 화폐가 필요하다는 걸 깨달았다. 또한 보안과 해킹에 취약한 이캐시의 한계를 극복하자는 결론을 내렸다. 그리고 새로운 암호 화폐는 사람들이 디지털 금이라고 생각할 수 있도록 가치 있는 것으로 여겨져야 한다고 보았다.

탈중앙화 암호 화폐 개발의 방향

새로 개발될 탈중앙화 암호 화폐는 다음 조건을 만족시키기로 했다.

첫째, 무엇보다 우발적인 분실 및 도난으로부터 안전해야 한다.
둘째, 그 가치는 위조할 수 없을 정도로 비용이 많이 들어, 가치 있는 것으로 여겨 져야 한다.
셋째, 그 값은 간단한 관찰로 정확하게 측정되어야 한다.

비록 이캐시에서 실패했지만, 귀중한 교훈을 얻은 그들은 처음부터 다시 시작해 새로운 탈중앙화 암호 화폐를 개발하기로 했다.

하이에크에게 영감받아 법을 공부한 닉 재보

이후 닉 재보는 《법, 입법 그리고 자유》라는 책을 쓴 경제학자 프리 드리히 하이에크Friedrich Hayek에게서 영감을 받아 인간 사회의 기반이 대개 국가가 일반적으로 시행하는 규정과 계약 같은 조건에 기반한다 는 사실을 발견했다.

그는 무국적, 비폭력, 사이버 대안을 충족하는 새로운 암호 화폐를 만들기 위해서는 이러한 조건을 온라인 도메인으로 옮겨야 한다고 생 각했다. 다시 말해, 어느 한 나라의 패권적 통화가 아닌 국적에 구애되지 않는 세계 화폐야말로 폭력적 패권 전쟁에서 자유로울 수 있다고 보았다. 그는 또한 하이에크의 《화폐의 탈국가화》를 읽고, 개인 은행이 특정 국가나 주에 구속되지 않는 자체 통화를 발행하자는 하이에크의 '자유 은행 옹호론'에 큰 관심을 두었다. 그러한 시스템하에서 사용할 돈을 선택하는 것은 전적으로 시장에 달려 있다고 생각했다.

먼저 법에 대해 자세히 알아야겠다고 생각한 닉 재보는 법률 공부를 위해 워싱턴 대학교 법학대학원에 입학해 박사학위를 취득했다.

닉 재보, '스마트 계약' 제시

닉 재보의 또 다른 관심은 앞으로 다가올 인터넷 전자상거래의 프로토콜 개발로, 계약 조건이 맞으면 자동으로 실행되는 프로토콜 개발 연구에 몰두했다. 1994년, 닉 재보는 '스마트 계약Smart Contract'이라는 개념을 탄생시켰다. 그는 스마트 계약을 '계약에 필요한 요소들을 코드화하여 스스로 실행하는 전산화된 거래 프로토콜'이라 정의했으며, 이를 통해 신뢰할 수 있는 제삼자의 필요성과 혹시 발생할 수 있는 사고의 가능성을 최소화할 수 있다고 제안했다.

닉 재보는 스마트 계약이 '자동판매기'와 비슷하다고 말했다. 자동판매기에 돈을 투입하면 표시된 가격에 따라 선택한 제품이 자동으로 나온다. 이는 자동판매기가 일종의 보편화된 규범 또는 약속을 통해 자동적으로 계약을 체결하고 실행하는 것과 같다. 그는 이러한 방식을 디지털 사회의 계약에 적용시킬 수 있다고 보았다.

그리고 그는 1996년에 스마트 계약이 무엇을 할 수 있는지에 대해 제시했다. 그가 제시한 스마트 계약은 블록체인 기반으로 제3의 중개기관 없이 개인 간 P2P 방식으로 원하는 계약이 체결되도록 하는 기능이다. 당사자끼리 합의한 조건에 따라 계약 내용을 자동으로 실행할 수 있게 프로그래밍하여 분쟁 없는 투명한 거래를 할 수 있는 방식이다. 이렇듯 스마트 계약은 전자상거래 프로토콜 설계에 대한 이행을 목적으로 개발되었다. 특히 국경을 넘는 해외 계약일 경우 전통적인 계약 방식보다 송금 비용을 크게 줄일 수 있다는 장점이 있었다.

이중지불 문제를 해결한 해시캐시

암호 화폐의 발전에는 영국의 유대인 암호학자이자 사이퍼펑크 운동가인 아담 백Adam Back도 크게 기여했다. 탈중앙화 화폐는 중간에 이중지불을 체크해줄 은행이 없어 탈중앙화 화폐 스스로 이중지불 문제를 해결해야 했다. 아담 백은 1997년 익명성을 보장하면서도 이중지불을 방지할 수 있는 '해시캐

▲ 해시개시를 개발한 아담 백

시Hashcash'라는 암호 화폐를 만들었다. 아담 백의 해시캐시는 원래는 대량 스팸메일을 막기 위해 개발한 것이었다. 그는 1993년 하버드 대학 유대인 컴퓨터 과학자 신시아 더크Cynthia Dwork와 이스라엘 와이즈만 연구소의 암호학자 모니 나노어Moni Naor가 고안한 '작업증명'을 해시캐시 암호 화폐 개발에 적용했다.

암호 화폐는 컴퓨터에서 대량 복제될 수 있는 문제를 해결해야 했는데, 이런 기술적 시스템이 바로 블록체인 기술이다. 블록체인은 거래에 대한 모든 내용이 네트워크에 기록된다. 이는 공개적인 네트워크 공증을 뜻한다. 이 공증을 마무리하는 작업이 바로 작업증명이다. 해시캐시가 도입한 작업증명 방식은 이후 비트코인 채굴 알고리즘에 적용되었다. 작업증명 방식이 이중지불 문제를 해결하는 이유는 이 합의 알고리즘은 어떤 거래가 발생했을 경우 해당 거래가 유효한지와 새로운 블록이 진짜인지, 가짜인지에 대한 검증을 수행하기 때문이다.

거래 내역을 축약해 어떤 길이의 정보도 64자로 암호화하는 '해시 함수'는 1979년 랄프 머클Ralph Merkle이 개발했다. 해시 함수는 많은 내용 중 단 한 자만 달라도 전혀 다른 값이 나온다. 그래서 블록 내 거래 데이터가 아무리 많아도 해시 함수로 암호화하면, 전체 데이터를 일일이 비교하지 않고 해시값만 비교해도 같은지 다른지 금방 알 수 있다.

아담 백이 해시캐시를 선보인 이듬해인 1998년 웨이 다이Wei Dai가 익명성과 분산 방식 암호 화폐인 '비머니B-Money'를 고안하면서 암호 화폐는 또 한 걸음 진전했다.

1998년 비트골드 백서를 발표한 닉 재보

비트코인과 아주 비슷한 암호 화폐는 닉 재보가 만든 비트골드였다. 닉 재보는 새로운 암호 화폐를 금과 같은 희소성과 가치가 있으면서도 제삼자의 신뢰에 의존하지 않는 디지털 화폐로 만들고 싶었다. 한마디로 누구나 인정하는 '디지털 금'을 만들고 싶었다. 그는 이렇게 말했다.

"나는 해결하기 어려운 문제를 푸는 것과 금을 채굴하는 어려움 사이의 유사점에 대해 생각했다. 만약 퍼즐을 푸는 데 소요되는 시간과 에너지가 많이 든다면, 그것은 가치 있는 행위로 여겨질 수 있다. 어려운 문제를 푼 사람에게 그 대가로 디지털 화폐를 보상할 수 있다."

닉 재보는 1998년 스마트 계약 기반의 '비트골드' 설계를 발표했다. 비트골드의 메커니즘은 금본위 화폐 발행 원리를 디지털로 구현한 것이었다.

비트골드는 탈중앙화 디지털 화폐로, 참여자들이 컴퓨팅 파워를 통해 암호화 퍼즐을 푸는 방식으로 같은 네트워크에 있는 다수가 그 해답이 유효하다고 인정해야 다음 퍼즐로 옮겨갈 수 있는 구조였다. 퍼즐이 풀리고 네트워크 인증을 통과하면, 그 퍼즐은 다음 퍼즐의 일부가 된다. 복사·붙여넣기를 통한 부정행위를 차단함으로써 디지털 화폐의 이중지불 문제를 해결하는 방식이다.

이처럼 비트골드는 나중에 나온 비트코인의 구조나 원리와 매우 비슷하다. 비트골드는 실제로 시장에 나오지는 못했지만, 비트코인의 선구적인 모델이었다. 즉 비트코인을 만들 때 비트골드의 원리를 많이 참고했다. 특히 참가자들이 컴퓨팅 파워로 해시 문제를 풀어 비트골드를 얻게 되는 구조가 같았다. 그리고 시간이 지나면서 채굴 난이도가 높아지는 등 기술적인 메커니즘도 비슷했다. 이외에도 비트코인과 비트골드 모두 작업증명 합의 알고리즘에 의해 구동되었다. 비트골드는 화폐의 가치적 특성을 재현하는 동시에 보안을 강화하려는 시도였다.

닉 재보는 비트골드에서 두 가지 기능을 구현했다. 하나는 금융기관으로부터의 독립이다. 사용자는 네트워크를 통해 금융기관을 거칠 필요가 없이 안전하게 거래할 수 있다. 또 다른 하나는 국경을 넘나드는 원활한 운영이다. 비트골드 같은 분산형 네트워크는 은행의 복잡한 경로를 거치지 않고 몇 분 내에 해외 송금을 처리할 수 있다. 이러한 특성은 모두 훗날 비트코인에서 구현되었다.

Chapter 4

비트코인을 익명으로
발표한 이유

1971년 닉슨 쇼크 이후 달러 가치가 떨어지자 그 영향이 산유국에까지 미쳐 원유 가격을 대폭 끌어올리는 빌미가 되었다. 그렇지 않아도 1973년 제4차 중동 전쟁이 아랍권의 패배로 끝난 뒤, 석유수출국기구OPEC 산유국들은 석유를 무기로 쓰려던 참이었다. 산유국들은 서방 세계를 압박하며 원유 가격을 인상했다.

1973년 10월 1배럴당 3.01달러였던 원유 가격은 3개월 만에 11.65달러로 거의 네 배나 뛰어올랐다. 세계 경제는 휘청거릴 수밖에 없었다. 이 석유 파동으로 1974년 주요 선진국들은 두 자릿수 물가 상승과 마이너스 성장이 겹치는 스태그플레이션을 겪어야 했다.

그 무렵 미국의 천재 외교관 키신저 국무장관은 놀라운 외교 성과를 연속적으로 이루어냈다. 이 유대인의 머리에는 놀라운 꾀로 가득했다. 그는 소련과의 전략무기제한협정을 체결하여 군비 경쟁을 종식시켰고, 죽(竹)의 장막 중국의 문을 핑퐁외교로

열어제꼈다. 이어 골칫거리였던
베트남 전쟁 종전 협정을 이끌어
냈다.

그리고 키신저는 1974년 6월에
한 손에는 당근을, 다른 손에는 채
찍을 가지고 OPEC 종주국인 사우
디아라비아의 파이살 왕과의 비
밀 협상에 성공했다. 미국이 사우

▲ 헨리 키신저와 사우디아라비아 파이살 왕

디의 안보와 왕권을 보호해주는 대신, 세계 최대 유통 상품인 석유 거래를 달러로만
하도록 하는 묘수를 찾아낸 것이다. 겉으로 드러난 50년 만기 협정 이름은 '양국 간
군사 경제협정'이었다. 그 뒤 달러에 대한 수요가 커진 덕분에 달러가 계속 기축통화
노릇을 할 수 있었다.

중산층 붕괴로 심각한 도전에 직면한 자본주의

금과의 고리가 끊어진 달러는 이후 근원인플레이션 한도 내에서 무
제한 발행되어 세계 각국으로 퍼져나갔다. 게다가 다른 나라들도 달러
의 평가절하를 견제하기 위해 경쟁적으로 화폐 발행량을 늘려나갔다.
그 결과 금본위제 하에서는 상품과 서비스의 유통에 비해 화폐의 유통
량이 적은 게 문제였는데, 이제는 너무 많은 게 문제였다.

금융자본주의의 본질적 문제인 소득불균형 심화와 부의 편중으로 미

국은 1970년대 초만 해도 중산층 비중이 70%대였으나, 지금은 40%대로 줄어들었다. 꾸준한 중산층 붕괴는 지속 가능한 시스템이 아니다. 자본주의가 심각한 도전에 직면한 것이다. 미국은 지금 하부 구조의 붕괴를 막대한 재정부양책인 적자 재정으로 막아내고 있다.

달러는 구조상 미국 정부의 재정 적자와 연계되어 발행되는 구조다. 그러다 보니 미국은 국가 부채가 계속 늘어나고 있다. 재정 적자 문제는 미국뿐만 아니라 유럽, 일본 등 모든 선진국의 공통된 문제이기도 하다. 이로 인해 미래 후손들은 천문학적인 빚더미에 앉게 될 것이다. 국가 부채가 늘면 이자와 원금 감당이 어려워지면서 많은 나라가 자국 화폐의 가치절하를 위해 인플레이션과 인위적 평가절하로 짐을 덜려는 일들이 벌어진다.

게다가 각국 정부는 경기 부양을 위해서 약간의 인플레이션이 필요하다고 믿는다. 그래서 근원인플레이션이 허용하는 한도 내에서 끊임없이 화폐 발행량을 늘리는 인플레이션의 유혹에 빠져 시중 유동성이 계속 늘어나고 있다.

반복되는 공황과 기축통화 붕괴의 패턴

정부의 선의에 의한 통화 정책, 곧 경기를 살리기 위한 통화팽창 정책 또는 과열을 식히기 위한 긴축 정책들이 때로는 시차를 두고 통화 교란으로 작용해 과도한 호황이나 공황을 불러온다. 또 한편으로는 금융 세력들이 이를 인위적으로 조장하고 악용해 기업들을 헐값에 인수하고 서민들의 현금 자산을 거덜내기도 한다.

역사적으로 강대국이 망하는 근본 원인은 대부분 재정 적자로 인한 과도한 부채 증가와 통화 팽창으로 인한 인플레이션과 그로 인한 통화 붕괴였다. 이는 시장 붕괴로 이어져 거대한 제국을 쓰러트렸다. 강대국이 쇠퇴의 절정으로 치달을 때 나타나는 공통된 현상이었다. 그리스가 그랬고, 로마 제국이 그랬으며, 동양에서는 원나라가 그랬다. 스페인 제국 또한 예외가 아니었다.

금본위 디지털 화폐 'e골드' 탄생

이런 상황에서 국경을 초월하는 인터넷의 속성을 활용해 디지털 화폐를 만들려는 시도가 있었다. 미국의 내과의사 더글러스 잭슨Douglas Jackson은 미국의 신용 화폐에 대해 의문이 들었다. 돈과 중앙은행의 역사에 대해 독학으로 지식을 쌓은 그는 금본위제를 포기하는 것이 끔찍하고 위험한 결정이라고 결론내렸다. 그는 패권을 위해 음모와 모략이 판치는 세상에서 진정한 무언가를 만들고 싶었다. 다시 말해, 자본주의를 고쳐 완벽하게 만들고 싶었다. 그는 금에 기초한 디지털 통화를 만들면 여러 가지로 유용하다고 보았다.

첫째 환전과 송금 수수료를 절약할 수 있고, 둘째 인플레이션으로부터 위협을 덜 받는 가치 저장에 유리하고, 셋째 금 구입 최소 단위보다 작은 단위로 거래하면 인터넷 소액 결제까지 가능하다고 생각했다.

잭슨은 이러한 구상을 현실로 옮기고자 낮에는 암 환자를 치료하고, 밤에는 독학으로 코딩을 공부했다. 나중에는 아예 의사를 그만두고 개발자들을 고용했다. 이윽고 1996년에 회사 'e골드'를 만들었다. 페이팔보다 2년 전에 설립된 이 회사는 전적으로 금이 뒷받침되어 작동하는 온라인 지불 시스템을 설계했다.

1996년 출시된 'e골드'의 발상은 간단했다. 고객이 실물 금이나 은을 '골드앤드실버리저브Gold &Silver Reserve'에 맡기면 이에 상당하는 e골드를 계좌에 넣어준다. 고객이 회사에 돈을 부치면 회사는 그에 상응하는 실물 금은을 사서 보관하고, e골드를 고객 계좌에 충전해 주었다. 금은 양본위제의 가상 화폐를 발행한 셈이다. e골드 충전액을 거래하면 실물 금은을 거래하는 것과 같아 무역에서 환차손으로 어려움을 겪던 고객들로부터 호응을 얻어 많은 사용자를 확보하기 시작했다. 게다가 신용카드가 보통 2~5%의 수수료를 부과하는 데 비해 e골드의 수수료는 0.5%에 불과했다.

더구나 2000년 들어 마침 인터넷 쇼핑 붐이 일어났고, 각국의 통화가치 절하 경쟁으로 금 가격이 치솟던 시기였다. 2000년대 초 165개국에서 350만 개 이상의 e골드 계정이 생겨났다. 절정에 달했을 때 e골드는 3.8톤이 넘는 금을 보유하기도 했다. 2006년에는 연간 20억 달러 이상의 거래를 처리해 당시 온라인 결제 업계에서 페이팔 다음으로 두 번째 큰 규모였다.

e골드에 철퇴를 내린 미국 정부

일반 회사가 금본위 화폐를 만든다는 발상은 화폐 발권력을 독점하고 있는 미국 정부가 수용하기 어려웠다. 2001년 9·11 테러 이후, 미국 정부는 테러 자금 추적을 명분으로 한 '애국법'을 제정하여 송금 업체가 반드시 허가를 받도록 규정했다. 이에 따라 미 재무부는 애국법 제정 5년 전부터 사업을 시작한 e골드 역시 송금 업체로 간주하고 법무부와 협력하여 e골드를 수사했다. 이와 동시에 가상 화폐를 화폐 정의에 포함시키는 광범위한 규제 개혁도 이어졌다. 이는 e골드가 화폐가 아니라 실물 자산을 거래하는 곳이라는 주장을 무력화하려는 조치였다.

설상가상으로, e골드를 이용하여 아동 음란물을 구매한 사용자가 적발되었다. 2007년 연방 정부는 골드앤드실버리저브를 기소하며, e골드 사용자들이 신상 정보를 공개할 필요가 없었기 때문에 돈세탁과 아동 음란물 거래 등에 이용될 수 있다고 주장했다. 결국 회사 소유주들은 인가 없이 송금 업무를 취급한 혐의로 유죄 판결을 받았고, CEO는 수개월간 가택 연금에 처해졌다. 2008년 7월, 미국 정부는 e골드 서비스를 폐쇄했다.

비트코인에 영감을 준 '자유 달러'

e골드의 실패에도 불구하고 비슷한 시도는 잇달았다. 1998년, 버너

드 본 놋하우스Bernard von NotHaus는 인플레이션이 존재하지 않는 화폐를 만들어야겠다고 생각했다. 그는 금화와 은화를 주조해 '자유 달러'라는 화폐를 만들었다. 이것이 암호 화폐와 다른 점은, '자유 달러'가 온라인 상의 가상 화폐가 아닌 실물로 존재하는 민간 화폐라는 것이다. 이후 '자유 달러'는 10년간 민간인과 민간 기업들에 의해 사용되었다. 버너드와 함께 '자유 달러'를 만든 한 개발자는 2005년 네덜란드 암스테르담에서 열린 콘퍼런스에서 사토시 나카모토라는 일본인과 접촉했다. 당시 온라인으로 접촉해온 사토시는 "자유 달러가 자신이 만들고 있는 비트코인에 영감을 주었다"라고 전했다고 한다.

그 뒤 2007년에 미 연방수사국(FBI)과 첩보부가 '자유 달러' 사무실을 급습해 금, 은, 백금 등 귀금속과 자유 달러 2톤 어치를 압수했다. 민간인이 화폐를 발행하는 것은 미국의 공식 화폐와 경쟁할 목적으로 연방법에 위배되며, 돈세탁 행위로 간주되기 때문이었다. 버너드는 '국가에 대한 반역죄'로 기소되어 22년형을 선고받았다. 이러한 일련의 사건들이 비트코인을 만든 사토시 나카모토가 익명을 사용하고 세상에 나타나지 않는 이유 중 하나이다.

잠시 내려놓은 '글로벌 통화'의 꿈

신용카드가 출현한 것은 1950년대로, 이때부터 지폐 대신 플라스틱 카드가 결제 수단이 되었다. 그 뒤 1960년대에 은행 자동입출금기가 등장했다. 이후 1970년대 컴퓨터 용량 증가로 인터넷 증권 거래가 이루어지고, 1980년대에는 은행 거래도 전산화되었다. 1990년대는 세계적으로 금융자율화와 금융시장 개방이 확대되었다.

이 무렵, 맥스 레브친과 피터 틸 등 한 무리의 청년들은 이메일을 통해 단순히 정보를 주고받는 것을 넘어서 가치의 전달, 즉 돈거래의 가능성에 대해 생각했다. 그들은 이 생각을 토대로 돈거래에 있어 개인의 프라이버시를 지켜줄 새로운 지불 방법을 고안했다. 이로써 이메일 주소만 알면 송금할 수 있는 전자결제 서비스를 세계 최초로 개발했다.

이들의 기술을 기반으로 한 이메일 결제 회사 '컨피니티'의 이념은 중앙집권적 정부 제도를 반대하는 자유지상주의자 피터 틸의 이상과 일치했다. 컨피니티는 사람들에게 편리하고 안전한 온라인 계좌를 제공해, 특히 개발도상국 국민이 인플레이션에 쉽게 휘둘리는 자국 통화 외에도 다양한 선진국 통화를 쉽게 사용할 수 있도록 하자는 아이디어에서 출발했다. 공동창업자 중 한 명인 루크 노섹Luke Nosek에 따르면, 그들의 초기 미션은 "통화를 파괴하는 은행과 정부의 부패한 카르텔로부터 독립적인 '글로벌 통화'를 만드는 것"이었다. 그들은 달러화를 대체할 수 있는 새로운 디지털 화폐를 만든다는 아이디어에 흥분했다. 그러나 미국 정부의 승인을 받고 사업의 지속성을 확보하려면, 달러를 대체하는 '글로벌 통화'를 만들겠다는 꿈은 잠시 내려놓고, 일단 달러 등 법정 화폐를 기반으로 한 이메일 결제 서비스에 충실하기로 했다.

Chapter 5

베일에 쌓인
사토시 나카모토

닉 재보는 1998년 웨이 다이Wei Dai가 고안한 비머니B-Money의 암호화 기술을 참고해 같은 해에 '비트골드'를 제안했다. 비트골드의 메커니즘은 금본위제 통화 발행 원리를 구현해 인플레이션을 원천적으로 차단하도록 설계되었다.

비트골드가 실제 발행되어 사용된 적이 없음에도 많은 사람은 비트골드가 비트코인의 모태라고 이야기한다. 그 이유는 둘의 구조가 아주 비슷하기 때문이다. 비트골드는 참가자들이 암호화된 퍼즐을 풀어 얻게 되는 구조인데, 퍼즐이 조금씩 어려워지기 때문에 비트골드를 얻는 것도 점차 어려워진다.

닉 재보는 돈이 사회적으로, 문화적으로 어떤 의미를 갖고 있었는지 또 미래에는 어떤 의미를 가져야 할지를 탐구했다. 이를 통해 새로운 암호 화폐에는 어떤 철학을 담아야 할지를 고민했다. 이런 그의 생각은 2002년에 쓴《돈의 기원》이라는 소책자에서 엿볼 수 있다. 이 책은 원시 시대부터 현재의 미국 역사에 이르기까지 돈의 역사를 사회적 문화적 관점에서 조망했다. 또 그는 이 책에서 미국이 식민지 시절부터 영국 동전의 유통이 부족하자 원시 물품 화폐를 쓰면서 그런 것들이 어떻게 화폐의 역할을 훌륭히 수행했는지를 설명했다. 그리고 진화생물학자 리처드 던킨스가 가정한 것처럼, 돈을 사용하는 것이 인간의 DNA에 어떻게 삽입되었는지 알려주었다.

또 그는 여러 문화권 사람들이 희귀하고 휴대하기 쉬운 물건을 수집하여 종종 보석으로 만드는 경향이 있음을 발견했다. 돈 역할을 하는 이것은 인간들을 협력할 수 있게 해주었고, 거래를 통한 게임 이론 즉 '상호 이타주의'였다고 보았다.

비트코인 백서에 남은 닉 재보의 흔적

비트골드와 비트코인의 유사성을 살펴보면, 누가 봐도 비트코인의 창시자로 알려진 '사토시 나카모토'는 비트골드의 콘셉트와 원리를 바탕으로 비트코인을 만들었다고 보인다. 그런데 2008년에 등장한 비트코인 백서에서 사토시 나카모토는 비트코인 설계에 가장 많은 영감을 준 비트골드에 대한 코멘트를 '단 한 줄도' 남기지 않았다. 그래서 오히려 많은 사람이 비트골드의 개념을 만든 닉 재보가 비트코인 또한 만들지 않았을까 하는 의심을 한다.

비트코인 백서에는 비트골드를 제외한 다른 참고 사항들이 나온다. 웨이 다이Wei Dai의 비머니B-Money를 참고했음을 밝혔고, 심지어 2005년 네덜란드 암스테르담에서 열린 콘퍼런스에 참가한 '자유 달러'를 만든 개발자에게 사토시가 온라인으로 접촉해 자유 달러가 자신이 만들고 있는 비트코인에 영감을 주었다고 말했다. 그런데 이상하게 비트골드에 대한 언급은 한 마디도 없었다.

닉 재보가 비트코인 창시자인 사토시의 후보로 꼽히는 또 다른 이유는 그의 글들이 비트코인 백서와 언어학적 유사성이 가장 크다는 점이다. 게다가 닉 재보는 1990년대에 가명을 사용해 활동했고, 비트코인 백서가 발표된 2008년에는 공동 작업할 사람을 찾고 있었다. 2015년 5월 〈뉴욕타임스〉의 나다니엘 포퍼 기자는 '닉 재보가 사토시 나카모토라는 증거가 있다'라고 주장하기도 했다.

블록체인 기술의 탄생

블록체인 기술은 1991년 초 암호학자 스튜어트 하버Stuart Haber와 스콧 스토네타W. Scott Stornetta에 의해 제시되었다. 그들은 디지털 기록의 무결성을 보장하기 위해 디지털 문서의 생성 날짜를 변경하거나 위조할 수 없도록 하는 '타임스탬핑timestamping' 기술을 도입했다. 이것이 블록체인 기술의 탄생이다. 하지만 대중은 이 기술을 알아보지 못했고, 특허권도 2004년에 만료되었다.

2009년 초 '비트코인'이 발표되면서 비로소 블록체인 기술이 대중에게 알려졌다. 사토시는 블록체인 기술의 문서 작성 시점 확인뿐만 아니라 거래 생성 시점 확인도 가능하게 했다. 이로써 위조가 불가능한 정보 전달뿐만 아닌 복사(이중 지불)도 불가능한 '가치 전달'이 가능해졌다.

'재사용 가능한 작업 증명'으로 e머니 개발

비트코인을 선보이는 과정에서 중요한 역할을 한 할 피니Hal Finney라는 인물도 흥미롭다. 그는 2009년 사토시로부터 비트코인을 전송받은 최초의 인물이자, 사토시 이외의 최초 비트코인 채굴자이다.

원래 그는 유명한 콘솔게임 개발자이자 암호학자였다. 할 피니는 2004년 해시캐시를 이용해 '재사용 가능한 작업 증명'을 만들었다. 이는 정보를 숨기는 암호와는 달리, 정보의 위·변조를 확인하는 인증에 중점을 두었다. 그는 이를 이용해 같은 해 e머니e-money를 개발해 공개했다. 이로써 암호 화폐의 근간이 되는 블록체인 기술이 만들어졌다. 참고로 피니Finney라는 성(姓)은 '하느님의 선물'이라는 뜻의 유대인 성이다. 안타깝게도 할 피니는 2014년 8월 루게릭병으로 사망했다.

사토시는 한 사람이 아니라 팀?

사토시 나카모토가 누군지는 아직도 베일에 싸여 있다. 한 사람인지 둘 이상의 팀인지도 불분명하다. 사토시 나카모토가 익명을 쓸 수밖에 없는 가장 큰 이유가, 유대 금융 자본에 도전한 그가 유대인이기 때문이라고 추정하는 사람들도 있다. 비트코인이란 단어 자체가 히브리어 '비타혼Bitachon'과 비슷한데 이 단어는 '신뢰와 보안'이라는 뜻을 함께 갖고 있다고 한다.

사실 암호 화폐 탄생에 기여한 암호학자들 중에는 유난히 유대인 학자들이 많았다. 특히 핵심 4인방인 데이비드 차움과 그의 동료 닉 재보, 그리고 아담 백과 할 피니까지 모두 유대인으로 추정된다.

일부에서는 사토시 나카모토가 한 사람이 아니라 비트코인을 공동 개발한 유대인 암호학자들의 비공개 모임일 것이라고 추정하기도 한다. 물론 핵심 개발자는 존재하겠지만, 이런 프로젝트를 혼자서 완성한다는 것은 무리이므로 개발자 그룹이 있을 것이라는 설이다. 다시 말해, '뜻 있는 유대인들이 기득권 유대 금융 자본 세력의 횡포에 정면으로 도전한 것'이라는 이야기다.

사토시 나카모토(中本哲史)라는 이름 자체도 흥미롭다. 그 이름이 '철학과 역사가 있는 오리지널 센터'라는 의미를 담고 있기 때문이다. 이름 자체가 작위적이라고 본다. 실제로 어느 쪽이 성이고, 어느 쪽이 이름인지조차 불분명하다. 사토시는 흔한 이름이지만, 나카모토라는 성

▲ 아담 백(좌)과 할 피니(우)

은 들어본 적이 없다는 사람들 또한 많다. 애초에 국적을 파악하기 어렵게 하기 위해 제조된 가명이라고 보는 이유다.

어쨌든 암호학자들의 끈질긴 도전이 결실을 맺게 된 계기는 2008년 글로벌 금융 위기였다. 이 시기에 출현한 비트코인은 정부 통제를 벗어나려는 유대인 반항아인 암호학자들이 30여 년에 걸쳐 연구한 결과물로서 탄생되었다.

비트코인의 탄생

비트코인의 존재가 세상에 처음 알려진 것은 은행 간 대출이 마비되며 흉흉한 소문이 확산하던 2008년 8월 18일이었다. 그날 'bitcoin.org'라는 도메인이 일본 '어나니머스스피치www.anonymousspeech.com'를 통해 등록되면서부터이다. '어나니머스스피치'는 익명 이메일, 익명 도메인 등록 서비스를 제공하는 곳이다.

그리고 두 달 반 뒤인 10월 마지막 밤에 사토시 나카모토는 〈비트코인: 일대일 전자 화폐 시스템Bitcoin Peer-to-Peer Electronic Cash System〉 백서를 한 암호화(크립토그래피) 메일링 리스트에 등록했다. 사토시가 백서에서 제시한 비트코인의 주요 특징은 다음과 같았다.

- P2P 네트워크를 통한 이중지불 방지
- 조폐 제도 또는 여타의 중앙기관 배제

- 참여자의 익명성
- 해시캐시 기반의 작업증명을 통한 화폐 발행

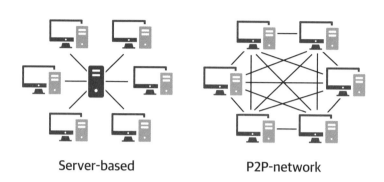

Server-based　　　　　P2P-network

P2PPeer to Peer는 네트워크로 연결된 컴퓨터들이 클라이언트와 서버의 기능을 함께하는 네트워크를 뜻한다. 기존에는 중앙에 서버를 두고 이를 통해 소통하는 방식으로 통신을 구현했다면, P2P는 클라이언트 컴퓨터끼리 직접 통신하는 방식이다. 이러한 방법을 '분산 파일 시스템' 이라고 한다.

P2P는 중앙서버를 두지 않기 때문에 어느 한두 군데가 파손되더라도 다른 PC에 원본이 그대로 보관되어 있어 데이터를 완전하게 보호할 수 있다. 그래서 네트워크가 붕괴되지 않는다. 이 방식은 인터넷의 탄생 및 발전 과정과 아주 흡사하다. 그뿐만 아니라 해킹이나 데이터의 위변조 가능성이 거의 없다. 이로써 이중 지불 문제도 해결되었다.

비트코인은 제3의 신뢰에 의지하지 않고 스스로 신뢰를 창조했다. 결국 사토시는 해시캐시와 비트골드를 발전시켜 비트코인을 개발한 것으로 보이는데, 이는 획기적인 기술이었다. 이제껏 인터넷은 정보 교환의 통로였지 부(富)의 교환 통로는 아니었다. 그런데 이제야 비로소 암호 화폐가 은행을 거치지 않고 인터넷을 통해 개인 간에 직거래할 수 있게 됐다. 특히 이는 은행을 이용하지 못하는 20억 인구에게 새로운 희망을 안겨주었다. 은행을 이용하지 못하는 사람들은 아프리카 오지에만 있는 게 아니다. 성인 기준으로 미국인의 10%, 중국인의 33%, 파키스탄인의 91% 등 생각보다 많은 사람이 여러 가지 이유로 은행을 사용하지 못한다.

비트코인은 '블록체인 기술'과 '채굴 보상 알고리즘'이 처음으로 실용화된 사례다. 사토시 나카모토는 2009년 1월 3일에 3만 1,000항으로 이루어진 비트코인 오픈소스 소프트웨어 프로그램을 공개했다.

이 오픈소스는 이후 수많은 암호 화폐의 원천 기술이 되었다. 동시에 비트코인 개발 커뮤니티 사이의 합의에 의한 프로그램 개선이 가능해 진화의 여지를 두었다.

비트코인 탄생 목적의 선언

사토시는 이를 기반으로 2009년 1월 3일, 스스로 최초의 블록을 만들었다. 블록 안에는 생성 시간, 해시, 크기, 비트코인 거래 기록이 담겨 있고, 아울러 사토시가 심은 아래 메시지가 담겨 출력되었다.

"Chancellor on brink of second bailout for banks
(은행들의 두 번째 구제금융을 앞두고 있는 재무장관)."

당시 무분별한 통화금융 정책으로 글로벌 금융 위기가 닥치자 각국에서 구제금융으로 돈을 풀어 부실을 덮으려 했는데, 이를 기사화한 신문 기사의 헤드라인이었다.

이를 '제네시스(최초 기원·창세기) 블록'에 영원히 남김으로써 사토시는 우리가 쓰는 통화가 중앙집권적 통화금융 시스템에서 벗어나야 하는 당위성, 곧 비트코인의 탄생 목적을 선언했다.

할 피니와 함께한 수정 작업

사토시가 첫 블록을 채굴해 발행한 암호 화폐량은 50비트코인이었다. 이 가운데 10비트코인을 개발 동료인 할 피니에게 보냈다. 암호 화폐 거래의 시작이었다.

그 뒤 둘은 며칠간 이메일을 주고받았는데 내용의 대부분은 할 피니가 발견한 버그를 사토시가 수정한 것이었다. 며칠 뒤 비트코인은 꽤 안정적으로 다시 작동하기 시작했다. 그래서 제네시스 블록을 만든 6일 뒤에 사토시는 프로그램이 완성되었다는 소식을 전했다.

"첫 번째 비트코인이 만들어졌음을 발표합니다. 비트코인은 새로운 전자 화폐 시스템이며 P2P 네트워크를 사용함으로써 이중 비용 지불 문제를 해결했습니다. 중앙서버도, 중앙집권화된 권력도 없는 완벽히 탈중앙집권화된 시스템입니다."

그때 비트코인을 가장 먼저 채굴한 사람이 할 피니였다. 상업용 웹 브라우저와 넷스케이프 창안자 마크 안드레센은 비트코인을 처음 보고는, "오, 신이여. 이것이 우리가 기다려 온 바로 그것이군요!"라고 감탄했다. 서버의 도움 없이 컴퓨터에서 컴퓨터로 이동하는 전자 화폐가 이론적으로 가능하다는 것이 증명된 이후, 오랜 기간을 기다려 얻은 결실이기 때문이다. 특히 그가 주목한 것은 안전성과 저렴한 송금 비용이었다.

신뢰가 아닌 암호화된 '증거'에 기초

비트코인 프로그램을 배포한 다음 달인 2009년 2월, 사토시는 '비트코인 P2P 재단' 포럼에 500여 단어로 이루어진 포스트를 올렸는데 그의 생각이 잘 묻어나 있다.

"기존 화폐의 근본적 문제는 그 화폐 시스템이 돌아가는 데 필요한 전적인 신뢰의 부족입니다. 중앙은행이 화폐 가치를 떨어뜨리지 않을 것을 신뢰해야 합니다만, 화폐 통화의 역사는 신뢰의 위반으로 가득합니다. 은행들이 우리의 돈을 엄격하게 관리하고 전자 방식으로 이체할 수 있을 것을 신뢰해야 합니다. 우리는 은행이 우리의 돈을 잘 보관해 줄 것이라고 믿지만, 은행은 지극히 낮은 준비금만 남기고 신용 버블을 일으킬 정도로 대출을 많이 해주었습니다. 우리는 우리의 개인정보를 그들에게 맡기고, 해커들이 우리의 자산과 개인정보를 유출하지 못할 것을 신뢰해야 합니다. 은행들은 엄청난 간접비로 인해 소액결제가 불가능합니다. (…) 비트코인은 신뢰가 아닌 암호화된 증거에만 기초를 둡니다."

이 글에서 은행에 대한 사토시의 불신을 볼 수 있다. 그는 은행이 대출을 통한 신용 창출로 통화 팽창 버블을 일으키는 것에 대한 불신이 깊었다. 사실 화폐의 본원적 기능인 '교환의 수단, 가치 척도의 수단, 가치 저장의 수단'은 통화 교란의 문제를 일으키지는 않는다. 오히려 화폐의 부가적 기능인 가치 이전 수단, 곧 대출이나 투자 등이 통화 교란의 주범이다.

기존 통화금융 시스템에 대한 반감과 불신이 낳은 비트코인

사토시는 현행 통화금융 제도 전반에 대해 '신뢰' 부족이라는 근본적인 의문을 던졌다. 그는 금융 자본 세력의 탐욕에 휘둘리지 않는 화폐, 곧 탈중앙화되어 근본적으로 신용 창출로 인한 버블이 일어날 수 없는 화폐를 원했다. 이렇듯 비트코인 탄생 배경에는 달러가 지배하는 세계 경제의 통화, 금융 시스템에 대한 반감이 있다.

그것은 금융 자본 세력에 휘둘리지 않을 자유에 대한 갈망이기도 하다. 이 갈망이 암호 화폐를 낳았다. 사토시는 이 문제를 혁신적 암호 체계와 네트워크 기술을 결합해 해결했다. 개인 간 직거래 내역을 P2P 분산 네트워크 상에서 여러 컴퓨터가 동시에 기록하고 검증하는 방법을 이용해 해결했다.

비트코인의 가장 큰 탁월성은 낯선 이들끼리 거래하면서도 중개인이 필요없다는 점이다. 모든 걸 익명의 컴퓨터 네트워크가 대신한다. 그렇게 어떤 기관의 통제에도 놓여 있지 않은 분권화된 신용 시스템을 창출한다. 비트코인의 핵심은 바로 개인과 개인의 초연결성과 더불어 해킹으로부터 안전한 장부를 기반으로 만들어진다는 점이다. 게다가 비트코인의 또 다른 특징은 설계 당시부터 발행 총량이 2,100만 개로 한정되어 발행량이 늘어나서 화폐 가치가 하락하는 인플레이션을 방지하려는 목적이 내재돼 있다.

이렇듯 암호 화폐의 철학적 배경에는 기존 통화와 금융에 대한 해묵은 반감이 있다. 주기적으로 발생하는 크고 작은 금융 위기와 인플레이션은 통화 교란의 주범이다. 이 모든 흐름은 세계의 부를 독점하고 있는 소수 집단과 그들을 비호하는 정치 집단의 지배 메커니즘이라는 것이 금융 자유주의자들의 시각이다. 그들은 신뢰 프로토콜로 만들어진 비트코인의 저장 가치에 주목하며, 비트코인을 통화 교란과 인플레이션을 잠재울 수 있는 대안으로 보고 있다.

아직은 갈 길이 먼 가상자산

비트코인이 안정적으로만 운영되어 왔던 것만은 아니었다. 2010년 7월 7일 비트코인 버전 0.3이 출시된 후인 그해 8월 15일, 비트코인 시스템의 불안정성을 이용해 1,840억 비트코인을 생성하는 일이 생겨났다. 이 돈은 두 개의 계좌에 나뉘어 전송됐다. 이 사태가 발생한 지 한 시간이 채 되지 않아 거래 기록에서 이 거래들이 지워졌고, 버그가 수정된 비트코인 프로토콜이 업데이트됐다.

사토시 나카모토는 이때까지만 해도 다른 프로그래머, 암호학자들과 질문을 주고받았으며, 비트코인의 문제점을 보완하기도 했다. 이 사건 이후 활동이 뜸해지기 시작하더니 그의 개발 동료 개빈 안드레센Gavin Andresen을 비트코인 프로그램 관리자로 지정하고 2선으로 물러났다. 개빈 안드레센은 동료 개발자 4명에게 코드 접근 권한을 나눠줬다. 그 뒤 FBI가 안드레센에게 접근하자 사토시는 모습을 감췄다.

▲개빈 안드레센

비트코인은 사실 많은 문제점을 안고 있다. 상황 예측에 실패한 설계상의 결함으로 기록 용량, 처리 속도, 불합리한 수수료 등 많은 면에서 화폐의 본원적 기능을 전혀 못하고 있다. 사토시는 이런 문제를 해결하라고 소프트웨어 프로그램을 오픈 소스로 공개했다. 그래서 이러한 문제점을 개선한 알트코인들이 쏟아져 나오고 있다.

통화 혁명의 불씨

: 글로벌 금융 위기와 암호 화폐 탄생의 상관관계 :

Chapter 1

2008년 글로벌 금융 위기의
실체

1970년대 월스트리트에서 대출을 거의 무한대로 해줄 수 있는 금융 기법인 '금융의 증권화(유동화)'가 개발되었다. '주택저당채권Mortgage'은 금융기관이 집을 담보로 대출을 해주고, 그 저당권을 토대로 발행하는 만기 20~30년의 장기채권이다. 이러한 저당권들을 모아 금융상품화해서 자금을 환수하는 것을 '저당유동화'라고 한다.

이렇게 하면 만기가 아직 많이 남은 채권들을 조기에 현금화하는 효과를 얻는다. 투자은행들은 여러 모기지를 모아 이를 담보로 증권을 발행했다. 이렇게 위험을 분산하고, 만기를 조절하는 기법 덕분에 금융의 증권화가 이루어졌다. 이것이 금융시장을 무한대로 키운 열쇠이자 글로벌 금융 위기의 단초였다. 최초의 금융 증권화는 미국의 주택 모기지 시장에서부터 시작되었다. 1970년대에 주택저당채권을 담보로 이른바 '모기지저당증권MBS·Mortgage Backed Securitie'이 발행되었다.

유동화 증권들이 팔리면 은행으로서는 장기 대출을 회수한 효과가 났다. 은행은 이 돈으로 다시 대출을 해줄 수 있었다. 더구나 은행은 이러한 대출을 대차대조표에 올리지 않고 수수료를 챙길 수 있어 지불준비금조차 축적할 필요가 없었다. 이러한 메커니즘은 유동화 증권 투자자들에게 고수익을 올리게 해주었다. 문제는 이로써 은행의 신용 창출 기능이 극대화되어 유동성을 거의 무한대로 공급하기 시작했다는 점이다. 은행들은 이제 소규모 예금 유치에 주력할 필요 없이 투자은행을 통해 채권을 증권화시켜 주식 시장에서 바로 자금을 조달할 수 있었다.

본격적인 투자 대상으로 떠오른 주택

미국은 GDP에서 소비가 차지하는 비중이 70% 내외로 소비가 활발하게 살아나야 성장하는 나라다. 그래서 역대 정권들은 가장 손쉬운 부동산 경기 진작을 통한 경기 부흥에 열을 올렸다. 자기 집을 갖는 것은 모든 미국인의 꿈이었다. 소득세가 도입된 이래 주택 모기지 이자는 소득세 공제 대상이라 혜택이 컸다. 그래서 대부분 급여 생활자는 소득세와 주택 임차료 대신 모기지 이자를 활용해 집을 샀다.

1987년, 로널드 레이건 행정부는 자동차 구입과 신용카드 대출 이자에 대한 소득세 공제는 폐지하면서 주택 모기지 이자만은 소득세 공제를 유지했다. 그러자 사람들은 주택을 담보로 모기지를 얻어 자동차 등을 사는 편법을 쓰기 시작했다. 1994년 주택 담보의 68%가 자동차 구입 등 다른 목적에 사용되었다.

게다가 1997년에 빌 클린턴 정부는 경기 부양의 하나로 주택 건설

▲ 양도 소득세를 폐지한 빌 클린턴 정부

경기를 진작시키기 위해 부부 합산의 경우 50만 달러까지는 양도소득세를 폐지했다. 그러자 그때부터 미국인들은 주택을 투자 대상으로 보기 시작했다.

서브프라임 모기지론 문제의 발단은 2000년 5월의 닷컴버블 붕괴와 2001년 9·11 테러 사건에 따른 경기 침체를 극복하기 위해 실시된 미국의 저금리 정책과 주택경기부양 정책으로부터 시작되었다. 연준은 불황을 우려해 금리를 13차례나 급격하게 내려 2001년 6.5%였던 기준금리를 2003년 7월까지 1%로 끌어내렸다. 이러한 저금리 정책의 지속은 당연히 유동성 과잉을 불러왔다. 이에 따라 주택 융자 금리가 파격적으로 인하되었다. 돈이 주체할 수 없을 정도로 많아진 금융기관들은 경쟁적으로 대출을 늘렸다. 그러자 부동산 수요가 늘면서 주택 가격이 슬금슬금 오르기 시작했다. 중산층과 서민들이 내 집 마련에 대거 나서면서 미국의 자가 소유 비율은 1995년 64%에서 2005년에는 69%로 상 승했다. 그러자 주택이 본격적인 투자 대상으로 떠올랐다.

돈 없이 집을 살 수 있는 길이 열려

조지 부시 대통령은 2004년 10월 재선 운동에서 연거푸 내 집 마련 을 강조했다. 그러자 기다렸다는 듯이 각종 정책 지원이 뒤따랐다. 주 택이 투자 대상으로 떠오르자 2005년 중 구입한 주택의 40%는 1가구 2주택이었다.

여기에 불을 붙인 것이 종잣돈 없이도 집을 살 수 있는 길이 생긴 것 이다. 예를 들어 50만 달러짜리 집을 사기 위해서는 적어도 10만~15만 달러 정도의 자기 돈이 있어야 했지만, 2006년 이런 규정 자체를 아예 없애 버려 보증금 없이도 집을 살 수 있게 해주었다. 게다가 은행은 집 값만 올라가면 아무 문제 없다는 이유로 주택 구매자의 신용 조사도 약 식 처리하거나 생략했다. 이런 극단적인 경기부양 정책이 서브프라임 사태의 시발점이었다.

대출 채권의 증권화로 거의 무한대 대출 여력 확보

저금리 기조로 인해 은행권에 유동성이 풍부해지면서 대출 경쟁이 치열해졌다. 장기 주택담보대출을 증권화한 주택담보대출저당증권 MBS 개발로 은행들이 대출금을 조기에 회수할 수 있게 되면서 대출 경쟁은 더욱 가속화되었다. 이로 인해 소득, 직업, 재산이 없어도 대출이 가능한 'NINJA No Income, No Job or Asset' 대출이 성행하며 '묻지 마 대출'이 기승을 부렸다. 금융 위기의 시발점이 되었던 2위 서브프라임 모기지 업체인 뉴센트리파이낸셜의 홍보 문구는 '단 12초면 대출 여부를 알려 드립니다'였다. 당시 대출 실적이 좋은 직원들은 큰 인센티브를 받았기 때문에 '묻지 마 대출'이 더욱 성행할 수밖에 없었다.

'묻지마 대출'을 부추긴 파생상품의 등장

주택 가격이 지속적으로 상승하고 금리가 낮아지자 중산층과 서민들이 내 집 마련에 대거 나서며 주택 건설 호황이 여러 해 동안 이어졌다. 이때 유대 금융인들이 대출 은행의 불안을 덜어주기 위해 개발한 파생상품이 바로 부채담보부증권CDO과 신용부도스와프CDS였다.

1995년 JP모건의 블라이드 마스터스가 발명한 CDS는 금융시장에 큰 변화를 일으켰다. 그녀가 개발한 CDS는 금융시장의 가장 근본적인 두려움인 '돈 떼이는 두려움'을 해소시킨 획기적인 발명품이었다. 원리는 간단하다. 예를 들어, 한 금융사가 한 기업의 회사채를 구입한다고 하자. 문제는 리스크이다. 기업이 망하면 채권을 매입한 금융사는 막대한 손실을 보게 된다. 이럴 때, 다른 보험사나 은행이 보험료를 받고 원금을 보장해주는 상품이 바로 CDS다.

집값이 계속 오르면 문제가 없지만, 만약 떨어지면 연쇄적으로 대출 문제가 발생할 수밖에 없는 구조였다. 그러나 은행들은 위험을 덜어주는 파생상품 덕분에 큰 문제가 없다고 판단했다. 위험을 떼어내어 이를 투자하는 제삼자에게 전가시키면 된다고 생각한 것이다.

파생상품 덕분에 리스크 관리가 가능해지자, 은행들은 앞다투어 신용등급이 낮은 사람들, 즉 프라임(우량)급 이하의 비우량 등급인 '서브프라임subprime' 대상자들에게도 담보 가치 100%로 주택 대출을 해주었다. 이로 인해 수요가 폭증하며 투기로 이어지는 부동산 가격 폭등이 나타났고, 5년 사이에 집값이 무려 75%나 올랐다.

급격한 금리 인상의 부작용, 서브프라임 사태

그제야 연준은 무언가 시장이 심상치 않게 돌아간다고 느꼈다. 그리고 마음이 급해졌다. 과잉유동성에 의한 인플레이션을 우려한 연준은 2004년 6월 이후 매달 0.25%씩 한 달도 쉬지 않고 금리를 올려 2006년 8월 5.25%까지 인상했다.

금리를 내릴 때도 서둘렀는데, 이번에도 너무 단기간에 급하게 올렸다. 이것이 실책이었다. 당연히 부작용이 뒤따랐다. 먼저 시장이 놀라 기준금리 인상 이상으로 모기지 금리가 오르면서 주택 수요가 줄어들고 주택 가격이 떨어지기 시작했다. 대출을 받아 주택을 산 사람들이

다시 팔아 이윤을 얻으려 했지만, 주택 가격이 대출금조차 갚을 수 없을 만큼 떨어졌다. 이로 인해 신용등급이 낮았던 서브프라임 대출에서부터 문제가 터졌다.

세계 GDP보다 많았던 파생상품 거래

2008년 글로벌 금융 위기의 원인은 여러 가지가 있겠지만, 그 도화선에 불을 붙인 것은 파생상품이었다. 2007년 장외거래 파생상품 중 CDS 거래 규모만 해도 약 62조 달러로, 이는 당시 세계 GDP 총액인 54조 달러보다도 많았다. 이를 그린스펀은 점잖게 '비이성적 과열'이라 불렀지만, 한마디로 미친 짓이었다. 특히 이러한 파생상품들은 장외에서 거래되었기 때문에 누가 누구에게 얼마나 팔았는지 알 수 없어 금융기관 간의 불신이 커졌고, 이로 인해 돈 거래가 막혔다. 이렇게 신용경색이 일어나 자금 순환에 문제가 생긴 것이 금융 위기의 첫 단계였다.

2008년 신용 위기의 실체는 과잉유동성

모든 금융 위기의 원인은 '과잉 유동성'이었다. 역사적으로 부르는 용어만 조금씩 달랐다. 1907년 공황의 원인은 '과잉 자본' 때문이라고 했고, 1929년 대공황의 원인은 과도한 '통화 팽창' 정책의 결과라고 했다. 결국 과잉 유동성이 버블을 불러와 도가 지나치자 터진 것이며, '과잉 유동성'은 1907년, 1929년, 2008년 공황을 관통하는 공통의 키워드다.

불행히도 2008년 글로벌 금융 위기는 제로 금리와 양적 완화를 통해 또다시 유동성으로 막았다. 부실 채권을 처리하지 못하고 돈을 살포해 봉합한 것이다. 금융권에 돈을 풀어 주식 시장과 부동산 시장 등 자산 가격을 부풀리며 나락에 떨어졌던 부실한 은행들과 한계 기업들을 구해냈다.

Chapter 2

글로벌 금융 위기의
주범인 파생상품

21세기 들어 금융 자본의 탐욕이 부풀 대로 부풀어 올랐다. 2007년 말 장외시장 파생상품 거래 잔액(약정 잔액)이 무려 600조 달러에 이르러 세계총생산액의 10배가 넘었다. 파생상품은 1980년대 이전에는 잘 들어보지도 못한 용어였다. 이를 다루는 헤지펀드들 숫자만 1만 개에 육박했으며, 하루 평균 단기투자에 동원되는 핫머니가 3조 달러를 넘어섰다. 버블의 파열음은 클 수밖에 없었다.

지난 400여 년간의 역사를 분석해보면 경기 침체는 매 4.75년마다 한 번씩 오고, 대공황은 67년마다 한 번씩 온다고 한다. 자유 시장 경제의 자유는 풍요를 안겨주기도 하지만 위기의 원인이기도 하다. 지나친 경제적 자유는 탐욕을 낳고, 탐욕은 버블을 낳고, 버블에는 대가가 따른다. 점점 빨라지는 호황과 불황의 경기 순환은 혼돈을 조장하고, 소득불평등과 부의 편중은 자본주의의 지속 가능성을 위협하고 있다.

자본주의 역사에서 위기와 기회의 반복되는 사이클, 곧 금융 자본주의의 팽창과 수

축 과정에서 생기는 버블과 공황은 불행히도 계속되어 왔다. 앞으로도 계속될 것이다. 2008년 글로벌 금융 위기조차도 자본주의의 역사가 일천한 우리에게는 소중한 공부거리다.

신종 파생상품의 등장

금융 증권화 기법 개발로, 은행들은 보유하고 있는 장기주택채권을 조기에 회수하기 위해 같은 금융그룹 내의 투자은행을 통해 모기지저당증권MBS나 유동자산저당증권ABS, 부채담보부증권CDO 같은 증서를 만들어 투자자들에게 판매했다. CDO란 회사채나 대출 채권, 주택 저당 채권 등 여러 채무를 기초 자산으로 하는 유동화 증권인데 신용 등급이 상대적으로 낮은 채권들을 섞어 우량 신용 등급의 CDO를 만들기도 했다. 또 이러한 CDO의 위험에 대한 보험 성격의 신용부도스와프CDS라는 신종 파생상품이 개발되었다.

은행들은 CDO와 위험을 덜어주는 CDS의 결합 덕분에 큰 문제는 없다고 보았다. 이런 상태에서 주택 대출을 기초 자산으로 하는 모기지저당증권들이 계속 발행되고, 이를 판 대금으로 또 대출해주고, 이러한 채권들을 다시 모으고 쪼개어 또 CDO가 만들어졌다. 그리고 이것에 신용을 보강하기 위해 CDS로 보증이 들어가면서 세상은 위기에 모두 묶여 버린 것이다.

리스크 분산의 회심작, 신용부도스와프

2008년 글로벌 금융 위기의 요인은 여러 가지가 있겠지만, 그 도화선에 불을 붙인 건 파생상품이었다. 파생상품은 원래 미래의 위험을 헤지hedge하기 위한 목적으로 만들어졌다. 파생상품은 소액의 증거금으로 큰 거래를 성립시키기 때문에 위험을 헤지하기도 하지만, 위험을 증폭시키기도 한다. 잘 쓰면 약이요, 잘못 쓰면 독이다.

JP모건의 블라이드 마스터스Blythe Masters 글로벌 상품 부문 대표가 1995년 발명한 신용부도스와프CDS은 금융시장 지형을 바꿔놓았다. 그녀는 영국 케임브리지대학교 경제학과 장학생으로 졸

▲ 블라이드 마스터스

업하고, 1991년 JP모건에 입사했다. 그녀가 개발한 CDS는 금융시장의 가장 원초적인 공포, 즉 돈 떼이는 두려움을 해소시킨 획기적 발명품이었다.

원리는 간단하다. 예를 들어 한 금융사가 기업 회사채를 구입했을 때 가장 큰 문제는 리스크다. 기업이 망하기라도 하면 금융사는 막대한 손실을 본다. 이럴 때 보험료를 받고 원금을 보장해주는 상품이 바로 CDS다. CDS는 금융사와 보험사(또는 헤지펀드) 사이의 계약이다. 기업에 돈을 빌려준 금융사는 일정 기간마다 일정 금액(보험료)을 보험사에

주는 대신 기업이 돈을 갚지 못하면 원리금을 보험사로부터 받는다.

CDS 개발자인 마스터스는 일약 스타로 떠올랐다. 그녀는 28세의 나이에 상무Managing Director로 승진한 후 요직을 두루 거쳤다. 훗날 서브프라임 사태를 증폭시킨 CDO도 사실 그녀의 두뇌에서 나왔다. 그래서 '20세기 후반 최고의 금융상품'을 낳은 어머니로 불렸다. 앨런 그린스펀도 이 상품을 극찬했다.

기본적으로 CDS 시장은 각국 정부의 감시·감독 범위 밖에 머물러 있다. 이는 장외거래 상품으로, 은행 등이 보험회사와 계약서를 작성하고 보험료만 지불하면 되는 구조이다. 금융 상품 세일즈맨들은 돈을 빌려준 금융사의 근본적인 두려움에 호소하며 CDS를 판매했다.

'돈 떼이면 우리가 해결해준다'라는 것이 그들의 판매 전략이었다. 보험사와 헤지펀드 등 보장을 판매하는 쪽도 부담 없이 팔았다. 한동안 유동성 풍년으로 기업들의 파산 비율이 역사상 가장 낮은 수준으로 떨어졌기 때문이다.

흥미로운 점은 그녀가 지금은 암호 화폐에 푹 빠져있다는 사실이다. 그녀는 2014년에 블록체인 기업 '디지털 에셋 홀딩스DAH'를 설립했으며 현재는 오픈뱅크 이사 등 여러 분야에 관여하고 있다.

걸출한 발명품으로 대우받은 신용부도스와프

CDS는 금융 위기 전까지만 해도 21세기 금융시장 최고의 발명품으로 대우를 받았다. 이유는 경기 사이클의 침체 국면을 획기적으로 줄여주었기 때문이다. 보통 시장이 침체 국면으로 전환될 조짐이 보이면, 은행은 곧바로 대출부터 줄인다. 이유는 침체기에는 부도 위험이 커지기 때문이다. 대출이 줄어든다는 것은 시장의 유동성이 줄어든다는 뜻하며, 이는 침체기를 더욱 오래 끌게 만든다.

하지만 CDS 출현 이후 상황이 바뀌었다. CDS라고 하는 걸출한 발명품 덕분에 위험을 대신해서 사 줄 이른바 '위험 매수자'가 생김으로써 은행은 리스크를 보험회사 또는 타인에게 전가할 수 있게 되었다. 곧 시장의 리스크가 아무리 커져도 그 위험을 책임져줄 위험 매수자가 생기면서 은행은 약간의 보험 비용만 추가로 지불하면 대출을 줄이지 않아도 됐다.

은행들의 대출이 경기 침체기에도 줄어들지 않아 경기 침체기가 평균 6개월에서 10개월로 짧아졌다. 이는 오로지 CDS 출현 이후 나타난 독특한 현상이었다. 사람들은 이를 '골디락스'라고 부르며, 이제 더 이상의 불경기는 없다고 즐겼다.

급격한 금리 인상이 부른 화

비우량(서브프라임) 대출은 2000년 초 전체 모기지 대출의 2% 수준에서 2003년 8.3%로 늘어났고, 2007년에는 21.1%로 껑충 뛰었다. 그 뒤 시중에 너무 많은 돈이 풀렸다고 판단한 연준의 급격한 계단식 금리 인상으로 오르기만 하던 주택 가격이 꺾이기 시작했다. 그러자 비우량 대출에서부터 문제가 생겼다.

서브프라임 대출자들 중에서 이자와 원금을 갚지 못하는 사람이 늘어나면서 이를 담보로 만든 증권도 부실화되었다. 부채담보부증권CDO에 연루된 은행, 증권, 보증기관은 물론 이 채권을 사들인 펀드까지 부실의 늪에 빠져들었다. 이게 바로 서브프라임 모기지 사태다.

CDO는 애초에 탄생해서는 안 되는 금융상품이었다. 합법적으로 CDO에는 이미 부도가 나서 받을 수 없는 회사채도 포함할 수 있다는 규정 때문에 은행들은 회수하기 어려운 악성 채권을 담아서 팔았다. 이론적으로는 안전 채권과 위험 채권을 한 상품으로 묶어 위험을 확률 범위 내에서 상쇄시키는 것이었다.

호황기에 CDO가 잘 팔린 이유가 있었다. 고위험 고수익을 추구하며 비교적 낮은 금리로 자금을 빌릴 수 있는 투기 성향의 헤지펀드들은 경기 확장기인 유동성 장세에서는 주로 고위험 유가증권에 투자한다. 수익이 높기 때문이다. 이 유가증권들은 시장의 유동성이 보장되는 한 쉽게 되팔 수 있었다. 그래서 많은 수익을 낼 수 있는 자산으로 여겨졌다. 그 수익 마진은 엄청나서 저등급 CDO마저도 황금으로 간주되었다. 그리고 이러한 큰 이윤이 객관적인 위험을 은폐하였다. 최대한 오랫동안 시장의 상승세가 유지되어야 하기 때문이다. 그러나 연준이 유동성 회수를 위해 급격하게 기준금리를 올리자 모기지 금리는 순식간에 급등했다. 이는 증가세에 있던 부동산 시장 참여자를 일시에 감소세로 반전시켰고, 부동산 가격은 급락했다.

급격한 금리 인상은 매우 위험하다. 금리 인상 가속 페달은 '화폐의 공급을 줄이는 것'이고, 금리 인하 브레이크는 '화폐의 공급을 늘리는 것'인데, 역사적으로 보면 사전에 금리를 선제적으로 조절하지 못하고 상황에 쫓겨 급격하게 인상하거나 인하하는 것은 언제나 문제를 야기했다.

신용부도스와프에서 문제가 발생

CDO는 하위 등급일수록 많은 위험에 노출되는 대신 기대수익률이 높아 헤지펀드들의 투자 비중이 높았다. 그래서 제일 먼저 타격을 받은 건 헤지펀드들이었다. 이들은 고율의 레버리지를 사용하거나 저등급 CDO에 집중 투자하면서 가장 먼저 위기에 봉착했다.

문제는 이러한 저등급 CDO의 위험을 줄이기 위해 들었던 보험인 CDS에서 터졌다. CDS는 신용 위험을 다른 사람에게 전가하는 일종의 보험 성격을 지닌다. CDS를 판 사람이 평소에 보험료(프리미엄)를 챙기다가 사고가 터지면 보험금을 지급해야 하는 구조이다.

그런데 신용경색으로 부도 위험이 높아지자 신용 리스크를 판 헤지펀드 등이 먼저 파산 위기에 몰렸다. 헤지펀드들은 부도를 막기 위해 갖고 있던 유가증권들을 헐값에 내던졌다. 매도는 매도를 불러와 폭락 사태가 이어졌다. 다른 금융기관들도 매도 행렬에 참가했다. 호황기 때 막대한 레버리지를 일으켜 모기지 파생상품에 투자했던 금융회사들은 부도를 피하기 위해 서둘러 보유 중이던 주식과 채권을 팔아대기 시작했다.

그런데 대부분 파생상품이 장외거래로 팔려 누가 얼마만큼의 부실을 가지고 있는지 파악하기 힘들었다. 이것이 신용경색을 불러온 주된 이유였다. 은행이 은행을 믿지 못해 시중에 돈이 돌지 않았다. 결국 여러 금융기관의 부실과 파산으로 이어졌다.

대마불사, 베어스턴스

본격적인 서브프라임 모기지 사태는 2007년 6월 26일, 미국의 5대 투자은행의 하나인 베어스턴스가 자회사인 헤지펀드 두 곳에 16억 달러의 구제 금융을 투입하기로 결정하면서 시작되었다. 이들 헤지펀드는 서브프라임 모기지를 근거로 발행된 CDO을 중심으로 200억 달러에 이르는 자산을 운용하다 큰 손실을 보고 청산 위기에 몰렸다.

결국 2008년 3월 4일, 베어스턴스가 13조 4,000억 달러 상당의 파생상품 거래를 포기하고 파산 신청을 했다. 이는 당시 미국의 국내총생산을 넘어서는 현기증 나는 액수였다.

연준과 재무부는 심각한 고민에 빠졌다. 마침내 3월 11일 결단을 내렸다. 연방준비은행은 대공황 이후 처음으로 베어스턴스를 비롯한 투자은행에 구제금융을 지원하기로 결정했다. 이는 사실 기존에는 예금은행들에게만 허용되었던 권리였다. 이들 투자은행들은 미국증권거래위원회의 감독을 받는 기관들로, 연방준비은행과는 아무런 관련이 없기 때문에 연준의 구제금융 지원 대상도 아니었다. 그 뒤 3월 14일 도산 위기에 처한 베어스턴스에 대해 300억 달러의 구제금융을 제공했다. '바둑에서 큰 집은 결국 살길이 생겨 쉽게 죽지 않는다'라는 뜻의 '대마불사(大馬不死)'라는 용어는 큰 기업은 좀처럼 망하지 않는다는 뜻으로도 쓰인다. 이로써 월가 안팎에서는 역시 '대마불사'의 원칙은 깨지지 않는다는 말이 나왔다.

이와 관련해 영국의 〈파이낸셜 타임스〉의 마틴 울프는 이번 금융 위기를 시장주의의 파산이라며, 다음과 같이 주장했다.

"2008년 3월 14일 금요일을 기억하라. 자유시장 자본주의의 꿈이 사망한 날이다. 30년 동안 우리는 시장 주도의 금융시스템을 추구해왔다. 베어스턴스를 구제하기로 결정함으로써 미국 통화 정책 책임기관이자 시장 자율의 선전가인 FRB는 이 시대의 종결을 선언했다."

미국 정부는 이들에 대한 구제금융이 도덕적 해이를 확산시킬 것이라는 비판에 맞서, 도산을 방치할 경우 금융 시스템의 근간이 흔들릴 수 있다고 반박했다.

구제금융 지원 결정이 난 지 불과 이틀 뒤인 3월 16일에 베어스턴스는 JP모건 체이스에게 헐값에 팔렸다. 베어스턴스의 파산을 막기 위한 부득이한 조치였다고 하지만, 이로써 제이미 다이

▲ JP모건 체이스의 대표, 제이미 다이먼

먼Jamie Dimon JP모건 체이스 회장은 월가의 강력한 실세로 떠올랐다. 그는 그 뒤에도 정부로부터 워싱턴뮤추얼을 싼 값에 사들이는 경영 수완을 발휘했다.

사태의 심각성을 몰랐던 연준과 재무부

서브프라임 사태가 터지자 가장 먼저 타격을 받은 곳은 MBS를 발행하던 패니메이와 프레디맥이었다. 두 업체는 미국 정부가 주택 시장 활성화를 위해 설립했다가 후에 민영화된 기업들이다. 이들은 미국 전체 주택담보시장 12조 달러 중 거의 절반에 해당하는 5조 3,000억 달러의 주택담보대출 보증을 바탕으로 채권과 증권을 발행했다.

우리는 숫자가 너무 커지면 그 크기를 실감하기 어렵다. 5조 3,000억 달러는 1달러당 1,000원으로 계산하면 약 5,300조 원에 해당한다. 이는 우리나라 전 국민이 5년 동안 일해서 번 돈을 하나도 안 쓰고 모아도 모을 수 없는 엄청난 금액이다.

이 두 회사가 망하면 미국 주택시장은 붕괴할 수밖에 없었다. 더불어 두 회사의 채권을 산 각국 중앙은행이나 금융기관들의 1조 5,000억 달러 규모의 채권이 휴지 조각이 된다. 당시 우리 한국은행도 패니메이와 프레디맥이 발행한 채권을 380억 달러나 보유하고 있었다. 그래서 미국 경제는 물론 세계 경제가 파산할 위험성이 있었다. 미국 정부는 공적자금을 투입해서라도 살릴 수밖에 없었다. 그들은 서브프라임 사태 후 5,000억 달러가 넘는 손실을 기록했다. 2008년 9월 7일, 미국 재무부는 역사상 최대 규모인 1,530억 달러라는 사상 최대의 구제금융을 투입해 두 회사를 국유화했다.

이에 대한 반작용으로 2008년 9월 15일, 깜짝 놀랄 사건이 터졌다. 2,000억 달러가 넘는 자산 규모를 가진 투자은행 리먼브라더스가 파산한 것이다.

당시 연준과 재무부는 파생상품의 심각성을 미처 깨닫지 못했다. 그래서 언론으로부터 호되게 질타를 받은 베어스턴스와 패니메이, 프레디맥의 전철을 밟지 않으려 했고, 미국 4위 투자은행 리먼브라더스의 파산을 보란 듯이 방치했다. 베어스턴스보다 더 큰 투자은행인데도 말이다. 이번 기회에 정부는 국민과 금융계에 시장에 개입하여 부실 기업을 구제하지 않는다는 점을 보여주려 했다. 하지만 결과적으로 이는 대실수였다. 9월 15일 파산한 채권투자 전문 은행 리먼브라더스의 폭발력은 가히 메가톤급이었다. 당시 리먼브라더스와 계약을 맺고 있었던 CDS의 규모는 8,000억 달러에 이르렀고, 이는 채권 시장을 단숨에 공포의 도가니로 몰아넣었다. 기네스북에 세계 최대 규모 파산(6,700억 달러)으로 등재된 리먼브라더스의 파산으로 CDS 시장의 경색은 극에 달했다. 이는 가뜩이나 위축된 자금 조달 시장에 직격탄을 날렸고, 전 세계적으로 심각한 신용경색을 초래했다.

CDS 거래 잔액 규모는 2008년 초에 62조 달러에 이르렀다. 보험 대상인 CDO 전체 발행 물량의 10배 이상이었다. 당시 미국과 유로 지역, 그리고 일본의 총 통화량(M2)이 25조 달러 정도였으니까 전 세계 주요 선진국 통화량의 두 배가 넘는 엄청난 양이었다.

> "이번 신용 위기의 교훈은 시장에는 자율 조정 기능이 없다는 것이다. 적
> 절한 규제를 하지 않으면 늘 선을 넘어서기 일쑤다. 2009년만 해도 우린
> 아담 스미스의 '보이지 않는 손'이 왜 종종 보이지 않는 것인지 다시금 알
> 게 되었다. 그 손이 거기에 없고, 금융 세력의 탐욕이 그곳에 있기 때문
> 이다. 금융가들의 사리사욕 추구는 사회 전체의 이익으로 이어지지 않는
> 다. 금융기관 주주들에게조차 도움이 안 된다."

노벨경제학상 수상자이자 세계은행 부총재를 지냈던 컬럼비아대 교
수 조지프 스티글리츠Joseph Stiglitz의 말이다.

금융 자본의 탐욕이 금융 위기 수습을 방해

우리는 모든 권력의 최정점에 정치 권력이 있다고 생각한다. 그리고
그 정상에 대통령이 있다. 하지만 현대 세계에서, 최소한 현대의 미국
에서는 정치 권력을 움직이는 큰손들이 따로 있다. 돈줄과 언론을 장악
하고 있는 세력이 정치권을 움직이고 있다.

2008년 글로벌 금융 위기는 그 전개 과정에서 자본의 탐욕으로 태어
난 파생상품의 남발과 범람을 제어하지 못한 잘못도 크지만, 그보다 더
나쁜 것은 금융 위기 이후 월스트리트 금융계의 대처 방식이었다.

미국 정부는 2008년 늦가을 신용 위기가 발생하자 부실을 따로 모아 '배드뱅크'를 만들어 여기에 공적자금을 집중 투입해 부실을 처리하려 했다. 이는 대공황 때 프랭클린 루스벨트 대통령이 사용했던 특효 처방이었다. 그러한 목적으로 의회를 설득해 긴급 자금도 마련했다. 그렇게 했으면 조기에 신뢰를 회복할 수 있었다. 그러나 월스트리트의 큰손들이 반대하여 결국 실행하지 못했다. 이 외에도 월스트리트는 정부의 위기 수습을 위한 제2, 제3의 현실적 제안을 모두 받아들이지 않았다.

이로 인해 금융 위기가 조기에 수습되지 못하고 전 세계로 퍼져나가며 장기화되었다. 결국 미국 정부는 부실에 집중적으로 공적자금을 투입해 처리하지 못하고, 돈을 헬리콥터에서 무차별 살포하듯 전방위로 뿌려 불을 끄려 했다. 그로 인해 죄 없는 다른 나라들이 오랫동안 고생해야 했다. 부실을 파악하여 조기에 수습했다면, 제로 금리나 양적 완화 정책까지 가지 않을 수 있었다.

사라지는 대량 발행된 화폐의 가치

2008년 글로벌 금융 위기 와중에 선진국들은 천문학적인 규모로 통화량을 증가시켰고, 각국 금리도 사상 최저 수준으로 낮아졌다. 그렇게 많은 돈이 풀렸음에도 물가는 안정되어 있었고, 일본과 유럽은 오히려 디플레이션을 걱정했다. 양적 완화는 금융권을 통한 돈 풀기로, 담보력이 있는 상위 계층에게 흘러들어가 자산 가격을 올린 반면, 가계 부채에 시달리는 서민들에게는 흘러가지 않아 소비자 물가는 오르지 않았기 때문이다.

2020년 팬데믹 경제 위기에는 더 많은 유동성이 풀렸다. 이번에는 월스트리트보다는 메인스트리트로 더 많은 돈이 풀렸다. 그간 양적 완화는 자산 가격만을 올렸지만, 개인과 기업에 직접 지원된 재정부양책은 소비자 물가를 오르게 만들었다.

미국 경제학자 어빙 피셔Irving Fisher는 '화폐수량설'로 물가 변동을 명쾌하게 설명했다. 물가 수준은 결국 화폐량과 유통 속도에 달려다는 이야기다. 생산품 가격을 P, 생산품 거래총량을 T, 화폐량을 M, 화폐 유통 속도를 V라고 한다면, 'MV=PT'라는 공식이 성립된다.

게다가 지금은 투자 대상을 찾지 못한 많은 돈이 중앙은행 금고나 은행에서 잠자고 있지만, 경기가 좋아지면 상황은 달라진다. 잠자고 있는 돈들이 투자처를 찾아 쏟아져 나오면서 통화량의 유통 속도가 빨라지기 때문이다. 그러면 시중 유동성이 급격하게 증가하면서 인플레이션이 발생한다. 여기에 놀란 중앙은행이 급격한 금리 인상을 서두르면 문제가 발생할 수 있다. 그때는 기업 부채 등의 부도 사태가 터지면서 시장이 망가지거나, 인플레이션의 쓰나미가 밀려올 가능성이 있다.

경제학에서 변하지 않는 한 가지 진리가 있다. "대량으로 발행되는 화폐는 가치가 떨어진다" 강성했던 고대 제국들이 몰락한 원인은 여러 각도에서 조명될 수 있겠지만, 그중 가장 중요한 원인은 대량으로 발행된 화폐로 인한 인플레이션이 통화 붕괴로 이어져 멸망했다는 것이다.

밀턴 프리드먼은 긴 화폐의 역사에서 정부가 재정적자를 손쉽게 메우는 수단으로 화폐 발행량 증가를 선택할 경우, 인플레이션이라는 재앙을 불러온다는 주장을 여러 측면에서 반복했다. 그가 말한 "인플레이션은 언제 어디서나 화폐적 현상이다"라는 말은 진리이다.

역사 속에서 인플레이션으로 인해 통화가 붕괴되고 시장이 마비되면서 국가마저 멸망시키는 사례가 많았다. 그리스가 그랬고, 로마 제국이 그랬다. 우리가 인플레이션 인자를 본질적 속성으로 지니고 있는 화폐를 두려워해야 하는 이유이다.

통화혁명 불씨 지핀 비트코인

글로벌 금융 위기 와중인 2009년 초 기득권 통화 시스템에 도전하는 비트코인이 탄생했다. 비트코인은 탈중앙화 방식으로 생성되고 운영되는 암호 화폐이다. 즉 거래 장부가 은행이라는 중앙 서버에 저장되는 게 아니라 다수의 컴퓨터에 분산되어 저장된다. 그래서 암호 화폐는 특정 주인이 없으며, 동시에 사용하는 모든 사람이 주인인 화폐다.

어느 특정 국가에 속박받지 않고, 누구도 임의로 화폐량을 늘리거나 줄일 수 없다. 컴퓨터와 인터넷만 있으면 누구든지 어디서든지 활용할 수 있다. 심지어 인터넷이 없어도 거래가 가능하다. 일례로 중국이 개발하고 있는 인민은행 디지털 화폐는 인터넷이 없는 환경에서도 근거리 통신망만 있으면 휴대전화끼리 부딪치기 기능만으로도 결제와 거래가 될 예정이다.

암호 화폐는 정부의 통제가 없기 때문에 2013년 키프로스 구제금융 때 일어났던 사건처럼 정부가 국민의 은행 계좌를 마음대로 동결할 수 없다. 즉 정부가 손댈 수 없는 자산이다. 당시 키프로스는 금융 위기 여파로 국민이 자신의 계좌에서 예금을 인출하는 '뱅크런' 사태를 우려해 국민의 계좌를 동결시켰다. 가장 안전하다고 믿었던 정부와 은행은 마음만 먹으면 언제든지 내가 가진 돈을 동결하거나 가져갈 수 있음을 보여주는 사례였다. 그해 초 20달러 수준이었던 비트코인 가격은 키프로스 조치가 있던 4월 266달러로 13배나 뛰어올랐다.

국민의 재산권을 침해한 사건은 또 있었다. 그것도 미국에서 말이다. 1933년 4월 대공황 당시 미국 정부는 대통령 행정 명령으로 국민의 금 소지와 거래를 중단시켰다. 금본위제하의 금은 화폐와 같았으니 화폐 거래를 금지시킨 셈이다. 이후 미국 정부는 금 1온스당 20.67달러로 민간의 금을 모두 사들이고, 민간인이 금을 소유하는 것을 범죄로 규정했다. 이를 어길 경우 1만 달러 이하의 벌금 또는 10년 이하의 징역에 처했다. 이 조치는 40년 이상 실행된 뒤 1974년 말에 해제된 이후에야 미국 국민은 금을 자유롭게 소유할 수 있게 되었다. 이런 문제에서 자유로운 게 비트코인 등 탈중앙 암호 화폐이다.

인플레이션 위험이 없는 화폐

비트코인 창시자들이 이루고자 하는 목표는 대단히 큰 그림이다. 비트코인은 화폐량을 사전에 정해진 법칙에 따라 늘리게 되어 있어, 중간에 임의로 화폐 발행량을 증감할 수 없다. 그래서 금과 같이 인플레이션 위험이 없는 화폐로 여겨진다.

또한, 비트코인은 부분 준비지급제도를 이용해 은행이 고객의 예금을 다른 고객에게 대출해 주면서 없는 돈을 만들어내는 '신용 창출'이 불가능하다. 이는 현대 사회가 안고 있는 초인플레이션 위험에서 벗어나는 해결책이 될 수 있다는 의미다.

비트코인은 달러가 기축 통화 역할을 하면서 누렸던 특권을 위협할 수 있는 화폐로도 언급된다. 세계 화폐인 비트코인은 어느 한 나라의 패권적 통화가 불러오는 무역 전쟁과 환율 전쟁을 원천적으로 예방할 수 있다. 여기에 더해 암호 화폐의 핵심 기술인 블록체인은 인터넷의 발명 이래 가장 혁신적인 기술로 평가받고 있다.

암호 화폐는 정부로부터 자신의 재산을 지킨다는 장점 외에 사용자 간 거래가 개인과 개인 간 직접 연결되는 P2P 망을 이용하기 때문에 은행 등 중개금융기관을 거치지 않아도 된다는 장점도 있다. 그래서 수수료가 낮고, 국제 송금도 며칠씩 기다릴 필요 없이 몇 분이면 완료된다.

파키스탄 사람 중 90% 이상이 은행계좌가 없다. 아프가니스탄에서는 여성들이 은행 계좌를 개설할 수 없다. 그러나 암호 화폐는 누구나 사전 준비 서류 없이 컴퓨터에 앉아서 성별, 사회적 지위, 과거의 이력과 상관없이 바로 계좌(지갑)를 만들 수 있다.

가상 화폐와 암호 화폐의 차이

우리가 흔히 혼용해 쓰고 있는 가상 화폐와 암호 화폐는 본질적인 차이가 있다. 가상 화폐virtual currency는 인터넷 등 가상공간에서 통용되는 디지털 화폐를 말한다. 가상 화폐는 온라인 게임에서 먼저 발전하기 시작했다. 우리나라가 이를 가장 먼저 사용한 나라 중 하나다. 1997년 한국에서는 게임 〈리니지〉에 '아데나'라는 게임머니를 썼으며, 이 게임머니를 이용해 현실 세계에서도 상품을 사고팔며 현실 화폐와 교환 가능한 가상 화폐가 되었다. 심지어 게임머니로 자동차나 집을 산 사람조차 있다. 싸이월드에서 배경음악과 꾸미기 아이템을 살 때 썼던 도토리 또한 가상 화폐이다. 2012년 당시 놀랍게도 이런 아이템 시장 규모는 약 1조 5,000억 원으로 추정되었다.

암호 화폐도 가상 화폐의 일종이다. 하지만 특정 게임이나 소셜미디어에 국한되지 않고 기존 종이 화폐처럼 범사회적으로 사용되도록 만들어진 특수한 형태의 가상 화폐다. 특히 암호 화폐는 '블록체인'이라는 기술을 이용해 거래 내역의 조작을 방지한다. 블록체인 기술에 '해시 함수' '전자서명' 등 암호화 기술들이 사용되기 때문에 '암호 화폐'라고 부른다.

30년간의 개발 끝에 빛을 본 비트코인

비트코인은 블록체인 기술을 활용한 최초의 암호 화폐이다. 그전에 디지캐시, 해시캐시, 비머니 등의 시도들이 있었지만, 이들은 사람들을 모으는 데는 실패했다. 매 시도마다 조금씩 더 가상 화폐의 실현에 가까워졌지만, 이를 하나로 작동시키는 시스템으로 실행하기가 어려웠다. 하지만 모든 것은 2008년 9월 사토시 나카모토가 비트코인 관련 백서 〈비트코인: 일대일 전자 화폐 시스템〉을 등록하면서부터 달라졌다. 그는 이전 암호 화폐 선구자들의 개념 가운데 전자 서명과 작업 검증 등을 차용했다. 사토시는 이를 활용해 공개 원장으로 운영하고, P2P로 탈중앙화하여 인플레이션을 원천적으로 차단하는 방법을 고안해 실세계에서 작동 가능한 암호 화폐를 만들었다.

출시한 지 8년도 안 되어 비트코인은 140조 원의 시가총액에 이르렀으며, 2017년 12월에는 400조 원에 다다랐다. 이로써 비트코인은 암호 화폐들이 세상의 주목을 받게 해주었고, 현재도 가장 영향력이 큰 암호 화폐로 군림하고 있다. 2024년 7월 초 기준 암호 화폐 전체 시가총액은 2.26조 달러에 달하며, 비트코인 도미넌스(비중)는 53%이다.

비트코인은 블록체인의 구현에 있어서 비트코인만의 고유한 기술적 특징들이 있다. 비트코인의 총수량은 2,100만 개로 한정되어 있고, 블록체인에서 한 블록의 크기가 1MB을 넘지 못한다. 또 10분에 한 블록이 추가되도록 설계되어 있다. 그러다 보니 1초당 약 7건의 거래가 처리되는 수준이다. 블록이 추가될 때마다 그 블록을 추가한 채굴자에게 비트코인을 보상으로 준다. 현재 존재하는 약 1,970만 개의 비트코인이 모두 다 이러한 방식으로 생성되었다. 차후에 생겨난 암호 화폐들은 이러한 특징들에서 비트코인과 차별점이 있다.

분화되는 비트코인, 하드포크

결국 이러한 변화의 어려움 때문에 아예 비트코인 전체 시스템을 복제하여 원하는 변경 사항을 반영하는 방안인 '하드포크Hard Fork'가 주목받고 있다. 이를 통해 새로운 암호 화폐가 비트코인으로부터 갈라져 나왔다. '라이트코인Litecoin' '비트코인 캐시Bitcoin Cash'와 '비트코인 골드Bitcoin Gold'가 그런 사례이다. 라이트코인은 블록 생성 시간을 기존 10분에서 2분 30초로 단축했고, 비트코인 캐시는 블록 크기를 8배로 늘렸다. 2018년에 비트코인 캐시는 블록 크기를 또 다시 32배로 늘려 더 빠른 속도와 더 낮은 수수료로 거래가 가능해졌다. 비트코인 골드는 비트코인의 노드를 더 분산시켜 탈중앙화에 힘쓴 코인이다. 지금은 비트코인으로부터 하드포크된 코인이 70여 개에 이른다.

아직 기술적 관문이 많이 남았음에도 비트코인은 성장을 멈추지 않는다. 2009년 1BTC은 약 50원에 거래되었지만, 2011년에는 1,000원, 2012년에는 1만 원, 2013년에는 10만 원, 2017년에는 100만 원을 넘었다. 그 뒤 2018년 1월에는 2,600만 원까지 치솟았다가 미국에서 비트코인 선물시장이 문을 열자마자 급등락을 거듭하며, 2018년 11월에는 300만 원대까지 폭락했다. 선물시장에서 헤지펀드들의 '왝더독' 현상(꼬리가 몸통을 흔드는 현상)이 비트코인 현물시장의 개미 투자자들에게 큰 손실을 안겼다. 이는 마치 은 선물시장을 조종해 은 현물을 싸게 매집하는 JP모건의 수법과 비슷하다. 이후 우리가 아는 바와 같이 비트코인 가격은 등락을 거듭하며 2021년 9월 8,200만 원의 신고점을 기록했다가 2024년 3월 중순 1억 원을 돌파했다. 이후 조정을 받고 횡보세를 보이며 2024년 7월 초에는 8,300만 원 내외이다.

비트코인은 변동성이 크기도 하지만 잦은 편이다. 그래서 화폐의 본원적 기능을 하지 못하고 가치저장 수단으로서 성장했다. 이후 비트코인 결제 프로토콜 '라이트닝 네트워크'가 개발되어 이제는 '교환 매체의 수단'으로도 쓰이고 있다. 비트코인의 이러한 성장은 현실적인 여러 문제와 관문들이 남아있음에도 암호 화폐에 대한 본질적인 믿음이 담겨있기 때문에 가능하다. 이런 비트코인이 있기에 세계는 암호 화폐에 관심을 갖게 되었다. 이후 이더리움을 필두로 다양한 알트코인의 세계가 펼쳐진다.

Chapter 4

리플과 이더리움의 탄생으로
암호 화폐 세계의 확장

2012년 미국이 국제은행간통신협회SWIFT(스위프트) 국제 결제 시스템에서 이란 은행들을 차단하자 이에 놀란 러시아와 중국, 인도는 각자 결제 시스템을 개발해 운용하기 시작했다. 이렇게 해서 달러 주도 결제 시스템 독주 체제에서 결제 시스템의 분권화가 시작되었다. 이 무렵 암호 화폐 세계에서도 비트코인 기반 암호 화폐 독주 체제에 대한 대항마들이 나타나기 시작했다.

비트코인 기반 파생 암호 화폐들은 모두 비트코인과 같이 '오픈소스'로 운영된다. 비트코인과 같은 이념을 표방해 어느 누구의 소유가 아닌, 사용자 전체에 의해서 운영된다. 이렇게 비트코인에서 파생된 암호 화폐들도 있지만, 아예 처음부터 새롭게 만든 암호 화폐들이 나타나기 시작했다. 이들은 자체적으로 코드를 모두 새로 만들어 고유의 독자적 화폐를 만들었다는 의미에서 '네이티브' 암호 화폐라 불린다. 이들 중에는 블록체인의 요소들을 갖추지 않은 경우도 있었다.

2012년 국제 송금용 암호 화폐 '리플'의 탄생

기존 블록체인과 개념이 다른 암호 화폐가 2012년 처음 출시되었다. 바로 국제송금용 암호 화폐 '리플Ripple'이다.

은행에서 기존 스위프트SWIFT 망을 이용해 국제 송금을 하려면 상당히 불편하다. 상대방이 사용하는 은행과 계좌번호뿐만 아니라 지점명과 영문 주소까지 알고 있어야 한다. 수수료도 비쌀 뿐만 아니라 송금 시간도 오래 걸린다. 리플은 이러한 불편함을 개선하기 위해 만들어졌다. 곧 리플은 달러, 유로화 등 기존 화폐의 국제 송금을 빠르고 싸게 하기 위해 탄생했다.

리플은 다른 암호 화폐와 마찬가지로 리플의 자체 화폐인 'XRP' 코인으로 송금할 수 있지만 'IOUI Owe You'라는 차용증으로도 송금할 수 있다. IOU는 어음의 개념으로, 보내는 사람이 해당하는 금액만큼을 지급하겠다는 일종의 약속이다. 일례로 비트코인은 비트코인 블록체인에서, 달러나 유로화는 은행 거래 네트워크에서 이동하는데, 이렇게 서로 다른 네트워크에 존재하는 자산들을 리플 네트워크 위로 올려 거래할 수 있도록 만든 것이 'IOU' 개념이다. 또 기존 블록체인 암호 화폐와 큰 차이점은 리플에서는 빠른 거래 검증을 위해 누구나 검증자로 참여 가능한 분산화된 구조가 아니라 사전 검증된 소수의 주체들만 검증자로 허용되고 있다. 그래서 탈중앙 분산화의 이념에는 맞지 않는 암호 화폐다.

다른 암호 화폐들과 또 다른 차이점은 리플이 주식회사 형태로 운영되는 영리기업이라는 점이다. 비트코인, 라이트코인, 비트코인 캐시 등의 비트코인 기반 암호 화폐들은 모두 오픈소스로 운영되며 영리기업을 표방하지 않는다. 이러한 구조로 인해 리플은 9,300만 달러의 투자를 유치할 수 있었다. 투자자 중에는 '구글벤처스'와 최초의 인터넷 브라우저인 '넷스케이프' 창시자가 세운 미국 최대 벤처투자사인 '앤드리슨 호로위츠Andreessen Horowitz'도 있다.

리플을 처음 구상한 사람은 라이언 푸거Ryan Fugger로 2004년에 전 세계 은행 간 실시간 결제 시스템인 'RipplePay.com'을 개발했다. 이는 블록체인 기반의 암호 화폐와는 아무런 상관이 없었다. 그의 시도는 당시 큰 관심을 받지 못했는데, 이를 현재의 암호 화폐로 새롭게 탄생시킨 주인공은 제드 맥칼렙Jed Mccaleb이었다.

맥칼렙은 2007년 첫 암호 화폐거래소 마운트곡스Mt.Gox를 일본에 설립했다. 처음에는 판타지 게임카드 온라인 거래 사이트로 만들었다가, 2010년에 암호 화폐에 관심을 갖게 되면서 암호 화폐거래소로 탈바꿈시켰다. 이는 2010년 7월 12일 비트코인의 가격이 0.008달러에서 0.08달러로 급등한 사건이 있은 직후의 일이다.

취미로 시작했던 사이트가 너무 빨리 커지자 2011년 마운트곡스 사이트를 마크 카펠레스에게 팔았다. 이후 마운트곡스는 세계 최대 암호 화폐거래소로 성장해 비트코인 70% 이상을 거래했다. 그러다 2014년 2월 비트코인 85만 개를 해킹당해 결국 파산했다. 마운트곡스 해킹 사건을 계기로 암호 화폐가 해킹으로부터 안전하지 않다는 인식이 확산되면서, 비트코인 가격이 폭락했다.

이 시기 제드 맥칼렙은 고전하고 있는 리플사에 합류, 블록체인 기반의 암호 화폐 리플을 만들기 위해 '오픈코인OpenCoin'이라는 회사를 설립해 크리스 라슨과 데이비드 슈워츠 등을 영입했다. 한편 라이언 푸거는 회사를 떠나게 된다. 그들은 C++ 언어로 2012년 리플XRP을 공동 개발한다.

XRP 프로토콜은 오픈소스로 개방되어 누구든지 개발에 참여할 수 있으며, 은행 간 거래 원장을 P2P 방식으로 분산 저장하기 때문에 누구든지 XRP 송금 기록을 열람·복사·보관할 수 있다. 하지만 개인정보 보호를 위해 누가 누구에게 송금했는지는 알 수 없도록 했다. XRP는 비트코인과 달리 채굴 방식을 사용하지 않는다. XRP는 총 1000억 개가 일괄 생성되었으며, 더 이상 코인이 발행되지 않도록 설계되어 있다.

그러나 리플의 경영 방향에 대해 의견 충돌이 생기자 2013년 맥칼렙은 결국 회사를 떠났다. 이후 그는 스텔라 재단 최고기술책임자CTO로 일했다. 그리고 같은 해 '오픈코인'은 회사 이름을 '리플랩스Ripple Labs'로 바꾸었다.

제드 맥칼렙을 포함해 리플의 초기 창업자들은 많은 리플 코인을 갖고 있어 벼락부자가 되었다. 그중 크리스 라슨은 약 52억 XRP를 갖고 있어서 세계 최대 암호 화폐 부호가 되었으며, 2018년 1월 리플 가격이 치솟으면서 한때 자산액이 마크 저커버그를 능가하기도 했다.

리플은 BOA, HSBC, 아메리칸익스프레스, 스탠다드차타드은행 등을 포함해 100개가 넘는 은행들이 은행 간 결제에 사용하기 시작했다.

리플 덕분에 무엇보다 평균 3~5일 걸리던 외화 송금이 하루아침에 가능해졌다. 이에 바짝 긴장한 곳은 그동안 송금 시장을 독점해 왔던 스위프트였다. 스위프트 역시 디지털을 도입해 송금 시간과 수수료를 대폭 줄인 도매거래용 SWIFT-GPI를 2017년에, 소매거래용 SWIFT-GO를 2021년에 각각 출시했다.

반면 리플은 악재도 있었다. 2020년 12월 미국 증권거래위원회SEC가 리플 운영사를 상대로 소송을 제기했다. 피고인 리플랩스와 브래드 갈링하우스 리플랩스 CEO, 크리스 라슨 공동창업자 겸 전 CEO가 개인 투자자들을 대상으로 미등록 증권을 판매했다는 게 SEC의 핵심 주장이다. 스위프트 시스템과 경쟁 관계인 리플을 규제하기 위한 미국 정부의 의도가 엿보인다.

미국 법원은 2023년 7월 리플XRP 코인을 기관투자자에게 판 것은 증권법 위반이지만, 거래소를 통해 불특정 개인에서 판매한 것에 대해서는 증권법 적용이 불가하다는 판결을 내렸다.

암호 화폐를 확산시킨 일등공신 이더리움

비트코인이 혁명적 암호 화폐를 세상에 처음 선보였다면, 이더리움Ethereum은 암호 화폐를 널리 확산한 일등공신이다. 비트코인은 최초이자 최대의 암호 화폐지만, 비트코인 이후로 가장 주목을 받고 있는 것은 단연 이더리움이다.

이더리움을 창시한 러시아 출신 유대계 캐나다인 비탈릭 부테린 Vitalik Buterin은 1994년 모스크바 인근 콜롬나에서 태어났다. 그의 부모는 부테린이 5세 때인 1999년 캐나다 토론토로 이사했다. 그는 천재였다. 4세 때 PC로 엑셀 작업을 했고, 7세에는 '토끼 백과사전'이라는 복잡한 문서를 만들고, 10세 때 이미 게임 코딩을 독학으로 배워 직접 온라인 게임을 만들 정도로 프로그래밍에 소질을 보였다. 초등학교 3학년 때 영재반에 뽑혀 수학과 경제학에 관심을 두기 시작했고, 프로그래밍에 빠져 지냈다.

17세 때 부테린은 IT 사업을 하는 아버지 드미트리 부테린으로부터 비트코인 이야기를 듣고 처음에는 반신반의했다. 그러나 얼마 지나지 않아 이에 매료되어 18세 때인 2011년에 〈비트코인 매거진〉이라는 전문잡지를 창간했다. 암호 화폐 관련 전문 간행지로는 최초였다. 이후 비트코인 미디어에서 〈비트코인 매거진〉을 인수했다.

부테린은 2012년 워털루 대학 컴퓨터공학과에 들어갔으나 공부보다는 여행을 더 많이 다녔다. 부테린은 이스라엘 등 여러 나라를 여행하며 '비트코인 매거진'에 글을 쓰고 다양한 암호해독 프로젝트를 진행했다. 부테린은 한때 이스라엘에서 '컬러드코인즈'라는 비트코인 관련 프로젝트에 참여하기도 했다.

비탈릭 부테린, 비트코인 개발팀에 합류

부테린은 2013년 5월 캘리포니아 새너제이에서 열린 비트코인 콘퍼런스에 참가하면서 암호 화폐 분야에 뛰어들어야겠다는 확신이 섰으며, 비트코인 개발팀에 합류했다.

그즈음 그는 누구보다 비트코인의 잠재력을 믿는 개발자였지만, 비트코인의 문제점에 주목한다. 암호

▲ 이더리움을 창시한 러시아 출신 유대계 캐나다인 비탈릭 부테린

화폐를 만들고자 하는 후발주자들이 매번 별도의 블록체인을 다시 만들어야 했는데, 그는 이렇게 매번 블록체인을 다시 만드는 것이 무척 비효율적이라고 생각했다. 그는 블록체인 위에서 돌아가는 애플리케이션들을 많이 개발할 수 있어야 비트코인의 사용성과 생태계를 확장할 수 있다고 믿었다.

이를 위해 그는 비트코인 고유의 스크립팅 언어 개발을 제안했다. 하지만 그의 제안은 비트코인 커뮤니티의 지지를 받지 못했다. 부테린은 당시 비트코인 개발팀 중 상당수가 비트코인을 화폐 이외의 용도에 사용하는 것을 굉장히 꺼린다는 걸 알게 됐다. 그들이 싫어하는 이유는 또 있었다. 지불과 상관없는 불필요한 데이터가 들어가면 블록이 처리하는 거래 수가 적어져 비트코인 개발자들은 비(非)지불 데이터의 한도를 40바이트로 제한했던 것이다.

2013년 이더리움 백서 발표

부테린은 아예 독립적인 플랫폼 이더리움을 만들기로 작정하고, 창업을 위해 학교 자퇴를 결심하면서 이를 아버지와 의논했다. 컴퓨터공학을 전공한 아버지 드미트리 부테린은 2000년부터 소프트웨어 회사 보나소스Bonasource를 창업하여 운영하고 있었기에 창업에 긍정적이었다. 그는 아들에게 "학교를 계속 다니면 애플이나 구글 같은 안정된 직장에 갈 수 있고, 아마도 연간 10만 달러를 벌 수 있겠지만, 학교를 그만두면 훨씬 더 많은 것을 배울 수 있고 도전적인 인생을 살 수 있다"라고 조언했다.

그 뒤 그는 2013년 10월 토론토로 돌아와 한 달간 연구에 집중한 끝에 11월 36장의 '이더리움'이라는 새로운 개념의 암호 화폐 백서를 출시했다. 그리고 〈차세대 스마트 계약&분산 응용 애플리케이션 플랫폼〉이라는 이름의 이 백서를 토대로 페이팔의 창업자 피터 틸이 운영하는 '틸 펠로십' 프로그램으로부터 10만 달러를 지원받았다.

이를 계기로 그는 몇 주 후 창업팀을 구성하고, 2014년 초부터 이더리움 개발을 시작했다. 그의 나이 20세 때였다. 비탈릭 부테린은 이더리움 개발 자금을 모으기 위해 획기적인 발상을 했다. 앞으로 이더리움에서 사용할 화폐인 이더Ether를 미리 대량 생성한 후, 이를 비트코인으로 살 수 있도록 했다. 이더리움의 가능성을 믿는 사람들은 싼 가격으로 이더를 살 수 있고, 이더리움 측은 모아진 비트코인으로 자본금을 마련할 수 있는 아이디어였다.

부테린은 이를 위해 2014년 7월 스위스에서 '이더리움재단'이라는 비영리 단체를 설립하고, 7~9월 세 달 동안 이더를 공개적으로 팔았다. 이로써 첫 공개적 암호 화폐 판매, 곧 새로운 암호 화폐를 만들기 위해 불특정 다수의 투자자들로부터 초기 개발 자금을 모집하는 ICO Initial Coin Offering가 열렸다. 42일간 열린 ICO를 통해 약 3만 1,500개의 비트코인을 모았다. 이를 바탕으로 연구 개발에 매진하여 마침내 2015년 7월 30일 공식적으로 이더리움 시스템을 공개했다. 이더리움은 블록체인 기반 암호 화폐이지만, 비트코인보다 범용성과 확장성 그리고 호환성이 뛰어나다.

프로그래밍이 가능한 '스마트 계약' 기능 탑재

비트코인 대비 이더리움의 획기적인 발전은 프로그래밍이 가능한 '스마트 계약' 기능 도입이다. 이 기능 덕분에 이더리움은 거래 기록뿐 아니라 계약서, 유통과 게임, 미디어, 에너지, 소셜 미디어SNS, 이메일, 전자투표 등 다양한 산업 분야와 애플리케이션에서 쉽게 사용할 수 있게 되었다.

이더리움의 확장성은 개발 언어에서도 나타난다. 이더리움은 C++, 자바 등 대부분 주요 프로그래밍 언어를 지원한다. 이더리움의 또 다른 특징은 빠른 개발 시간은 물론 다른 애플리케이션과의 호환성이다. 이런 다양한 장점으로 암호 화폐 시장 진출 2년 만에 2위로 도약했다.

이더리움을 기술적인 면에서 좀 더 자세히 살펴보면, 우선 1MB로 블록 크기가 고정되어 있는 비트코인에 비해 블록 크기에 제한을 두지 않았다. 또한 블록 생성 주기를 10분에 하나씩 만들어내는 비트코인에 비해 12초까지 줄여 훨씬 빠르게 데이터를 검증할 수 있게 했다.

이더리움이 비트코인과 다른 세 가지 핵심 차이점

비트코인이 '디지털 골드'라면 이더리움은 '디지털 원유'이다. 산업화 시대에 원유가 경제 발전의 원동력이 됐듯이, 이더리움이 디지털 경제의 원동력이 될 수 있다.

비트코인은 주목적이 '디지털 화폐 플랫폼'이라면, 이더리움의 주목적은 그보다 더 큰 범주인 '디지털 거래 플랫폼'이다. 이더리움이 비트코인과 다른 핵심적인 차이점 세 가지를 살펴보자.

첫째, 스마트 계약 기능이 있다

스마트 계약은 앞서 설명한 것처럼 사전에 컴퓨터 코드로 설정한 조건이 충족되면 자동으로 계약이 이행되도록 하는 프로그램이다. 일종의 '조건부 합의 프로세스'이다.

예를 들어, A가 B에게 집을 팔려고 할 때 A가 B에게 집 양도계약서를 넘기면 B의 계좌에서 이더가 자동으로 출금되어 A에게 전달되는 방식이다. 이러한 스마트 계약은 특정 조건이 충족되면 스스로 이행될 수 있기에 제3자의 관여 없이 신뢰할 수 있는 거래를 만들어낸다. 제3자의 관여가 필요 없기 때문에 거래 비용 또한 절감된다. 또한 거래 내역은 거래 당사자들끼리만 공유되어 보안성도 높다.

이러한 이더리움의 기능은 디파이와 NFT에도 쓰인다. 디파이DeFi는 탈중앙 금융Decentralized Finance의 약자이다. 중간에 관여하는 금융기관 없이 블록체인상에서 스마트 계약 기능을 이용해 자동으로 굴러가는 탈중앙 금융이다. 이미 다양한 예금·대출·투자 등 금융 서비스가 나와 있다.

NFT(대체불가토큰·Non-Fungible Token)는 위·변조가 사실상 불가능한 블록체인의 특성 덕분에 디지털 콘텐츠의 디지털 등기 같은 역할을 한다. 이는 이더리움 같은 가상자산에 그림, 영상, 음악, 텍스트 등을 결합한 것으로 거래 기록이 자동으로 저장되고, 가장 높은 가격을 지불한 사람에게 디지털 콘텐츠의 소유권이 넘어가게 프로그래밍할 수 있다.

더 나아가 이더리움은 블록체인 특성과 스마트 계약으로 오랜 기간 비즈니스 관행으로 고착된 여러 제약을 넘어설 수 있는 새로운 가능성을 보여주고 있다. 앞으로 사전에 합의된 프로토콜을 기반으로 현행 주주자본주의, 플랫폼 경제 등의 문제를 해결 혹은 보완하여 경제경영 시스템 자체를 근본적으로 바꾸어 나갈 것으로 보인다.

둘째, 분산형 애플리케이션 '댑' 기능이 있다

스마트 계약을 다양한 산업 분야에 적용해 만든 프로그램이 바로 댑DApp, Decentralized Application이다. 이를 '디앱'이라 부르기도 한다. '댑'이란

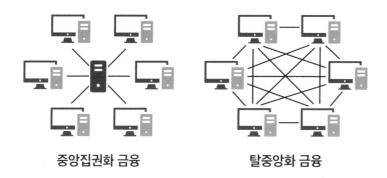

중앙집권화 금융   탈중앙화 금융

이더리움의 블록체인 위에서 돌아가는 프로그램인데, 이는 어느 한 컴퓨터에서 돌아가는 것이 아니라 전체 블록체인 네트워크에서 분산화된 구조로 돌아간다. 그래서 댑은 해킹이 불가능한 애플리케이션이다.

이더리움 채굴자들의 컴퓨팅 파워를 이용해서 돌아가는 댑은 계약서뿐 아니라 다양한 형태의 컴퓨터 프로그램들도 구동될 수 있다. 댑을 이용하여 어떠한 블록체인 기반 프로그램이 개발될지는 앞으로 개발자들의 창의력에 달려 있다.

셋째, '토큰Token'이 있다

토큰은 이더리움의 오픈 소스 플랫폼을 바탕으로 그 위에서 누구나 쉽게 만들 수 있는 코인이다. 토큰과 코인의 가장 주된 차이점은 코인은 자체적인 프로토콜을 사용하는 데 비해 토큰은 이미 만들어진 플랫폼 위에서 간소한 수정 작업으로 만들어진다는 점이다.

코인의 가장 대표적인 예는 '비트코인'과 이더리움의 '이더' 코인이다. 이 코인들은 자체적인 프로토콜로 만들어졌다. 아예 바닥에서부터 자체적인 컴퓨터 프로그래밍 코드로 만들어진 것이다. 코인의 모든 기능 하나하나가 다 새로운 코드로 짜였다.

반면 토큰은 그렇지 않다. 토큰은 코인을 찍어내는 기계를 이용해서 가장 기본적인 사양만 정해서 찍어낸다. 그러므로 토큰들은 코인에 비해 만들기가 훨씬 쉽다. 비유를 들자면 코인은 웹사이트를 처음부터 HTML과 CSS로 코딩해서 만든 것이라면, 토큰은 어려운 웹 프로그래밍을 몰라도 손쉽게 웹사이트를 만들어주는 플랫폼을 이용해 만드는 개념이다.

20만 개가 넘는 이더리움 기반 토큰들과 최초의 스테이블코인 '다이'의 탄생

이더리움은 ERC-20 Ethereum Request for Comments-20이라는 프로토콜을 통해 누구나 자신만의 고유 토큰을 쉽게 만들 수 있는 플랫폼을 2015년에 공개했다. 이를 통해 누구나 ERC-20 프로토콜을 기반으로 한 자신만의 코인을 생성할 수 있다. 실제 기본적인 프로그래밍 지식이 있으면 20분 만에 새로운 토큰을 만들 수 있다.

이처럼 토큰을 새롭게 만들 필요 없이 이더리움을 활용해 쉽게 만들 수 있게 되면서 수많은 토큰이 시장에 쏟아져 나오기 시작했다. 2019년 말 기준, 20만 개가 넘는 ERC-20 기반 토큰들이 생겨났다.

이더리움이 출시되자 사람들은 이를 담보로 스마트 콘트랙트 기능

Token G

Token D

Token H

Token A

Token E

Token I

Token B

Token F

Token C

디앱

이더리움 네트워크

을 활용해 달러에 가치가 고정된 '인터넷 달러e-dollar'를 만들 수 있지 않을까 하는 생각을 했다. 그 결과 2017년 12월 최초의 디파이 프로토콜이라고 할 수 있는 '메이커다오MakerDAO'가 출시됐다. 메이커다오는 이더리움을 담보로 '다이Dai'라는 스테이블 코인을 발행해주는 대출 프로토콜이다. 이로써 암호 화폐를 담보로 하는 대출 서비스가 시작되었다.

탈중앙 금융 '디파이'의 활성화

2018년에 출시된 '컴파운드Compound'는 대출뿐만 아니라 예금도 받아 이를 연결해 줌으로써 예대마진을 얻었다. 이로써 제대로 된 탈중앙 금융 서비스가 시작되었다. 디파이 활성화에 세 번째로 기여한 것은 탈중앙화 거래소 유니스왑Uniswap이다. 기존의 DEX 시스템은 유동성이 부족해 호가창 운영에 문제가 많았다. 그래서 유동성을 공급해주는 마켓메이커가 필요했지만, 이는 운영비가 많이 들었다. 유니스왑은 이런 문제를 해결하기 위해 비탈릭이 제안했던 자동으로 시장 가격Market Price을 산출해 내는 AMMAuto Market Maker 알고리즘을 활용해 탈중앙 거래를 활성화했다.

블록체인 트릴레마

이더리움을 공동 창업한 비탈릭 부테린은 블록체인 시스템의 한계를 지적했다. 이른바 '블록체인 트릴레마'이다. 트릴레마는 확장성Scalability, 탈중앙화Decentralization, 보안성Security을 한번에 해결하는 블록체인은 존재하기 어렵다는 것이다. 이유는 세 가지 요소가 상충 관계이기 때문이다. 확장성은 보안성과 탈중앙성에 반비례한다.

비트코인이 가치 저장 수단으로써 믿음을 쌓아가는 이유는 비록 처리 속도가 느려터지고 거래 수수료도 비싸지만, 해킹이 거의 불가능하고 탈중앙성이 강하기 때문이다.

이더리움도 마찬가지이다. 이더리움 생태계에서 많은 토큰이 구동되는 이유는 이더리움의 탈중앙성과 보안성의 혜택을 같이 누리기 때문이다. 그러다 보니 과부하가 걸려 처리 속도는 더 느려지고 가스비(수수료)는 더 비싸진다.

여기에 반기를 든 게 솔라나SOL나 아발란체Avalanche 같은 레이어1 코인들이다. 그들은 탈중앙성과 보안성을 일부 포기하고서라도 실생활에 편리한 확장성 곧 처리 속도와 수수료를 대폭 개선했다. 비트코인이 초당 7개, 이더리움이 초당 15개 처리할 때 솔라나는 초당 최대 6만 5,000개를 처리해 비자 카드보다도 더 빠르게 처리했다. 대량으로 처리하다 보니 수수료도 적게 받을 수 있었다.

하지만 단점도 있었다. 과부하로 네트워크가 먹통이 되는 경우가 많았다. 그리고 수수료가 싸다 보니 디도스 공격에 취약해 해킹의 위험성도 높아졌다. 그래도 고객들은 빠르고 저렴한 서비스를 선호했다. 그래서 코인 가격도 빠르게 치솟았다.

2024년, 이더리움 업그레이드와 레이어2의 약진

비트코인이 가치 저장 수단으로써 강점이 있다면, 이더리움은 스마트 컨트랙트 기능이 있어 다양한 용도가 장점이다. 하지만 너무 많은 댑이 이더리움 네트워크 위에서 작동하다 보니 과부하가 걸려 처리 속도가 형편없고 가스비(수수료)가 비싸다.

그렇다 보니 솔라나 같은 코인의 초당 최대 처리 속도가 6만 5,000건에 달하는 데 비해, 이더리움은 초당 15~20건 처리에 불과하다. 이런 연유로 2023년에는 솔라나 가격이 연 1,100% 고공 행진한 반면, 이더리움은 90% 상승에 그쳤다.

〈초당 거래 처리량(TPS) 비교〉

1. 기존 이더리움 ------- 20

2. 더머지+롤업 후 이더리움 ---------6000

3. 이더리움2.0 -------100,000

4. 비자(VISA) --------24,000

이더리움은 확장성 문제를 개선하기 위해 6단계 업그레이드를 추진하고 있다. 2024년 주목해야 할 이벤트가 이더리움의 두 번째 업그레이드이다. 이더리움 6단계 업그레이드 중 2단계는 거래 속도를 초당 10만 건으로 높이는 것을 목표로 2024년 3월에 업그레이드 작업을 시작했다. 이 업그레이드가 성공하면 이더리움은 물론 이더리움과 연계된 레이어2 코인들의 약진이 예상된다. 이더리움의 처리 속도가 빨라지고, 수수료가 1/100 내외로 인하될 것이기 때문이다.

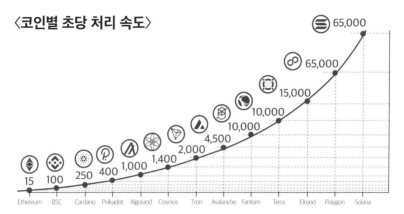

〈코인별 초당 처리 속도〉

▲ 코인별 초당 처리 속도

변화하는 자본주의의 틀

: '금융 자본주의'에서 '포용 자본주의'로 :

Chapter 1

미국이 촉발한
네 차례 환율 전쟁

달러의 역사를 돌아보면, 미국의 속내는 일관되게 '약달러 정책'이었다. 이는 경기를 활성화하고 부채를 줄이는 효과가 있기 때문이다. 미국의 환율 정책 역사에서 이를 잘 알 수 있다. 약달러 정책에는 두 가지 방법이 있다. 첫째, 은밀하게 화폐 발행을 늘려 달러 가치를 떨어뜨리는 인플레이션을 유도하는 방법이다. 둘째, 공개적으로 평가절하를 하는 방법이다.

그러나 미국은 이 과정에서 고민이 있다. 세계 기축통화로서 달러의 위상을 지키기 위해 강달러를 유지해야 한다. 여기서 강달러는 실질 가치가 높아서가 아니라 국제 결제 통화로서의 지배력을 뜻한다. 그래서 미국은 국내 재정 정책에서 약달러 정책을, 국제적으로는 강달러 정책을 동시에 유지해야 하는 모순을 안고 있다. 이 모순된 상황을 최대한 눈치채지 못하도록 유지해 나가는 과정이 '교묘한 달러 곡예의 역사'이다.

미국은 자신의 경제 상황이 힘들 때마다 주기적으로 달러의 평가절하를 시도해 환율 전쟁을 촉발했다. 큰 건만 해도 벌써 네 번째다.

- 1930년 대공황을 촉발한 제1차 환율 전쟁(1921~1936년)
- 브레턴우즈 체제를 붕괴시킨 제2차 환율 전쟁(1967~1978년)
- 플라자 합의로 촉발된 제3차 환율 전쟁(1985~1995년)
- 2008년 글로벌 금융 위기로 촉발된 제4차 환율 전쟁(2008년 이후)

그런데 이 네 차례 환율 전쟁의 공통점은 모두 미국이 주도했다는 점이다. 특히 당시 미국 대통령과 각료들이 앞장서서 주도했다. 대공황 이래 미국은 경제 상황이 여의치 않을 때마다 의도적으로 환율 전쟁을 촉발했고, 그간 모든 환율 전쟁은 미국의 일방적 승리로 끝났다. 이로 인해 달러 가치는 1933년 초 온스당 20.67달러에서 2024년 11월 기준 온스당 2,700달러를 웃돌았다. 달러 가치가 90년 동안 의도적으로 99%나 훼손되었다. 지금부터 세계 최강의 경제력과 군사력을 갖고 있는 미국의 실체를 환율 정책을 중심으로 살펴보자.

제1차 환율 전쟁

대공황 때 프랭클린 루즈벨트는 경기를 살리기 위해 유대 자본과 유대인들을 끌어들였다. 당시 루즈벨트 정부의 초대 재무차관이 유대인 '헨리 모겐소 주니어'였다. 대통령과 모겐소는 시중에 돈이 돌게 하고,

미국 상품의 수출경쟁력을 높이기 위해서는 통화량 확대와 달러의 평가절하가 시급하다고 판단했다.

1933년 4월 5일, 루즈벨트 대통령은 통화량 확대를 위해 국민의 금 보유 금지를 명령하는 긴급명령 6102호에 서명했다. 이 조치로 개인은 갖고 있던 금을 은행에서 1온스당 20.67달러로 바꿔야 했으며, 이를 어기면 '벌금 1만 달러(현재 가치로 최소 17만 달러) 또는 10년 이하의 징역형'에 처해졌다. 미국에서 개인이 금을 보유할 수 있게 된 것은 이후 40년이 지난 1975년에나 가능해졌다.

▲ 미국의 금 보유 금지 긴급 명령 6102호

금 보유 금지령이 발효된 지 5개월 후, 96년 동안 유지되어 온 금 1온스당 20.67달러라는 교환 비율이 29.82달러로 조정되었고, 모겐소가 재무장관에 취임한 1934년 1월에는 금값이 1온스당 35달러로 끌어올려졌다. 이로써 달러 가치는 불과 8개월 사이에 69%나 하락했다. 이는 큰 폭의 평가절하로, 주변국과 경쟁국들을 힘들게 하는 '근린궁핍화 정책'의 첫 신호탄이었다.

미국 상품의 수출 가격경쟁력이 69%가량 높아진 결과 미국의 산업생산이 연간 10%씩 늘어났다. 대공황 연구의 대가로 알려진 버냉키가

이ㄲ는 연준이 글로벌 금융 위기를 맞아 추진했던 양적 완화 대책이 바로 대공황 시절의 통화량 확대에 의한 성공을 참고한 것이었다.

게다가 금은복본위제였던 미국은 국제시장에서 은을 대량 구매하기 시작하며 통화량을 늘려나갔다. 이로써 국제시장에서 은 가격을 폭등시켜 은본위제 국가들을 초토화시켰다. 그 바람에 중국이 은본위제를 포기하면서 혼란에 빠져 공산화되는 계기가 됐다. 이것이 세계 환율 전쟁의 시작이었다.

제2차 환율 전쟁

갈등의 정점은 1971년 8월의 닉슨 쇼크였다. 1960년 이후 금환본위제의 달러가 마구 발행되는 것 같은 불안감을 느낀 우방국들은 보유한 달러를 금으로 바꿔줄 것을 미국에 요구했다. 그러자 닉슨 대통령은 달러를 금으로 바꿔주는 금 태환을 전격 중단해 '브레턴우즈 체제'를 무너뜨렸다. 이로 인한 충격과 혼란으로 세계 외환 시장이 폐쇄되었다. 위기가 점증하면서 2년 동안 극심한 혼란이 지속되었다. 미국은 변동환율제로 이행하면서 엔화 가치를 달러당 360엔에서 250엔으로 절상시켜 상대적으로 달러 가치를 절하시켰다.

이러한 혼란을 거쳐 금본위제는 결국 페트로 달러(원유 대금을 달러로만 결제하도록 한 시스템)에 힘입어 달러본위제로 바뀌었다. 이로 인해 달러의 신뢰도가 추락하면서 금값이 천정부지로 올랐다. 이는 OPEC이 국제 원유가를 2달러에서 10달러로 올리는 계기가 되었다. 일명 '오일 쇼크'였다. 닉슨 쇼크 시점 4개월 전부터 7년 7개월간 지속된 달러 약세기(1971년 4월~1978년 10월)에 달러화의 가치가 엔화와 마르크화에 대비해 각각 절반 수준으로 떨어졌다.

제3차 환율 전쟁

갈등의 산물은 1985년 9월 미국이 주도한 '플라자 합의'였다. 주요 선진 5개국(G5) 재무장관과 중앙은행 총재들이 비밀리에 뉴욕의 플라자 호텔에 모여 달러화 약세 유도를 결정했다. 환율 전쟁 이후 달러화는 일본의 엔화와 독일 마르크화 등 주요 통화에 비해 큰 폭의 약세를 보였다.

플라자 합의 7개월 전인 85년 2월부터 10년 3개월간 지속된 달러 약세기(1985년 2월~1995년 4월)에도 달러화의 가치는 엔화에 대비해 3분의 1 수준으로, 마르크화에 대해서는 절반 수준으로 각각 급락했다.

제4차 환율 전쟁과 적반하장식 월가의 저항

2008년 금융 위기가 터지자 미국 정부는 은행의 신뢰 회복이 시급하다고 판단하고, 부실채권 정리를 위한 배드뱅크 곧 '정리신탁공사' 설립

자금 7,000억 달러를 의회에 신청해 어렵게 승인받았다. 그러나 부실 채권이 헐값에 처분되는 것을 우려한 월가 큰손들의 반대로 이 계획은 실현되지 못했다.

은행의 신뢰를 다시 회복할 수 있는 차선책은 은행의 임시 국유화 정책이다. 정부가 은행 주식을 담보로 은행 자본을 확충시켜 주고, 사태가 진정되면 주식을 돌려주겠다고 제안했다. 그러나 금융 자본은 임시 국유화도 반대했다. 국유화 과정에서 자신들의 주식이 휴지 조각이 돼 경영권을 잃거나 설사 경영권을 잃지 않더라도 그 과정에서 지분이 훼손당할까 봐 거절한 것이다.

정부가 마지막으로 금융권에 제안한 것은 은행이 보유한 채권의 시가평가제였다. 이는 은행의 장부가가 아닌 시가로 채권을 다시 평가해 부실의 정확한 상태를 파악하겠다는 것이었다. 하지만 월가는 이 제안마저 거절했다. 금융 위기의 원인을 제공한 집단이 오히려 막무가내식으로 저항했다. 더구나 시중에 돈이 안 돌아 생긴 위기이니 돈을 풀라는 요구만 거듭했다. 이른바 '양적 완화'를 요구한 것이다.

버블로 생긴 문제를 버블로 덮는 양적 완화

당시 배드뱅크 설립과 채권의 시가평가제 같은 현실적 방법은 금융 자본의 이익과 배치되더라도 실행되었어야 했다. 그래야 위기 극복의 실마리를 찾을 수 있었다. 그러나 미국 정부와 연준은 월가의 반대에 부딪혀 핵심 문제를 해결하지 못하고, 월가의 요구대로 엄청난 화폐 발행량으로 상황을 반전시키려 했다. 부동산 버블로 촉발된 금융 위기의 원인을 찾아내어 제거하지 못하고, 오히려 돈을 풀어 부동산 가격을 올려 상황을 덮기로 한 것이다. 이후 연준의 유동성 살포가 시작되었다. '헬리콥터 버냉키'라는 말이 상징하듯, 마치 공중에서 돈을 살포하듯이 유동성을 뿌려댔다.

- 1차 양적 완화

미국이 금리를 낮추고 2008년 11월부터 모기지증권 매입을 통해 시중 유동성을 늘렸다. 이듬해 1월부터는 장기국채도 사들이기 시작했다. 그러자 경쟁국 통화들은 달러에 대해 상대적으로 가치가 절상될 수밖에 없었다. 유럽도 미국에 대응해 유동성을 확대하기 시작했다. 영란은행은 2009년 3월 5일 기준금리를 연 1.0%에서 0.5%로 낮추고, 시중에 750억 파운드(166조 원)를 풀었다. 인하된 금리 수준은 1694년 영란은행 창설 이후 가장 낮은 금리였다. 금리를 더 낮춰 시중 유동성을 늘릴 수 없게 되자, 양적 완화 정책까지 동원한 것이다. 유럽중앙은행도 이날 기준금리를 연 2.0%에서 1.5%로 내렸다. 이를 학자들은 제4차 환율 전쟁의 시작으로 보고 있다.

그 뒤 2010년 10월 유럽중앙은행은 재정 위기에 빠진 유로존 국가들의 장기국채를 사들여 유동성을 풀기 시작했으며, 2011년 10월에는 유로존 은행들의 유동성 확대를 위해 담보부채권 매입과 장기 대출을 추진했다.

- 2차 양적 완화

2010년 10월, 미국의 더블딥 우려가 커지면서 연준이 2차 양적 완화를 발표하고, 중국에 대해 위안화 절상을 촉구하면서 이른바 '환율 전쟁'이 시작되었다. 당시 환율 전쟁을 두고 미국과 신흥국들 사이에 입장이 엇갈렸다. 미국은 중국, 한국 등 신흥국이 인위적으로 환율을 절하하여 수출 경쟁력을 키우고 있다고 비난했다. 반대로 중국이나 브라질 등 신흥국들은 미국의 양적 완화로 인해 대규모 유동성이 신흥국으로 유입되어 신흥국의 환율을 절상시키고 있다고 비난했다. 같은 현상을 각자의 입장에서 설명한 것이다.

미국의 양적 완화 결과, 2012년 8월 말까지 브라질 헤알화가 75% 급등한 것을 비롯해 일본 엔화 46%, 중국 위안화 30% 등 많은 통화의 가치가 올랐다. 우리 원화도 2012년에만 미국 달러화 대비 약 8% 절상되어 세계 주요 통화 중에서 절상 폭이 가장 컸다.

양적 완화란 한마디로 최후의 수단이다. 통상적으로 정부가 경기를 부양하는 수단은 재정 정책과 통화 정책이다. 재정 확대 정책이 정부 예산을 공공사업 등에 풀어 수요를 촉진하는 것이라면, 통화 팽창 정책의 목표는 금리를 낮춰 시중 유동성을 팽창시키는 것이다. 그만큼 대출이 쉬워져 시중에 돈이 늘어난다. 그런데 금리가 거의 제로금리 수준이라 더 이상 금리 인하를 할 수 없을 때 쓰는 마지막 수단이 양적 완화 정책이다. 정부가 발행하는 국채를 중앙은행이 사들여 시중에 돈이 늘어나고 시중금리가 낮아져 유동성이 늘어나는 것이다.

양적 완화는 달러화의 가치를 떨어뜨린다. 실제로 1차 양적 완화 때

10%, 2차 때 또 5% 정도 떨어졌다. 미국의 2차 양적 완화 정책은 그 시점이 G20 정상회의 및 미국과 중국 간의 환율 갈등과 맞물려 다른 경쟁국 통화에 대한 달러 가치를 인위적으로 내리려는 정책이라 중국과 브라질은 물론 일본, 독일, 프랑스 등 대부분의 G20 국가들도 미국을 비판하고 나섰다.

- 3차 양적 완화

그런데도 미국은 아랑곳하지 않고 2012년 9월에 3차 양적 완화를 시작했다. 연준은 매달 400억 달러 규모의 주택담보부증권MBS을 사들이기로 결정하고, 아울러 2014년 말로 예정된 초저금리 기조도 2015년 중반까지 6개월 연장하기로 했다. 2012년 연말에는 매달 450억 달러 규모의 미국 국채를 추가로 사들여 매달 채권 매입 규모를 850억 달러로 확대키로 했다.

이러한 유동성을 늘리는 양적 완화 정책은 환율 전쟁을 초래할 뿐만 아니라 부동산과 주식 등 시중의 자산 가격을 부풀려 소득 불균형을 심화시키고 빈부격차를 늘리는 요인이 되었다.

양적 완화의 근본적 문제

주식 시장이 환호하는 양적 완화의 효과는 달콤하다. 돈이 풀리면 일단 경기가 살아난다. 즉 양적 완화는 단기적인 경기 부양에는 효과적이지만, 장기적으로는 여러 문제점을 안고 있다.

첫째, 부동산 등 자산 시장의 버블이 시작된다.

둘째, 과잉 유동성으로 인한 인플레이션이 발생한다.

셋째, 소득 불균형이 심화되고 빈부격차가 늘어난다.

넷째, 위험 자산 매입으로 중앙은행의 손실 가능성이 있다.

다섯째, 가계 부채가 증대한다.

여섯째, 국채 시장 교란으로 자금 흐름에 충격을 준다.

일곱째, 환율 상승의 원인이 되어 환율 전쟁을 초래한다.

여덟째, 한번 풀린 유동성의 회수가 쉽지 않다.

팬데믹이 불러온 유동성 홍수

2020년 초에 코로나19 팬데믹이 터지자 미국은 다시 급격하게 유동성을 늘리기 시작했다. 연준은 두 달 사이에 3조 달러 이상을 발행했다. 이후 미국 정부도 재정을 대폭 늘려 달러 표시 자산, 즉 미국 국채를 대규모로 발행해 정부 부채를 빠르게 증가시켰다. 그러자 EU와 일본도 미국 못지않게 돈을 찍어내고 부채를 늘리기 시작했다. 반면, 그때까지 가장 많은 유동성을 공급해오던 중국은 코로나 봉쇄 정책을 시행하면서 위안화 발행을 억제해 4대 통화 중 가장 건실한 통화 정책을 유지했다.

    2022년에 들어 4대 주요 통화의 본원통화 발행액 합계가 30조 달러를 넘어섰다. 결과적으로 글로벌 금융 위기 이후 세계 유동성은 10배 가까이 증가했다. 세계가 유동성의 홍수에 잠긴 것이다. 팬데믹 기간인 2년 만에 미국 집값은 무려 30% 이상 올랐다. 이는 미국만의 현상이 아니었다. 세계 주요국의 집값 상승세도 무섭게 이어졌다. 같은 기간 우리나라 집값도 31% 이상 올랐다. 이렇게 부동산과 주식 등 자산 가격이 치솟으면서 소득불평등과 빈부격차도 그만큼 더 커졌다.

〈주요 중앙은행들의 총 자산〉

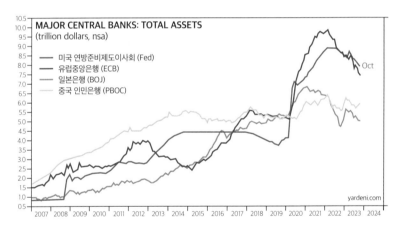

▲ 세계 4대 통화 발행 추이

Chapter 2

소득불평등의 기원

사토시 나카모토 등 암호 화폐의 창시자들은 있는 자들의 이익에 복무하는 통화 금융 시스템에 강한 반감을 가졌다. 그들이 '당사자 간 일대일로 운영되는 새로운 전자 통화 시스템'을 생각하게 된 것은 화폐 중개인이 경제 권력이 되고, 그 경제 권력이 정치·사회 권력과 유착 관계를 맺는 현 금융 자본주의의 병폐를 꿰뚫어 봤기 때문이다. 금융 자본주의가 몰고 온 병폐 중 가장 심각한 것이 소득불평등이다. 있는 자들이 더 많은 이득을 취하면서 빈부격차가 자꾸 벌어지는 현 금융 자본주의의 모순이 비트코인이라는 혁명적 통화 탄생의 또 다른 배경이 되었다.

금융 자본주의의 산실인 미국에서도 소득불평등이 심각한 문제로 인식되기 시작한 것은 그리 오래되지 않았다. 미국인은 신자유주의가 본격화한 1980년대 이후 소득 불평등이 급증하는 상황에서도 그것을 개인의 능력 탓이라고 여겼다. 하지만 자본주의의 속성상 돈이 돈을 버는 금융 자본주의의 속성이 문제였다. 단적으로 2008

년 글로벌 금융 위기에 이르기까지 세계 경제성장률이 연평균 3~4%인 데 반해 세계 금융자산 증가율은 연 15% 내외였다. 즉 땀흘려 일하는 근로 소득(세계총생산) 대비 돈이 돈을 불려주는 불로 소득(금융자산소득)이 서너 배 더 빨리 성장했다.

근로 소득보다 더 빨리 불어나는 불로 소득

1970년까지만 해도 세계 금융자산 규모는 세계총생산GDP 규모의 절반에 불과했다. 그러다가 1971년 닉슨 쇼크 이후 달러가 근원인플레이션이 허용되는 한도 내에서 제약 없이 발행되자 세계 금융자산의 증가 속도도 빨라지기 시작했다. 불과 20년 만에 GDP 대비 금융자산의 규모가 50%에서 263%로 5배 이상 커졌다.

그 뒤 미국은 다른 나라에도 신자유주의를 강하게 밀어붙였다. '워싱턴 컨센서스'는 미국식 시장경제 체제와 금융 시스템의 대외 확산 전략이다. '세계화'와 '자유화'라는 용어도 이때 만들어졌다. 이후 미국은 자신의 패권적 지위를 이용해 강제로 다른 나라의 외환 시장 빗장을 열어젖히며 자본 수출에 집중했다. 그 결과, 세계 각국의 외국인 투자의 2/3는 미국 자본으로 채워졌다. 이로 인해 우리나라도 IMF 사태를 겪게 되었다. 이때 우리 주요 은행들의 주식 60% 이상이 외국인들 손으로 넘어갔으며, 은행 3개는 아예 통째로 외국인 소유가 되었다. 대기업 주식도 절반가량 외국인에게 넘어가 마찬가지 상황이 되었다. 이로써 글로벌 금융 자본이 우리 주식 시장의 3분의 1 이상을 장악하게 되었다.

2000년대에 들어서면서 금융자산의 증가 속도는 더욱 빨라졌다. 2000년에 세계 자본집적도는 그 이전 해에 비해 3.1배 증가했고, 2004년에는 3.34배로 증가했다. 금융자산의 증가 속도가 세계총생산 증가 속도에 비해 서너 배 이상 빨랐다.

2008년 초에 발표된 맥킨지 보고서를 보면, 2006년도 전 세계 금융자산 총액은 167조 달러에 이르러 전년 대비 17.6%나 늘어났다. 지나치게 금융시장이 팽창하고 있음을 알 수 있다. 자본집적도가 글로벌 금융 위기 직전인 2007년에는 2000년 대비 355%로 증가했다. 당시 선진국의 자본집적도 평균은 417%였고, 신흥국 평균은 199%였다. 금융 버블이 선진국에서 유래되었음을 알 수 있다.

자본집적도의 급격한 증가는 사실 큰 문제점을 안고 있었다. 밀턴 프리드먼이 그토록 주장했던 'k% 준칙', 즉 화폐는 경제성장률을 조금 상회하는 수준에서 발행량을 늘려야 한다는 준칙을 정면으로 위배했기 때문이다. 그뿐만 아니라 금리를 이용한 통화 정책도 방만하게 운영되어 시중 은행들의 신용 창출도 대폭 늘어났다. 이로 인해 유동성이 증가하면서 근로 소득 증가에 비해 금융자산 증가 속도가 지나치게 빨라졌고, 그 결과 자산 가격, 즉 부동산과 주식이 급등하게 되었다. 이는 금융 자본가들의 소득과 부를 더욱 늘려주는 결과를 초래했다.

'k% 준칙'을 정면으로 위배한 자본집적도

1948년 이후 노동생산성 향상과 시간당 보상 증가율은 거의 일치했다는 것을 아래 그래프에서 확인할 수 있다. 그러나 1970년 닉슨 쇼크 이후 금융 소득의 증가폭이 커지면서 두 지표 간의 차이가 점점 벌어졌다. 신자유주의 이후 등장한 주주 이익을 극대화하는 주주자본주의는 부의 분배가 노동자에게서 주주 등 금융 자본가에게로 쏠리게 만들었다. 대기업의 이윤은 날로 커졌지만, 임금이 차지하는 비중은 줄어들었고, 이에 따라 소득불평등도 심화되었다. 소득불평등의 심화는 단순히 최상위 집단으로의 소득 집중뿐만 아니라 중산층의 몰락을 가속화시켰다.

〈미국의 노동생산성과 시간당 보상증가율〉

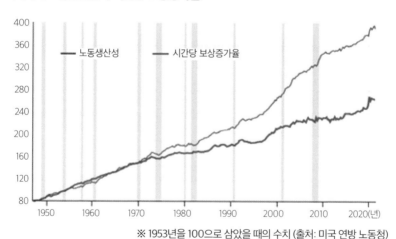

※ 1953년을 100으로 삼았을 때의 수치 (출처: 미국 연방 노동청)

월가의 반대로 질질 끈 금융 위기

2007년 금융 위기가 들이닥치자 연준은 기준금리를 제로금리까지 내렸다. 그러나 시장은 살아날 조짐이 없었다. 연준은 부실채권을 모아 배드뱅크를 만들어 여기에 구조조정 자금을 집중적으로 투입해 부실채권 문제를 해결해 시장의 신뢰를 회복하려 했다. 1929년 대공황 때 프랭클린 루스벨트 대통령이 썼던 방법이었다. 하지만 헐값에 팔려 나갈 채권이 아까워 월스트리트가 강하게 반대하는 통에 이 계획은 실행되지 못하고 무산되었다. 그 뒤 은행 주식을 담보로 하는 자금지원 방안과 채권의 시가평가제 모두 월스트리트에 의해 거부되었다. 자본의 탐욕은 이토록 무서운 것이었다.

별다른 해결책 없이 글로벌 금융 위기 속에서 자산 디레버리지deleverage가 시작되면서 다우지수는 고점 대비 54%나 폭락했다. 2007년 10월 11일 1만 4198에서 2009년 3월 9일 6547로 급락한 것이다. 이때 다른 자산 가격도 40% 이상 떨어졌는데 주택 가격도 30% 정도 떨어졌다.

유동성 살포로 일단 덮은 부실

당시 부실채권 문제를 해결하지 못한 재무부와 연준은 할 수 없이 유동성으로 자산 가격을 끌어올려 부실을 덮을 수밖에 없었다. 그 뒤 연준은 3차에 걸친 양적 완화 정책으로 무제한의 유동성을 공급했다.

이를 헬리콥터에서 돈을 전방위적으로 무차별 살포했다고 해서 버냉키의 별명이 '헬리콥터 버냉키'가 되었다. 이후 주식 시장은 금융 위기 이전의 고점 회복은 물론 실물경제 성장 속도를 훨씬 상회하는 버블이 끼기 시작했다. 다우지수는 2018년 4월 12일 기준, 2만 4483으로 2009년 3월에 비해 4배 가까이 폭등했고 2007년 10월 고점에 비해서도 72%나 급등했다.

▲ 헬리콥터 버냉키

이는 무제한의 유동성과 차입 투자로 부풀린 금융 자산 팽창 덕분이었다. 이러한 주식 시장과 자산시장 가격의 급등은 상위 1%에 소득과 부를 몰아줬다. 현 금융 자본주의의 자본집적도의 팽창이 제어되고 부자 증세가 이루어져야 한다는 목소리가 나오는 배경이다.

Chapter 3

금 헤게모니 경쟁으로
급속히 진행되는 탈달러화

세계 각국의 중앙은행들이 미국 국채 대신 금 사재기에 열을 올리고 있다. 그 선두에 탈(脫)달러화의 선봉장인 중국과 러시아를 비롯해 인도와 튀르키예 등이 있다. 그 외 미국의 우방국인 독일과 이탈리아, 프랑스조차도 일찌감치 외환보유고를 금으로 채우고 있다.

우크라이나 전쟁으로 단행된 러시아에 대한 스위프트(SWIFT·국제은행간통신협정) 시스템 차단은 앞으로 중국 등 반미 세력들로 하여금 더욱 더 금 매집에 열을 올리게 하는 악재로 작용해 탈달러화를 부추길 수 있다.

러시아 중앙은행 금고에 가득한 금

러시아의 외환보유고는 2022년 1월 기준 약 6,430억 달러로 중국·일본·스위스에 이어 세계 4위 규모다. 우크라이나 전쟁으로 러시아에 가한 스위프트 제재로 러시아 외환보유고가 적나라하게 노출되었다. 러시아 외환보유고의 대부분은 주요국에 분산투자되어 있고, 러시아 중앙은행 금고에는 금밖에 없다는 것이 밝혀졌다. 그런데 금 보유량이 예상외로 많았다.

러시아 중앙은행은 달러 체제에서 독립하기 위해 달러 표시 자산, 즉 미국 국채와 달러 통화를 지속적으로 줄이는 한편 금 보유량을 늘

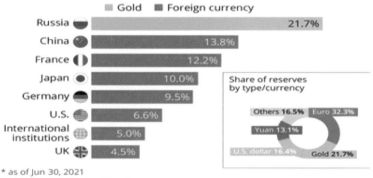

▲ 각국에 분산 투자된 러시아 외환보유고

려 나갔다. 러시아가 금 사재기를 본격적으로 시작한 것은 2014년부터이다. 2014년에 171톤, 2015년에 208톤을 사들여 2020년에는 2,300톤으로 세계 5위이다. 금이 러시아 외환보유고에서 차지하는 비중은 21.7% 수준이다.

러시아는 외환보유고의 60%를 서방 국가의 중앙은행(2,850억 달러) 및 상업은행(1,030억 달러) 등에 채권 및 예금 형태로 운용하고 있다. 서방 국가들이 러시아 중앙은행 보유 자산에 대한 동결 조처를 내린 탓에 러시아로서는 외환보유액의 절반 이상을 쓸 수 없게 되었다. 러시아가 쓸 수 있는 가용 외환보유고는 자국이 보유한 금(1,350억 달러)과 중국에 맡긴 위안화(840억 달러), IMF 포지션(50억 달러), 일부 현금(300억 달러)뿐이다.

금 보유를 늘리는 각국 중앙은행

외환보유고에 달러 표시 자산을 줄이고 금을 늘리는 나라는 비단 러시아뿐만이 아니다. 기본적으로 세계 외환보유고에서 달러 표시 자산

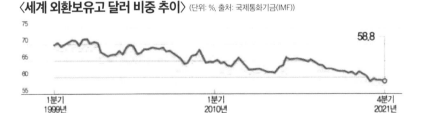

〈세계 외환보유고 달러 비중 추이〉 (단위: %, 출처: 국제통화기금(IMF))

즉 미국 국채 비중은 2000년대 초 71%에서 58% 수준으로 줄어들었고, 그 빈 자리에 금과 다른 통화를 늘리고 있다.

세계금협회WGC 자료에 의하면, 최근 10년간 세계 각국 중앙은행들이 늘린 금 보유량은 총 4,500톤이 넘는다. 이로써 2023년 9월 기준, 세계 중앙은행의 전체 금 보유량은 약 3만 5,665톤으로 10년 전과 비교해 15% 증가했다. 참고로 세계 금 총량은 약 21만 톤이다.

특히 독일과 이탈리아, 프랑스는 외환보유고에서 금이 차지하는 비중이 굉장히 높다. 독일 74.3%, 이탈리아 69.5%, 프랑스 63.4% 등이

〈**중앙은행 금 보유고 상위 국가**〉 (2020년 5월 기준)

순위	국가/단체	금 보유량(톤)	외환보유고 중 금 비중(%)
1	미국	8113.5	78.3
2	독일	3362.4	74.3
3	국제통화기금	2814	-
4	이탈리아	2451.8	69.5
5	프랑스	2436.0	63.4
6	러시아	2299.2	21.1
7	중국	1948.3	3.2
8	스위스	1040.0	6.3
9	일본	765.2	2.9
10	인도	64.18	6.9
11	네덜란드	612.5	70.5
12	유럽중앙은행	504.8	-
13	튀르키예	485.2	23.3
14	대만	422.4	4.4

(출처: IFS)

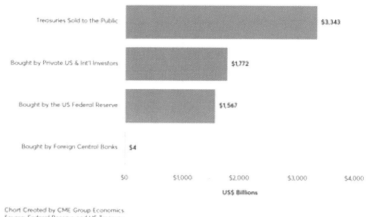

US Treasury Securities Sold to the Public
from 12/31/2019 through 6/30/2020

Treasuries Sold to the Public	$3,343
Bought by Private US & Int'l Investors	$1,772
Bought by the US Federal Reserve	$1,567
Bought by Foreign Central Banks	$4

US$ Billions

Chart Created by CME Group Economics
Source: Federal Reserve and US Treasury

▲ 2020년 상반기 미국 국채 발행액

다. 이들 나라는 수익을 주는 미국 국채 대신 이자 한 푼 안 붙는 금으로 외환보유고를 채우고 있다.

　2020년 상반기 미국 국채를 누가 사줬는지 따져보면, 사태의 심각성을 쉽게 알 수 있다. 미 정부가 발행한 총액 3조 3,430억 달러어치 국채 중 국내외 투자자들이 사준 양은 1조 7,720억 달러어치에 불과했다. 국채 시장에서 소화가 안 되어, 미 연준이 인수한 국채가 1조 5,670억 달러어치다. 반면 세계 각국의 중앙은행들이 사준 금액은 40억 달러에 불과했다. 발행 총액의 0.1%라는 참담한 수준이었다. 예전과 달리 세계 각국 중앙은행들의 미국 국채에 대한 선호도가 지극히 낮음을 알 수 있다.

천문학적 달러 발행이 중국·인도의 금 매집 촉진

2008년 글로벌 금융 위기 이후 미국은 경기 부양을 위해 3조 5,000억 달러라는 천문학적 수준의 돈을 풀었다. 금융 위기 이전의 달러 발행액 8,000억 달러의 4배가 넘는 달러가 단기간에 세계에 공급된 것이다. 그 결과 달러를 불신하기 시작한 투자자들이 달러 대신 안전자산인 금을 선호하기 시작했다. 이때부터 중국과 인도는 금을 집중적으로 수입하기 시작했다. 달러 가치는 떨어지고 금값은 천정부지로 올랐다.

그러자 달러를 대신해 금이 포트폴리오 분산 차원에서 투자 대상으로 떠올랐다. 실제로 세계 주요 중앙은행들과 국부펀드들이 달러 표시

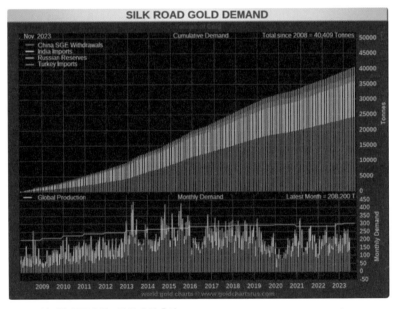

▲ 2008년 이후 중국과 인도의 금 수입 추이

자산 대신 금으로 옮겨 갔다. 특히 중국은 이를 대놓고 선언했다. 다른 나라들이 중국을 따라 외환보유고에서 달러 표시 자산을 줄이고, 금을 늘리려는 움직임을 보였다.

미국의 금 가격 규제

미국으로서는 이를 그냥 묵과할 수 없었다. 이자 한 푼 안 붙는 금으로 몰린다는 뜻은 그만큼 달러에 대한 불신을 의미하기 때문이다.

2011년 하반기에 들어 금 가격이 계속 오름세를 보이자 미국 정부는 금 거래를 위축시킬 필요가 있었다. 우선 가장 손쉬운 방법을 택했다. 금 선물시장을 손보기로 했다. 선물시장의 개시증거금과 유지증거금을 대폭 올렸다. 증거금이 인상되면 거래 비용 부담이 늘어나 거래량이 줄면서 상품 가격은 하락하는 법이다.

시카고상품거래소CME가 2011년 8월 10일, 금 선물 개시증거금을 6,075달러에서 7,425달러로, 유지증거금을 4,500달러에서 5,500달러로 22% 올렸다. 그런데도 금값은 상승 랠리를 멈추지 않았다. 그러자 금융당국은 당황했다. 시카고상품거래소는 그해 8월 24일 금 선물 거래 유지증거금을 재차 인상했다. 5,500달러에서 7,000달러로 27%나 올렸다. 이날 비로소 금 선물 가격은 전날보다 5.6% 하락한 온스당 1,785달러를 기록했다.

하지만 금값은 진정되지 않았다. 증거금을 8월에 두 차례에 걸쳐 대폭 올랐음에도 9월 들어 다시 고공행진을 거듭하며, 9월 5일 금 가격은 사상 최고치인 온스당 1,920달러까지 치솟았다. 게다가 중국이 미 국채 구매 규모를 급속히 줄여가고 있었다. 미국으로서는 상황이 다급해졌다. 미국 정부와 연준은 금 투자국들과 투자자들에 대한 독수(毒手)를 준비했다.

'오퍼레이션 트위스트'의 노림수

연준은 2011년 9월 21일부터 4,000억 달러 규모의 '오퍼레이션 트위스트'를 실시했다. 오퍼레이션 트위스트는 장기 국채를 사들이고 단기 국채를 팔아 장기 금리를 끌어내리고 단기 금리는 올리는 독특한 공개시장 조작 방식이다.

당시 연준은 오퍼레이션 트위스트의 실시 배경을 장기 금리를 낮춰 투자를 유인하는 데 목적이 있다고 발표했다. 하지만 이는 기본적인 경제학 상식을 위배한 매우 위험한 실험이었다. 경기가 이미 안 좋은 상황에서 장단기 금리차를 줄이는 것은 매우 위험한 발상이었다. 게다가 자칫 잘못하면 장단기 금리 역전 위험도 있었다. 금리가 역전되면 불황이 들이닥친다는 것은 상식이었다.

또 이는 윗돌을 빼다 아래에 박는 임시방편으로, 유동성이 늘어나지 않아 경기부양 효과에 회의적으로 보는 경제학자가 많았다. 당시 경기부양론자들조차 이 정책의 무용론을 비판할 정도로 혹독한 평가를 내렸다. 그러나 금융시장의 구루GURU들조차 눈치채지 못한 이 공개시장 조작의 목적은 장기투자 유도 이외에 더 중요한 이유가 있었다.

연준의 진짜 타깃은 바로 금이었다. 단기 금리가 오른다는 것은 이자 수익이 없는 금 투자자에게 치명적이었다. 이 정책 실시 이후 금값은 수직 낙하했다. 이틀 만에 1900달러대에서 1600달러대로 20% 이상 폭락했다. 미국 정부는 여기서 그치지 않았다. 오퍼레이션 트위스트를 시작한 지 딱 이틀 뒤인 9월 23일, 금 선물시장을 다시 옥죄었다. 금과 은의 선물거래 증거금을 각각 21%와 16% 인상한 것이다. 그러자 금값은 일주일 사이에 10%가 더 폭락했다.

금에 투자한 헤지펀드들에는 날벼락이었다. 보통 헤지펀드들은 20배 정도의 레버리지(부채)를 사용해 금에 투자하는데 이때 너무 큰 타격을 받았다. 조지 소로스와 폴 존슨이 그해 큰 손해를 본 이유였다. 그 뒤 헤지펀드 업계에는 '정부에 맞서지 마라'라는 말이 금과옥조가 되었다. 이를 본 JP모건은 금 대신 은 매집으로 방향을 바꾸었다.

그런데도 중국 등 외환보유고 대국들은 미국 국채보다는 금을 선호했다. 미국은 이런 현상을 좌시할 수 없었다. 특히 미국채보다 금을 선호한다고 호언하는 중국의 입에 재갈을 물릴 필요가 있었다. 미국은 언제라도 금값에 치명적인 단기 금리를 올릴 수 있음을 또다시 보여주기로 했다.

2012년 6월부터 2,670억 달러 규모로 2차 오퍼레이션 트위스트를 실시했다. 그런데도 금 수요는 줄지 않았다. 오히려 2012년 12월부터 뉴욕상품거래소에서는 실물 금에 대한 인도 요청이 늘어나 4개월 사이에 거래소 보유 금의 27%가 줄어들었다. 너무 빨리 줄어드는 금 재고 분에 대한 우려가 커졌다. 미국 정부는 또다시 대책이 필요했다.

어마어마한 매도 물량 폭탄 투하

2013년 4월 12일 금요일이었다. 뉴욕상품거래소가 개장하자마자 갑자기 금 100톤짜리 매도 주문이 날아들었다. 갑작스럽게 쏟아진 어마어마한 매도 물량이 시장을 덮쳤다. 금 가격은 대폭 하락했다. 2시간가량 지나 시장이 안정을 찾을 무렵 300톤의 매도 물량이 다시 쏟아졌다. 이는 2012년 세계 금 생산량의 11%에 이르는 규모였다. 온스당 1,521달러였던 금 가격은 오후 5시께 1,476달러까지 떨어졌다. 이날 하루 거래된 금만 무려 1100톤이었다. 세계 금 연간 생산량이 3,700톤 정도이니 얼마나 많은 금이 하루 사이에 시장에 투하되었는지 알 수 있다.

그리고 주말을 넘긴 월요일, 4월 15일 아침부터 전주 금요일보다 더 큰 물량이 쏟아졌다. 오전에 금값이 100달러 이상 하락하며 온스당 1400달러 아래로 추락했다. 한마디로 금 투자 큰손들에게는 재앙이었다. 이틀 동안 이러한 거대 물량을 쏟아낼 수 있는 기관은 딱 한 군데밖에 없었다. 바로 연준을 의심할 수밖에 없는 이유였다.

발표보다 많은 중국 인민은행 보유량

대량 매도 물량을 쏟아낸 이날, 시카고상품거래소는 금과 은의 선물 거래 시 증거금을 18.5% 인상한다고 전격 발표했다. 4월 15일 뉴욕상품거래소에서 6월물 금 가격은 전주의 온스당 140.30달러에서 9.3% 폭락한 1,361달러에 장을 마쳤다. 이는 1980년 1월 22일 17% 폭락한 이후 30여 년 만에 최대 하락폭이었다.

이후에도 금값이 꿈틀거릴 때마다 대량 투매는 종종 있었다. 이에 놀란 투자자들이 금 시장에서 발을 빼기 시작했다. 연준과 맞설 수는 없기 때문이었다. 그 뒤 투자자들이 미국 국채로 몰리면서 달러 가치는 오르는 반면 금값은 많이 떨어졌다. 이런 연유로 한때 온스당 1,900달러를 넘어섰던 금값이 많이 떨어져 한동안 1,100~1,350달러대의 밴드 안에 갇혀 가격이 오르내렸다.

미국 정부가 금 비중을 늘리는 각국 중앙은행과 금 투자자들에게 멋지게 카운터펀치를 날린 셈이다. 하지만 이는 오산이었다. 미국이 금값을 이렇게 눌러 놓은 덕분에 중국과 러시아는 이때부터 본격적으로 더 싼 가격으로 금 매집에 나설 수 있었다.

2020년 중국의 공식적인 외환보유고 내 금 보유량은 1,948톤으로 전체 외환보유고 3조 3,000억 달러의 3.2%에 불과하다. 하지만 이를 믿는 전문가들은 많지 않다. 중국은 미국의 심기를 거스르지 않으려고 정확한 금 보유량을 밝히지 않고 있다.

2015년 4월 블룸버그통신 계열 금융정보제공업체 블룸버그 인텔리

전스가 자체 집계한 결과에 의하면, 중국 중앙은행인 인민은행의 금 보유량은 약 3,510톤으로, 당시 인민은행이 2009년 4월에 밝힌 금 보유량 1,054톤보다 2배 이상이나 많다고 발표했다. 이는 WGC 통계에서 세계 2위인 독일의 3,384톤보다도 많다. 지금 인민은행은 이보다도 훨씬 더 많은 금을 보유하고 있을 것으로 추정된다.

중국의 금 관리 5대 정책

중국은 세계 최대 금 생산국이자 세계 최대 금 수입국이다. 연간 400톤 내외를 생산하고 연간 300톤 정도를 수입하고 있다. 그런데도 중국은 국가적 차원에서 금을 더 모으기 위해 엄격한 '금 관리 5대 정책'을 실시 중이다.

첫째, 중국 내 금광에서 채굴된 금은 반드시 인민은행(인민은행 산하 상하이금거래소를 통해)에 팔아야 한다.

둘째, 중국은 상하이금거래소SGE에서 금 거래 가격이 국제 시세보다 조금 높게 형성되도록 가격 정책을 펴고 있다. 중국은 2002년 상하이금거래소를 설립한 이후, 이 거래소는 뉴욕, 런던과 함께 세계 세 번째의 금 거래 허브로 성장했다. 중국의 금 시세는 일반적으로 뉴욕 코멕스COMEX 금 선물시장과 런던 금 현물시장에서 결정되는 국제 시세를 따라가지만, 이들보다 약간 높은 가격을 형성한다. 이는 중국 정부의 의도된 전략으로, 중국의 금이 외국으로 빠져나가지 못하게 하는 가격 정책이다.

셋째, 중국은 근본적으로 금의 해외 수출을 금지하고 있다.

넷째, 금의 중앙은행 보유보다는 민간의 금 소유를 장려하고 있다.

상하이금거래소는 이제 세계 최대의 실물 금 거래소로 자리매김했으며, 금의 실물 인도는 중국 내 각지의 50여 개 금 보관소 네트워크를 통해 이루어진다. 중국의 금 보유 총량은 민간 보유량을 합해 2만 톤이 넘는 것으로 추정된다.

다섯째, 중국은 세계 금 생산 1위(13년간 고수)를 위해 현재도 지속적으로 금광을 개발하고 있다.

금 가격 규제로 인해 비트코인 급등

2020년 봄, 코로나19 사태가 터지자 미국은 또 단기간에 3조 달러가 넘는 천문학적 돈을 풀었다. 2008년 금융 위기 이전에 8,000억 달러 내외에 불과했던 본원 통화 발행액이 7조 달러 이상이 더 시장에 풀려 버렸다. 자그마치 통화발행액이 13년 사이에 10배나 불어난 것이다.

이렇게 많은 돈이 풀리면 금값은 오르는 게 순리이다. 그걸 인위적인 힘으로 억누른 게 미국이다. 이번에도 금값은 또 꿈틀거리기 시작했다. 2020년 상반기 내내 오르더니 8월에 들어 신고점을 돌파하여 사상 최초로 온스당 2,000달러를 돌파하고 2,051.5달러까지 올랐다.

그러자 미국은 다시 금 선물시장을 옥죄었다. 2020년 상반기에만 다

〈비트코인 VS 금〉

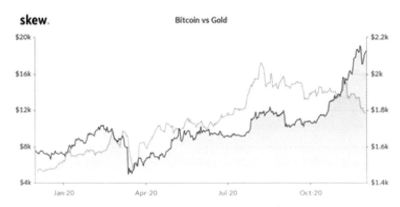

▲ 동행성을 보이던 금과 비트코인 가격이 2020년 10월 이후 디커플링되었다

섯 차례 걸쳐 금 선물시장의 개시증거금과 유지증거금을 인상했다. 동시에 레버리지도 같이 축소했다. 이는 기관투자자에게는 엄청난 부담이었다. 문제는 9월 이후 금 가격이 떨어지는 상황에서도 미국 정부가 세 차례나 더 규제를 가한 것이었다.

미국 정부의 규제로 인해 금 가격은 하락하기 시작했다. 이로 인해 더는 버티기 힘들어진 기관투자자들이 금 시장에서 발을 빼고 비트코인 시장으로 옮겨 갔다. 그때까지 금과 비트코인은 동행성을 보였다.

그러나 기관투자자들이 옮겨간 이후 10월부터 금과 비트코인은 급격히 디커플링되기 시작했다. 금 가격은 계속 내려가고, 비트코인은 폭등하기 시작했다. 그때까지만 해도 비트코인 시장 규모는 금 시장 규모의 10분의 1에도 못 미쳤고, 그래서 기관투자자들의 영향력에 크게 좌우되었다. 당시 비트코인 투자의 88%는 기관투자자들에 의해 이루어졌다.

미국 마켓워치는 중국의 금 보유량이 중국 정부가 발표한 1,926톤보다 2~3배 더 많을 것으로 보고 있다. 현재 금 최대 생산국은 중국으로 전 세계 연간 생산량 2700톤의 11.5~18%에 상당하는 연간 300~490톤을 생산하고 있다. 반면 미국이 아직도 금을 8000톤 이상 보유하고 있는지도 의문이다. 미국과 중국이 서로 금 보유량에 대한 정확한 통계를 밝히고 싶어 하지 않는 것은 그만큼 금 시장에 대한 신경전이 치열하다는 의미이다.

외환 보유 대국들이 이제는 실질 가치가 줄어드는 달러 표시 자산 대신 금 보유를 선호하고 있어, 중국 정부의 금 보유량은 점점 늘어날 것이다. 미국 정부와 중국 정부의 금 보유량이 역전되는 순간, 세계 금 시장의 주인이 바뀔 가능성이 크다. 사람들이 실질 가치가 떨어지는 달러 대신 금이나 비트코인을 선택하는 계기가 앞당겨지면 달러가 예상보다 빨리 신뢰를 잃을 수 있다.

Chapter 4

억눌려 온 은값의 진실

헤지펀드의 공매도 공격에 격분해 '게임스톱 사태'를 일으켰던 의리파 개미들이 있다. 이들은 인터넷 커뮤니티 레딧Reddit의 서브 채널인 '월스트리트베츠Wallstreetbets'에서 서로 의견을 주고받으며 헤지펀드 공격에 나섰다. 그런데 이들이 2020년 1월 말 난데없이 은 매입을 촉구하며 은 선물시장도 공격한 일이 있었다. 그 이유는 은 시장 역시 '게임스톱'과 마찬가지로 일부 세력들에 의해 부당한 매도 공격을 받으며 가격이 짓눌리고 있다고 보았기 때문이다. 이들은 2020년 1월 27일 '월스트리트베츠'에서 미국 정부가 인플레이션을 감추기 위해 정부와 금융권이 합세해 은 시세를 억누르고 있다면서 "인플레이션을 고려한 은 가격이 1,000달러는 되어야 한다"라고 주장했다.

은 매입을 촉구하는 이들의 글이 올라오면서 은 가격이 출렁이기 시작했다. 이들의 목표는 그동안 은값을 의도적으로 억눌러 싸게 매입해왔던 JP모건을 혼쭐내는 데 초점을 맞추고 있었다. 혼쭐만 제대로 내주면 은 가격은 1,000달러까지도 올라간다고 봤다.

개미들이 은 선물을 사들이자, 은 선물 가격은 2020년 1월 28일과 29일 이틀 동안 10% 정도 상승했다. 주말에는 소매 사이트에 은 매입 주문이 쏟아졌다. 은 현물가격은 2월 1일 한때 6.4% 오른 온스당 28.72달러를 기록, 2020년 9월 초 이후 가장 높은 수준을 보였다. 은 생산 업체의 주식도 이날 장중 호주 증시에서 15%가 넘는 급등세를 보였다.

하지만 개미들의 반란은 의외로 쉽게 제압되었다. 개미들이 월가 큰손들에 의해 은 선물이 하락 베팅되고 있다며, 쇼트스퀴즈(공매도 위축)를 시도하면서 은값을 끌어올리자, 당국이 대응에 나선 것이었다.

시카고상품거래소가 기습적으로 은 선물 증거금을 기존 1만 4,000달러에서 1만 6,500달러로 18% 인상했다. 그러자 은 선물 가격이 폭락해 전일의 상승분을 모두 까먹었다. 3월 인도 은 선물은 전날 9.3% 뛰며 2013년 이후 최고 수준으로 올랐으나, 증거금의 기습 인상 후 결국 10.3% 폭락해 온스당 26.402달러로 추락했다. 결국 1조 5,000억 달러 규모에 달하는 은 시장은 온라인 사이트에서 결집한 개미들이 표적으로 삼기에는 힘겨운 상대였다.

2020년 한 해 여덟 번이나 올린 선물증거금

2020년 초 팬데믹이 시작되자 연준은 돈 풀기에 돌입했다. 3~4월 두 달 사이에 지난 6년간에 걸쳐 풀었던 돈보다 더 많은 돈을 풀었다. 이렇게 되면 달러의 대체자산인 금과 은의 가격 상승은 당연한 순서이다. 금과 은 가격이 꿈틀거리자 시카고상품거래소는 금·은 선물증거금을 무려 여덟 차례나 연속 인상했다. 진입 장벽을 높이고 거래와 유지 비용을 많이 들게 해 매도 물량을 쏟아내게 해서 가격 하락을 노린 것이다.

증거금 인상의 초점은 금보다는 '은'이었다. 은 시장에 신규 유입되는 투자자들이 너무 폭증한다고 보았기 때문이다. 게다가 금과 은은 동행성이 강해 어느 하나를 잡으면 다른 쪽에도 영향이 간다. 은 선물증거금은 금 선물증거금에 비해 인상률이 거의 5배 정도나 더 높았다. 특히 개시증거금을 많이 올려 진입 장벽을 높인 게 특징이었다. 여기에 증거금을 올릴 때마다 레버리지를 축소해 투자자들의 부담을 가중시켰다.

중국의 공공연한 달러에 대한 도전

과거에도 이런 사례가 있었다. 2011년 금값이 치솟자 중국은 달러 표시 국채 대신 금을 외환보유고에 담겠다고 큰소리쳤다. 미국으로서는 중국의 공공연한 달러에 대한 도전을 그대로 묵과할 수 없었다. 그해 4월 말 CME는 은 선물 마진을 2주 만에 4회나 급격히 올렸다. 거래 비용이 84%나 상승하여 전례 없는 매도 물량이 쏟아졌다. 급증하는 포지션 유지 비용을 감당할 수 없었기 때문이다. 2011년 4월 28일 은 가격이 온스당 49.51달러라는 사상 최고치를 기록한 직후의 일이었다.

당시 은 가격이 20%나 급락했다. 이렇게 은 선물시장 공격을 시작으로 8월에도 선물시장 증거금을 두 차례 인상하고 단기금리 인상, 선물시장 대량 매도 물량 투하, 투자은행들의 금 시세 조작 행위 방치 등으로 금 가격을 2년 만에 온스당 1,920달러에서 1,100달러대로, 은 가격을 49달러에서 19달러대로 폭락시켰다.

부당한 방법으로 은을 매집하는 JP모건

금값 안정을 위해 은 가격을 볼모로 잡은 미국 정부의 이해관계를 충실히 따르고 있는 금융기관이 JP모건 체이스 은행이다. 이 은행이 은을 매집하면서 은 선물 가격을 조종해 은 현물가격을 억누르고 있다는 비판이 제기되어 왔다.

JP모건은 2008년 금융 위기 당시 미 연준의 긴급 요청과 300억 달러 지원으로 이틀 전만 해도 주당 15달러였던 베어스턴스를 주당 2달러에 인수했다. 이 베어스턴스의 전문 분야 중 하나가 은 파생상품이었다. JP모건은 베어스턴스 인수를 통해 이때부터 은 거래와 매집에 본격적으로 착수할 수 있는 토대를 마련했다.

JP모건의 은 매집 이유로 최근에 주목받는 것은 암호 화폐와의 연관성이다. JP모건 회장 제이미 다이먼은 암호 화폐가 처음 나왔을 때만 해도 '화폐로서의 가치가 없는 사기'라고 혹평했었다. 근데 어느 날부터 태도가 180도 변했다. 그리고 미국 대형은행으로서는 최초로 2019

년 6월 'JPM 코인'이라는 스테이블 코인을 개발했다. 달러와 연동된 JPM 코인은 암호 화폐의 단점이던 변동성 문제를 해결했다. 이 코인은 JP모건을 이용하는 금융기관 간 거래에 사용되며, 은행 보유 법정 화폐(달러) 총액을 넘지 않는 범위에서 발행된다.

현재 JP모건의 기업 고객 간에 이루어지는 결제 금액은 하루 6조 달러에 달한다. 이에 따라 JPM 코인은 1차적으로 금융기관 간 결제와 송금 시 하루에 약 10억 달러 정도 사용된다.

JP모건의 은 매집과 관련해 또 하나 제기되는 의문은 어떻게 그렇게 싸게 은을 매집할 수 있느냐는 것이다. 2008년 글로벌 금융 위기 이후 경기가 회복되면서 은 가격은 2011년에 온스당 50달러에 육박할 정도로 치솟았다. JP모건의 은 매집은 은값이 정점이었던 2011년 4월부터 시작되어 지금까지 계속된다. 이는 1980년 석유 재벌 헌트 형제나 1998년 버크셔 해서웨이가 최대로 보유했던 은 보유량보다 훨씬 많은 양이다. 즉 JP모건의 은 매집 규모는 과거 두 차례 대규모 매집 사례들보다 더 큰 규모이다.

이상한 것은 2011년부터 JP모건의 은 매입이 시작되었음에도 불구하고 은 가격이 계속 곤두박질치고 있다는 점이다. 원래 수요가 많으면 가격은 오르는 게 정상이다. 그런데 가격이 폭락한 이유는 두 가지다.

하나는 당시 미국 정부와 연준이 달러에 도전하는 금 가격을 찍어 누르면서 선물증거금 인상 등 여러 가지 규제를 가할 때 은 역시 규제했기 때문이다. 또 다른 하나는 JP모건이 실물 은을 매입하는 과정에서 선물 시세를 조작하여 은 가격을 지속적으로 낮추었기 때문이다.

미국 상품선물거래위원회CFTC는 그동안 투자자들의 은 선물시장 조사 요구에 대해 JP모건의 은 선물거래에 위법한 사실이 없다고 거듭 발표했다. '가재는 게 편'이었다.

그러나 미국 법무부는 달랐다. JP모건은 이 문제로 검찰 조사를 받았고, 2019년 9월 전·현직 임원 3명이 기소되었다. JP모건은 2016년까지 최소 8년 동안 귀금속 및 채권 시장에서 관련 범죄를 저질렀다는 혐의로 2020년에 9억 2,000만 달러의 벌금을 물었다. 하지만 이는 범죄 규모에 비해 매우 가벼운 처벌이었다.

이들은 '스푸핑spoofing'으로 알려진 수법을 사용했다는 혐의를 받았다. 스푸핑은 실제 거래를 체결할 의사 없이 초단타로 대규모 매수 또는 매도 주문을 내서 호가창에 반영되도록 한 뒤, 거래 성사 직전에 취소하는 방식으로 가격을 끌어내리는 방법이다. 그러나 스푸핑만 문제가 아니다. 검찰이 조사하지 못한 더 중요한 분야는 집중적인 선물 대량 매도로 가격을 끌어내리는 조작이다. 이러한 조작은 현재도 진행 중이다. 현재 저평가된 은 가격 추세는 JP모건의 지난 10여 년간 조작의 결과물이다. 2011년 온스당 50달러에 육박했던 은 가격은 그 이후 유동성이 폭증했음에도 2024년 7월 하순 기준 29.4달러 수준이다.

2011년 4월 제로였던 JP모건의 뉴욕상품거래소 창고의 은 보유량이 2021년 1월 기준, 1억 9,391만 온스로 증가했다. JP모건의 은 매집량은 뉴욕상품거래소 창고 은 보유량의 절반이 넘는 물량이다. 이는 전부 선물시장에서 실물 결제 요구를 통해 축적되었다. JP모건은 이 창고 외에 다른 곳에도 은을 보관하고 있다는 루머가 있다. 중요한 점은 JP모건이 이런 비정상적이고 부도덕한 방법으로 은을 헐값에 매집하고 있다는 사실이다. 은 채굴 원가가 온스 당 14~17달러인데, JP모건의 평균 은 매집 단가는 15~18달러로 알려져 있다.

현대 은 역사에서는 두 차례 유명한 대규모 은 매집 사건이 있었다. 첫 번째 사례는 1980년대 초 헌터 형제가 실물 은 1억 온스를 매집했다가 결국 자금 부족으로 실패한 사건이다. 이때 헌트 형제는 10억 달러 이상을 잃었고, 시세 조종 혐의가 인정되어 1억 달러가 넘는 벌금을 물어야 했다.

두 번째 사례는 1997년에서 1998년 사이에 워런 버핏의 버크서 해서웨이가 은 1억 2,970만 온스를 매집한 사건이다. 그 후 2006년 두 번에 걸쳐 분할 매도하여 약 100%의 수익을 실현했다.

이후 워런 버핏은 다른 방법으로 은 매집을 시도했다. 그는 은 대신 JP모건 주식을 매수한 것이다. 2018년에서 2019년 사이에 그는 JP모건 주식 5,010만 주, 약 49억 달러어치를 매수했다.

산업용 소비가 더 큰 안전자산

은은 금과 마찬가지로 안전자산이다. 그래서 포트폴리오에 은을 편입함으로써 만약의 경우 주가 폭락이나 달러 가치가 하락할 때 자산 방어에 유용하게 대처할 수 있다. 또 하나는 경기 회복 시 산업용 수요가 많은 은이 금보다 훨씬 강하게 상승한다는 점이다. 그 이유는 은의 산업용 용도가 60%에 달하기 때문이다. 게다가 은은 수요가 공급을 앞질러 날이 갈수록 재고가 줄어들고 있다. 은의 연간 생산량보다 산업용 소비가 더 크기 때문이다.

금과 은의 교환 비율은 고대에 1 대 12.5로 시작되었다. 이는 태양과 달의 관계를 반영한 것으로, 태양이 1년에 한 번 자전할 때 달의 삭망 주기는 12번 반이었기 때문이다. 근대에 들어서도 이러한 교환 비율은 계속되었다. 서양에서는 금과 은의 교환 비율이 대략 1 대 12였고, 이슬람에서는 1 대 9, 중국에서는 1 대 6이었다. 이러한 이유로 은이 고평가된 중국과 교역하던 네덜란드 동인도회사는 서양의 은을 가져와 중국의 금과 바꾸는 환거래로 100% 수익을 올릴 수 있었다.

금과 은의 교환 비율은 금본위제가 시작되면서 금으로 기울기 시작했고, 현대에 들어서는 은 가격의 지나친 억압으로 더욱 급격히 하락했다. 2010년부터 2019년까지 10년간 금과 은의 교환 비율은 평균 67.6배였다. 2024년 7월 하순, 금과 은의 교환 비율이 82배임을 고려할 때 은 가격의 추가 상승이 기대된다.

한 가지 고려할 점은 미국 정부나 금융권이 금값과 은값을 억누르기 힘든 시기가 있다는 사실이다. 전쟁, 전염병, 혁명 등 불가항력적인 시기와 글로벌 경제 위기나 초인플레이션 상황이 바로 그런 시기이다. 또 중국과 브릭스 등 거대 세력이 금 시장에서 물량 공세로 정면 도전해 올 때도 마찬가지이다.

Chapter 5

재닛 옐런의 충격적 데이터가 부른 포용적 자본주의

골드만삭스 회장을 역임한 로버트 루빈은 클린턴 행정부에서 재무장관 재임 (1995~1999년) 중 미국의 소득불평등과 부의 편중 문제가 심각함을 느꼈다. 그는 퇴임 후 이 문제를 심도 있게 연구하기 위해 브루킹스 연구소로 들어갔다. 그리고 민주당과 협의하여 연구팀을 구성했다. 그 결과, 브루킹스 연구소에 민주당 현역 상원의원까지 참여한 '해밀턴 프로젝트' 팀이 가동됐다. 이 프로젝트는 미국 초대 재무장관 알렉산더 해밀턴Alexander Hamilton의 이름을 땄다.

▲ 로버트 루빈 전 재무장관

이들의 연구로 소득불평등과 부의 편중 문제를 해결하기 위해 서민층의 소득과 저축을 늘리는 데 초점을 맞춘 경제 정책이 구상되었다. 브루킹스 연구소가 2006년 4월에 발표한 해밀턴 프로젝트의 주요 내용은 '모든 계층의 동반 성장', '복지와 성장의 상호 상승 작용', '할 일을 하는 효과적인 정부' 등이다. 이들이 제시한 4대 정책 과제는 '인적 자원 투자', '혁신과 인프라', '미래 불안 해소(저축과 사회보험)', '정부 역할 제고' 등이었다. 이후 미국의 재정 정책은 서민 경제에 초점을 맞추기 시작했다. 이들이 내놓은 '동반 성장' 정책은 한국의 더불어민주당도 기본 정책으로 채택한 바 있다.

해밀턴 프로젝트 보고서는 로버트 루빈 당시 시티그룹 회장, 로저 알트만 전 재무차관, 피터 올스잭 전 백악관 경제특보 등이 주도하여 작성되었다.

당시 루빈은 월스트리트 유대계 금융인들의 대부로 불렸으며, 금융 자본주의의 본질적 문제에 대해 깊이 고민했다는 점에서 높이 평가받았다. 하지만 이들은 미국의 심각한 소득불평등과 부의 편중에 대한 자세한 실상은 발표하지 않았다.

소득불평등과 부의 편중 데이터 공개

노동경제학을 전공한 재닛 옐런Janet Yellen이 이끄는 연준이 '소득불평등과 부의 편중' 데이터를 전격 공개한 것은 2014년이었다. 이 자료를 보면 미국에서 소득점유율이 올라가는 계층은 상위 3%밖에 없다. 차상위 7%는 현상을 유지하고 있으며, 나머지 국민 90%는 소득점유율이 지속적으로 떨어졌다. 이는 중산층이 붕괴되어 하류로 밀려나고 있음을 의미했다. 자본주의의 영속 가능성에 의문을 던져주는 심각한 도전

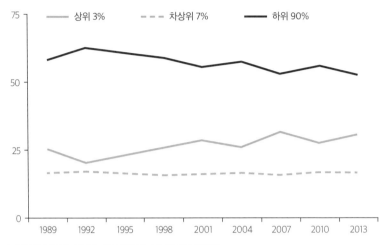

▲ 2014년 연준이 발표한 소득 계층별 소득점유율 데이터

이었다.

이를 10명이 사는 사회로 가정하면, 돈을 잘 버는 한 명이 나머지 9명과 소득이 같거나 더 많아지는 상황을 의미한다. 서민들은 저축 여력이 크지 않아 소득의 대부분을 소비한다. 하지만 소득이 상위 소수에게 집중되면, 그들에게 들어간 돈은 소비되지 않는다. 이렇게 되면 사회 전체 소득의 절반 가까이가 사회로 흘러나오지 못하고 그들의 곳간에 축적된다. 이는 사회 전체 소득의 절반이 소비력을 잃어버리는 결과를 초래한다. 이런 상황에서는 수요 부족으로 불경기가 발생하고, 심하면 공황을 맞을 수밖에 없다. 더 큰 문제는 이러한 소득불평등이 앞으로 개선될 가능성 없이 더욱 심화되고 있다는 점이다.

2014년 연준이 발표한 자료에 따르면, 미국에서의 부의 편중은 매우 심각한 수준이다. 상위 3%가 미국 전체 부의 50% 이상을 독점하고 있

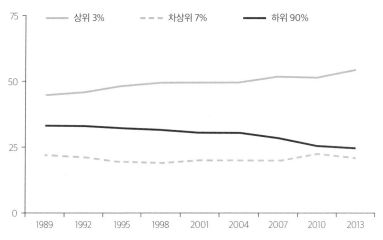

| | | | | | | | | | |

75 ── 상위 3% ---- 차상위 7% ── 하위 90%

50

25

0

1989　1992　1995　1998　2001　2004　2007　2010　2013

▲ 2014년 연준이 발표한 부의 편중 데이터

으며, 차상위 7%가 약 25%를 소유하고 있다. 즉, 상위 10%가 전체 부의 75%를 가지고 있고, 나머지 90%의 국민은 전체 부의 25%에 불과한 실정이다. 특히 가장 취약한 계층인 하위 50%의 점유율은 거의 없는데, 이들은 미국 전체 부의 1.4%를 나누어 가지고 있다. 재닛 옐런은 이 문제의 심각성을 직접 언급했다.

재닛 옐런의 경고

재닛 옐런은 "미국의 불평등 정도와 불평등의 지속적 확대 추세가 매우 우려스럽다"며, 그 누구도 공개하지 못했던 미국의 치부를 만천하에 알렸다. 금융 자본주의를 이끌고 가는 연준의 수장이 금융 자본주의의 본질적 문제점과 그 폐해를 솔직히 밝힌 것이다.

옐런은 미국의 소득불평등이 100년 만에 최악의 수준이며, 특히 "상위 5%의 부가 1989년에는 미국 전체 부의 54%를 차지했는데, 2013년에는 63%로 늘어났다"라고 지적했다. "같은 기간 하위 50%의 부는 전체의 3%에서 1%로 오히려 줄어들었다"며 서민 경제에 대한 심각한 우려를 표명했다.

" 미국 소득불평등이 100년 만에 최악의 수준이다. 과연 기회의 땅이 맞나?"

▲ 경제적 기회 확대 컨퍼런스 기조연설을 하는 재닛 옐런

2017년, 더욱 악화된 소득불평등

재닛 옐런은 2017년에도 후속 자료를 발표했다. 불과 3년 사이에 상황은 더욱 악화되었다. 2014년도 자료만 해도 소득 점유율이 증가한 계층은 상위 3%였는데, 이제는 상위 1%로 줄어들었다. 이는 소득 독식 체제가 날이 갈수록 심화된다는 것을 의미한다. 현재 소득 점유율이 올라가는 계층은 상위 1%뿐이며, 그다음 9%는 현상을 유지하고 있고, 나머지 국민 90%의 소득 점유율은 계속 줄어들고 있다.

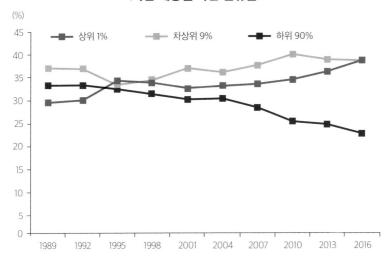

〈자산 계층별 자산 점유율〉

(%)

- 상위 1%
- 차상위 9%
- 하위 90%

▲ 2017년 연준이 발표한 소득 점유율 데이터

소득불평등의 확대는 빈부격차를 더욱 심화시켰다. 상위 1%가 미국 전체 부의 40% 가까이 독점하고 있으며, 상위 10%가 미국 전체 부의 77%를 차지한다. 반면, 나머지 국민 90%는 전체 부의 23%를 소유할 뿐이다. 특히 문제는 하위 50%인데, 이들은 거의 순재산이 없고, 전체 부의 1% 남짓을 소유할 뿐이다. 이들은 흔히 한 달 벌어 한 달 사는 사람들로, 위기에 취약한 계층이다.

결국 이러한 문제로 인해, 코로나19가 닥치자 미국의 자본주의는 그 근본 틀을 바꾸기 시작했다.

대선 아젠더로 급부상,
소득과 부의 불평등이 공론화

재닛 옐런의 경고는 여론의 핫이슈가 되어 정치판을 흔들었다. 소득과 부의 불평등 테마는 2016년 미국 대선에서도 가장 중요한 선거 의제로 떠올랐다. 당시 '민주적 사회주의자'를 자처하는 버니 샌더스Bernie Sanders 후보는 "상위 1%가 하위 90%의 소유를 모두 합친 정도의 부를 독점하는 것은 비도덕적이고 그릇된 일"이라며 부자 증세를 통해 누구에게나 대학 등록금을 무상으로 지원해 교육의 평등을 이루겠다고 호언했다. 그러자 다른 대선 후보들도 당파를 초월해 앞다투어 서민경제를 위한 공약을 쏟아내기 시작했다.

바뀌고 있는 미국 자본주의의 틀

코로나19는 이전의 금융 위기와 달랐다. 전 세계가 문을 걸어 잠그고 교류를 전면 중단하는 락다운Lock Down을 시행했다. 이에 따라 생산과 교역, 소비가 함께 폭락하면서 세계적 규모의 실업률이 발생하고 경기 폭락이 들이닥쳤다.

미국은 코로나19로 인해 실직 등으로 취약한 3,000만 명 서민의 생존이 붕괴되지 않도록 긴급 조치를 취해야 했다. 이는 연준의 통화 정책으로 해결할 수 있는 문제가 아니었다. 정부가 직접 팔을 걷어붙이고 나서야 했다.

미국 트럼프 행정부도 빠르게 1차 재정부양책을 마련했다. 미국 국민 90%에게 성인 1,200달러, 아동 500달러 지급을 포함하는 2조 2,000억 달러 규모의 기본소득을 포함한 트럼프의 재정 정책은 GDP의 10%를 투입하는 역대 최대 규모 부양책이었다.

내용을 살펴보면, 기업 대출에 5,000억 달러를 비롯해 중소기업 구제 3,670억 달러, 국민 현금 지급 3,000억 달러, 실업보험 확대 2,500억 달러, 지방정부 지원 1,500억 달러, 의료체계 지원 1,300억 달러 등이 투입된다. 그 밖에도 소상공인을 위한 대출과 지원에 3,490억 달러를 배정했다. 이 대출을 소상공인이 직원 급여와 사무실 임대료, 시설 관련 등에 사용하면 그 금액 만큼은 대출 상환에서 면제해준다는 내용이다. 곧 실업을 막기 위해 직원 급여와 임대료는 정부가 대신 내주겠다는 것이다.

그런데 미국의 부양책을 자세히 들여다보면 몇 가지 특이한 점이 보인다. 미국 정부가 재난 상황이긴 하지만 '기본소득과 현대통화이론'을 전격 받아들였다는 점이다. 국민 현금 지급은 연소득 9만 9,000달러 이상의 고소득층을 제외한 국민 90%에게 4인 가구 기준 3,400달러씩 지급되는데, 이는 트럼프의 감세 정책이 '기본소득' 쪽으로 방향을 틀어 그간 부자들한테 주어졌던 혜택이 서민과 중산층에게로 향하고 있다.

그뿐만이 아니다. 스티븐 므누신Steven Mnuchin 재무부 장관은 연준과 협력하여 레버리지를 통해 최대 4조 달러를 기업 대출에 사용하겠다고 밝혔다. 이는 정부가 필요하다고 판단한 곳에 돈을 직접 풀겠다는 것으로 이 금액은 당시 연준 자산과 비슷한 금액이다. 므누신 장관은 "우리는 전쟁을 하고 있다. 국민을 보호하기 위해 얼마든지 쓸 것"이라고 강조했다. 즉 재무부가 연준과 공조하여 기업 대출 자금 5,000억 달러를 기반으로 대출 패키지를 만들어 제공하겠다는 것으로, 그 규모가 4조 달러에 이를 것이라 했다. 이것이 실제 집행된다면, 결국 미국 정부의 부양책 총액은 6.2조 달러에 달하는 셈인데, 이는 그해 미국 예산 4.7조 달러를 훨씬 상회하는 엄청난 금액이었다.

이후에도 미국은 2020년에만 총 다섯 차례의 부양책을 발표했다. 미국의 재정 부양 정책 자금 총 3조 7,000억 달러는 당시 미국의 연간 예산의 70%가 넘는 큰돈이었다. 2020년 초 연준 자산 총액인 달러 발행 총액이 4조 3,000억 달러임을 고려할 때, 그 규모가 얼마나 큰지 알 수 있다. 게다가 달러는 발행액의 절반 정도가 해외에서 유통되니 미국 내에서 유통되는 달러보다도 훨씬 더 많은 돈을 찍어내 재정부양책으로 지원한 것이다.

그런데 비상시국이긴 하지만 금액보다 더 눈여겨보아야 할 대목이 있다. 미국 정부가 통화 주도권을 연준으로부터 가져오고 있다는 점이다. 이는 '현대통화이론MMT'의 첫 발걸음으로 볼 수 있다. 그 결과 오바마의 임기 마지막 해까지만 해도 6,000억 달러를 밑돌았던 미국의 예산 적자는 트럼프 정부에서 대폭발을 일으키며 2019년 1조 2,800억 달러, 2020년 3조 7,000억 달러에 육박했다.

당시 재정부양책에 이전의 대선판에서 포퓰리즘 논란을 불러왔던 '기본소득'과 일부 사회주의 정치가들이 주장하던 정부 주도 통화 정책인 '현대통화이론' 개념이 전격 채택되었다. 비록 비상시국의 '재난 기본소득'과 '기업 구제'라는 명분이지만, 서민과 중소기업을 포용하는 포용적 자본주의가 미국에 의해 채택되었다는 점이 우리에게도 많은 생각거리를 던져주고 있다.

전 세계적으로 받아들여진 기본소득 개념

소득불평등과 빈부격차 문제는 비단 미국만의 문제가 아니라 세계가 공통으로 당면하고 있는 문제이다. 특히 하위 50%는 갖고 있는 재산이 거의 없어 펜데믹과 같은 불가항력적인 전염병 창궐, 로봇과 AI로 인한 실직 등에 허약할 수밖에 없었다. 이로써 그간 논란이 되었던 '기본소득' 개념이 각국에서 받아들여지기 시작했다.

금융 자본주의에서 포용적 자본주의로

미국의 자본주의는 이제 팬데믹 이전과 이후로 나눌 수 있으며, 금융 자본주의에서 포용적 자본주의로 바뀌고 있다.

첫째, 팬데믹 사태로 어려운 하위 50%의 붕괴를 막기 위해 통화 공급 주도권이 연준에서 재무부로 넘어왔다. 비상 상황에서는 불특정 다수를 대상으로 하는 통

화 정책보다 특정 대상을 지원하는 재정 정책이 더 효율적이기 때문이다.

둘째, 통화 공급은 월스트리트(금융시장)를 통한 유동성 살포에서 메인스트리트(소비자와 기업이 있는 실물시장)를 통해 필요한 곳에 필요한 양만큼 주는 '점적관수(點滴灌水)'식 공급으로 바뀌었다. 재정에서 개인들에게 직접 지급되는 돈이 다른 재정 집행액의 두 배 이상으로 급증했다.

셋째, 재정 기능이 바뀌고 있다. 과거에는 재정의 3대 기능, 즉 '자원 배분, 경제 안정화, 소득 재분배' 기능 중에서 '경제 안정화' 기능을 중요시했다면, 이제는 '소득 재분배' 기능이 더 중요해졌다.

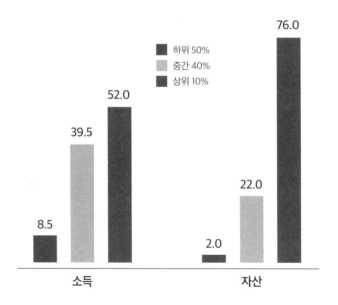

〈2021년 전 세계 소득 및 자산 점유율〉 (단위: %)

▲ 2021년 세계의 소득불평등과 부의 편중 자료   (출처: wir2022)

이렇게 미국 자본주의의 틀이 연준 주도의 통화 정책에서 미국 정부 주도의 재정 정책으로 그 무게 중심이 이동하고 있다. 이로써 그간의 금융 자본주의에서 서민들의 삶을 보살피는 포용적 자본주의로 가는 첫걸음을 뗀 것으로 평가된다.

7장

디지털 화폐의 미래

: 기축통화의 다원화와 통화 종류의 다양화 :

Chapter 1

핀테크의 역사

핀테크FinTech란 '파이낸스Finance'와 '기술Technology'이 결합된 단어다. 이는 금융과 IT 기술이 결합한 금융 서비스를 의미하며, 현대 화폐 시장의 근간을 뒤흔드는 중요한 변수로 등장했다.

핀테크의 역사는 놀랍게도 꽤 오래전에 시작되었다. 피렌체 대학 물리학 교수인 지오바니 카셀리는 이미지의 전신 전송 방법을 연구한 끝에 1860년에 필기는 물론 서명이나 이미지를 전신선을 통해 먼 거리까지 전송할 수 있는 세계 최초 스캐너인 '팬텔레그래프Pantelegraph'를 발명했다.

그의 발명품은 1862년 프랑스 리옹과 파리 사이에 설치되었다. 1864년, 프

L. Figuier "Les Merveilles de la Science", Paris, 1866

▲ 세계 최초 스캐너인 팬텔레그래프

랑스는 법적으로 팬텔레그래프 팩스 시스템을 공식적으로 인정했다. 덕분에 파리에 있는 은행 고객은 리옹까지 가지 않고도 서명을 전송하면, 공식적인 서명으로 인정받을 수 있었다. 이것이 핀테크 역사의 시작이었다.

1913년 미국 연방준비제도이사회(연준)가 설립되기 전까지 은행 간 결제는 현금이나 금을 마차에 싣고 직접 운반해야 했다. 이후 연준은 모스부호 전신을 이용해 '페드와이어FEDWIRE, Federal Reserve Wire Network'를 만들었다. 이는 '은행 간 결제 시스템'으로, 연준과 산하 12개 지역 연준, 재무부 등을 연결하는 전국적 통신망이었다. 이로써 '전신에 의한 자금 이동'이라는 혁신을 불러왔다.

신용카드 시대의 도래

1900년대 초반, 현금 없이 결제할 수 있는 카드가 등장했다. 최초의 카드는 지정된 매장에서만 사용할 수 있는 종이 형태였다. 이후 1950년에 다이너스 클럽 신용카드가 등장했다. 이 카드는 처음에 뉴욕시의 14개 레스토랑에서만 사용할 수 있었다. 당시에는 개인용 컴퓨터나 통신망이 없었기에, 고객이 결제하면 가게 주인은 직접 은행에 전화를 걸어 신용 잔액을 확인해야 했다. 이후 신용카드는 전국적으로, 그리고 세계적으로 퍼져 나가기 시작했다. 이로써 신용카드 시대가 열렸다.

또 1967년에는 영국 바클레이스 은행이 자동현금지급기ATM를 런던에 처음 설치했다. 신용카드도 1980년대에 마그네틱이 삽입되고, 1990년대에 EMV 칩을 심어 현재의 신용카드로 진화했다.

이메일 결제회사의 등장

본격적인 핀테크의 개념은 1980년대 컴퓨터가 발달하면서 데이터의 대량 처리가 가능해지면서 등장했다. 또 1990년대에는 인터넷과 전자상거래 비즈니스 모델이 번창하여 핀테크의 혁신이 이루어졌다. 이후 금융기관들은 인터넷뱅킹, 온라인 결제 등 디지털 금융 기술을 발전시켰다. 페이팔Paypal의 전신인 이메일 기반의 전자 결제 서비스 '컨피니티Confinity'가 탄생한 것도 바로 이 시기다.

1998년 펀드매니저 출신 피터 틸Peter Thiel은 모교인 스탠퍼드 대학에서 여름학기 강의를 했다. 신출내기 강사였기 때문에 수강생은 여섯 명에 불과했다. 이 강의에서 그는 24세의 러시아계 유대

▲ 페이팔 공동대표, 피터 틸과 일론 머스크

인 청년 맥스 레브친Max Levchin을 만났다. 의기투합한 둘은 처음에 정보를 저장하는 소프트웨어를 만들었으나 실패하고 말았다. 그러나 정보를 저장할 수 있다는 아이디어는 '돈'을 저장할 수 있다는 생각으로 이어졌고, 이는 돈을 전송하는 기술로 발전했다. 이렇게 해서 이메일 주소만 알면 송금할 수 있는 전자 결제 서비스를 세계 최초로 개발하게 되었다.

핀테크 시대 막을 연 페이팔의 등장

컨피니티의 송금 방식은 혁신적이었다. 한 번만 신용카드 정보를 입력해 놓으면 언제든 이메일을 통해 송금할 수 있어, 개인정보 유출 위험이 없었다. 또한 환율 문제도 자동으로 해결해주었다. 이는 금융과 IT 기술의 결합인 핀테크의 본격적인 시작을 알렸다.

그 뒤 빠르게 경쟁사들이 나타났다. 그중 하나가 일론 머스크Elon Musk의 'X.com'이었다. X.com의 송금 방식은 컨피니티와 동일했다. 그들은 '독점에 대한 철학'을 갖고 있었기에 두 회사가 합쳐야 한다고 판단했다. 2000년 3월, 컨피니티와 X.com은 50대 50 합병을 단행해 '페이팔'이 탄생했다. 피터 틸과 일론 머스크가 페이팔의 공동대표를 맡았다. 페이팔은 창업 초기에 유대인 투자자 케빈 하츠Kevin Hart로부터 투자를 받았다.

페이팔은 신용카드 번호나 계좌번호를 거래 상대방에게 알리지 않고 이메일로 거래할 수 있어 보안상 큰 장점을 가졌다. 한 번 페이팔에 자신의 정보와 주소를 저장해 놓으면 클릭 한두 번으로 결제가 가능해, 매번 카드번호를 입력하고 공인인증서와 보안카드 번호를 입력해야 하는 번거로움이 없다. 또한 전자상거래에서 구매자는 수수료 없이 무료로 이용할 수 있다는 것이 장점으로 어필되어 세계적으로 널리 이용되었다. 게다가 서로 다른 나라의 화폐도 페이팔에서 환전해 거래할 수 있기 때문에 다른 나라 사람들끼리도 자유롭게 결제할 수 있었다.

이후 페이팔은 이베이에 서비스를 제공함으로써 성장 발판을 마련했다. 그전까지 개인 수표나 우편환으로 대금을 결제하던 이베이 사용자들은 거래 상대방의 이메일 주소로 빠르게 돈을 보낼 수 있을 뿐만 아니라, 만일의 경우 구매 보호까지 받을 수 있는 페이팔을 점차 선호하게 되었다.

그 후 회사는 빠르게 성장해 IT 버블 붕괴로 주식 시장이 무너졌음에도 불구하고, 2002년 2월 나스닥 상장에 성공했다. 이후 이베이의 CEO 메그 휘트먼Meg Whitman은 페이팔의 가능성을 높이 평가하여 2002년 10월,

〈페이팔 마피아〉

이름	현직
자베드 카림	유튜브 공동 창업 Y벤처스 파트너
제러미 스토플먼	옐프 공동 창업·CEO
앤드류 맥코맥	발라벤처스 파트너
프리멀 샤	키바 회장
루크 노섹	파운더스펀드 공동 창업
켄 하워리	파운더스펀드 공동 창업
데이비드 삭스	제너피츠 CEO
피터 틸	클래리엄 캐피털 회장
키스 라보이스	코슬라벤처스 파트너
리드 호프만	링크트인 창업자
맥스 레브친	어펌 CEO
로엘로프 보사	세콰이어 캐피털 파트너
러셀 시몬스	옐프 공동 창업 러너바나 CEO
일론 머스크	테슬라 CEO 스페이스X CEO

페이팔을 15억 달러에 인수했다.

그 뒤 페이팔에 참여했던 청년들은 정기적으로 모여 토론하며 사업 아이디어를 공유했다. 훌륭한 사업 아이디어라고 판단되면 즉석에서 서로 투자하기도 했다. 투자뿐만 아니라 인맥 소개, 정보 공유, 투자자 알선 등 서로 자기 일처럼 도왔다.

이러한 환경을 토대로 그들은 각 분야에서 엄청난 성공을 거두었다. 자그마치 일곱 개의 유니콘이 탄생했다. 일론 머스크의 '테슬라'와 '스페이스X', 피터 틸의 '팰런티어 테크놀로지', 채드 헐리와 스티브 첸 등이 함께 만든 '유튜브', 맥스 레브친의 '슬라이드'와 '엘프', 리드 호프만의 '링크드인' 등이 그 예다. 이들은 서로 끌어주고 당겨주며 놀라운 단결력을 과시했다. 그들의 끈끈한 단결력과 상호 지원은 언론에서 '페이팔 마피아'라고 부를 정도였다.

재주는 페이팔이 부리고 과실은 중국이 취하다

페이팔은 핀테크 시대의 막을 열었다. 금융과 IT 기술을 접목시킨 핀테크는 모바일 결제와 송금, 개인 자산 관리, 크라우드 펀딩 등 기존 금융과 미래지향적 금융을 IT로 묶은 새로운 패러다임이다. 페이팔은 쉽게 말해 구매자와 판매자를 중개해주는 일종의 에스크로escrow 서비스이다. 즉 구매자가 페이팔에 돈을 지불하면 페이팔은 상품이 안전하게 구매자에게 도착한 것을 확인한 뒤 그 돈을 판매자에게 전달하는 형식이다. 이를 '제삼자 결제'라고도 부른다. 이러한 제삼자 결제는 여러 장점이 있다. 우선 중개기관인 페이팔이 고객의 카드 정보를 판매상에 주지 않으니 카드 도용 리스크를 원천적으로 방지하고, 또 고객의 신원 정보도 주지 않음으로써 개인의 프라이버시도 보호한다. 더구나 고객과 판매상은 중개기관인 페이팔에만 계좌를 개설해 고객과 판매상 사이에는 아무런 접점이 없어서 당사자 간 사기 거래가 근본적으로 불가능하다. 이러한 사기 거래를 방지하는 에스크로 서비스가 정작 꽃피운 곳은 아직 신용 사회가 정착하지 못한 중국이었다.

인터넷 환경이 없는 곳에서도 결제와 거래를 할 수 있는 기술이 1999년에 발명되어 2004년에 상용화되었다. 이른바 '근거리 무선 통신NFC, Near Field Communication·NFC'으로, 아주 가까운 거리(10㎝ 이내)의 무선 통신 기술이며 모바일 결제, 교통카드, 티켓 등 여러 서비스에 활용되었다. 구글은 이 기술을 이용해 2011년 '구글 지갑Wallet'을 통해 본격적인 모바일 결제 시대를 열었다. 2014년에는 삼성페이가 도입되었다. 2014년 세계 스마트폰 보급률이 PC 보급률을 추월하면서 모바일 결제 시대가 도래했다.

신용카드를 뛰어넘고 모바일 결제로 직행한 중국

1980년대까지만 해도 중국은 후발개도국이었다. 금융 환경도 열악했고, 사기 사건도 많았다. 그러다 보니 중국인들은 신용 거래 자체를 신뢰하지 않았다. 돈을 먼저 보내고, 물건을 나중에 받는 거래는 상상하기 힘들었다. 어떻게 상대방을 믿을 수 있느냐는 것이었다. 그러다 보니 신용카드조차 정착하지 못했다. 이러한 환경이 오히려 중국의 모바일 결제 시스템이 발달하는 데 도움이 되었다. 상대적으로 낙후된 기존 금융 인프라(신용평가시스템 미발달 등) 대신 제3자 온라인 결제 시스템(에스크로 시스템)으로 금융 취약 계층에 대한 신용 확대 전략이 추진되었다. 이로써 신용카드 사회를 건너뛰고 곧바로 모바일 결제 시대로 직행할 수 있었다.

1990년대 초반만 해도 인터넷으로 할 수 있는 게 그리 많지 않았다. 1995년 넷스케이프를 시작으로 웹브라우저가 탄생했고, 월드 와이드 웹www이 돌아가기 시작하면서 닷컴 시대가 열렸다. 후발개도국 중국은 이때를 놓치지 않았다. 1995년 중국의 은행들은 인터넷뱅킹과 모바일뱅킹을 시작했다.

1994년, 마윈은 미국 출장 중 처음으로 컴퓨터를 접하고 중국 상품(맥주)을 검색해 보았지만, 검색 결과가 나오지 않았다. 이는 당시 중국의 인터넷이 발달하지 않았기 때문이었다. 그는 귀국 후 인터넷을 통해 중국 상품을 알려야겠다고 결심하고, 기업 홈페이지를 제작해주는 인터넷 회사를 차렸다. 그리고 '차이나 옐로 페이지' 사이트를 개설했다. 그 뒤 1999년, 그는 B2B 전

▲ 알리페이를 만든 마윈 알리바바 회장

자상거래 사이트인 '알리바바'를 창업했다. 초창기 알리바바는 중국 중소기업의 제품과 정보를 올려놓고 바이어와 연결해주는 단순한 정보 서비스 플랫폼이었다. 1999년, 알리바바는 골드만삭스로부터 500만 달러의 투자를 받았다.

알리바바는 2000년 손정의를 만나면서 급성장의 길로 들어서게 된다. 그 무렵 손정의는 중국 인터넷 시장의 성장 가능성을 간파하고 투자 대상을 물색하던 참이었다. 당시 그는 벤처 기업의 꿈을 키우는 20여 명의 젊은 중국 기업인들과 릴레이 형식으로 인터뷰를 진행했는데, 그중 한 명이 마윈이었다.

마윈은 이날 6분 만에 추진 중인 비즈니스 모델 설명을 마쳤다. 그는 미래 비전을 제시하는 것에 그쳤다. 마윈의 투자 요청 금액은 200만 달러 정도였으나, 손 회장은 이 짧은 시간에 마윈에게 2,000만 달러라는 거금을 투자하기로 결정했다. 손 회장은 마윈의 눈빛에서 넘쳐흐르는 열정을 느꼈기 때문이라고 말했다.

이로써 알리바바의 사업에 가속도가 붙었다. 글로벌 인재들이 알리바바에 합류하기 시작했고, 미국과 영국에 지사를 두어 글로벌 시장 개척 전략을 펼쳐나갔다. 2001년 말, 알리바바에 등록된 사업자 수는 100만을 넘어섰다.

세계 최대 핀테크로 우뚝 선 알리페이

2003년, 마윈은 미국의 이베이를 모방해 C2C 쇼핑몰 '타오바오'를 만들었다. 수수료는 무료였다. 여기에 페이팔을 모방해 알리페이 결제 시스템을 내놓았다. 에스크로 서비스인 '알리페이'는 이후 중국을 '불신 사회'에서 '신뢰 사회'로 전환시키는 역할을 했다.

알리페이는 타오바오의 급성장에 중요한 기반이 되었다. 신용결제 시스템이 완성되자 영세 자영업자들이 플랫폼으로 몰려들기 시작했다. 이후 알리바바는 세계 최대 전자상거래 회사로, 알리페이는 세계 최대 핀테크 기업으로 우뚝 섰다. 알리페이의 성공 이후 위페이, 유니온페이, 라카라 등 제3자 결제 서비스 회사들이 생겨났다. 그 뒤 중국 사회에서는 단말기를 통한 지불, 모바일 결제, 인터넷 지불, 선불카드 등이 보편화되었다.

한국이 금산 분리(금융과 산업의 분리) 규제에 발목이 잡혀 있는 동안 세계 각국의 인터넷 전문은행은 2000년대 중반을 기점으로 초기 시행착오를 극복하고 빠르게 성장했다. 특히 중국의 발전이 놀라웠다. 2006년 중국에는 크라우드 펀딩, 개인 간 대출P2P Lending과 소액 대출 Micro lending 업체들이 나타나면서 본격적인 핀테크 시대가 열렸다.

중국 최대 전자상거래 업체 알리바바 그룹이 2014년 금융 사업을 담당하는 새 회사 '앤트(개미) 금융 서비스 그룹'을 설립했다. 앤트 금융 서비스 그룹의 사업은 마이뱅크를 포함해 6개로 구성됐다. 중국의 페이팔인 '알리페이', 알리페이를 사용할 수 있는 모바일 애플리케이션 '알리페이 월릿', 7,700억 위안을 가진 금융 펀드 '위에바오', 제3 금융 서비스 플랫폼 '자오카이바오', 마이크로론 회사 '앤트 마이크로' 등이다.

중국은 세계에서 가장 역동적인 핀테크 시장을 자랑한다. 중국의 인터넷 전문 은행은 2015년에 시작되었다. 2018년, 중국의 핀테크 투자액은 255억 달러로 세계 1위를 기록했으며, 이는 그해 세계 핀테크 투자액의 절반에 달하는 금액이었다. 중국은 마이뱅크와 텐센트가 30% 지분을 보유한 위뱅크의 성공 사례에 힘입어 미국을 제치고 100억 달러 이상의 세계 최대 핀테크 투자 시장이 되었다.

이후 관련 앱과 전자지갑, 그리고 QR 코드의 발전으로 현재 중국 결제시장에서 모바일 페이의 점유율은 90%를 상회한다. 이 시장은 알리바바의 알리페이와 텐센트의 위챗페이가 각각 약 56%, 40%를 차지하며, 여기에 화웨이페이가 도전하는 상황이다.

전 세계 사람들이 모바일 결제를 선호하는 이유는, 판매자 입장에서 신용카드는 고객이 결제한 금액을 최대 90일이 지나야 받을 수 있는 반면, 모바일 페이는 즉시 결제가 이루어지고 수수료 역시 더 저렴하기 때문이다.

중국 정부가 핀테크에 철퇴를 가한 배경

현재 중국 정부는 중앙은행디지털 화폐를 개발하여 사용 중이다. 중국 통화금융 시스템을 정부가 주도하기 위해서는 너무 커져 버린 핀테크 기업에 대해 적절한 규제가 필요하다고 판단한 듯했다. 2020년과 2021년 중국 정부는 핀테크 부문에서 몇 가지 우려를 표명했다.

첫째, 대형 핀테크 기업들이 국영 은행을 능가했다.

둘째, 대형 핀테크 기업들은 정치 권력을 비롯해 너무 많은 힘을 축적해왔다.

셋째, 마윈은 2020년 10월 포럼(Bund Summit)에서 중국의 금융 규제를 비판하여 정책 입안자와 규제 기관을 자극했다.

넷째, 핀테크 기업들은 과도한 대출을 통해 불합리한 지출을 조장했다.

2020년 11월 2일, 알리바바 그룹이 최대 주주로 있는 앤트파이낸셜 상장IPO이 전격 중단되었다. 350억 달러의 세계 최대 IPO로 기록될 전망이었으며, 상장되면 상하이증권거래소 시가총액의 40%를 차지할 예정이었다. 중국 본토에서 515만 명이 청약했고, 홍콩에서는 전체 인구의 21%인 155만 명이 청약에 나섰던 IPO가 중지된 것이다.

그 도화선은 마윈의 발언으로 촉발됐다. 마윈은 "중국은 금융 리스크가 문제가 아니라, 근본적으로 금융 시스템이 없다", "감독만 있고 관리는 없다"라며 금융 관리 감독기관을 비판했다. 또한 금융 기관을 전당포 영업에 비유하며, 디지털 금융 혁신 없이는 글로벌 금융 경쟁에서 뒤처질 수밖에 없다고 일갈했다. 이에 더해 중국 정부가 추진 중인 디지털 화폐에 대한 불만도 언급했다.

그러나 이후 전개되는 상황과 중국 정부의 정책 발표를 종합해 보면, 이는 앤트그룹과 마윈에 대한 문제가 아니라 중국 핀테크 기업에 대한 정부 규제 문제로 귀결된다.

이후 2023년 12월 30일, 중국 정부는 전자상거래 기업 알리바바의 핀테크 자회사인 앤트파이낸셜 그룹의 홍콩증권거래소 상장을 승인했다.

Chapter 2

중앙은행 디지털 화폐의 등장

달러를 주도하는 통화금융 세력에게 가상자산의 달러에 대한 도전은 결코 용서할 수 없다는 입장이었다. 하지만 이들도 빠르고 저렴한 송금 등 여러 장점을 가진 암호 화폐 기술만큼은 매우 유용하다는 것을 알아차렸다.

'중앙은행들의 중앙은행'으로 불리는 국제결제은행BIS은 "암호 화폐 시장의 급성장이 금융 시스템 안정을 해칠 위험이 있는 만큼 각국 중앙은행이 디지털 화폐의 특성을 파악하고 직접 발행 여부를 결정할 필요가 있다"라고 권고했다. 국제결제은행이 이런 권고를 한 이유는 기술 혁신의 대세를 거역할 수 없다고 판단했기 때문이다.

이로써 많은 중앙은행이 탈중앙형 암호 화폐의 기술을 모방하여 추적 가능한 디지털 화폐 개발에 나섰다. 특히 중국 인민은행이 가장 빠른 움직임을 보여 2014년부터 디지털 화폐 개발을 시작했다.

전 IMF 총재이자 2019년 11월부터 EU 중앙은행 총재를 맡고 있는 크리스틴 라가르

드Christine Lagarde도 암호 화폐 긍정론자

이다. 그녀는 "암호 화폐가 기존 화폐와 치

열한 경쟁을 펼칠 것이라고 생각한다"라

며 암호 화폐는 더 이상 무시받을 존재가

아니라고 밝혔다. 라가르드 총재는 국가기

관이 힘이 없고 통화가 불안정한 국가에

서는 암호 화폐가 기존 통화를 대체할 가

능성이 있다고 내다봤다. 그녀는 영국 중

앙은행(영란은행) 컨퍼런스에서 앞으로 법

정 화폐는 디지털 화폐로 가야 한다면서

이렇게 주장했다.

▲ 크리스틴 라가르드 총재

"달러 같은 다른 국가의 통화를 채택하기보다는 암호 화폐를 사용하는 국가들이 늘

어날 수도 있다. 기존 화폐보다 암호 화폐가 쉽고 안전하다는 생각이 많이 퍼질 경우

잠재적 성장 가능성이 매우 크다. 암호 화폐 시장이 더욱 안정된다면, 이러한 시나리

오는 더욱 빨리 진행될 수 있다."

비트코인을 합법적으로 인정하는 나라들

라가르드의 예견은 말 그대로 실현 중이다. 2021년 9월 엘살바도르

가 세계 최초로 비트코인을 법정 화폐로 채택한 데 이어 2022년 4월에

는 중앙아프리카공화국이 두 번째로 비트코인을 법정 화폐로 채택했

다. 법정 화폐는 아니더라도 비트코인을 합법적인 결제 수단으로 인정하는 나라들도 늘고 있다. 일본은 2016년 5월 '자금결제에 관한 법률'을 개정하여 비트코인을 법적으로 허용했지만, 법적 지급 수단으로는 명시하지 않았다. 일본 법률에 따르면 비트코인과 같은 암호 화폐는 가상통화로 분류되어 이를 거래하거나 사용하는 것은 허용하지만, 일본 엔과 같은 법정 화폐와는 다르다는 것이다. 일본 금융청(FSA)은 암호화폐거래소에 대한 철저한 규제를 시행하고 있으며, 세금 관련해서도 비트코인 거래에 대한 소비세는 부과하지 않지만, 거래로 발생하는 수익에 대해서는 양도소득세가 부과된다. 이러한 정책은 소비자 보호와 시장의 공정성을 확보하기 위한 노력으로, 암호 화폐가 상업 거래에서 광범위하게 사용될 수 있는 기반을 마련했다는 평가를 받는다. 멕시코도 2018년 '가상자산법'을 제정하여 비트코인을 합법화했고, 가상자산으로 인정했다.

각국은 비트코인에 대해 서로 다른 접근 방식을 취하고 있다. 예를 들어, 싱가포르는 비트코인 사용을 사업체의 재량에 맡긴다. 사우디아라비아와 아랍에미리트에서는 비트코인이 허용되지만, 은행에서 일정한 제한을 받는다. 그 외에 온두라스의 특별경제구역 '프로스페라 제데 Prospera ZEDE'가 비트코인을 공식 회계 단위로 인정했다. 또 러시아는 우크라이나와 전쟁 초기 루블화가 스위프트 결제 시스템에서 차단되자 러시아 중앙은행과 재무부는 국제 거래에서 가상자산을 법적인 지급 결제 수단으로 인정했다.

정부가 암호 화폐를 지급결제 수단으로 공식 인정하지 않더라도 개인들의 필요에 따라 이를 사용하는 나라들은 많다. 특히 해외로 나가서 일하는 근로자가 많은 나라 또는 해외 이민자가 많은 나라에서 암호 화폐가 많이 사용된다. 또한 아르헨티나, 튀르키예 등 초인플레이션에 시달리는 국가의 국민이 자국 화폐보다는 비트코인과 달러 연동 스테이블코인 등 암호 화폐를 선호하고 있다.

그리고 독일, 스위스, 캐나다 등이 암호 화폐 친화적인 정책을 채택하고 있다. 독일은 암호 화폐 관련 정책 및 제도 도입에 가장 선구적이다. 보통 캐나다와 미국이 이를 6개월에서 1년 정도의 시차를 두고 따라가는 모양새다. 또 독일에서는 암호 화폐와 블록체인 기술 인재의 유치와 관련 산업의 진흥을 위해 암호 화폐에 대해 부가세와 장기 자본이득세가 면제된다. 특히 개인이 암호 화폐를 1년 이상 보유한 경우 이를 판매했을 때 발생하는 수익에 대해 세금을 부과하지 않아 투자자에게 유리하다. 그러나 기업이 암호 화폐와 관련된 거래를 할 때는 법인소득세가 부과된다. 그리고 독일 정부가 암호 화폐 스타트업에게 유리한 환경을 조성하여 베를린은 유럽의 암호 화폐 혁신 허브로 자리 잡아가고 있으며, 다양한 블록체인 프로젝트들이 활발히 진행되고 있다.

스위스 정부 역시 암호 화폐 기업에 친화적인 정책을 제공하여 많은 스타트업이 스위스에 정착하도록 지원하고 있다. 스위스에서도 개인 암호 화폐 투자자에게 자본이득세가 부과되지 않는다. 하지만 암호 화폐는 자산으로 분류되기 때문에 연말 기준으로 총자산 가치를 신고해야 하며, 이에 따라 부유세가 부과된다. 추크Zug시는 세계 최초의 '크립토 밸리'가 형성된 지역으로, 블록체인 스타트업과 암호 화폐 관련 창업자들을 유치하고 있으며, 시민들은 블록체인 기술을 활용해 전자투표와 같은 혁신적인 서비스를 이용할 수 있다. 추크시는 암호 화폐로 공공요금을, 루가노시는 암호 화폐로 세금을 낼 수 있는 정책을 채택하여 스위스에서 암호 화폐가 널리 사용되고 있음을 보여준다. 이러한 적극적인 정책은 스위스가 기술혁신에 얼마나 개방적이고 적극적인지를 보여주어 스위스를 암호 화폐 산업의 허브로 인식시키고 있다.

캐나다 역시 암호 화폐와 블록체인 기술에 큰 관심을 가지고 명확한 규제 제도를 시행하고 있다. 캐나다에는 상당한 규모의 비트코인을 사용하는 거래 커뮤니티가 존재하며, 많은 은행이 암호 화폐 거래를 지원하고 있다. 이러한 강력한 비트코인 커뮤니티 환경은 다양한 플랫폼을 통해 암호 화폐를 쉽게 활용할 수 있게 한다. 캐나다는 세계에서 가장 많은 비트코인 ATM을 보유하고 있어 암호 화폐 접근성이 높고, 암호 화폐는 상품으로 분류되어 자본이득세가 부과된다. 암호화폐거래소는 금융 거래 분석 및 보고를 위해 금융분석센터FINTRAC에 등록해야 하며, 의심스러운 거래를 보고해야 한다. 이는 자금세탁 방지와 규제 준수에 기여하여 암호 화폐 생태계를 건전하게 성장시키고 있다.

정부 주도 디지털 화폐 사용 주장

노벨경제학상 수상자인 조지프 스티글리츠Joseph Stiglitz 역시 미국이 물리적인 화폐를 폐지하고 디지털 화폐로 전환할 것이고, 그렇게 해야

만 한다고 주장했다. 듀크대 캠벨 하비 Campbell Harvey 교수도 "비트코인 기술은 우리가 생각하는 돈의 개념을 완전히 뒤바꿀 것이며, 종이 화폐가 사라지는 건 시간 문제"라고 말했다. 그에 따르면 모든 거래 내역이 정부의 블록체인에 기록될 수 있기 때문에 범죄자들이 돈을 숨기거나 세탁하는 게 어려워지는 부분이야말로 국가 디지털 화폐의 장점이라고 주장했다.

그는 연방 코인을 "연방정부가 모든 거래 내역을 들여다볼 수 있는 디지털 화폐"라고 정의하면서 초기에 자유주의자들이 정부 통제를 벗어날 수단으로 생각했던 블록체인 기술이 오히려 국민에 대한 완벽한 통제를 가능하게 할 것이라고 우려했다. 하비 교수에 의하면, 정부들이 국가 차원 디지털 화폐에 대한 아이디어를 좋아하는 또 다른 이유는 마이너스 금리를 손쉽게 시행하는 등 암호 화폐가 통화 정책 관리를 도울 수 있기 때문이다.

실제 여러 중앙은행은 자신들만의 코인을 고려하고 있다. 스웨덴 중앙은행은 정부 차원 디지털 화폐 'e-krona'의 발행을 적극 검토하고 있고 중국, 러시아, 네덜란드, 캐나다, 핀란드, 이스라엘, 싱가포르, 에스토니아, 파푸아뉴기니와 다른 여러 나라 중앙은행들도 비슷한 움직임을 보였다. 2021년 10월 나이지리아는 디지털 화폐인 'e나이라'를 런칭했다.

주요국 중앙은행 중 가상 화폐 발행에 가장 근접한 곳은 중국인민은행이다. 러시아도 국가 암호 화폐 발행에 대해 큰 관심을 보이고 있다. 푸틴 대통령은 러시아 국가 암호 화폐인 '크립토루블' 발행을 지시한 것으로 알려졌다. 캐나다 중앙은행은 연구 논문에서 금본위제와 비슷한 비트코인 본위제를 고려하고 있다고 밝혔다.

암호 화폐를 연구 중인 각국 중앙은행

미국은 중앙은행디지털 화폐 개발에 다소 소극적 내지 중립적이었다. 윌리엄 더들리William Dudley 전 뉴욕 연방준비은행 총재는 2017년 11월 뉴저지 럿거스대학 연설에서 '비트코인을 어떻게 생각하느냐' 하는 질문에 이렇게 답했다.

"투기 활동에 가깝다. 화폐로서 필수적 요소인 '가치 안정성'이 없다. 다만 비트코인 기술에는 흥미로운 부분이 있고 관심을 가질 필요가 있다. 지금 단계에서 말하기는 너무 이르지만 연방준비제도가 디지털 화폐를 제공하는 방안을 생각하기 시작했다."

사실 연방준비제도의 '연방 코인' 아이디어는 상당히 오래전부터 있었다. 유럽에서도 그리스 금융 사태를 계기로 '유로 코인'과 같은 아이디어가 탄력을 받았다. 특히 영란은행이 적극적이었다. 당시 마크 카니Mark Carney 영란은행 총재는 "암호 화폐는 미래 금융 부문의 잠재적 혁

▲ 달러를 대체할 화폐를 주장하는 마크 카니

명"이라고 평가했다. 영란은행은 2015년 중앙은행의 디지털 화폐 발행을 중요한 연구 과제로 설정했다. 2019년 8월 미국 잭슨홀 회의에서도 마크 카니는 "미 달러의 지배적 지위가 글로벌 경제 안정성을 해치고 있다. IMF가 달러를 대체할 화폐를 마련해야 한다"라고 주장했다. 한마디로 기축통화를 바꿔야 한다는 얘기다.

마크 카니 총재는 또 "미국은 국제 무역에서 10%, 글로벌 경제 생산량에서 15%만 차지하고 있지만, 세계 무역 거래 중 절반과 글로벌 증권 발행 중 3분의 2가 달러를 통해 이뤄진다"라고 설명했다. 달러의 과수요가 글로벌 금융 안정을 해친다는 게 그의 지적이다. 그는 골드만삭스 출신이라 누구보다 월스트리트 사정에 해박한 사람이다.

마크 카니는 원래 캐나다 사람이다. 그는 하버드대학교와 옥스퍼드대학교에서 경제학을 공부했으며, 월가를 거친 뒤 캐나다로 돌아가 재무부 부장관과 중앙은행 총재를 지냈다. 그 뒤 2013년 영국 중앙은행인 영란은행 총재로 발탁되었다. 영국이 자국의 영란은행 총재를 외국에서 영입한 것이다. 이렇게 세계 금융 핵심부에서 활동해 온 그가 은퇴 후 금융 자본주의의 폐단을 지적하면서 가치와 가치관에 대한 근원적 질문을 던지는 책《초가치》를 출간했다. 마크 카니는 사회의 '가치관'과 금융 자본주의의 '가치'는 서로 다른 데도 뒤섞여 쓰인다고 꼬집었다. 그는 이러한 가치의 혼동은 '신용 위기와 코로나19 팬데믹 위기, 기후 위기' 등 3대 위기에 의해 증폭된다고 보았다. 시장 가치 영역이 지속적으로 팽창하면서 인간 가치를 위협한다는 것이다. 그래서 그는 금융 자본주의의 폐해를 선한 자본주의가 대체해야 한다고 주장한다.

디지털 화폐 개발에 적극적인 중국

중국은 2016년 블록체인과 디지털 화폐를 대상으로 상업은행이 참여하는 테스트를 최초로 실시한 데 이어 2020년에는 선전, 쑤저우, 슝안신구, 청두와 동계 올림픽 개최 장소에서 폐쇄식 테스트도 진행했다. 2021년에는 디지털 화폐 테스트 지역을 상하이, 베이징 등 대도시와 역외로 확대했다. 선전에서는 홍콩 주민을 대상으로 역외 사용 테스트를 최초로 실시하기도 했다.

또 중국 인민은행은 2021년 2월 홍콩금융관리국HKMA, 태국·아랍에미리트 중앙은행과 공동으로 다자간 중앙은행 디지털 화폐CBDC 브리지 연구 프로젝트에 참여해 디지털 화폐의 역외 결제 확대를 모색하고 있다. 개인 소매 거래 중심의 시범 테스트에서 벗어나 디지털 위안화 국내 시범 사용을 6대 은행 중심으로 상시화하는 한편, 인근 국가를 대상으로 역외 사용 테스트 범위도 확대하면서 '기업 간 거래B2B' 등 다양한 거래에서의 상용화를 준비하고 있다.

중국 4대 국유은행 중 하나인 농업은행의 디지털 화폐를 보면 실물 화폐처럼 발행 연도 등이 포함된 고유번호가 들어가 있다. 이는 추적이 가능하다는 의미이다. 이 애플리케이션은 현재 중국에서 널리 쓰이는 알리페이처럼 QR 코드를 스캔해 돈을 지불하는 기능을 갖고 있으며, 송금 기능도 있다. 또 스마트폰 두 대를 서로 맞대는 '부딪치기' 기능도 있는데, 이는 인터넷 환경이 구축되지 않은 곳에서도 근거리 통신기술을 활용해 서로 돈을 주고받는 기능이다. 이 기능은 향후에 인터넷 환

경이 열악한 아프리카와 중
앙아시아 일대일로 국가들
에 디지털 위안화를 전파시
킬 때 아주 유용할 것으로 보
인다.

▲ 농업은행의 디지털 화폐

　중국의 디지털 화폐가 주
목받고 있는 이유는 중국이
세계 최대 무역국이기 때문이다. 언젠가는 중국과 거래하는 나라들의
수출입 품목이 디지털 위안화로 거래될 수 있다. 특히 디지털 화폐는
전송이 빠르고 편리하며, 환전 및 송금 수수료가 저렴하다는 장점이 있
어 미래 화폐로 부상할 가능성이 크다.

경제 블록별 암호 화폐의 등장 가능성

　브릭스BRICS(브라질, 러시아, 인도, 중국, 남아프리카공화국) 같은 경제 블
록에서 암호 화폐가 탄생할 가능성도 있다. 특히 이와 관련해 주목할
만한 것은 중국이 2017년 브릭스 정상회의에서 '다변화주의'를 주장하
고 나선 점이다. 각국의 보호무역주의 대두에 맞서 중국은 세계화와 자
유무역 수호를 기치로 내걸고 미국 등 서방 국가에 대항해 세계 질서를
다극 체제로 전환해야 한다는 입장을 내세우고 있다. 이에 대해 러시아
도 적극적으로 동조하고 있다.

이미 브릭스는 무역 거래에서 달러 의존도를 낮추기 위해 2013년에 브릭스 통화안정기금을 발족시켰고, 2016년에는 브릭스 개발은행을 설립해 운영하고 있다. 이는 미국 주도의 IMF와 세계은행에 대한 도전을 의미한다. 특히 2018년 브릭스 정상회의에서는 5개국의 국책 개발은행들이 블록체인 기술을 공동 연구하기로 했다. 블록체인 공동연구에 참여하는 5개 은행은 브라질 개발은행 BNDES, 러시아 국영 대외경제개발은행 VEB, 중국 개발은행 CDB, 인도 수출입은행 Exim Bank, 남아프리카공화국 개발은행 DBSA 등이다.

▲ 2018년 브릭스 정상회의

이들 브릭스 5개국은 전 세계 인구의 약 40%, 전 세계 경제 성장의 50% 정도를 차지하기 때문에 국제 사회에 영향력이 큰 편이다. 브릭스 5개국 간 중앙은행디지털 화폐 자동 교환 시스템 혹은 아예 통일 브릭스 디지털 화폐가 탄생한다면, 그 파급력은 클 수밖에 없다.

세계는 기축 디지털 통화 개발 경쟁 중

중국 디지털 화폐 테스트 발표를 계기로 디지털 화폐는 세계 중앙은행들의 '핫이슈'로 떠오른 상태다. 브릭스 5개국 디지털 화폐 공동연구에 이어 2020년 연초 유럽중앙은행ECB과 영란은행BOE, 일본은행BOJ, 캐나다은행, 스웨덴중앙은행, 스위스국립은행이 '중앙은행 디지털 화폐CBDC'에 대해 공동연구 그룹을 만들기로 했다. 그 결과 디지털 화폐는 달러 인덱스와 관련된 6개국 모두가 개발하고 있다. 이 6개국이 공동으로 사용 가능한 디지털 화폐가 탄생하게 된다면, 달러에 대항하는 또 하나의 기축통화가 탄생될 것이다.

암호 화폐가 화폐의 본원적 기능을 미처 완비하지 못한 틈을 타 각국 중앙은행의 추적 가능한 중앙집권형 디지털 화폐가 화폐 역사의 전면에 부상 중이다. 이와 함께 민간 섹터의 스테이블 코인들도 먼저 시장을 장악할 준비를 하면서 출사표를 던졌다.

2019년 페이스북의 '리브라 백서' 발표, JP모건 체이스 은행의 'JPM 코인' 발표, 2020년 중국 중앙은행의 디지털 위안화 테스트 시작 등으로 세계는 지금 민간 스테이블 코인과 각국 중앙은행의 디지털 화폐 시대로 접어들고 있다.

여기에 더해 사우디아라비아는 중동 산유국 디지털 통화의 맹주를 자처하고 나섰다. 사우디아라비아와 아랍에미리트UAE가 공동으로 개발한 중앙은행 디지털 화폐는 출시를 목전에 두고 있다. 또한 산유국 디지털 통화가 별도로 개발되는 중이다.

이러한 탈(脫)달러 움직임은 여러 경제 블록 별로 전파될 가능성이 있다. 실제 중남미 국가들의 '달러 의존도 줄이기' 움직임이 심상치 않은 가운데 브라질 실바 대통령이 2023년 초 중남미 화폐 통합 추진을 시사하자 멕시코와 아르헨티나가 적극적으로 호응하고 나섰다. 아프리카 서부 연합 15개 국가도 2027년에 단일 디지털 화폐를 도입한다는 계획을 채택했다.

결국 기존의 달러 등 법정 화폐와 각 세력권의 중앙은행 디지털 화폐 그리고 법정 화폐와 연동된 스테이블코인이 세력 다툼을 시작하게 될 것이다. 이렇게 되면 달러의 기축통화로서의 입지가 많이 축소될 수밖에 없다. 이처럼 현재 세계는 통화의 '분권화와 다양화'가 진행되고 있다.

디지털 화폐의 익명성 보장을 고민

각국 중앙은행이 추진 중인 디지털 화폐는 추적 가능한 중앙집권형 화폐다. 그런데 국민 입장에서 자신들의 계좌가 추적당한다고 생각하면 반발이 클 수밖에 없다. 그래서 중앙은행들은 디지털 화폐의 운영 체계를 이원화하는 작업을 추진하고 있다. 즉 중앙은행에서 상업은행으로 디지털 화폐를 보낼 때는 추적 가능한 디지털 화폐를 보내지만, 상업은행과 개인 또는 기업 간 거래에는 추적 불가능한 익명성이 보장된 암호 화폐 시스템과의 연동을 검토하고 있다.

중국의 경우, 이원화 시스템을 사용하는 이유는 두 가지다. 하나는 중앙은행이 초당 30만 건 이상 거래되는 소매 시장까지 관여할 경우 통화 관리 비용이 너무 많이 든다는 점이고, 또 다른 하나는 소액 거래에서 개인의 익명성을 최대한 보장해주기 위해서다.

다만 이는 무제한의 익명성 보장이 아니라 '관리 가능한 익명성' 보장을 의미한다. 즉 일정액 이상의 큰 금액을 거래할 때는 실명 전자지갑을 통해 거래해야 한다. 또 마약·도박 등 불법 거래 자금으로 의심될 때 정부는 영장을 발부받아 거래를 추적할 수도 있다. 다시 말해서 정부는 가능한 한 국민의 거래 익명성을 존중하지만, 필요 시에는 개인 거래 내역을 추적할 수 있음을 의미한다. 빅브라더 사회의 본격적인 도래다. 중국뿐만 아니라 다른 중앙은행들도 비슷한 종류의 디지털 화폐 결제 시스템을 개발하고 있다. 현재 6개국 이상의 중앙은행이 암호 화폐와 연동하여 디지털 화폐를 개발 중이다.

세계 각국의 CBDC 연구 개발 현황

CBDC는 활용 범위와 사용 주체에 따라 '소매용retail'과 '도매용wholesale'으로 구분된다. 개인 등 경제 주체들에게 직접 발행돼 일상에서 사용되는 것이 소매용이라면, 지급준비금과 유사하게 금융기관에 발행돼 금융기관 사이의 자금거래와 최종 결제 등에 활용되는 형태가 도매용이다. 소매용을 '범용' 도매용을 '기관용'으로 부르기도 한다.

2022년 국제결제은행BIS 조사에 따르면, 각국 중앙은행의 약 93%가 CBDC 관련 연구 또는 개발을 진행 중이다. 아시아와 호주는 기관용 개발의 단계를 뛰어넘어 일반을 대상으로 하는 소매용(범용) CBDC 개발과 일반인 대상 실험에 치중하고 있으며, 북미와 유럽은 소매용과 도

〈글로벌 CBDC 연구·개발 현황〉

CBDC(범용) 도입
CBDC(범용) 시범운영, 모의실험 진행중
CBDC(범용) 시범운영, 모의실험 완료
CBDC(범용) 기초연구 진행중
CBDC(범용 및 기관용) 연구·프로젝트 진행중
CBDC(기관용) 프로젝트 진행중
연구·개발 미진행

(출처: BIS(2023))

매용(기관용)을 함께 연구 중이고, 유로 지역은 2023년 10월 개발 단계로의 이행을 결정했다.

국제결제은행은 이미 신흥국 4개국에서 CBDC가 발행되었으며, 2028년까지 15개의 소매용(범용) CBDC, 9개의 도매용(기관용) CBDC가 추가로 발행될 가능성이 있다고 예측했다. 한편 한국은행과 뉴욕 연준, 브라질, 싱가폴 등은 도매용(기관용) CBDC와 민간 은행의 '예금 토큰'을 함께 아우르는 인프라 연구를 진행 중이다.

우리나라 CBDC 개발 진행 상황

한국은행과 정부는 일단 도매용 CBDC를 기반으로 테스트를 진행하기로 했다. 참여 금융기관을 은행으로 한정하고 실거래 테스트도 민간은행이 발행하는 '예금 토큰'만을 활용해 진행할 계획이다.

한국은행이 도매용 디지털 통화를 발행하면 실험에 참여하는 은행들은 이와 연계된 지급 결제 수단으로서 예금 토큰을 발행해 사용하는 방식이다. 곧 개인들은 중앙은행이 발행한 CBDC를 사용하는 게 아니라 CBDC를 담보로 민간은행이 발행한 '예금 토큰'을 거래에 사용하게 된다.

은행 고객들은 주식 거래를 할 때 증권 계좌를 만드는 것과 같이 예금 토큰 계좌를 개설해야 한다. 예금 토큰을 보유한 사람은 현재 은행에서 계좌 이체를 하는 것과 유사한 방식으로 다른 사람에게 예금 토큰을 이전할 수 있다. 또 CBDC 네트워크상에서 은행의 예금 토큰은 언제든지 은행의 일반 예금으로도 전환할 수 있다. 결국 예금 토큰은 은행이 도매용 CBDC를 기반으로 분산원장 기술 등을 이용해 발행하는 디지털 자산이다.

한국은행은 2024년 4분기에 일반 국민이 참여하는 테스트를 목표로하고 있다. 단순 자금 이체보다는 기존 지급 서비스와 차별화되는 다양한 혁신적인 서비스를 최대한 많이 실험해 볼 예정이다.

한국은행의 "화폐에 프로그래밍 기능을 넣었을 때 어떤 금융 서비스, 지급 결제 서비스 혁신을 만들어낼 수 있는지와 함께 토큰 증권 등 새로운 디지털 자산 생태계가 만들어졌을 때 (중앙은행이) 이를 어떻게 지원할 수 있을지도 실험을 통해 확인하고자 한다"라고 설명했다.

이는 국제결제은행의 권고에 의한 것이다. 국제결제은행은 스마트 계약 기능을 탑재한 '통합 원장unified ledger' 개념을 제시했다. 즉 CBDC, 민간 디지털 통화, 각종 토큰화 자산 등이 하나의 프로그래밍으로 가능한 플랫폼에 통합되어 운용되는 것이다.

최근 이슈가 되는 개인정보 보호와 관련하여, 한국은행은 이용자 대상 실험 시 발생할 수 있는 보안 문제와 개인정보 보호 문제에 관해서는 우려가 없도록 철저히 대비하겠다고 밝혔다. 한국은행은 CBDC는 일반인에게 직접 발행하는 게 아니라 은행에 발행하고 은행이 이를 바탕으로 고객들에게 예금 토큰을 발행하는 만큼 한국은행이 고객 개인 정보를 볼 권한은 없다고 설명했다. 참가하는 은행들도 암호화 기술을 통해 개인 정보를 보호하면서 동의받은 범위 내에서만 거래 기록에 접근할 수 있도록 할 예정이다.

CBDC 사용은 점진적 화폐 개혁을 의미

중앙은행 디지털 화폐는 종이 화폐와 달리 추적이 가능한 화폐다. 이에 따라 빅브라더의 출현을 둘러싼 논란은 앞으로 더욱 뜨거워질 전망이다. 향후 디지털 화폐가 대세가 되면 그간 지하에 잠겨 있던 종이 돈들이 환전을 위해 모두 은행으로 들어가 소유주의 실명을 밝혀야 할 수도 있다. 자연스레 화폐 개혁의 성격을 띠게 된다.

특히 우리나라는 차후 '리디노미네이션Redenomination'의 가능성도 제기된다. 리디노미네이션은 화폐의 가치는 그대로 두고 화폐의 단위를 바꾸는 것이다. 예를 들면, 현재 1,000원을 1원(또는 1환)으로 낮추는 식으로, 새로운 1원은 기존 1,000원의 가치를 갖는다. 이는 화폐 단위 변경으로 다른 나라들에 비해 화폐 개혁의 속도가 빨라짐을 의미한다.

우리나라는 과거 1953년과 1962년 두 차례 화폐 개혁을 시행하면서 리디노미네이션을 단행한 바 있다. 1953년은 인플레이션 해소를 위해 100:1로 비율을 조정하면서 화폐 단위를 '원에서 환'으로 변경했다. 1962년 6월에는 경제개발계획을 위한 산업자금 조달 목적으로 10:1의 비율로 화폐 개혁을 하면서 다시 '환에서 원'으로 바꾸었다.

인공지능과 챗GPT에 달린
메타버스의 미래

글로벌 빅테크 대부분이 메타버스AR·VR·MR를 차세대 핵심 사업으로 선정하고 이 시장에 뛰어들었다. 그 중에서도 페이스북과 애플 그리고 마이크로소프트 간의 사활을 건 전쟁이 볼 만하다. 우리나라 네이버와 카카오도 이 불꽃 튀는 전선에 참전했다.

이처럼 빅테크들이 메타버스에 목을 매는 이유는 무엇일까?

첫째, 프리세덴스 리서치에 따르면, 메타버스 시장 규모는 매년 50% 이상 성장해 2030년 1조 6,000억 달러에 달할 것으로 전망했다. 모건스탠리는 한술 더 떠 미래 시장 규모를 최대 8조 달러로 제시했다.

둘째, 메타버스로 인해 모든 산업에 변혁이 일어난다는 전망이다. 다시 말해, 모든 아날로그는 디지털화될 수 있다는 뜻이다. 앞으로 인터넷과 모바일을 대체할 시장이 메타버스라고 본다.

셋째, 메타버스 세상에서 현실 세계와 똑같은 경제 행위가 이루어지면서 그 성장 가능성이 무한대로 치솟고 있다. 여기에 더해 가상 세계 내에서 일거리와 일자리도 창출되고 있다. 그리고 가상 세계에서 이런 경제 행위를 뒷받침할 수 있는 암호 화폐의 사용이 확대될 수 있다. 그중에서도 가상 세계의 경제 활동 중심에 디지털 세계의 원본임을 인증할 수 있는 등기부등본 격인 대체불가토큰NFT이 있다. 즉 메타버스는 암호 화폐가 현실 세계에서처럼 쓰이는 가상자산 저수지 역할을 할 수 있다.

VR, AR, MR, XR의 특징

기존에 컴퓨터 모니터를 보며 즐기던 이차원 게임은 삼차원 체험형 가상현실, 증강현실, 혼합현실, 확장현실로 형태가 급속도로 진화 중이다. 우리가 메타버스를 이해하기 위해서는 이러한 진화와 함께 발전해 온 VR, AR, MR, XR 개념을 먼저 이해해야 한다.

VR(가상 현실·Virtual Reality)은 컴퓨터나 별도 기기를 통해 가상 현실을 삼차원적으로 체험하는 기술이다. VR 기술은 사실 1940년대 미 공군과 항공 산업에서 개발한 항공 시뮬레이터가 원조 격이다. 일반적으로 머리에 착용하는 고글 형태 디바이스를 사용해 이용자가 마치 가상의 현실에 있는 것처럼 느끼게 하는 기술이다.

AR(증강 현실·Augmented Reality)은 실제 환경에 가상 세계를 결합해 제공하는 기

술이다. 증강 현실을 적용한 내비게이션은 실제 도로 장면에 주행 정보를 추가해서 보여주기도 하고, 의류 매장에서 직접 옷을 입어보지 않고도 화면상에서는 입은 것 같은 시스템을 구현해준다. AR은 현실 세계와 가상 세계 둘을 한꺼번에 보여줘야 해서 VR보다 많은 기술력이 필요하다. 만약 현실 세계와 가상 이미지 간에 해상도 차이가 발생할 경우 만족도가 떨어진다.

MR(혼합 현실·Mixed Reality)은 가상 세계와 현실 세계를 합쳐 새로운 환경이나 시각화 등 새로운 정보를 만들어 내는 것을 말한다. VR과 AR 두 기술의 장점을 합친 융합 기술로 더 진화된 가상 세계

▲ 2019년 바르셀로나 'MWC 2019'에서 MS가 공개한 MR기기　　　　　　　　(출처 : MS 제공)

를 구현한다. VR과 AR은 시각에 전적으로 의존하지만, MR은 냄새 정보와 소리 정보 등을 융합해 시각 외에 청각·촉각 등 인간의 오감을 접목시킬 수 있다는 점이 다르다.

XR(확장 현실·Extended Reality)이란 가상 현실VR과 증강 현실AR, 혼합 현실MR을 포괄하는 개념이다. 가상 세계와 현실 세계를 융합해 사용자에게 실감나고 몰입도 높은

▲ XR 확장 현실　　　　　　　　(출처 : Freepik)

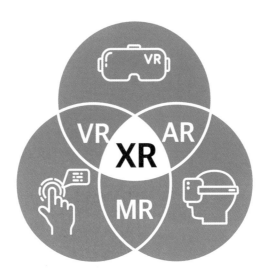

환경을 제공하는 기술이 바로 확장 현실이다. 현재 빅테크 기업들이 개발 중인 이 기술은 가상의 콘텐츠를 현실 공간에 시각화하여 가상과 현실이 실시간 상호작용하도록 만든다.

XR 기술은 본질적으로 CG 기술과 디스플레이 기술의 발전에 기반하기에 그 기술들이 좋아질수록 함께 성장한다. 하지만 아직 이러한 가상 기술은 여러 모로 많이 부족하다. 그래서 이용자가 만족할 만한 메타버스 세상을 체험하기 위해서는 지금보다 훨씬 발달된 기술과 기기가 필요하다.

이러한 기술적 설명을 백 번 읽거나 듣는 것보다 관련 헤드셋이나 AR 글래스를 한 번 사용해 보는 게 훨씬 이해가 빠르다. 온라인 접선이 이차원 원격 현실 세계라면, 메타버스는 삼차원 원격 가상 세계로 평면과 입체는 차원이 다르다.

▲ 다른 세계에 와 있는 듯한 가상 현실(왼쪽), 현실에 CG를 덧입힌 듯한 증강 현실(오른쪽)
(출처: 삼성 디스플레이 뉴스룸)

불과 몇 년 사이에 가상 현실은 현실과 가상을 구별하기 어려울 정
도로 발전했다. 엔비디아 CEO 젠슨 황은 "미래 20년은 공상과학과 다
를 게 없는 메타버스 시대가 될 것이다. 메타버스는 인터넷 뒤를 잇는
가상현실 공간이 될 것"이라고 전망했다.

현실 세계를 대체하는 메타버스 활용 사례들

메타버스를 구현한 플랫폼은 대표적으로 '포트나이트', '마인크래프
트', '로블록스', '동물의 숲' 등이 있고, 우리나라에서는 '제페토', '이프랜
드' 등이 있다.

팬데믹 시대의 비대면 원격 활동은 메타버스 발전을 가속화시켰다.
대표적으로 성공한 예가 엔터테인먼트 행사를 가상공간에서 개최한

것이다. 미국의 유명 힙합 가수 트래비스 스콧Travis Scott은 2020년 온라인 배틀 게임 '포트나이트'를 통해 라이브 콘서트를 열었다. 포트나이트는 서로 공격하고 방어하는 배틀로얄식 게임으로 전 세계 가입자 수가 3.5억 명이 넘는다. 45분 공연에 2,800만 명이 접속해 단숨에 220억 원을 벌어들였다.

방탄소년단 역시 포트나이트를 통해 〈다이너마이트〉 안무 버전 뮤직비디오를 최초 공개했다. 무엇보다 관람객들이 물리적인 공연장에서보다 훨씬 가까운 위치에서 가수의 일거수일투족을 보면서 공연을 즐겼다는 점이 강점으로 꼽힌다.

마이크로소프트가 2014년에 인수한 게임 '마인크래프트'는 2020년 2억 장 이상 판매된 가장 인기 있는 비디오 게임이다. 마인크래프트는 레고처럼 블록으로 만들어진 가상 세계에 자신만의 아바타를 만들고 자신만의 공간을 구성하는 게임이다. 그뿐만 아니라 이 안에서 건축,

▲ 게임 플랫폼 '포트나이트'에서 열린 트래비스 스콧의 메타버스 콘서트

사냥, 농사 등과 같은 사회생활도 가능하다. 팬데믹으로 인해 졸업식이 오프라인에서 불가능해지자 2020년 버클리대학 학생들은 마인크래프트 안에서 블록을 이용해 직접 캠퍼스를 건설했고, 실제로 총장과 주요 인사, 학생들이 참석해 연설도 하는 등 가상 졸업식을 진행했다.

의료와 교육 부문에서 주목

팬데믹 사태에서 메타버스가 가장 위력을 보인 부문이 원격 의료 분야이다. 미국 보건복지부 발표에 따르면, 미국에서 코로나19 발생 첫해(2020년 3월~2021년 2월)에 2,800만 명이 넘는 메디케어 수혜자가 원격 의료 서비스를 이용했다. 이는 전년도보다 88배 폭증한 것으로 전체 메디케어 수혜자의 약 43%에 해당한다. 메타버스는 현장감 있고 상호 소통이 가능한 디지털 환경을 구축하기 때문에 의료계에서도 주목하고 있다.

그뿐만 아니라 메타버스는 교육 현장에서도 각광받고 있다. 세계 곳곳에서 메타버스를 활용한 교육 프로그램이 인기를 끈다. 미국의 경우 연방 교육부 산하 교육기술부에서 인공지능AI, 증강 현실AR, 가상 현실 VR과 같은 최첨단 기술을 활용한 교육을 적극 권장하고 있다. 최근 미국에서는 전통적인 대학 순위와 함께 AR·VR 대학 순위도 발표하고 있다. 메타버스 수업은 물론 더 나아가 메타버스 대학도 만들어진다. 세계 유수의 대학들이 메타버스 원격 교육을 강화하고 있다. 우리나라 대학들도 예외가 아니다. 일례로 LG유플러스는 서강대학교와 함께 대학 학사 시스템과 연동된 메타버스 플랫폼에서 교육 서비스를 제공하는 '메타버스 유니버시티'를 구상하고 있다.

디지털 세상인 메타버스는 게임, 공연, 의료, 교육, 업무, 쇼핑, 피트 니스, 데이트, 모임 등 일상생활은 물론 경제, 문화, 사회 전반에 걸쳐 확장되고 있다. 이제는 현실과 메타버스 세계의 공존이 불가피하다.

페이스북, 업무용 메타버스 공개

페이스북 CEO 마크 저커버그는 2021년 8월 메타버스 회의실 '호라 이즌 워크룸Horizon Workrooms'을 공개했다. 그는 "앞으로 VR 및 AR 서비 스들은 우리 삶을 풍요롭게 만들 것이며, 우리 모두 VR을 쓰고 원격으 로 일하는 시대가 올 것"이라고 말했다.

호라이즌 워크룸은 페이스북이 인수한 오큘러스의 VR 헤드셋을 끼고 참여하는 가상 회의실이다. 사용자의 노트북이나 태블릿과 연동할 수 있어, 타이핑을 치면 워크룸에서도 똑같이 구현된다. 실제로 내가 대화를 건네면, 가상 회의장 속 내 아바타도 똑같이 행동한다. 페이스북은 이 플랫폼을 이용해 새로운 형태의 이용자 데이터 수집을 1차 목표로 하고 있다.

저커버그는 "5년 이내에 페이스북을 소셜 미디어SNS 기업에서 메타버스 기업으로 전환할 것"이라고 선언하며 2021년 10월 사명을 '메타'로 변경했다. 메타는 메타버스 플랫폼을 업무나 모임뿐만 아니라 실생활에서처럼 소통할 수 있는 가상의 소셜 공간으로 만들 계획이다.

플랫폼 못지않은 기기 개발 전쟁

마이크로소프트MS 역시 메타버스 플랫폼 개발에 뛰어들었으며, 이를 위해 대형 게임사 블리자드를 687억 달러에 인수했다. 이는 MS가 진행한 역대 합병 거래 중 가장 큰 금액이었다.

메타버스 플랫폼 못지않게 중요한 것이 메타버스 기기들이다. 메타버스 업체로의 변신을 꾀하고 있는 '메타'는 가상현실보다 증강현실에 무게를 두고 있다. 메타버스를 기반으로 한 플랫폼이 차세대 컴퓨팅 플랫폼을 주도할 것으로 보고 AR 글래스의 공급에도 주력하고 있다. 실제 메타는 레이벤과 협동으로 만든 'AR 스마트 안경'을 공개한 바 있다.

메타 (오큘러스), 밸브, HTC, HP, 소니 등은 VR 기기를 출시했고, 마이크로소프트는 산업용 시장을 겨냥한 AR 기기를 공급 중이다. 메타는 XR 헤드셋 '캠브리아'

▲ 페이스북의 AR글래스 (출처: 페이스북)

를 2022년 10월 출시했고, '구글'은 온라인에서 3D로 세계 여행을 떠날 수 있는 '구글어스 VR'을 출시했다. 마이크로소프트는 3D 환경으로 구성된 디스플레이 모델을 실제로 보고 만지는 혼합 현실 환경에 최적화된 모델로 바꾸기 위해 '홀로렌즈2'를 도입해 협업 공간을 제시했다. 애플도 2024년 혼합 현실 헤드셋 '비전 프로'를 출시했다. 삼성전자도 마이크로소프트와 협력해 증강 현실 헤드셋을 개발하고 있다.

메타버스와 인공지능, 챗GPT의 결합이 가져올 혁명적 변화

메타버스와 인공지능AI의 결합은 큰 변화를 몰고 올 수 있다. 기본적으로 메타버스 환경은 인공지능 도입에 적합한 공간이다. AI는 사용자의 행동을 분석하고 개인 맞춤형 경험을 제공함으로써, 풍부하고 몰입감 있는 가상 환경을 조성할 수 있다. 그리고 고객에게 사용자 경험을 느끼게 할 수 있고, 음성 명령으로 다양한 소프트웨어를 작동시켜 고객이 원하는 환경을 제공할 수 있다.

또한 메타버스 공간에서 챗GPT를 활용하여 사용자와 자연스럽고 지능적인 대화를 나누며, 사용자가 메타버스 내에서 특정 물건을 찾거나 질문을 할 때 챗GPT는 실시간으로 적합한 답변을 제공하거나 정보에 접근하도록 도와준다.

그리고 AI 에이전트는 사용자를 대신해 특정 작업을 수행하는 소프트웨어 시스템으로, 이는 메타버스 환경과 지능적인 상호작용을 한다. 이러한 AI 에이전트는 챗봇 기능을 넘어, 복잡한 작업을 자율적으로 수행할 수 있어 여러 분야에서 사용자를 대신해 활동할 수 있다. 이러한 변화를 통해 메타버스는 다양한 산업 분야에 적용될 것이다.

먼저 가장 큰 변화가 예상되는 곳은 교육 분야이다. 메타버스와 챗GPT와 AI 챗봇이 결합하면 인공지능 휴먼 가정교사가 일대일 개인 맞춤형 학습을 제공할 수 있다. 여기에 AI 에이전트 기술이 결합되면, 주인이 말하는 대로 척척 처리해 주는 인공지능 비서가 탄생하는 것이다. 게임 분야에서도 챗GPT와 AI 챗봇 기술이 적용되면 새로운 세계가 창출된다. 대화형 게임, P2E 게임 등 게임의 시나리오가 더욱 다양해지고 개인별 맞춤 게임도 즐길 수 있다.

또 기업에서도 챗GPT와 AI 챗봇, AI 에이전트를 활용해 새로운 유형의 비즈니스를 만들어 낼 수도 있다. 이외에도 의료, 법률, 관광, 홍보 서비스 등 적용 분야는 무궁무진하다. 메타버스와 인공지능 기술이 결합하면 현실 세상보다 더 뛰어난 새로운 가상 세상이 우리 앞에 나타날 것이다.

Chapter 4

웹 3.0의 진실

실리콘밸리의 암호 화폐 옹호론자 일론 머스크와 트위터 창업자 잭 도시가 웹 3.0의
실체와 효용성에 대해 의문을 표했다. 일론 머스크는 2021년 12월 "웹 3.0이 실체가
없는 마케팅 용어에 더 가깝다고 생각한다"라며 "웹 3.0을 본 사람이 있는가? 나는
그걸 찾을 수가 없다"라는 글을 트위터에 올렸다.

잭 도시도 웹 3.0 비판에 가세하며, "당신은 웹 3.0을 소유한 게 아니다. 벤처캐피
털VC과 그들에게 돈을 대는 펀드출자자LP가 가지고 있을 뿐"이라고 지적했다. 이어
"(웹 3.0은) 결코 그들의 이해관계에서 벗어나지 못할 것"이라며 "궁극적으로 이름표
만 다르게 가지고 있는 중앙집권적 실체"라고 비판했다. 사람들은 개인들이 지배하
는 새로운 인터넷 세상을 꿈꾸고 있지만 유명 벤처 투자사인 안드리센 호로위츠 등
일부 벤처 투자사들이 웹 3.0 비전까지 장악하게 될 것이라는 주장이다. 이렇듯 웹
3.0의 실체와 미래 가능성에 대한 논란은 계속되고 있다.

월드와이드웹 창시자로부터 시작된 웹 3.0

원래 웹 3.0은 월드와이
드웹WWW의 창시자 팀 버너
스 리Tim Berners-Lee가 1998년
에 제안한 지능형 웹인 '시맨
틱웹Semantic Web'이란 개념에
서 시작되었다. '시맨틱웹'은
웹 데이터를 기계가 쉽게 이

▲ 월드와이드웹 창시자 팀 버너스 리 교수

해할 수 있도록 구조화하여 검색과 데이터 처리를 더 똑똑하고 효율적
으로 만드는 기술이다. 이를 통해 컴퓨터가 웹 페이지의 내용과 그 의
미를 이해하여 더 나은 검색 결과와 맞춤형 서비스를 제공할 수 있다.

옥스퍼드대에서 물리학을 전공한 그는 '유럽 입자물리연구소'에서
일하면서 연구자들끼리 서로 정보를 교환하기가 어렵다는 점을 알게
되었다. 그는 컴퓨터가 어느 곳에 있든지 거기에 담긴 데이터를 읽을
수 있다면, 엄청난 정보 공유와 정보 공간이 생길 것임을 깨닫는다.

인터넷 발전을 위해 무료로 푼 월드와이드웹

그는 소수 전문가만이 특수한 명령어를 사용하여 인터넷을 이용했
던 시대에 정보를 하이퍼링크로 자유자재로 전송하고 보여주는 기능

을 선보였다. 그래서 탄생한 게 1991년 세계의 인터넷망을 하나로 묶는 거대한 월드와이드웹이다.

이후 5년 만에 60만 명에 불과하던 인터넷 사용자는 4,000만 명으로 늘어났다. 그 뒤 월드와이드웹은 세계 웹 표준으로 자리 잡았다. 그가 제시한 시스템이 세계 표준으로 빠르게 채택될 수 있었던 것은 그가 월드와이드웹의 라이선스를 무료로 배포했기 때문이다. 그는 이를 연구하거나 수정, 배포하는 모든 이에게 저작권을 보장해 주었다.

팀 버너스 리가 자신이 개발한 여러 기술을 특허도 내지 않고 무료로 풀어버린 것은 인터넷 발전을 위해서였다. 그런 그가 이후 거대 IT기업들이 인터넷상 정보를 독점하여 막대한 이익을 취하지만, 책임은 제대로 지지 않는 모습에 실망해 인터넷 분권화 운동을 하게 된다. 그래서 탄생한 게 '시맨틱웹 기술'이다.

옥스퍼드대와 MIT대 교수 팀 버너스 리는 차세대 웹 기술 연구 끝에 지능형 시맨틱웹 기술을 개발하게 된다. 컴퓨터 스스로가 웹페이지에 담긴 내용을 이해하고 개인 맞춤형 정보를 제공하는 기술이다. 이 기술이 웹 3.0의 근간이 된다.

차세대 인터넷의 총아 웹 3.0

예찬론자들에 의하면, 웹 3.0은 메타버스와 함께 인터넷의 다음 단계로 주목받는 개념이다. 초기 인터넷의 소통 방식이 웹페이지를 통해 생산자가 만들어낸 콘텐츠를 사용자가 읽는, 즉 읽기만 가능한 환경이었다. 지금의 웹 2.0에서는 사용자가 읽기와 쓰기가 동시에 가능한 상호 커뮤니케이션이 활발한 인터넷 환경이다. 하지만 웹 2.0에서는 플랫폼 제공자가 모든 과실을 독차지하는 불공평한 세계이다. 예를 들면 페이스북에 글을 쓰고 사진과 동영상을 올려도 크리에이터들에게 아무런 금전적 이익이 돌아오지 않는다.

그러나 웹 3.0 환경에서는 콘텐츠의 '소유권'이 개인에게 귀속되어 그에 합당한 보상을 받는다. 그리고 이러한 환경은 특히 메타버스라는 가상 경제 생태계 내에서 활성화할 수 있다. 한마디로 현재 인터넷 세상의 운영 주체는 플랫폼 회사들이지만, 웹 3.0 세상에서는 콘텐츠를 생산하는 개인들이 주도권을 쥐게 된다는 의미이다.

웹 3.0의 개념도 시맨틱웹으로부터 시작된다. 웹 3.0은 시맨틱웹에 탈중앙화라는 개념이 더해진다. 웹 3.0은 거래 내역을 확인할 수 있는 블록체인을 통해 데이터를 분산 저장하고 소유권을 개인들에게 돌려준다. 이는 중앙집권적 시스템에서 탈중앙화로 진화한다는 뜻이다.

시대별 웹의 변화

	기업	플랫폼	개인
	Web 1.0	Web 2.0	Web 3.0
정보 수용 방식	읽기 전용	읽기·쓰기	읽기·쓰기·소유
조직 형태	기업 중심	플랫폼 중심	개인 중심
인프라	PC	클라우드, 모바일	블록체인, 메타버스
통제 방식	탈중앙화	중앙화	탈중앙화

'탈중앙화'는 웹 3.0의 핵심 가치이다.

지금의 인터넷 세상에서는 플랫폼 회사가 개인정보도 강제 탈취하는 구조다. 하지만 웹 3.0 시대가 오면 개인정보에 대해서도 합당한 가격을 산정해 사고파는 시대가 될 것이다. 또한 데스크톱 화면에서도 특수 안경을 쓰면 가상 현실, 증강 현실, 혼합 현실 세계를 경험하는 신세계가 열릴 것이라는 기대도 있다. 이차원 인터넷 환경이 삼차원 세계로 진화하는 것이다.

디지털 세계의 등기부등본, NFT

웹 3.0 생태계가 실제로 구현되려면, 개인 콘텐츠의 소유권을 증명할 무언가가 필요한데 이쯤에서 등장하는 것이 NFT(대체불가토큰, Non-fungible token)이다. 한마디로 NFT는 원본임을 확인해 주는 디지털 세계의 '등기부등본' 같은 역할을 하는 장치다. 개인 콘텐츠뿐만 아니라 디지털 자산의 소유권 증명에도 NFT가 필요하다. NFT를 통해 게임을 하면서 돈도 버는 P2E play to earn 게임 생태계에서는 코인의 사용이 활발해질 전망이다.

경제 활동이 일어나는 메타버스 생태계 내에 생기는 일자리와 일거리 그리고 놀거리에서도 코인 사용이 늘어날 것이다. 그런데 메타버스 내에서 땅을 사고 건물을 짓는 등 경제 행위를 하려면 현실 세계에서의 등기부등본 같은 디지털 세계의 등기부등본이 필요하다. 디지털 자산이 누구 것인지 증명해야 하기 때문이다. 이때 필요한 것도 NFT이다. NFT는 관련 정보가 모두 블록체인에 저장되어 최초 발행자를 언제든 확인할 수 있어 예술과 스포츠를 포함한 모든 디지털 콘텐츠의 원본을 증명하는 데 쓰이며 위조가 불가능하다.

메타버스는 앞으로 인간의 상상력이 총동원되는 가상 세계로 진화할 예정이다. 생산자와 소비자 역할을 동시에 하는 프로슈머Prosumer들이 같이 놀고 즐기며 창조하는 현실 세계 판박이 생태계가 메타버스 내에 탄생될 것이다.

웹 3.0 세상과 함께 올 NFT와 메타버스, 다오

닉 재보와 함께 암호 화폐를 처음 만든 데이비드 차움은 암호 화폐의 궁극적 지향점은 직접민주주의의 실현에 있다고 강조했다. 이러한 지향점에 시동을 건 시스템이 다오DAO이다.

다오Decentralized Autonomous Organization는 전통적 기업 구조를 대신하는 블록체인 상의 스마트 컨트랙트에 따라 운영되는 탈중앙화 자율 조직을 의미한다. 최근 NFT와 디파이 등 가상자산 시장의 성장과 함께 다양한 분야에서 다오가 추진되고 있다.

최근 다오가 각광받는 이유는 '민주적 의사결정 시스템과 탈중앙화'에 있다. 다오는 자체적으로 토큰을 발행하여 구성원들에게 의결권을 배부하고 블록체인 기술에 기반하여 투표를 통해 의사결정을 한다. 이를 통해 수평적인 조직 구조, 익명성, 투명성이 보장된다. 동시에 자금 조달, 투자 등의 활동에서 중개 기관 없이 가능하게 하고 그 전체적인 과정을 미리 합의된 규정(프로토콜)인 스마트 컨트랙트로 진행한다. 즉 공동으로 투명하게 투자하고 수익을 분배받는 형태의 조직이다.

중개자 없이, 중간에 은행이 개입하지 않은 상태에서 예금과 대출 등 금융 서비스를 제공하는 디파이 프로젝트는 다오에 의해 운영되는 대표적인 분야이다.

'웹 3.0, NFT, 메타버스, 다오'는 공통점이 있다. 아직 갈 길이 먼 분야들이라는 점이다. 마치 인터넷이 초창기에 안갯속을 거닐며 버블과 폭락이 교차했듯이, 이들이 지금 그런 상황이다. 가상자산 특히 비트코인은 기대가 커지면 가격이 상승하다가, 의심이 커지면 가격이 폭락하는 것을 반복하고 있다. 그때마다 상승 모멘텀이 있었는데 첫 번째가 '이더리움의 출현', 두 번째가 '스마트 컨트랙트 기반의 다오', 세 번째가 '웹 3.0'이었다. 미래 세계는 희망과 낙관 때로는 의심을 먹으며 자라난다.

Chapter 5

플랫폼 경제에서
프로토콜 경제로

최근 경제 생태계의 진화를 '중앙화 경제→플랫폼 경제→프로토콜 경제'로 설명하는 사람들이 늘고 있다.

21세기에 들어 세계적인 빅테크 기업들은 플랫폼 경제를 기반으로 한다. 2023년 세계 10대 기업 중 7개 기업이 플랫폼 기업들이었다. 미국의 애플, 마이크로소프트, 구글, 아마존, 메타와 중국의 알리바바, 텐센트가 그들이다. 우리나라도 네이버와 카카오, 쿠팡 등이 플랫폼 기업이다.

이들은 그간 인류에게 많은 공헌을 했다. 특히 구글과 페이스북은 정보의 공개와 공유를 증대시켜 정보의 비대칭성을 개선시켰다. 이로 인해 시민의 자유가 고양됐다. 이들에 힘입어 소셜 미디어가 확대되면서 군부 쿠데타는 이제 발붙이기 어려울 정도가 되었다. 또한 마이크로소프트, 애플, 네이버, 카카오 등은 여러 면에서 인터넷 활용을 획기적으로 높였다. 또 아마존과 알리바바, 텐센트 등은 거래의 편리성을 증진시켜 고객 만족도를 끌어올렸다. 이런 대표적인 순기능들이 있지만, 이들의 독과점화가 진행되면서 이제는 역기능 또한 커지고 있다.

플랫폼 경제의 문제점

플랫폼 경제의 대표적인 문제점이 바로 '독과점화'이다. 플랫폼 참여자가 많을수록 유리한 구조이기 때문에 거대 플랫폼 기업의 승자독식 현상이 나타난다. 그리고 경쟁 체제를 무너트린 승자독식 기업은 자기가 임의로 정한 서비스와 규칙을 강제하는 상황이 발생한다.

2022년 메타가 개인정보 제공에 동의하지 않으면 페이스북과 인스타그램, 왓츠앱을 이용하지 못하게 하겠다는 독단적이고도 강탈적인 행동이 그 대표적인 사례이다. 메타는 이용자들에게 '친구 목록', '이용자의 스마트폰 기종', '방문한 웹사이트 등 개인정보'를 제공하는 것에 동의하라고 윽박지르며, 이를 맞춤형 광고에 쓰겠다고 한다.

'불공정한 분배'도 문제이다. 플랫폼 사업자가 플랫폼에서 발생하는 거의 모든 이익을 독점하고 있다. 실제로 플랫폼에 참여해 콘텐츠를 생산하거나 플랫폼 성장에 기여한 사용자들에게는 거의 이익이 공유되지 않은 게 현실이다. 게다가 이들은 세금도 터무니없이 적게 내고 있다.

합의와 규칙으로 움직이는 참여형 경제 체계

이런 상황에서 플랫폼 경제의 문제점을 보완할 차세대 경제로 떠오르는 개념이 프로토콜 경제이다. 프로토콜이란 '약속, 규칙, 규약'을 뜻한다. 이해당사자들 상호 간 소통과 교류를 통해 사전에 정해지는 '합의'를 의미한다.

이는 새로운 형태의 경제 모델로, 현재 대세인 플랫폼 경제의 대안으로 제시되고 있다. 프로토콜 경제는 플랫폼 경제의 독점적 비즈니스 환경과 그에 수반하는 문제점을 해결할 방안으로 거론되고 있다. 즉 플랫폼 경제가 독과점 독식 체제이고 분배에 문제가 있다면, 프로토콜 경제는 이를 개선하기 위해 이해당사자들 간 충돌과 분배 문제를 사전에 원만히 합의하여 이를 기초로 하는 경제 생태계를 의미한다.

프로토콜 경제는 블록체인 기반의 기술을 이용해 플랫폼에 모인 개체들이 합의한 뒤 일정한 규칙(프로토콜)을 만드는 등 참여자 모두에게 공정과 투명성을 확보하는 참여형 경제 체계를 가리킨다. 이 과정에서 유용하게 쓰이는 것이 블록체인 기술과 스마트 계약을 담아 각 참여자에게 공정한 보상 메커니즘을 적용할 수 있는 코인이다.

예를 들면, 플랫폼 경제에서는 플랫폼을 제공한 기업이 고율의 수수료를 떼어 가지만, 프로토콜 경제에서는 중간 플랫폼 기업을 패싱하고 탈중앙 토큰을 활용해 중간 수수료를 없앨 수도 있다.

주주자본주의를 대체할 수 있는 프로토콜 경제

1960년대 세계의 경찰을 자임했던 미국은 방만한 팽창정책과 통화정책으로 1971년 미국 스스로 만든 금환본위제를 깨는 '닉슨 쇼크'를 단행했고, 달러와 금의 고리는 끊어졌다. 이후 달러는 전적으로 미국의 신용에 의존하는 '신용 화폐'Fiat Money가 되었다.

달러는 이후 근원인플레이션이 허용하는 한도 내에서 무제한 발행되기 시작했다. 이로써 제조업 중심의 자본주의는 막을 내리고, 금융 중심의 금융자본주의가 시작되었다. 이후 통화 발행량의 폭증에 힘입어 금융자산은 급속도로 몸집을 불려 나갔다. 근로자의 근로 시간 증가와 생산성 향상에 의한 세계 GDP가 연간 3~4% 증가할 때 '돈이 돈을 불리는' 금융자산 증가율은 연 15% 내외에 달했다.

〈미국의 노동생산성과 시간당 보상증가율〉

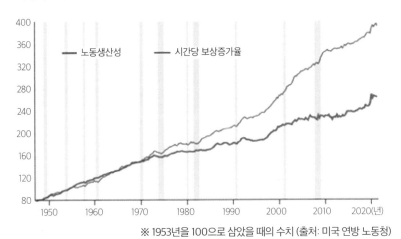

※ 1953년을 100으로 삼았을 때의 수치 (출처: 미국 연방 노동청)

이후 금융자본주의가 불러온 또 다른 현상은 주식시장 주주들의 발언권이 강해지면서 '닉슨쇼크' 직후인 1972년부터 생산성 향상에 의한 기업의 이익 증가는 근로자가 아닌 주주들의 몫이 되었다. 이른바 주주자본주의의 극성이 시작된 것이다. 이때부터 소득 불평등이 심화되고 부의 편중이 심해져 빈부격차가 벌어지기 시작했다.

또한 주주자본주의는 기업의 주요 목표가 주주 가치를 극대화하는 것이라는 개념으로, 기업 운영이 주주의 이익에 중심을 두고 진행됨에 따라 단기적인 수익 추구에 매몰되는 경향이 있다. 이러한 방식은 기업의 사회적 책임이나 장기적인 지속 가능성을 간과하게 만들었다.

그런데 주주자본주의를 대체할 수 있는 프로토콜 경제는 사회적 가치와 지속 가능성을 중요한 요소로 간주한다. 이제 기업은 자본 수익률뿐만 아니라 환경, 사회, 그리고 지배구조ESG와 같은 비재무적 요소에 대한 책임도 강하게 요구되고 있다.

프로토콜 경제에서는 모든 참여자가 최종 목표를 공유하고 협력함으로써, 기업의 성공이 개인의 성공으로 이어지게 만들 수 있으며, 모든 참여자를 그들의 공헌도에 따라 고려하는 구조이다. 또한 블록체인과 같은 분산원장 기술을 기반으로 모든 참여자가 정의된 규칙에 따라 운영되고 분배되는 시스템으로, 이러한 구조는 모든 데이터가 공개적으로 기록되기 때문에 투명성이 높아 신뢰 구축에 유리하다.

이해당사자들 간 사전 합의된 프로토콜을 담은 코인은 훗날 주식회사의 주식을 대체할 수도 있다. 즉 주주자본주의가 프로토콜 경제에서는 주주보다 근로자에게 더 합리적인 분배가 이루어지게 할 수 있다.

또 주주와 근로자 이외에도 기업 성장에 공이 큰 소비자와 기업 발전에 도움을 준 지역 주민들까지도 적절한 보상을 받을 수 있는 시스템을 담은 스마트 계약 코인이 주식 역할을 대체할 수도 있다.

실제로 미국에서는 우버, 에어비앤비 등의 요청으로 미국 증권거래위원회SEC가 2020년 11월 플랫폼 근로자에게 급여로 연봉의 15%까지 주식을 부여할 수 있도록 ICO(가상 화폐 공개) 가이드라인을 개정한 바 있다.

이렇게 플랫폼 기업의 사주와 대주주에 의한 수동적인 분배가 아닌 시스템에 의해 공정하게 분배가 이루어지는 플랫폼 생태계를 구축하기 위해 등장한 개념이 프로토콜 경제이다.

Chapter 6

토큰증권과
자산 토큰화의 미래

암호 화폐 분야에서 '가상자산공개ICO, Initial Coin Offering'를 통한 자금 조달 방법이 금지되자 '가상자산거래소공개IEO, Initial Exchange Offering'와 '토큰증권공개STO, Security Token Offering'로 전환되고 있다.

암호 화폐를 개발한 팀이 자체적으로 진행했던 ICO는 특별한 심의 과정이나 규제가 없다 보니 사기성 공개가 많았다. 그러다 보니 우리나라는 2017년 이를 전면 금지시켰다. 이를 대신해 암호 화폐 공개를 거래소에서 그 내용을 심의하고 공개를 대행하는 개념으로 떠오른 게 바로 IEO이다.

그 뒤 해외를 통한 우회 상장이나 IEO 등을 통해 일명 '잡코인'이 대거 거래소에 입성하기 시작했다. 그러다 보니 국내 ICO 전면 금지로 우량한 프로젝트들조차 자본 조달 기회를 상실해 다른 나라들이 블록체인과 암호 화폐 기술을 발전시키는 동안 한국은 경쟁력을 잃고 있다. 최근 정부는 ICO를 대신해 증권법의 규제를 받는 블록체인 기반의 STO를 시행할 수 있도록 관련 입법을 준비하고 있다.

ICO에서 STO로의 전환은 암호 화폐 시장의 발전에 중요한 이정표가 될 것이다. 그리고 암호 화폐가 전통 금융 시스템과 좀 더 밀접하게 통합되고, 더 광범위한 투자자 기반을 확보하며, 규제와 법적 토대 위에서 발전할 수 있는 기반을 마련해 줄 것이다. 이러한 변화는 암호 화폐 시장이 성숙하고 안정적인 투자 대안으로 자리 잡는 데 중요한 역할을 할 것으로 본다.

소액 분할 투자가 가능한 토큰증권

토큰증권STO은 'Security Token Offering'의 약자로, 증권형 토큰 발행을 뜻한다. 우리나라 금융위원회는 'Security Token' 명칭을 '토큰증권'으로 정하고, 블록체인 분산원장 기술을 활용해 자본시장법상 증권을 디지털화한 것이라고 정의했다. '토큰'보다는 '증권'에 방점을 찍은 것이다.

토큰증권은 기존 주식이나 채권 같은 금융자산은 물론 부동산, 예술품 등 실물자산과 음원과 지적재산권 등 무형 자산에 이르기까지 어떤 자산도 형태와 관계없이 모두 블록체인 기술을 이용해 토큰화하여 '조각 투자'인 소액 분할 투자를 가능하게 한다.

주식은 최소 1주 단위로 거래된다. 그런데 1주 가격이 비싸 거래에 부담되는 주식이 생각보다 많다. 심지어 일본 도쿄증권거래소에 상장된 주식은 100주 단위로 거래되기도 한다. 그런데 이런 주식을 토큰화하면 소액으로 조각 투자를 할 수 있다. 적은 돈으로 다양한 투자가 가능해서 주식이나 채권뿐만 아니라 부동산, 미술품, 골동품, 비행기, 원자재, 무형 자산 등 접근하기 힘들었던 자산에 개인들의 투자가 가능해진다. 기존 주식에 비해 투자할 수 있는 범위가 다양해졌으며, 기업이나 은행 측면에서는 보유 자산을 토큰화할 수 있다면 일종의 자산유동화증권ABS으로 새로운 유동성 확보 수단이 된다.

〈증권형 토큰의 특징 및 장점〉
- **높은 유동성** : 조각 투자가 가능해 유동 자산이라는 범위의 한계가 없어져 다양한 투자가 가능하다.
- **낮은 거래 비용** : 스마트 계약을 이용해 저비용으로 다양한 권리의 토큰 발행이 가능하다.
- **거래 편의성** : 프로그래밍이 가능하기 때문에 계약과 관련된 절차를 프로그래밍해 블록체인 플랫폼과 토큰에 추가할 수 있다.

그리고 토큰이 주식과 다른 점은 24시간 연중무휴로 거래가 가능하다는 것이다. 이는 유동성을 크게 늘릴 수 있다. 토큰증권은 현재의 주식 시장과 채권 시장의 유동성을 획기적으로 늘려 세계 금융업계의 주목을 받을 수밖에 없다.

그리고 기업공개도 손쉽고 값싸게 할 수 있다. 토큰증권을 발행하는 것을 STOSecurity Token Offering라 부른다. 주식 시장에서 기업공개IPO와 비슷한 개념이다. 스마트 컨트랙트를 이용해 저비용으로 다양한 권리의 토큰 발행이 가능하며, 특히 기업 입장에서는 토큰증권 발행이 IPO 대비 적은 비용으로 자금을 조달할 수 있는 방법이다. 토큰증권 발행 비용이 주식, 채권 같은 일반 증권에 비해 40% 저렴하다고 한다. 또 개인 투자자 입장에서도 제도권에서 발행되는 토큰이라 투자자의 권리를 보호받을 수 있다.

2022년 전 세계에서 STO를 통해 발행된 토큰증권의 시가총액은 179억 달러로 빠르게 확대되고 있다. 연평균 성장률CAGR·Compound Annual Growth Rate 이 59%에 달했다.

토큰증권 시장 현황과 전망

최근 토큰증권 시장에 증권 업계는 물론 은행권, 핀테크, 블록체인 업계 등이 모두 가세해 컨소시엄을 구성하며 시장 선점에 나서고 있다. 이들이 업계 간에 연합하는 이유는, 토큰증권은 전자증권과 비슷하지만, 증권사가 중앙집중식으로 등록·관리하지 않고 탈중앙화된 분산원장 기술을 사용한다는 점에서 기존 주식, 채권과 구별되기 때문이다. 한마디로 '디지털 증권시장'이 출현한 것이다.

토큰증권 현황을 살펴보면, 2023년 초 기준으로 전 세계 토큰증권 거래소는 63개로 미국 15개에 이어 싱가포르 6개, 영국이 3개를 운영하면서 글로벌 토큰증권 시장을 주도하고 있다. 2년 사이에 거래소가 5개에서 11배 이상 늘어났다. 이 사이에 성급하게 거래소를 개설했다가 준비 부족으로 문 닫는 업체도 47개나 됐다.

우리나라도 부산 소재 한국 거래소 산하에 장내거래소를 준비 중이다. 글로벌 토큰증권 시장 규모는 2023년 초 기준 6,000억 달러 규모인데 앞으로의 전망이 매우 밝다.

이렇게 시장이 무궁무진하다 보니 보스턴컨설팅그룹BCG은 2030년 STO 시장 규모가 16조 달러에 이를 것으로 전망했다. 한화로 2경 700조 원 규모로 세계 GDP의 10% 수준이다. 보고서는 "토큰화된 자산이 부동산, 주식, 채권, 펀드뿐 아니라 특허와 같은 비전통 자산까지 확대될 것"이라며 "토큰화·분할화가 최소 거래 크기를 줄여 투자 장벽을 낮춘다"라고 설명했다.

하나금융경영연구소는 국내 STO 시장이 2024년 34조 원에서 2030년 367조 원 규모까지 10배 이상 성장할 것으로 전망했다. 이는 국내 전체 금융업 시장의 70% 수준이며, 2022년 코스닥 전체 시가총액을 뛰어넘는 규모다.

토큰증권과 자산 토큰화의 차이

토큰증권보다 범위를 더 넓힌 것이 '자산 토큰화RWA, Real-World Assets'이다. 자산 토큰화의 부상은 금융시장에 새로운 기회를 제시한다.

토큰증권은 증권형 자산에 한정되어 있으며, 중앙화된 금융 시스템 내에서 증권화된 자산에 초점을 맞추고 있다. 그래서 금융당국의 직접적인 규제 아래 놓여 있지만, 자산 토큰화는 실물자산을 블록체인 상에서 거래할 수 있게 하는 기술인 것은 동일하나 증권법의 규제를 받지 않는다. 예를 들어 부동산, 예술품, 지적재산권 등 다양한 자산이 자산 토큰화의 대상이 될 수 있으며, 이를 투명성과 보안성을 갖춘 블록체인의 장점을 활용해 거래하는 것이다.

토큰증권도 이론적으로는 거의 모든 유무형 자산을 증권화 토큰으로 만들 수 있지만, 증권법의 규제를 받기 때문에 실제적으로는 주로 주식, 채권, 파생상품 등 금융자산을 토대로 만든다. 반면에 자산 토큰화는 전통 금융자산뿐만 아니라, 일반적으로 접근하기 어려운 자산들까지도 디지털 금융의 영역으로 확장시킬 수 있다. 이를 통해 새로운 방식의 금융 서비스를 제공하고 더 넓은 투자자와 거래자를 끌어들일 수 있다.

이렇게 토큰증권은 전통 금융 시스템 내에서의 토큰화이며, 특정 자산에 '프라이빗 블록체인'이라는 한정된 접근 방식을 취하는 반면 자산 토큰화는 다양한 실물자산을 포괄하는 탈중앙화로 누구나 접근 가능한 '퍼블릭 블록체인'을 활용한 공개 판매 방식을 취한다. 이로써 대중 접근성이 좋은 자산 토큰화는 디지털 금융의 영역을 확장하는 데 기여할 뿐 아니라 유동성을 크게 늘릴 수 있다.

증권법의 규제를 받는 토큰증권과 다르게 자산 토큰화는 여러 유형의 토큰화 자산을 활용할 수 있게 되면서, 디파이Defi(탈중앙화 금융) 시스템에서 담보로 쓰일 수 있다. 이는 대출과 청산 절차를 대폭 간소화하여 비용을 절감하며, 전통적으로 담보로 사용되지 않았던 다양한 자산

토큰증권(STO)	자산 토큰화(RWA)
프라이빗 블록체인	퍼블릭 블록체인
기존 금융 시스템	디파이
자본시장법 적용(STO = 증권)	규제 없음

들이 새로운 담보로 활용될 수 있음을 의미한다. 다시 말해서 토큰증권과 자산 토큰화는 모두 자본 조달과 투자의 중요한 수단이지만, 법적 규제와 그 접근 방식에서 중요한 차이를 보인다.

블랙록의 큰 그림, 모든 금융자산의 토큰화

10조 달러라는 세계 최대의 자산을 운용하는 블랙록 등 제도금융권이 암호 화폐 시장에 발을 디딘 것은 단순히 비트코인 현물 ETF가 목적이 아니다. 그들은 더 큰 그림을 그리고 있다. 앞으로 전개될 토큰증권과 자산 토큰화 시대에 대비할 목적이 더 큰 것으로 알려졌다.

블랙록의 래리 핑크Larry Fink 대표는 비트코인 현물 ETF가 승인된 다음날 CNBC 방송에서 "비트코인 현물 ETF의 승인은 가상자산이라는 신생 위험 자산군이 ETF라는 안전한 방식으로 접근할 수 있게 되었다는 의미"라고 말했다. 그는 이어 "이번 승인은 금융시장에서 기술 혁명의 첫 단계를 의미하며, 다음 단계에서는 모든 금융 자산의 토큰화가 이루어질 것"이라고 전망했다.

래리 핑크는 2023년 3월 투자자 연례서한을 통해서도 '자산 토큰화'가 자본시장의 효율성을 높이고 가치 사슬을 단축해 투자자에게 비용과 접근성을 개선할 수 있을 거라고 피력하기도 했다.

미국의 새 정부가 출범할 때마다 재무장관 단골 후보로 거론될 정도로 경제·금융 정책에 상당한 영향력을 행사하고 있는 그는 비트코인

▲ 블랙록 대표인 래리 핑크

은 금융 시스템에 혁명을 일으킬 것이라고 주장했다. 또 금융시장의 미래는 자산 토큰화라며 블랙록은 주식, 채권 등의 토큰화에 블록체인 기술이 적용되는 것에 대해 적극적으로 연구 중이라고 밝혔다. 이처럼 토큰증권과 자산 토큰화 등 전통 금융시장에 가상자산 시장과의 융합의 물결이 거대한 파도를 일으키며 몰려오고 있다.

Tip 블랙록, 최초의 자산 토큰화 펀드 '비들' 출시

블랙록은 2024년 3월 20일 최초의 '자산 토큰화' 펀드인 '비들BUIDL'을 이더리움 네트워크에서 출시했다. 펀드의 공식 명칭은 '블랙록 USD 기관용 디지털 유동성 펀드'BlackRock USD Institutional Digital Liquidity Fund: BUIDL이다. '비들'은 달러에 1:1로 고정되어 있으며, 미국 국채, 환매조건부채권 등에 투자해 토큰 보유자에게 수익률을 보장하는 펀드이다. 일일 배당금을 합산해 매월 새 토큰을 투자자 지갑에 직접 지급하는 것으로 알려졌다.

기관용 비들은 블록체인 기반 증권형 토큰 플랫폼 '시큐리타이즈' 등을 통해 이용할 수 있도록 했으며, 비들 펀드 초기 참여자로는 앵커리지 디지털 은행, 비트고, 코인베이스, 파이어블록스 등 가상자산 기업들이 이름을 올렸다. 펀드는 영국령 버진 아일랜드에서 설립됐으며, 최소 투자 금액은 10만 달러다.

현재 토큰화 펀드에 가장 널리 사용되는 퍼블릭 블록체인은 이더리움이며 스텔라, 폴리곤, 아발란체, 그노시스 및 베이스도 사용되고 있다. JP모건이 프라이빗 블록체인 오닉스Onyx를 선택한 것과 달리 블랙록은 비들 발행에 퍼블릭 블록체인인 이더리움 네트워크를 채택했다.

〈블랙록의 '비들' 출시 관련 분석〉

1. 예상보다 빠르게 움직이는 블랙록의 행보
블랙록의 비들 출시 사실이 알려지자, RWA 관련 아래 코인들이 급등하기 시작했다.

시총 순위	토큰 이름	설명	30일간 상승률
93	ONDO	온도파이낸스, 미국 국채 투자 토큰	87%
161	POLYX	폴리매쉬, ERC20 기반 자산 토큰화 서비스 레이어1 블록체인	190%

176	MANTRA	만트라, RWA 서비스 레이어1 블록체인, 스테이킹 디파이	166%
192	CFG	센트리퓨즈, 폴카닷 기반 대출 디파이 프로토콜	49%
195	PENDLE	펜들, 유동성 스테이킹 디파이 프로토콜	52%
266	CTC	크레딧코인, 신용대출 디파이 프로토콜, 김치코인	63%

2. 비들의 주 투자 대상이 미국 국채

미국 정부가 환영하는 투자로 미국 국채 관련 RWA 코인의 전망이 밝다. 대표적으로 온도 파이낸스 코인 ONDO이 미국 국채에 투자하고 있다. 투자 종목은 미국 중장기 국채와 단기국채 SHV ETF, 머니마켓펀드 MMF 등이다. 특히 SHV ETF는 블랙록이 출시한 ETF로 전망이 밝을 뿐만 아니라 이를 통해 향후 블랙록과의 파트너십 유지가 지속된다면, 온도 파이낸스 코인의 성장에도 도움이 될 것이다.

3. 블랙록이 투자한 기업이나 파트너십을 맺은 기업을 주목

블랙록은 자사의 비트코인 현물 ETF iShares Bitcoin Trust, iBT의 '지정 참가사 AP'로 'Jane St' 등 9개 사를 선정했고 유동성 공급사 MM로 코인베이스와 손을 잡았다. 그리고 이번 비들 출시에도 코인베이스와 서클이 협력한다.

4. 퍼블릭 블록체인 이더리움, 네트워크를 통해 출시

블랙록은 JP모건이 프라이빗 블록체인 오닉스를 이용해 자산 토큰화 사업을 추진하고 있는 것과 달리 퍼블릭 블록체인인 이더리움 네트워크를 선택했다. 즉 빠른 처리 속도와 저렴한 수수료 등 확장성보다 '보안성'을 중시했다는 점이 눈에 띈다. 참고로 블랙록은 현재 이더리움 현물 ETF 승인을 기다리고 있다. 그리고 블랙록이 이번에 선택한 이더리움 네트워크에서 구동되는 ERC-20 기반 RWA 코인들을 주목해야 한다.

5. 개인용 국채 토큰도 발행 예정

증권법의 규제를 받는 STO와 다르게 RWA는 여러 유형의 토큰화 자산을 활용할 수 있게 되면서, 디파이 시스템에서 담보로 쓰일 수 있다. 이는 대출과 청산 절차를 대폭 간소화하여 비용을 절감하며, 전통적으로 담보로 사용되지 않았던 다양한 자산들이 새로운 담보로 활용될 수 있음을 의미한다.

6. 수익성 측면에서 경쟁력을 지닌 스테이블 코인으로 부상

기존 스테이블 코인과 달리 비들은 국채 등에 투자해 얻은 수익을 비들 소지자 지갑에 매월 배당해줌으로써 차별성을 부각하고 있다.

퍼블릭 블록체인 (Public Blockchain)		프라이빗 블록체인 (Private Blockchain)
누구나 열람 가능	읽기 권한	허가된 기관/담당자만 열람 가능
불가능	참여자 구분	권한 부여, 권리 제한 기능
느림(7~20TPS)	속도	빠름(1000TPS 이상)
가능	분산화	가능
높음	탈중앙화	낮음
어려움	업그레이드	쉬움
비트코인, 이더리움 등	대표	리플, 아이콘 등

※ TPS(Transaction Per Second): 블록체인 초당 처리 가능한 거래량

Chapter 7

스테이블 코인의 미래

K코인으로 각광받았던 테라·루나의 몰락은 많은 사람을 절망의 나락으로 떨어뜨렸다. 동시에 전 세계 가상자산 시장을 뒤흔들었다. 미국에서는 루나 사태 이전에도 스테이블 코인의 위험에 대한 경고가 이어져 왔다. 2021년 6월 스테이블 코인으로 발행됐던 '타이탄'이 65달러에서 0달러대로 폭락하는 사건이 있었기 때문이다. 이제 '알고리즘 스테이블 코인'은 폰지 사기로 매도되고 있는 실정이다.

알고리즘 스테이블 코인들은 루나 사태와 겹친 긴축 장세 여파로 심한 매도세에 시달렸다. 2022년 6월 21일, 암호 화폐 사이트 '코인게코'에 따르면, 중국계 저스틴 선이 만든 알고리즘 스테이블 코인 USDD와 연동된 '트론'은 0.06달러로 일주일 전보다 21.2% 떨어졌다. 같은 기간 USDN과 연동된 '웨이브'는 4.75달러로 14.5% 떨어졌다. 루나 사태 이후로 따지면 13달러에서 63.5%나 급락한 셈이다.

국내 암호 화폐거래소에서 거래되는 '알고리즘 스테이블 코인' 기반 암호 화폐도 꽤

된다. 트론, 웨이브, 니어프로토콜, 팬텀, 카바, 하이브 등 8개나 있다. 이들 코인의 공통점은 루나처럼 알고리즘 스테이블 코인의 가치를 1달러에 맞추기 위해 담보로 찍어낸 코인들이다. 스테이블 코인 가치가 1달러 밑으로 떨어지면 이들 코인을 찍어내서 시중에 풀린 스테이블 코인을 사들여 가격을 떠받치는 방식으로 다시 1달러에 맞춘다. 그러나 암호 화폐 매도세가 급격하게 강해지자, 스테이블 코인 가격이 1달러 밑으로 내려갔다. 루나처럼 붕괴 우려가 커진 것이다. USDD(트론), USDN(웨이브), USDX(카바) 등이 1달러 이하로 가치가 떨어지는 '디페깅' 현상으로 불안한 양상을 보였다.

200개 이상 발행된 스테이블 코인

스테이블 코인은 크게 네 종류가 있다. 법정 화폐 담보, 암호자산 담보, 상품 담보, 알고리즘 스테이블 코인으로 나뉜다.

법정 화폐 담보 스테이블 코인은 특정 기관에 법정 화폐나 국채 등을 예치하고 예치금에 상응하는 가치의 스테이블 코인을 발행받아 사용한다. 암호자산 담보 스테이블 코인은 비트코인과 이더리움 같은 암호자산을 스마트 컨트랙트에 맡기고, 프로토콜의 담보 대출 비율에 따라 대출받아 사용하는 스테이블 코인이다. 상품 담보 스테이블 코인은 금·은·석유·원자재·부동산 등을 담보로 발행하는 스테이블 코인이다. 알고리즘 스테이블 코인은 알고리즘과 스마트 계약에 의존하여 발행되는 스테이블 코인이다.

현재까지 발행된 스테이블 코인은 200개 이상으로 알려진다. 스테이블 코인의 수요는 2020년 10월 이후 1년간 495% 이상 증가했을 만큼 급격하게 늘어났다. 이 중에서 실제로 사용 빈도가 높고 화폐를 대신해 사용하는 코인은 법정 화폐 담보 스테이블 코인인 '테더USDT'와 '서클USDC' 그리고 암호자산 담보 스테이블 코인인 '다이DAI' 정도이다.

미국의 경우, 중국계 자본인 '테더'보다는 미국 자본인 '서클'을 밀어줄 공산이 크다. '서클'은 암호 화폐 기업 서클과 미국 대표 암호 화폐거래소인 코인베이스 간의 협업을 통해 개발된 스테이블 코인으로 골드만삭스가 투자자이다.

반면에 '테더'는 달러 표시 자산, 즉 미국 국채로 담보 자산이 형성되었다고는 한다. 그러나 문제는 준비금의 대부분이 1년 이하 초단기 채권(52.4%), 기업 어음 및 양도성예금증서CD(36.7%), 머니마켓펀드 MMF(4.6%) 형태로 구성되었다는 점이다. 한때 이조차 제대로 밝히지 않아 뉴욕 검찰의 조사와 2017년 미국 상품선물거래위원회의 조사를 받고 거짓말 혐의로 4,100만 달러의 과징금을 물었다. 당시 테더는 준비금으로 보유한 달러가 시총 대비 7분의 1밖에 없었다고 한다.

게다가 테더의 준비금이 초단기 채권과 어음으로 이루어졌다는 것은 만약 '코인런'이 빚어진다면 투매 현상으로 이어질 수 있다는 의미다. 이는 채권 시장 등 자산시장을 일대 혼란에 빠뜨릴 수도 있다. 그들의 준비금에는 중국 부동산 기업들의 달러 표시 채권들이 포함된 것으로 알려져 향후 부동산 위기나 금융 위기 시에 취약할 수 있다는 의혹이 제기되고 있다.

이런 우려가 시장에 확산하면서 중앙은행 디지털 화폐CBDC의 발행에 속도를 내야 한다는 목소리가 다시 힘을 얻고 있다. 2022년 3월 바이든 대통령의 '디지털 화폐 개발 검토 긴급 행정 명령'도 같은 맥락이다.

현재 전 세계 100개 이상의 국가에서 CBDC를 개발하거나 시범 운영하고 있는 것을 보면 오히려 미국의 진입이 늦은 편이다. 중국의 디지털 위안화 역시 속도를 내고 있어 중국과 미국의 '디지털 화폐 패권' 다툼은 세계 각국의 CBDC 도입 시기를 앞당길 수도 있다.

스테이블 코인에 열광하는 이유

앞으로 통화 세계는 기존의 법정 통화와 암호 화폐(가상자산), 중앙은행 디지털 화폐, 스테이블 코인 4자 간의 전쟁이 예상된다. 이들이 전쟁만 하는 것은 아니다. 경쟁과 협력이 상존하는 전쟁터가 될 것으로 보인다. 많은 전문가가 특히 중앙은행 디지털 화폐와 스테이블 코인 간의 경쟁이 치열할 것으로 예상한다. 스테이블 코인의 강점은 다음과 같다.

첫째, 저렴한 송금 수수료와 송금 결과 즉시 확인

일단 저렴한 송금 수수료와 송금의 즉시성이다. 현행 스위프트 시스템에 의한 은행 간 국제 외화 송금 수수료는 금액에 따라 8~25%라는 고액의 수수료를 지불해야 한다. 이는 거치는 단계가 많기 때문이다. '환전 수수료+송금 수수료+전용망 수수료+수신 수수료+환전 수수료+

현금 수수료' 등 6단계마다 수수료가 부과되다 보니 이렇게 고율의 수수료가 발생한다.

이를 중앙은행 디지털 화폐로 송금하면 단계가 대폭 축소되어 '환전 수수료+송금 수수료+환전 수수료'의 3단계로 축소되고 수수료는 5% 내외로 줄어든다. 그런데 스테이블 코인은 환전할 필요가 아예 없으니 환전 수수료가 들지 않는다. 다만 네트워크 사용료 건당 100원 이하를 낸다. 이렇듯 송금 측면에서 스테이블 코인은 세계 어디서나 환전하지 않고 통용될 수 있는 세계 화폐로서의 기능을 갖고 있다.

또한 송금 소요 시간에서도 큰 차이가 난다. 은행을 이용한 해외 송금은 송금이 완료되는 데 보통 1~2영업일이 소요된다. 더구나 국가 간 시차가 존재하고, 나라마다 은행 영업 시간과 휴일이 달라 더 오래 걸릴 수 있다. 2021년 스위프트SWIFT가 개발한 디지털 송금SWIFT-GO은 하루 이내 처리로 개선되었다. 하지만 중간에 은행을 거치지 않고 전자지갑에서 전자지갑으로 이동하는 스테이블 코인은 보통 송금 후 35초만에 확인이 가능하다. 앞으로 소비자들이 어떤 통화를 송금용으로 선호할 것인지는 불 보듯 명확하다.

둘째, 법정 화폐와 암호 화폐 간의 가교 역할

스테이블 코인은 법정 화폐와 암호 화폐 간의 가교 역할을 할 전망이다. 암호 화폐의 가장 큰 약점은 가격 급등락이 빈번해 '화폐의 본원적 기능', 즉 '교환의 매개 수단, 가치 척도의 기능, 지불 수단 기능, 가치 저장 수단 기능'을 충족하지 못한다는 점이다. 이를 극복하기 위해 만들어진 코인이 스테이블 코인이다. 달러 등 법정 화폐에 일대일 페깅시켜 가격 안정성을 도모함으로써 법정 화폐와 암호 화폐의 장점을 모두 공유한 코인이자 양쪽의 가교 역할을 하는 코인이 만들어졌다.

셋째, 디파이와 메타버스 시대의 총아

스테이블 코인은 디파이와 메타버스 시대의 총아로 떠오를 전망이다. 중간에 은행을 배제한 탈중앙 금융DeFi·Decentralized Finance, '디파이'는 스마트 계약으로 개인과 개인을 직접 연결시킴으로써 은행의 중간 마진을 개인들에게 귀속시켜 예금과 대출 이자를 큰 폭으로 개선시켰다. 물론 너무 과도한 수익률을 약속하여 폰지 사기의 오명을 쓰기도 했지만, 미래 금융의 원형을 보여준 것만은 확실하다. 여기에 주로 예치하는 코인이 스테이블 코인이다.

또 스테이블 코인은 메타버스에도 많이 사용될 것으로 보인다. 메타버스는 1992년 미국의 SF소설 작가 닐 스티븐슨Neal Stephenson의 소설 《스노 크래시》에 처음 등장한 단어이다. 그때만 해도 소설 속에 있을 법한 얘기로 치부됐지만, 최근 들어 메타버스에서 부동산을 구입하여 매장을 꾸미는 것은 물론 온갖 행사가 개최되고 있다. 유명 가수의 콘서트가 열리고, 패션위크가 개최되고, 결혼식을 올리는가 하면 인간이 상상하는 모든 이벤트가 가능해진다. 그것도 현실 세계의 행사보다 훨씬 많은 사람이 참가해 즐길 수 있다. 여기에 더해 원격 업무는 물론 원격 교육, 원격 의료, 원격 관광 등이 이루어질 수 있다. 이러한 메타버스의 가상 세계에 참여하기 위한 결제와 거래 수단이 암호 화폐이며,

그중에서도 스테이블 코인이 많이 사용될 수 있다.

넷째, 암호 화폐 시장의 기축통화

스테이블 코인은 암호 화폐 거래 시장의 기축통화 역할을 할 것이다. 실제 지금도 암호 화폐 시장에서 가장 많이 쓰이는 코인이 스테이블 코인이다. 대부분 암호 화폐 거래소에서 암호 화폐를 사고팔 때 스테이블 코인으로 거래하기 때문이다.

다섯째, 디지털 위안화의 대항마로 키우려는 미국

스테이블 코인은 중국 중앙은행 디지털 화폐에 맞설 수 있는 화폐라고 전망한다. 중국은 '인민은행 디지털 화폐'를 CBDC Central Bank Digital Currency가 아닌 DCEP Digital Currency Electronic Payment로 부른다. 국민 사이에 중앙집권적인 냄새가 나는 '중앙은행 디지털 화폐'라고 인식되기보다는 '전자 화폐' 또는 '디지털 위안화'로 알려지기를 바라는 모양새다. 추적 가능한 중앙은행 디지털 화폐의 위압감을 조금이라도 줄이려는 노력이다.

중국은 디지털 위안화의 효율성을 살리기 위한 통화 정책적으로 다른 암호 화폐는 일절 불허하고 있다. 알리바바와 텐센트 등이 발행하는 알리페이와 위챗 등 중국의 모바일 결제 핀테크 산업마저도 통제함으로써 대내외 통제권을 강화하고 있다. 중국 인민은행에 따르면 2021년 연말까지 2억 6,100만 개의 디지털 위안화 지갑이 열렸고, 디지털 위안화를 결제 수단으로 도입한 상점(온·오프라인) 수는 2022년 말 기준으로

1,120만 곳이다.

이런 측면에서 중국보다 중앙은행 디지털 화폐 개발에서 많이 뒤처져 있는 미국이 그나마 위안으로 삼는 것이 달러와 페깅되어 있는 스테이블 코인이다. 달러 페깅 스테이블 코인의 확대와 전파는 곧 달러의 확대를 의미하기 때문이다.

금융 국경을 지키려는 CBDC와 허물려는 스테이블 코인

스테이블 코인을 규제하는 중국과 미국의 입장에는 미묘한 차이가 있다. 중국 등 개발도상국의 입장에서는 국부의 유출 특히 자본 유출이 엄격히 통제되어야 한다. 그래서 중국은 암호 화폐를 인정하지 않는다. 당연히 스테이블 코인도 인정하지 않는다. 중국이 추적 가능한 디지털 위안화의 상용화를 서두르는 이유이다.

하지만 미국의 입장은 조금 다르다. 어차피 달러가 해외에서 많이 사용될수록 '시뇨리지 효과'에 의해 미국의 이익이 늘어난다고 여긴다. 달러와 페깅된 스테이블 코인의 확대는 미국의 이익에 배치되지 않는다는 뜻이다. 물론 미국도 알고리즘 스테이블 코인의 투자자 보호를 위해 스테이블 코인 규제를 서두르고 있기는 하다. 미국은 자금 세탁 방지 조건과 함께 적정 회계 심사를 위해 스테이블 코인의 담보물을 제3의 기관 곧 은행 등에 예치함으로써 투명성을 제고하려고 한다. 아직까지 미국 정부의 스테이블 코인에 대한 시각은 우호적인 편이다.

결국 금융 국경을 지키려는 CBDC와 금융 국경을 허물려는 스테이블 코인의 한판 승부가 벌어질 수밖에 없다. 다만 미국 연준이 앞으로 CBDC를 개발해 출범시킨 이후에도 스테이블 코인을 계속 허용할지는 미지수이다.

"미국의 디지털 화폐가 생긴다면 스테이블 코인도, 가상자산도, 필요 없어질 것이다."

미국 연방준비제도 제롬 파월 의장이 2021년에 한 말이다. 연준이 발행하는 CBDC가 스테이블 코인을 대체할 것이라는 발언이다. 하지만 이는 두고 볼 일이다. 금융 국경을 지키려는 CBDC와 금융 국경을 허물려는 스테이블 코인의 한판 승부는 그리 호락호락할 것 같지 않다. 중국 등 다른 나라들은 몰라도 최소한 미국에서는 논란의 여지가 많을 것이다. 이제 사람들은 국경의 제약이 없는 환경에서 거래하기를 원한다. 그리고 파월 의장조차도 스테이블 코인을 금지하자는 입장은 아니다. 그럴 수도 있다는 가능성을 말했을 뿐이다.

그때까지 미국에서 스테이블 코인의 생태계가 얼마만큼 성장해 있을지가 관건으로 보인다. 미국 정부도 월스트리트 금융권의 참여도와 더불어 대선을 좌우할 정도로 커진 코인 생태계 유권자들의 파워를 의식하지 않을 수 없기 때문이다. 참고로 2023년 10월 기준, 미국 성인의 약 22%(약 5,000만 명)가 암호 화폐에 투자하거나 거래 또는 사용하고 있다고 한다.

현재 미국의 암호 화폐에 대한 기본적인 자세는 과거 IT 기술이 버블을 통해 커왔듯이 암호 화폐 기술이 가져다줄 미래에 대한 기대를 품는 것과 동시에 달러 패권을 보호하기 위한 통제 사이를 오가고 있다. 미국은 양쪽 과실을 모두 취할 수 있는 방법을 찾는 듯하다.

EU의 MiCA 법안 발효

2023년 6월 발효된 EU의 MiCA 법안은 가상자산 시장의 건전한 발전과 투자자 보호를 위한 규제를 담고 있다. 관련 업계에게 준비할 시간을 주기 위해 2024년 7월부터 2026년까지 단계적으로 도입된다. 168쪽에 달하는 방대한 MiCA는 암호 화폐 시장 관리·감독과 관련한 세계 최초의 포괄적 규제 법안으로 EU 27개국에 구속력이 있다.

EU가 가상자산 시장에 관해서는 앞서 나가고 있다. 보통 6개월 후에 미국과 캐나다가 따라가는 추세이다. 일본과 싱가폴도 규제안을 마련 중에 있다. 2023년 12월, G10 중앙은행과 은행 감독당국 대표로 구성된 바젤 위원회가 스테이블 코인 규제 개정안을 협의할 계획을 발표했다. 현재 G10 국가는 벨기에, 캐나다, 프랑스, 독일, 이탈리아, 일본, 스웨덴, 스위스, 영국, 미국이다. 이러한 움직임은 세계 가상자산 시장 특히 스테이블 코인 시장의 보호와 성장을 앞당길 것이다.

다시 증가세인 스테이블 코인

비트코인 현물 ETF 승인을 계기로 스테이블 코인이 다시 증가세로 돌아섰다. 글로벌 불장이 시작되면서 법정 화폐와 암호 화폐의 가교 역할을 하는 스테이블 코인에 대한 수요가 늘어났기 때문이다.

글로벌 투자은행 번스타인은 연구보고서를 통해 "스테이블 코인시장은 앞으로 5년 내로 3조 달러 규모로 성장할 것"이라고 전망했다. 리플도 2024년 3월 기준으로 스테이블 코인 시장 규모가 1,500억 달러에 불과하지만, 2028년까지 2조 8,000억 달러 이상으로 성장할 것으로 예상하면서, 2024년 하반기에 스테이블 코인을 출시하겠다고 발표했다. 암호 화폐 중에서 가장 빠른 송금과 저렴한 수수료로 경쟁력이 높은 리플이 스테이블 코인을 발행한다는 것은 스테이블 코인 시장에 또 다른 변화를 몰고 올 것으로 보인다.

스테이블 코인 공급량 증가는 암호 화폐 시장의 추세를 판단하는 데 비트코인 현물 ETF의 자금 흐름보다 유용한 지표가 될 수 있다. 스테이블 코인은 거래소에서 법정 화폐와 암호 화폐를 연결하는 다리 역할을 하여 거래가 원활하게 이루어지도록 돕는다. 이를 통해, 거래자들은 법정 화폐와 암호 화폐를 쉽게 교환할 수 있으며, 거래 시장에 자금이 원활하게 흐르도록 유동성을 제공한다. 그래서 스테이블 코인 공급량 증가는 암호 화폐 시장에 대한 낙관적 전망과 암호 화폐 수용 증가를 의미한다.

이러한 스테이블 코인 시장에 페이팔도 출사표를 던졌다. 페이팔은

2023년 8월, 달러에 고정된 페이팔 달러인 'PYUSD'를 출시했는데, 이는 대형 금융 서비스 회사 중 최초로 스테이블 코인을 발행한 사례다. 페이팔은 2024년 4월 해외 송금 서비스에 자사가 개발한 스테이블 코인인 PYUSD를 활용하겠다고 밝혔다. 이로써 고객들은 PYUSD를 전 세계 약 160개국에 있는 수취인에게 수수료 없이 송금할 수 있게 됐다. 이제 해외 송금 시 송금 수수료가 없어지는 새로운 시대로 접어들었다. 이는 미국이 주도하는 스위프트 시스템에 대한 중대한 도전이기도 하다.

수익 창출 스테이블 코인의 등장

통상적으로 스테이블 코인 투자로는 수익이 발생하지 않는다. 스테이블 코인 가격은 안정적으로 움직이게 설계되어서 가격이 크게 변동하지 않기 때문이다. 하지만 탈중앙금융DeFi 플랫폼에서 스테이블 코인을 빌려주거나 스테이블 코인을 예치(스테이킹)해서 돈을 벌 수 있다. 스테이블 코인 대여 플랫폼에 예치함으로써 대출자가 이자를 지불하면, 스테이블 코인을 잠근 기간에 해당하는 이자를 받게 된다.

또, 코인을 채굴 검증단에게 예치해서 보상을 얻을 수 있다. 이는 코인을 네트워크 보안 유지에 사용하기 때문이다.

Tip 예치하지 않고 보유만 해도 수익이 나는 스테이블 코인

최근 예치하지 않고 보유만 해도 수익이 나는 스테이블 코인들이 속속 등장하고 있다. 그중 하나가 2024년 6월 발행된 '리프트 달러'이다. 미국 암호 화폐 기업인 팍소스의 아랍에미리트 주재 사업체 '팍소스 인터내셔널'은 아르헨티나를 첫 시장으로 수익형 스테이블 코인 '리프트 달러USDL'를 출시했다. 리프트 달러는 미국 달러와 1:1로 연동되며 이더리움 기반으로 발행된다. 토큰 보유자에게 매일 자동으로 이자가 지급되며, 리프트 달러는 달러 예금, 단기국채 등의 유동 자산으로 구성된다. 보유자는 현재 리프트 달러를 통해 약 5%의 수익률을 얻을 수 있다.

리프트 달러는 중동에서 발행되어 초인플레이션 상황에 처한 아르헨티나에서 첫 출시된 이유가 있다. 미국은 스테이블 코인 발행자가 사용자에게 수익을 돌려주는 것을 금지하고 있다. 유럽에서도 조만간 시행될 암호 화폐 자산시장 규제법MiCA도 이를 금지할 예정이다. 달러나 유로화와 1:1로 연동된 스테이블 코인에 이자를 지급하면, 달러나 유로화 체제 자체가 위험해질 수 있기 때문이다. 그러다 보니 수익형 스테이블 코인은 이를 피해 중동이나 면세 지역에서 발행되고 있다.

그래서 '리프트 달러'USDL는 미국를 포함해 특정 국가들에서는 이용할 수 없다. 미국의 경우 이자가 발생하는 스테이블 코인은 증권거래위원회SEC에 의해 증권으로 간주될 수 있다. 미국 소재 '팍소스'가 아니라 중동 소재 '팍소스 인터내셔널'이 USDL를 발행하는 것도 이 때문이다. 미국, ADGMAbu Dhabi Global Market을 제외한 UAE, 영국, 유럽 연합, 캐나다, 홍콩, 일본, 싱가포르 등 특정 국가 거주자는 이용할 수 없다.

현재 수익형 스테이블 코인에 대한 수요가 크게 증가하고 있다. 이 틈을 놓치지 않고 스테이블 코인과 연계된 RWA도 속속 등장한다.

〈전통 금융과 연계된 주요 RWA〉

전통 금융TradFi, Traditional Financing과 연계된 RWA는 수익을 창출하기 위해 전통적인 금융 상품의 토큰화된 버전이다. 즉 뮤추얼 펀드에 가입하면 주는 수익 증권을 토큰화한 것이다. 이러한 자산에는 국채, 회사채, 부동산 및 기존 금융에서 전통적으로 사용되는 모든 금융 상품이 포함될 수 있다. 최근에는 수익률 높은 미국 단기국채가 주 투자 대상이다.

온도 파이낸스와 플럭스 파이낸스
온도 파이낸스Ondo Finance는 블록체인 기술을 통해 채권 등의 금융 자산을 블록체인에서 거래할 수 있도록 토큰화하는 RWA 프로젝트를 출시하고 있다. USDY는 미국 단기국채와 은행 예금을 기반으로 발행되는 토큰으로 기관과 적격 리테일 유저들에게 발행되고 있다. OUSG는 단기국채를 기반으로 발행되는 토큰으로 자격을 획득한 기관에만 판매하고 있다. 앞으로 MMF에 투자하는 RWA 상품도 출시 예정이며, 실물 기반 자산 및 가상자산의 대여와 대출이 가능한 프로토콜 '플럭스 파이낸스Flux Finance'도 함께 운영하고 있다. 그리고 일반인도 구매할 수 있는 암호 화폐 ONDO는 거버넌스 용도로 사용되고 있다.
이렇게 온도 파이낸스와 플럭스 파이낸스는 전통적인 금융 상품을 RWA에 연계시켜 수익을 창출한다. 이러한 투자는 토큰화되어 블록체인에서 관리되어 스테이블 코인 보유자에게 안정적인 수익을 제공한다.

마운틴 프로토콜
스테이블코인 USDM 발행사 마운틴 프로토콜Mountain Protocol은 전통적인 금융자산과 RWA에 투자하여 수익을 창출하고, 토큰 보유자에게 안정적인 수익을 제공한다.

stEUR

stEUR은 토큰화된 백트Bakkt EU 통화시장 펀드를 사용해 수익을 창출하며, 메이커 다오Maker DAO의 DAI와 유사한 유로화 기반 스테이블 코인 역할을 한다.

앵글 프로토콜

스테이블 코인 'USDA'와 'EURA'를 발행하는 앵글 프로토콜Angle Protocol은 다양한 전통 금융자산 포트폴리오에 투자하여 수익을 창출하고, 스테이블 코인 보유자에게 안정적인 수익을 제공한다.

sUSDT와 eUSDC

브릿지 통화인 테더Tether의 sUSDT와 써클Circle의 eUSDC는 국채, 회사채와 같은 법정 통화 기반 자산과 상품에 대한 투자를 통해 수익을 창출한다.

블랙록의 BUILD 펀드

블랙록Blackrock의 BUILD 펀드는 다양한 전통 금융자산에 투자하여 토큰화되고 스테이블 코인 보유자에게 안정적인 수익을 배분한다.

팍소스의 리프트 달러

팍소스Paxos의 '리프트 달러USDL'는 전통적인 금융 상품에 투자하여 보유자에게 안정적인 수익을 제공한다.

Chapter 8

비트코인 네트워크의
용도 확대

비트코인은 라이트닝 네트워크를 통한 결제 기능을 통해 가치 저장 수단을 뛰어넘어 교환의 매개 수단 기능을 더하고 있다. 비트코인 거래는 네트워크에서 발생하는 모든 전송 내역을 블록체인에 저장하는 온체인On-Chain 방식이라 거래 속도가 느리고 수수료가 비싸다. 비트코인은 1MB(메가바이트)의 블록을 10분에 하나씩 생성하다 보니, 비자카드가 1초에 2만 5,000개의 거래를 처리하는 데 반해 비트코인 처리 속도는 초당 7개에 불과해 거래 한 번 하려면 몇십 분씩 기다려야 했다. 게다가 거래 수수료도 비쌌다.

이러한 처리 속도를 개선하기 위해 2011년과 2017년에 각각 비트코인에서 하드포크되어 나온 것이 '라이트 코인'과 '비트코인캐시'이다. 라이트 코인은 블록 생성 시간을 비트코인의 1/4인 2분 30초마다 생성하도록 함으로써 처리 속도를 4배 개선했다. 그러다 보니 발행량 역시 비트코인의 4배인 8,400만 개가 되었다. 반면에 비트

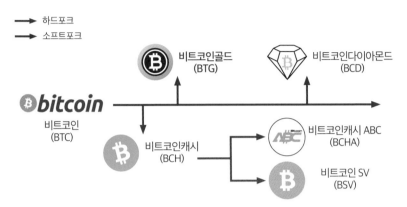

〈비트코인 하드포크 히스토리〉

→ 하드포크
→ 소프트포크

비트코인
(BTC)

비트코인골드
(BTG)

비트코인다이아몬드
(BCD)

비트코인캐시
(BCH)

비트코인캐시 ABC
(BCHA)

비트코인 SV
(BSV)

코인캐시는 데이터를 저장하는 블록 크기를 32MB까지 늘려 처리 속도를 개선했다. 이후에도 비트코인 계열의 하드포크는 계속 일어나 비트코인캐시에서 하드포크된 '비트코인 SV'와 '비트코인 ABC(이캐시)' 등이 탄생했고, 비트코인에서 '비트코인골드'와 '비트코인다이아몬드'가 갈라져 나왔다.

라이트닝 네트워크

'라이트닝 네트워크Lightning Network'는 비트코인 거래 처리 속도를 개선하기 위해 2016년 조셉 푼Joseph Poon과 타데우스 드리자Thaddeus Dryja가 개발한 프로토콜이다. 거래 처리 속도가 번개Lightning처럼 빠르다고 이름을 '라이트닝 네트워크'라고 명명했다. 이는 비트코인 블록체인 위에 추가로 레이어2층을 만들어 여기서 수많은 연산 처리를 한 후 그 최종 정산 결괏값만 한꺼번에 비트코인 블록체인에 기록함으로써 처리 속도를 대폭 개선했다. 현재 라이트닝 네트워크의 초당 처리 건수TPS는 4000만 건에 달하며, 이는 초당 2만 4000건을 처리하는 비자카드보다 1660배나 빠른 수준이다.

그래서 지금은 개인 간 소액 거래가 사토시satoshi(비트코인 최소 단위) 단위로 1초 안에 이뤄지고 있다. 한 개의 비트코인은 1억 개의 사토시로 구성되어 비트코인 가격이 1억 원이라면 1사토시는 1원인 셈이다.

게다가 라이트닝 네트워크는 거래 수수료도 저렴해 비자카드의 1000분의 1 수준이다. 이렇게 수수료도 싸다 보니 가맹점들이 수수료를 2~4%나 내는 신용카드보다 비트코인 결제를 선호할 수밖에 없다. 또 가맹점들은 결제액을 비트코인으로 받을지 아니면 달러로 받을지

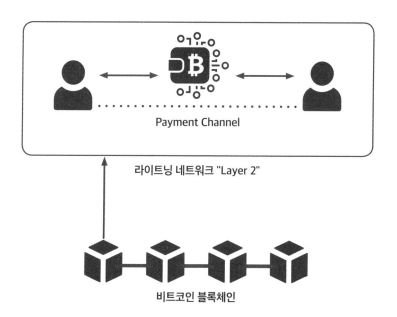

Payment Channel

라이트닝 네트워크 "Layer 2"

비트코인 블록체인

를 선택할 수 있다. 이러한
이유로 엘살바도르는 2021
년 비트코인을 법정 화폐로
지정하여 실생활 거래에 불
편하지 않게 쓸 수 있게 되
었다. 현재 페이팔과 비자를
포함해 10만 곳 넘는 유통·

▲ 체코 프라하에 있는 비트코인 ATM

결제 업체가 암호 화폐를 통한 결제를 도입했다.

　라이트닝 네트워크가 유기적 네트워크로 빠르게 확장하면서 알지
비RGB, 타로Taro 등 라이트닝 네트워크를 기반으로 한 토큰 발행 프로
토콜도 등장했다. 이더리움 블록체인 위에서 다양한 토큰을 발행하듯,
비트코인 블록체인에서도 라이트닝 네트워크 솔루션 덕분에 다양한
토큰을 발행할 수 있게 되었다.

NFT 발행

　비트코인 네트워크는 라이트닝 네트워크 이외에도 NFT, 디파이 부
문 등 다양한 분야로 기능이 확장되고 있다. 이러한 기능 확장은 '오디
널스, 인스크립션, BRC-20' 등 새로운 기술의 탄생 덕분이다.

　2023년 1월에 개발된 '오디널스Ordinals'는 비트코인 블록체인을 구성
하는 기본 단위인 사토시에 채굴 순서에 따라 고유한 일련번호를 매기

고, 각 사토시에 데이터를 기
록할 수 있도록 하는 프로토
콜이다. 한 개의 비트코인
은 1억 개의 사토시로 구성
되어 있다. '인스크립션'은
오디널스 프로토콜을 사용하여 사토시에 콘텐츠를 '새기는' 행위를 말
한다. 그렇다 보니 이더리움이나 솔라나 등 다른 블록체인 기반 NFT
는 발행minting이라는 단어를 쓴다. 그러나 비트코인 기반 NFT는 '새긴
다inscribe'라고 표현한다.

사토시에 기록되는 정보에는 텍스트, 이미지, 동영상, 오디오 등이
포함된다. 비트코인 네트워크에 해당 콘텐츠를 영구적으로 새긴다는
점에서 대체불가성이 인정돼 NFT로 분류됐다. 이로써 수많은 비트코
인 기반 NFT가 발행되었다.

다양한 비트코인 기능의 확대

오디널스 프로토콜을 기반으로 비트코인 네트워크에서 토큰을 발행
하기 위한 BRC-20 표준이 도입되었다. 이는 이더리움 ERC-20에 대응
되는 개념으로 오디널스 프로토콜을 통해 토큰 생성, 토큰 계약 배포,
토큰 이체 등을 실시하는 토큰 생성 표준이다. 이제는 누구나 비트코인
네트워크에서 토큰을 발행하고 전송할 수 있게 되었다.

하지만 BRC-20 토큰은 ERC-20 토큰과 달리 '스마트 컨트랙트' 기능이 없다. 그런데도 기술의 초석이 개발된 만큼 이를 기반으로 의미 있는 시도가 이뤄질 것이라는 전망이다.

이를 증명이라도 하듯 비트코인 블록체인과 연결된 보조체인에서 작동하면서도 스마트 컨트랙트 기능이 가능한 스택스STX 코인이 등장했다. 스택스 코인은 스마트 컨트랙트 기능을 쉽게 프로그래밍할 수 있는 새로운 언어 'Clarity'를 사용하고 디앱 개발이 가능하도록 설계된 암호 화폐로 미국 증권거래위원회의 인가를 받았다. 스택스 코인은 비트코인 블록체인 위에서 작동하기 때문에 기본적으로 보안은 비트코인의 작업증명PoW에 의존하지만, 스택스의 디앱은 '전송증명PoX' 합의 메커니즘을 사용하기 때문에 에너지 사용 측면에서 더 효율적이다.

스택스 코인은 스마트 컨트랙트를 통해 디파이 프로토콜로 비트코인 디파이 시장을 키우겠다는 구상을 갖고 있다. 이로써 이더리움 생태계의 산물인 디파이가 비트코인 환경에서도 가능하게 되었다. 이를 위해 스택스는 나카모토 업그레이드를 통해 현재 10분이 넘는 스택스 블록체인의 처리 속도를 초단위로 빠르게 처리한다. 이처럼 비트코인 네트워크에도 생태계가 조성되고 교환 매체의 수단과 담보 기능 확장에 대한 가능성을 열고 있다.

룬 프로토콜 출시

BRC-20은 비트코인의 오디널스 프로토콜을 통해 수많은 NFT 토큰을 생성하여 전송했다. 그런데 이 과정에서 문제가 생겼다. 2023년 5월, BTC 핵심 개발자가 "BRC-20 프로토콜에 스팸이 너무 많고 거래 폭증으로 인해 BTC 네트워크가 막히는 사례가 많아, BTC 커뮤니티가 이를 막기 위한 조치를 취해야 한다"고 주장했다. 2023년 9월, 오디널스 프로토콜 개발자인 케이시도 BRC-20 기반 토큰에 공개적으로 반대하며 BRC-20 발행을 중단해야 한다고 거들었다. 그리고 케이시는 대안으로 비트코인 고유의 모델UTXO을 기반으로 한 룬Rune 프로토콜을 제안했다.

이후 오디널스 커뮤니티는 룬 프로토콜 개발에 착수하여 2024년 4월 비트코인 반감기 시작 시점에 맞추어 '룬 프로토콜 메인넷'을 출시했다. 현재 룬Runes은 비효율적인 오디널스 기반 BRC-20 토큰 표준을 대체하는 것을 목표하고 있다.

Chapter 9

비트코인 현물 ETF 승인의 의미

2024년 1월 11일은 암호 화폐 역사의 한 획을 그은 날로 기억될 것이다. 미국에서 비트코인 현물 ETF가 승인된 날이며, 제도금융권이 암호 화폐를 품은 날이다. 세계 최대 자산운용사 블랙록 등 11개 사가 승인 요청한 비트코인 현물 ETF가 모두 동시에 승인이 났다. 음지에 내몰리던 비트코인이 당당히 양지로 나온 것이다. 이제 전통 금융과 가상자산 시장이 벽을 허물고 한 울타리 안에서 함께 크는 본격적인 융합의 시대가 도래했다.

블랙록과 피델리티 등 제도금융권 거물들이 앞장서서 비트코인을 거래한다는 것은 암호 화폐에 대한 인식의 긍정적 변화이다. 이제 암호 화폐는 루비콘강을 건넜다. 이 진군에 시동을 건 주역은 미국 증권거래위원회와의 법정 투쟁에서 승리한 미국 자산운용사 그레이스케일과 10조 달러가 넘는 자산을 운용하는 블랙록이다. 10조 달러가 얼마나 큰돈이냐 하면, 연준의 자산(본원통화 발행액)이 8조 달러 내외다. 월가 최

〈비트코인 가격 추이〉

1비트코인 당

미 동부 시간
3월 8일 오전 10시 30분께
70,199 달러

(출처: 코인베이스, 연합인포맥스)

▲ 비트코인 현물 ETF 승인 뒤 비트코인 가격이 무섭게 올랐다

대 상업은행인 JP모건 스탠리 은행의 보유 예금 잔액이 2024년 2월 기준, 2조 달러 수준이다. 블랙록과 피델리티라는 월가의 거물들이 앞장섰기에 미국 정부도 이들을 쉽게 다룰 수 없었다. 또 법원이 내린 판결이 미국 증권거래위원회를 압박했다.

비트코인이 ETF로 거래된다는 의미는 이제 누구나 쉽게 주식처럼 비트코인을 거래할 수 있다는 뜻이다. 지금까지는 비트코인을 거래하려면 특정 은행의 신원 확인 절차를 거쳐 암호 화폐거래소에 가입해야 했다. 그런데 비트코인 현물 ETF 등장으로 누구나 쉽게 거래함으로써 대중 접근성을 획기적으로 높였다.

개인뿐만 아니라 그동안 비트코인의 세무, 회계, 수탁 등의 이슈로 비트코인 매입을 주저하던 기관투자자들에게도 길이 열렸다. 비트코인 현물 ETF에 투자하면 비트코인을 직접 구매하는 것이 아니라, 비트코인 가격을 추종하는 펀드에 투자하게 되어 비트코인에 간접적으로 투자할 수 있다. 현재 기관이 보유한 비트코인의 비중은 약

10%에 불과하지만, 현물 ETF의 출시는 기관투자자의 진입 장벽을 낮추는 중요한 사건이다. 이에 따라 사모펀드, 투자자문업자RIA, 연기금 등 새로운 기관투자자들이 시장에 유입될 것으로 예상된다. 1억 달러 이상의 자산을 운용하고 있는 기관투자자들은 매 분기 그들의 투자 내역을 미국 증권거래위원회에 제출해야 한다. 2024년 1분기 동 보고서F13에 의하면 944개 기관투자자가 비트코인 현물 ETF에 투자한 것으로 밝혀졌다.

인덱스 펀드의 역사

인덱스 펀드의 역사는 1970년대 시카고대학의 유진 파마Eugene Fama 교수가 '효율적 시장 가설'을 주장하면서 시작되었다. 이 가설은 '주가는 항상 이용 가능한 모든 정보를 반영하기 때문에 그 정보들을 이용하여 장기적으로 시장 수익률을 능가하는 것이 불가능하다'라는 이론이다. 이 이론은 특정 지수를 추종하는 인덱스 펀드의 개발로 이어졌다.

최초의 인덱스 펀드는 1971년 웰스 파고Wells Fargo에 의해 출시되었으나 상업적으로 성공하지 못했다. 이후 1976년 존 보글의 뱅가드 그룹 'S&P500 인덱스 펀드'의 출현은 금융의 역사를 바꾸어 놓았다. 펀드매니저들이 운용하는 뮤추얼펀드(액티브펀드)와 달리 단순히 지수를 추종하는 패시브 펀드는 펀드 매니저가 필요 없다 보니 수수료를 크게 줄일 수 있었다.

이후 이 인덱스 펀드는 연평균 7% 내외의 수익을 냈으며, 현재까지 누적된 수익률은 7,000%를 넘겼다. 이를 연평균 복리수익률CAGR로 계산해 보면 매년 10%가 넘었다. 노벨경제학상 수상자인 폴 새뮤얼슨Paul Samuelson은 이렇게 극찬했다. "존 보글의 인덱스 펀드 개발은 바퀴와 알파벳 발명만큼 엄청난 가치가 있다."

'20세기 후반 최고의 금융 혁신' ETF의 출현

1993년 미국에서 펀드 가입과 탈퇴(환매)라는 번거로운 절차가 필요 없는 ETF가 출현했다. ETF는 상장지수펀드ETF·Exchange Traded Fund라는 명칭에서도 알 수 있듯이 거래소에서 주식처럼 손쉽게 사고팔 수 있는 인덱스 펀드를 뜻한다.

ETF의 장점은 크게 두 가지다. 하나는 가입과 탈퇴에 며칠씩 걸리는 펀드(신탁)와 달리 주식처럼 매매가 수월하다는 점이다. 또 다른 하나는 수수료가 저렴하고 절세 효과가 있다는 점이다. 주식형 펀드의 비용은 연 1.5~3% 반면 ETF는 0.03~0.09%밖에 되지 않는다. 수수료 차이가 약 1.5%로, 이것이 복리로 10년 누적되면 수익률이 14.3% 차이가 난다. 게다가 증권거래세도 내지 않는다. 주식형 펀드의 연평균 성장률이 7%일 때 ETF의 연평균 성장률은 20% 내외이다. 현재 ETF 시장의 최고 강자는 32%의 시장점유율을 차지하고 있는 블랙록이다.

ETF의 경쟁력

그간 미국 주식 시장은 펀드가 주도해 왔다. 펀드는 크게 공모 펀드와 사모 펀드로 나뉜다. 공모 펀드는 뮤추얼 펀드와 같이 누구나 가입할 수 있는 공개 펀드이고, 사모 펀드는 헤지 펀드와 경영 참여형 펀드같이 일정 조건을 충족하는 사람만이 회원이 되는 폐쇄 펀드이다.

헤지 펀드는 가입 조건의 최소 금액이 100만 달러 이상인 경우가 많다. 게다가 2~4%의 기본 수수료 이외에 수익의 20~40%를 성과 보수로 받는다. 이에 비하면 뮤추얼 펀드는 싼 편이다. 보통 1.6%의 가입 수수료와 소정의 성과 보수(환매수수료)를 받는다. 반면에 ETF는 수수료가 0.03~0.09%로 파격적으로 저렴하고 절세 효과까지 있어 젊은이들 사이에서 인기가 높다. 그렇다 보니 기존 펀드 시장을 ETF가 대체하는 흐름이다.

〈ETF의 경쟁력〉

무섭게 치솟는 ETF 성장세

  2000년 이후 2010년까지 미국 뮤추얼 펀드의 연평균 성장률은 6.4%임에 비해 ETF 연평균 성장률은 24.8%에 달했다. 2011년 이후에는 뮤추얼 펀드의 연평균 복리수익률이 11%일 때 ETF의 연평균 복리수익률은 20%에 달했다. 그렇다 보니 뮤추얼 펀드보다 ETF로 투자가 쏠리고 있어 최근의 ETF 성장세는 연 25% 내외로 가파르게 치솟고 있다. 이런 속도라면 2027년에는 ETF 시장 규모가 뮤추얼 펀드 시장 규모를 추월할 것으로 보인다.

  이러한 빠른 성장세 속의 ETF 그룹 안에서도 비트코인 현물 ETF의 성장 속도는 상위 0.1%에 속한다. 현재 미국에는 약 3,100개의 ETF들이 있는데, 그중에서 블랙록과 피델리티의 비트코인 현물 ETF의 2024년 유입액이 각각 4위와 7위에 랭크되어 있다. 그만큼 비트코인 현물

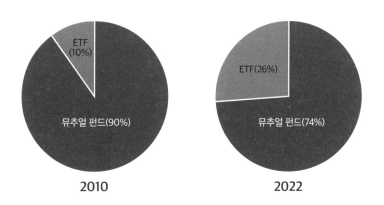

▲ 미국 시장에서 ETF가 뮤추얼 펀드를 대체해 가고 있다

ETF가 대중들의 뜨거운 관심 속에 폭발적으로 성장하고 있다.

2023년 글로벌 ETF의 성장률은 25.6%에 달했다. 블랙록이 예측한 자료에 의하면 2024년 말 글로벌 ETF 규모는 14조 달러에 달할 것으로 보았다. 세계 ETF 자금의 1%만 비트코인 현물 ETF에 들어온다고 해도 그 금액만 1,400억 달러이다. 이는 비트코인 가격을 크게 끌어올릴 것이다.

거래소에 비트코인 물량이 부족

3월 12일 기준, 승인 뒤 두 달간 미국 비트코인 현물 ETF에 순유입된 금액은 100억 달러 정도이다. 하지만 이것이 촉발한 세계적 파장은 그 파고가 쓰나미급으로 치솟고 있다. 같은 기간 크립토 시장에 몰려든 금액은 830억 달러(약 1,100조 원)이고, 이 가운데 비트코인과 이더리움 매입액이 750억 달러에 달했다.

수요가 폭발하다 보니 시장에 물량이 부족했다. 장기투자자들의 차익 실현을 위한 물량이 나오고 있긴 한데, 이보다 단기투자자들이 사들이는 물량이 더 많다. 또 채굴자들의 공급량 역시 ETF 매입 물량만 비교해도 턱없이 부족하다.

당시 비트코인 하루 채굴량은 약 900개에 불과했다. 그런데 비트코인 ETF 유입량만 해도 그 6배 이상이다. 원래 기관들이 필요한 큰 물량은 거래소에서 사지 않고 보통 장외에서 당사자 간에 직접 거래되곤 한

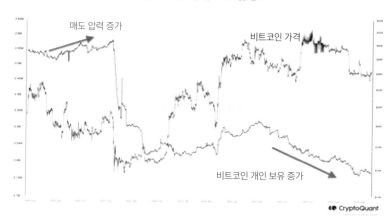
〈비트코인 거래소 보유량〉

다. 한 번에 큰 물량이 거래소에서 매매되면 변동성이 커져 가격에 왜곡이 생기기 때문이다. 그런데 최근에는 장외거래OTC, Over-The-Counter 물량이 부족해 기관들이 부족한 물량을 부득이 장내에서 사들이고 있다. 그런데 거래소의 비트코인 물량 또한 지난 5년간 줄곧 감소해 왔다. 4년마다의 반감기로 채굴 물량은 반으로 줄어들고 기관 투자가들이나 고래들 역시 매집 물량을 자기들 지갑으로 옮기는 통에 거래소 물량이 줄어들고 있다.

2024년 4월 반감기에 대한 기대

비트코인은 인플레이션 화폐에 대항해 만들어져 애초부터 발행량이 2,100만 개로 한정되어 있다. 그중 이미 1,950만 개는 채굴되었다. 채굴 보상은 4년마다 반으로 줄도록 설계되어 있는데, 이를 반감기라 부른다. 2024년 4월 네 번째 반감기를 맞아 6.25개의 채굴 보상이 3.125개로 줄어든다.

일반적으로 반감기에는 기대가 커진다. 앞선 반감기에서 비트코인 가격이 급등하는 불장이 찾아왔기 때문이다. 2012년 첫 번째 반감기 이후 비트코인 가격이 380일 만에 95배 올랐고, 2016년 두 번째 반감기 뒤에는 500일 만에 41배, 2020년 세 번째 반감기 이후에는 코로나19 사태로 1년 동안 하락세를 이어가다 그 뒤 550일 만에 약 8배 상승했다.

그러나 이를 다 반감기 효과로 보기는 힘들다. 반감기 전후로 시간을 좀 더 좁혀보면, 1차 반감기 때는 두 달 전 3주가량 21.2% 하락했다가 반감기 보름 뒤부터 오르기 시작해 14.7달러였던 시세는 3달 뒤 230달러까지 1,464% 급등했다. 그리고 2차 반감기 때는 한 달 전 761달러였던 비트코인은 646.7달러까지 15% 떨어졌다가 이후 횡보하던 비트코인은 반감기 5개월 뒤부터 반등하기 시작해 756.2달러였던 가격은 6개월 뒤 2973.4달러까지 올라 293% 급등했다. 3차 반감기를 앞두고도 큰 폭의 하락기를 겪었다. 반감기 3달 전 10,158.4달러였던 가격은 코로나19 사태로 한 달 만에 4,826달러까지 급락했다가 반

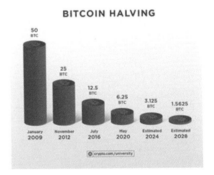

감기 뒤 1만 달러를 회복한 비트코인은 6개월 뒤 1만 4,000달러대에 진입했고 이후 두 달 만에 4만 599.3달러로 290% 급등했다. 3차례 반감기 공통의 특징은 반감기 전후에 조정을 거친 뒤 상승했다는 점이다.

하지만 이번 반감기는 비트코인 역사상 특이한 국면이다. 비트코인 현물 ETF 출시 등 수요와 공급 측면에 지대한 영향을 미치는 여러 상승 요인이 복합적으로 작용하고 있어 쉽게 예단하기 힘들다.

중국의 암호 화폐 수요 급증

중국은 암호 화폐 거래가 금지되어 있다. 2021년 9월 자금세탁과 화폐 유출, 비트코인 채굴에 따른 환경적인 영향에 대한 우려로 디지털 자산의 거래를 금지한 상태다. 하지만 최근 들어 개인 간 암호 화폐 밀거래가 급증하고 있다. 특히 2022년 이후 중국의 부동산 가격 하락과 2023년 주식 가격 폭락이 겹치면서 일부 부호들이 비트코인 등 암호 화폐 쪽으로 투자 대상을 옮기고 있기 때문이다. 현재 동아시아에서 우리나라와 일본에 이어 3위 거래국이다. 홍콩을 포함하면 사실상 1위인 셈이다.

2024년 4월 홍콩 증권선물위원회SFC는 비트코인과 이더리움 현물 ETF를 승인했다. 비트코인 현물 ETF 승인은 미국에 비해 늦었지만, 이더리움 ETF 승인은 미국보다 빨랐다. 중국 본토의 투자 자금이 지금은 중국 정부의 눈치를 보느라 조심하고 있지만, 향후 시간이 흐르면 본격적으로 유입될 것으로 보인다. 홍콩에 이어 미국도 이더리움 현물 ETF 를 승인했다.

실물 금에서 디지털 금으로 이동

금과 비트코인은 경쟁 관계의 대체 자산이다. 2024년 3월 중순 기준 으로 금의 시가총액은 약 13조 달러이고, 비트코인은 약 1.4조 달러이다.

미국 ETF 시장 내 거래량 상위 14곳의 금 ETF에서 올해 초 약 두 달 간 총 31억 달러의 자금이 유출된 반면, 10개 비트코인 현물 ETF에는 74억 달러가 순 유입되었다. 상황이 이렇다 보니 금 가격은 떨어지고 비트코인 가격은 치솟았다. 실물 금에서 디지털 금으로 자금이 이동하고 있는 것으로 보인다.

미국 금 ETF 보유 금 물량이 줄어드는데도 금 가격이 신고가를 뚫고 고공 행진하는 것은 글로벌 수요가 폭증하고 있기 때문이다. 중국, 인도, 러시아, 튀르키예 등 브릭스 국가에서 금을 대량으로 수입하고 있으며 그 가운데 중국과 튀르키예 중앙은행은 외환보유고에도 금을 담고 있는 것으로 알려졌다. 우크라이나 전쟁이 터지자 미국 주도로 외국 은행에 예치된 러시아 외환보유고를 압류했는데, 이것이 부메랑이 되어 미국을 강타하고 있다. 반미 성향 국가의 중앙은행들이 이제는 그들의 외환보유고에 미국 국채 대신 자국 내에 보관할 수 있는 금을 담고 있어 미국 국채 수요가 대폭 줄어들었다.

모건 스탠리 13개 펀드와
비트코인 파생상품의 등장

    모건 스탠리가 비트코인 ETF 행렬에 동참하기로 결정하고 자사의 13개 펀드에 비트코인 ETF를 편입시키기 위한 승인 신청서를 SEC에 제출했다. 펀드 자산의 최고 25%를 비트코인 ETF로 채울 계획이라고 한다. 다른 투자기관들도 뒤따를 것으로 보인다.

    또한 비트코인 현물 ETF와 관련한 옵션 상품이 등장할 예정이다. '비트코인 ETF 레버리지'와 '비트코인 ETF 인버스' 상품이 신청된 상태이다. 한편 라운드힐 인베스트먼트의 '비트코인 커버드콜 ETF YBTC'는 이미 거래를 시작했다. 커버드콜 ETF란 자산 매입과 콜옵션 매도의 결합 상품으로 횡보장이나 하락장에서 수익률 방어가 가능한 상품이다.

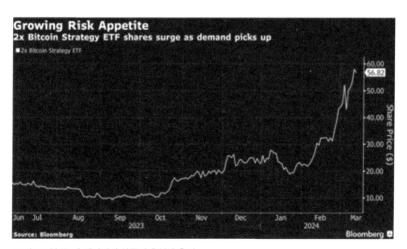

▲ 비트코인 두 배 레버리지 상품의 유입액 추이

비트코인 선물 ETF 시장에는 이미 지난해 6월에 2배 레버리지 상품이 출시되어 최근 폭발적으로 성장하고 있다. 올해 1월에 20달러를 밑돌던 가격이 3월 12일 기준 56달러로 치솟아 280% 이상의 수익을 올리고 있다. 올해 들어 이 상품에 65억 달러가 유입되었다.

ETF 시장에서는 현금흐름과 리스크 관리를 위해 파생상품을 활용하는 추세가 있으며, 이는 투자자들에게 다양한 전략을 제공한다. 비트코인 ETF 관련 파생상품들의 등장은 비트코인의 수요를 늘려 가격 상승에 일조하게 된다.

긴축 종료와 금리 인하가 불러올 자산 가격 상승세

미국 금융계는 2023년 4분기부터 단기 유동성이 말라가는 징후를 보이고 있다. 단적인 예가 오버나이트 자금 곧 연준의 역레포RRP 잔액의 급격한 감소이다. 2조 5,000억 달러의 잔액이 2024년 1분기에 4,000억 달러 대로 크게 줄어들었다.

미국 재무부도 2023년 10월에 이러한 상황을 감지하고 2024년 국채 발행 계획을 급히 바꾸었다. 단기국채 발행을 대폭 축소하고 중장기 국채 발행을 늘리기로 했다. 2023년에는 단기국채(6개월 미만) 발행 비중이 84%에 달했는데, 이를 2024년에는 25%로 줄이고 중장기 국채 비중을 75%로 늘리기로 했다.

그런데 이렇게 중장기 국채 발행 비중이 늘어나면, 이를 시장에서 소화하기가 어려워진다. 그래서 재무부는 2024년 2분기 발행액을 평소의 1/3 ~ 1/4 수준인 2,020억 달러로 대폭 줄이고, 국채 시장 수요 진작을 위해 '바이백 프로그램'을 시행하겠다고 발표했다.

바이백이란 국채 가격을 안정화하기 위해 재무부가 보유 현금으로 중장기 국채를 시장에서 사들이는 행위로, 이는 국채의 조기 상환을 의미한다. 이후 시장 상황을 봐 가면서 그만큼의 신규 국채를 더 발행하여 현금을 다시 채워 넣는 것이다. 이러한 임시 변통식 방법으로 국채 시장을 안정적으로 오래 관리할 수는 없다. 그래서 연준의 긴축QT이 금리인하 전이라도 먼저 종료되거나 감축될 수 있다. 이때 자산 가격 오름세가 나타나며, 이후 금리 인하 시에 다시 한번 자산 가격 상승세가 반복될 것이다.

퇴직연금 계좌가 비트코인 ETF의 희망봉

미국의 개인 주식 계좌 수는 1억 개 남짓인데, 그 가운데 54.3%가 은퇴연금 계좌이다. 절세, 기업 지원 등 장점이 많아 개인 투자보다 훨씬 비중이 높다. 미국 은퇴연금 자산 총규모는 약 36.7조 달러(2023년 2분기 기준)에 달한다. 이 가운데 기업연금 계정(401K)과 개인 퇴직연금 계정의 규모는 약 22조 달러이다. 이 자금은 주로 펀드에 투자되어 있는데, 이중 비트코인 ETF로의 전환 비중을 1~2%만 잡아도 2,200억 ~4,400억 달러의 자금이 비트코인 ETF로 유입될 수 있다.

현재 개인 퇴직연금IRA은 개인이 분산투자 비중을 조정할 수 있어 젊은 층에서 투자 자금 일부를 비트코인 ETF로 전환하는 사람들이 늘어나고 있다. 하지만 기업 퇴직연금401K은 아직 비트코인 ETF로의 전환이 이루어지지 않았다. 기업 퇴직연금 계좌에 비트코인 ETF가 포함된다면, 매월 일정한 금액이 지속적으로 유입된다는 것을 의미한다.

미국, 친 암호 화폐 정권 취임

그간 암호 화폐의 가장 큰 적은 미국의 규제였다. 그러던 미국이 이번 대선을 통해 암호 화폐에 대한 태도가 많이 바뀌고 있다. 그 중심에 트럼프가 있다. 트럼프는 미국 대선 기간 중 암호 화폐 지원에 대해 많은 공약을 발표했다. 그는 본인이 당선되면 비트코인의 상거래 결제를 허용하겠다고 했다. 또한 개인의 프라이버시를 침해할 수 있는 CBDC는 발행을 불허하겠다고 했다. 이는 스테이블 코인의 강세화와 전반적인 암화 화폐 시장의 활성화를 의미한다. 또 그는 암호 화폐 기술의 발전과 채굴이 미국 내에서 이루어질 수 있도록 전폭적인 지원을 약속했다. 그간 암호 화폐 규제 기관이었던 미국 증권거래위원회 수장에 친 암호 화폐 인사가 발탁될 수도 있다.

트럼프가 이렇게 친 암호 화폐 인사로 바뀐 이유는 미국 내 암호 화폐 투자자들이 많이 늘어났기 때문이다. 2023년 4월 기준, 미국인 22%가 암호 화폐에 투자하고 있다고 조사되었다. 미국의 중소은행 파산이

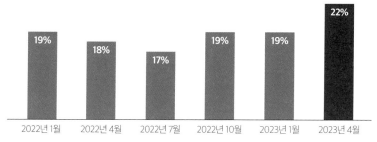

〈미국의 암호 화폐 보유자 추이〉

- 2022년 1월: 19%
- 2022년 4월: 18%
- 2022년 7월: 17%
- 2022년 10월: 19%
- 2023년 1월: 19%
- 2023년 4월: 22%

(출처: Morning Consult. U.S. Global Investors)

암호 화폐에 대한 투자를 높인 것으로 풀이된다.

상황이 이렇자 민주당에서조차 친 암호 화폐 의원들이 늘어나기 시작했다. 친 암호 화폐 법안 FIT 21 표결 때 민주당 의원 1/3이 찬성표를 던졌다. 앞으로 대선과 총선 모두에서 정치인들이 암호 화폐 투자자의 표심을 의식해야 할 정도로 암호 화폐 생태계가 커졌다.

변동성은 줄지만 돌발 변수에 대비

비트코인 현물 ETF 출현으로 그간 비트코인 선물 ETF에 투자했던 사람들이 투자금을 빼서 비트코인 현물 ETF로 옮기고 있다. 비트코인 현물 ETF가 빠른 속도로 성장하면서 비트코인 생태계가 점차 두터워지고 있어 비트코인 선물 ETF가 장을 갖고 노는 '웩더독' 현상은 많이 줄어들 것이다. 이제는 과거처럼 비트코인 가격이 반의 반 토막이 나는 큰 변동성은 보기 힘들 것이다.

하지만 항상 오르기만 하는 시장은 없다. 조정과 급락을 거치면서 우상향한다. 특히 지금의 세계 경제는 언제 경기 침체가 들이닥칠지 모르는 불확실성 속에 있다. 선진국의 금융 위기나 개발도상국의 외환 위기의 가능성은 상존하고 있다. 게다가 고금리 기조로 언제 어디서 어떤 돌발 변수가 터질지 모르는 형국이다. 투자자들은 거시경제의 흐름을 살피며 돌발 변수의 가능성에도 대비해야 한다.

Tip 암호 화폐로 패시브 펀드 수익률 추구하기

지수를 단순 추종하는 패시브 펀드와 펀드매니저들이 공들여 유망 품목들을 선별해 포트폴리오를 구성하는 액티브 펀드 중 어느 쪽의 수익률이 더 높을까?

패시브passive의 사전적 의미는 '수동적', '소극적'으로, 특정 지수의 수익률을 그대로 복제하는 데 목적이 있는 펀드를 말한다. 액티브Active의 사전적 의미는 '능동적', '적극적'이다. 그래서 액티브 펀드는 패시브 펀드와는 달리, 특정 지수를 초과하는 수익을 올리기 위해 적극적으로 유망 투자 자산을 발굴하고 공격적으로 포트폴리오를 구성하여 적절한 매수, 매도 타이밍을 잡아 운용하는 펀드이다.

2007년 워런 버핏은 내기를 하나 제안한다. 향후 10년간 인덱스 펀드의 평균 수익률과 펀드 매니저가 구성하는 포트폴리오의 수익률을 비교하여 더 큰 수익률을 내는 쪽이 이기는 내기였다. 이는 패시브 펀드와 액티브 펀드의 수익률을 비교하는 내기였다.

이 내기에 헤지펀드 운용사 프로테제 파트너스의 공동 대표인 테드 세이즈가 도전했다. 지는 쪽이 자선단체에 100만 달러를 기부하기로 하고 시작한 내기는 10년 뒤 S&P500 지수 펀드의 압승으로 끝났다. 10년 동안 S&P500 지수 펀드는 연평균 7.1%의 수익을 냈고, 테드 세이즈는 연평균 2.2%라는 초라한 성적을 거뒀다.

워런 버핏의 내기뿐만 아니라 실제로 패시브 펀드를 이기는 액티브 펀드가 거의 없는 실정이다. 지수 추종 ETF의 인기가 많은 이유이다.

나이가 많은 워런 버핏은 2013년에 이미 유언장을 작성해 놓았다. 그는 유언장에 "내가 갑작스럽게 죽는다면 내 모든 자산의 90%는 S&P500을 추종하는 인덱스 펀드에, 나머지 10%는 채권에 투자하라"는 말을 남겼다고 한다.

〈암호 화폐의 패시브 펀드 수익률 추구 전략〉

코인게코CoinGecko 사이트에 들어가면, 상단에 비트코인과 이더리움 도미넌스가 나온다. 이를 토대로 본인의 포트폴리오 구성 비율을 맞추면 된다.

4월 13일 경우, 시가총액 2.53조 달러 중 비트코인 도미넌스 51.8%, 이더리움 15.3%였다. 그럼 자신의 투자 금액 중 52%는 비트코인을 담고, 15%는 이더리움을 사고, 나머지 33%는 알트코인에 배당한다. 장기 투자할 가치가 있는 비트코인과 이더리움 가치투자에 2/3, 성장성이 크지만 동시에 변동성의 위험을 감수해야 하는 테마 투자에 1/3을 할당되는 셈이다. 단, 적절한 시간 텀을 두고 분할 매수하는 방법을 추천한다.

알트코인은 숫자가 너무 많기 때문에 유망 코인을 발굴해 담는 액티브 펀드 구성이 불가피하다. 자기 스스로 공부해서 확신이 가는 유망 테마별 코인을 찾아내야 한다.

참고로 코인게코 사이트에서 '카테고리'를 누르면 시가총액 순으로 테마들을 볼 수 있다. 하지만 테마 인기는 길어도 일주일을 넘기는 경우가 극히 드물기 때문에 이 순위에 연연할 필요는 없다. 본인이 공부해서 그해 떠오를 유망 테마를 선정해, 해당 테마에서 시가총액이 가장 큰 코인이나 30일간 상승률 1등 코인에 투자하자.

카테고리를 눌러 보이는 테마들 중에 관심 테마를 누르면 해당 테마의 코인들이 시가총액 순으로 뜨는데, 이를 30일간 상승률 높은 순으로도 다시 정렬시킬 수 있다. 그리고 알트코인 투자는 최대 5개 이내의 테마를 추천한다. 알트코인은 변동성이 크기 때문에 숫자가 많지 않아야 적절한 매수, 매도 타이밍 포착 등 관리가 용이하다. 그리고 테마는 유행을 탈뿐만 아니라, 기술의 진보도 빠르기 때문에 적절한 테마 교체도 필요하다. 이런 방법은 암호화폐의 흐름을 공부하는 데 큰 도움이 된다.

CURRENCY
REVOLUTION

이미 시작된 통화 혁명

: 허물어지는 달러 아성 :

Chapter 1

미국이 자초한 탈달러화와
통화 결제 시스템의 다원화

세계에서 이라크만큼 미국의 국익을 위해 철저히 유린된 나라는 없었다. 이라크는 중동에서 사우디아라비아 다음으로 석유 매장량이 많은 나라이다. 1979년, 이란의 친미적인 팔레비 왕조가 무너지고 반미적인 호메이니 정권이 들어선 이후, 사담 후세인이 미국의 주요 관심 인물로 떠오르기 시작했다. 미국은 이라크를 활용해 이란이 이스라엘의 안보에 끼치는 위협을 막으려 했다. 사담 후세인이 1980년 이란

▲ 이라크의 사담 후세인

과 전쟁을 일으키자, 미국은 이란의 견제 세력으로서 후세인을 반겼다.

1983년 12월, 미 국무장관 도널드 럼스펠드Donald Rumsfeld는 대통령 특사로 이라크를 방문해 환대받았다. 레이건 행정부는 럼스펠드에게 "미국은 이란의 승리를 막기 위해 모든 지원을 아끼지 않겠다"는 점을 사담 후세인에게 전달하라는 지침을 내렸다. 당시 이라크 정부는 후세인 대통령이 럼스펠드의 방문을 매우 기뻐하며, 그를 높이 평가했다는 감사 메모를 미국에 전달했다.

럼스펠드가 두 번에 걸쳐 바그다드를 방문했을 무렵, 이라크는 이란군의 공세에 밀려 마즈눈 유전 지대를 빼앗기는 등 고전하고 있었다. 미국은 군사 정보와 물자를 비롯해 후세인 정권을 다방면으로 지원했다. 1982년, 미 국무부는 이라크를 국제 테러리즘 지원 국가 명단에서 제외했다. 럼스펠드가 방문한 지 1년도 채 되지 않아, 미·이라크 양국은 단절되었던 외교 관계를 회복했다. 그러나 1988년 이란과 휴전 협정을 맺은 후세인이 중동의 맹주가 되겠다는 야망을 노골화하면서 미국과의 갈등이 시작되었다.

후세인은 1990년 8월 쿠웨이트를 전격적으로 침공했다. 만약 당시 전쟁에서 승리하면, 세계 석유 매장량의 대부분이 위치한 페르시아만을 지배하게 되어 아랍 세계를 군림하게 될 상황이었다. 이는 사우디아라비아가 주도하는 '페트로 달러' 정책에 위협이 되는 행위로, 미국은 이를 허용할 수 없었다. 1991년 1월, 이라크는 미군 주도의 연합군에 의해 패퇴했다. 1993년, 전직 대통령 신분으로 쿠웨이트를 방문한 조지 부시 전 대통령 암살 기도 사건이 발생했고, 미국은 그 배후로 사담 후세인을 지목했다. 1990년대 중반부터 서서히 세력을 키워 나가던 미국의 네오콘(신보수주의자)들은 후세인을 냉전 종식 이후 세계 평화를 위협하는 제1의 공적으로 규정했다. 1998년에는 무기 사찰을 거부한다는 이유로 이라크에 대규모 공습을 감행했다.

그러자 후세인 정권은 미국이 가장 싫어하는 마지막 카드를 꺼냈다. 2000년 11월 6

일 자로 원유 거래 화폐를 달러에서 유로화로 바꾼 것이다. 이는 철저히 미국에 등을 돌리는 조치였고, 이로 인해 '달러를 거부하는 반미 국가 = 악의 축'이라는 등식이 성립되었다. 만약 이라크처럼 달러 대신 유로화로 결제하는 나라들이 중동 산유국 가운데 늘어나기 시작하면 석유수출국기구OPEC의 공식 결제 화폐로 달러와 함께 유로화가 지정될 수도 있었다. 미국으로서는 끔찍한 일이었다. 당시 북한도 결제 화폐를 유로화로 바꾸며 달러를 배척하는 반미 국가로 변모했다. 조지 부시 대통령이 2002년 테러 지원 국가로 지명한 '악의 축'인 이라크와 북한 모두 유로 결제로의 움직임을 보였다.

게다가 미국이 묵과할 수 없는 또 다른 문제가 터졌다. 바로 이라크와 중국 사이에 중대한 협정이 맺어진 것이다. 중국은 미국의 이라크 침공 직전 이라크 남부의 유전 개발권을 후세인으로부터 양도받았다. 산유국인 이라크가 중국과 손을 잡은 것은 미국에 더 이상 지체할 수 없는 결단을 내리게 했다.

그로부터 한 달 보름 후인 2003년 3월 20일, 미국은 전격적으로 이라크를 침공했다. 대량 살상 무기 보유를 구실로 침공했지만, 전쟁의 명분이었던 대량 살상 무기는 발견되지 않았다. 3년여의 세월이 흐른 2006년 말, 후세인은 동트는 새벽녘에 자신이 반역자들을 처형하던 장소에서 조용히 형장의 이슬로 사라졌다.

반복되는 페트로 달러에 대한 도전

2000년대 들어 페트로 달러에 대한 도전이 끊임없이 반복되고 있다. 미국과 대립 중이었던 시리아는 2006년 3월부터 국제 거래에서 달러 이용을 중단했다. 원유 거래도 달러에서 유로화로 바꿨다. 미국과 갈라선 이란 역시 2006년 12월 자국의 외환보유고를 달러에서 유로화 표시 자산으로 바꾸고 원유 결제통화 역시 달러 대신 유로화로 결제하 겠다고 선언했다.

리비아 무하마르 카다피Muammar Gaddafi 국가 수반의 꿈은 더 원대했 다. 그는 2009년 아프리카연합AU 회원국에게 새로운 통화인 '금화 디 나르Golden Dinar'를 통한 결제 시스 템을 도입해 이를 원유 결제 통화로 사용하자고 제안했다. 이는 한마디 로 아프리카 국가들이 힘을 합쳐 페 트로 달러를 거부하자는 뜻이었다.

▲ 리비아의 최고지도자였던 카다피

아프리카연합은 아프리카 53개 국들이 2002년 7월 결성한 기구로 2004년 '아프리카경제공동체'를 창 설해 금에 기반한 공동 통화를 만들기로 합의했다. 이를 보고만 있을 수는 없었던 미국은 리비아 침공을 단행했다. 2011년 카다피가 내전에 서 살해당하면서 금화 디나르에 관한 논의는 더 이상 추진되지 않았다.

브릭스 5개국은 2011년 4월 13~14일 중국 하이난성 싼야에서 거행 된 제3차 정상회담에서 탈달러 동맹을 선언하면서 자본 거래나 무역 결제를 할 때 달러 대신 자국 통화를 사용하자고 결의했다.

이란을 스위프트 망에서 배제한 미국

미국이 주도하는 국제은행간통신협회SWIFT 즉 '스위프트'는 국가 간 자금 거래를 위해 미국과 유럽 시중 은행들이 1977년 설립한 기관으로 벨기에에 본부가 있다. 세계 210여 개국 1만 1,500여 개의 금융기관이 스위프트 망을 통해 하루 평균 3,800만 건의 국제간 송금이나 무역 대금을 결제하고 있다.

미국과 유럽연합EU은 2012년 3월 이란 중앙은행을 비롯해 30곳을 스위프트에서 강제 탈퇴시켰다. 이어 미국은 같은 해 7월 이란과 다른 나라의 금 거래도 막았다. 이러한 조치로 이란 경제의 근간인 석유와 가스 수출에 치명타를 입혔다. 이란은 세수의 80%가 원유 수출에서 나왔는데 수출 길이 막히면서 경제가 곤두박질쳤다. 그해 경제성장률은 -7.7%였고, 이란의 리알화 가치가 51%나 떨어졌다. 이듬해 물가는 35%나 폭등했다.

미국과 혈맹 관계였던 이란

과거 이란은 미국과 혈맹 관계였다. 냉전 시대 미국은 중동에 소련 세력이 확산되는 것을 막기 위해 이란을 지원했으며, 이란은 미국을 대신해 소련과 맞서 싸웠다. 이렇듯 미국과 이란의 관계는 매우 끈끈했다. 그러나 이란과 미국의 악연은 1950년대 초반으로 거슬러 올라간다. 당시 이란 남부 지역을 간접 지배하던 영국은 석유 등 각종 이권 사업을 독점하고 있었다. 이로 인해 이란에서는 외세에 대한 반감이 거세졌다. 그러다가 이란의 모사데크Mosaddeg가 새 총리로 취임한 후, 1951년 석유 국유화를 선언했다.

발등에 불이 떨어진 영국과 미국은 이른바 '아약스 작전'으로 이란 군부의 쿠데타를 부추겨 1953년 모사데크 총리를 축출하고 팔레비 왕조를 복원시켰다. 이로 인해 이란의 석유는 다시 영국과 미국의 주머니로 들어갔다. 이는 이란 국민에게 영원히 잊을 수 없는 상처가 되었고, 이때부터 이란은 친미 국가에서 반미 국가로 돌아섰다.

팔레비 왕조가 본격적인 친서방 정책을 펼치자 반정부 시위가 벌어졌다. 이에 팔레비 왕조는 시위대를 가혹하게 유혈 진압했지만, 서방 언론은 이에 침묵했다. 급기야 팔레비 왕은 이란의 최고 종교 지도자 루홀라 호메이니Ruhollah Musavi Khomeini를 국외로 추방했다. 이 사건은 국민의 분노에 기름을 부었다. 마침내 원리주의를 내세운 이슬람 혁명이 대규모로 일어났고, 팔레비 왕은 1979년 이란을 떠나 이탈리아로 도주했다. 그 후 호메이니는 국민의 열렬한 환영을 받으며 귀국했다.

주 이란 미국 대사관 인질 사건

이란 국민의 분노는 쉽게 가라앉지 않았다. 미국이 팔레비 왕에게 입국을 허가한 게 실수였다. 그해 11월, 수백 명의 이란 강경파 대학생

들이 국왕의 송환을
요구하며, 이란 주재
미국 대사관에 침입
해 외교관과 직원 등
52명을 인질로 잡는
사건이 발생했다. 인
질들은 무려 444일이
나 억류됐다. 이 사건
으로 미국과 이란은
단교했다.

▲ 테헤란에 있는 주 이란 미국 대사관 담을 넘어가는 이란 대
학생들

　당시 미국은 인질 구출 작전을 시도했다가 처참히 실패하고, 특수대
원 8명이 목숨을 잃기도 했다. 1981년 1월, 미국이 팔레비 왕조의 미국
내 자산을 이란에 반환하는 조건으로 인질 전원이 풀려났다.

　당시 인질극에 가담했던 이란
대학생 마흐무드 아흐마디네자드
Mahmoud Ahmadinejad는 2005년 이란
의 제6대 대통령으로 당선되어 강
력한 반미 정책을 펼쳤다. 그는 석
유를 달러가 아닌 유로화로 팔기 시
작했다. 이후 세계 4위의 석유 수출
국 이란이 2007년 12월 8일, 석유
거래의 달러 결제를 완전히 중단했

▲ 마흐무드 아흐마디네자드

다. 더 이상 달러를 믿을 수 없다는 이유였다.

달러가 아닌 화폐로만 거래하는 이란 석유 거래소

이란은 석유 거래소가 석유 생산지인 중동이 아닌 미국과 영국에 있는 것이 불만이었다. 이에 2008년, 이란은 걸프에 있는 키시라는 작은 섬에 '이란 석유 거래소'를 열어 유로나 이란 리알 등 '달러가 아닌' 화폐로만 거래를 시작했다. 게다가 이란이 핵 개발에 나서면서 미국과의 관계는 더욱 더 냉각됐다. 이에 미국은 앞서 말한 대로 2012년 이란의 돈줄을 죄기 위해 이란 은행들을 스위프트 시스템에서 차단했다. 하지만 이란에 대해 스위프트 차단을 제재 수단으로 사용한 것은 미국의 소탐대실 자충수였다. 이러한 사태를 보고 화들짝 놀란 나라는 브릭스 경제동맹체의 중국과 러시아와 인도였다. 국제 결제를 스위프트에 의존하고 있는 그들은 자신들도 이란처럼 제재를 받을 위험이 있다는 것을 깨달았다. 그래서 그들은 즉시 스위프트를 대체할 자국 통화 결제 시스템 구축에 착수했다.

자국 통화 결제 시스템 구축에 나선 나라들

러시아가 먼저 치고 나갔다. 2013년부터 러시아 중앙은행은 달러가 차지하는 외환 보유율을 40%에서 24%로 낮췄다. 탈(脫)달러를 위해 2014년 루블화 결제 시스템인 SPFS를 구축했다.

러시아에 이어 중국이 2015년 10월 위안화 결제 시스템 CIPS를 완성했다. 2020년 10월 기준으로 세계 90여 개국의 1046개 은행이 CIPS를 사용한다. 러시아와 중국 간 무역 결제 역시 달러 대신 양국 통화를 사용함으로써 달러 결제 비중이 90%에서 20%대로 낮아졌다. 중국은 CIPS에 인민은행 디지털 화폐를 통합해 디지털 위안화의 급속한 확산을 가져올 것으로 보인다. 2017년 인도도 루피화 국제 결제 시스템을 개발했다. 2018년부터는 러시아 중앙은행이 보유하던 미국 재무부 증권을 1,000억 달러에서 100억 달러 이하로 낮췄다. 러시아는 달러 표시 부채도 줄이고 있다. 새로 발행되는 차환용 채권은 루블화나 유로화 표시해 달러 표시 부채를 줄이고 있다. 2018년 중국은 위안화 표시 원유 선물거래를 상하이 시장에 도입했다. '페트로 위안'이라고 알려진 이 선물거래는 달러 표시 원유 거래에 대한 대항마로 여겨진다. 이후 미·중 간 무역 전쟁과 패권 전쟁이 본격화되었다.

이러한 탈달러 움직임은 놀랍게도 미국의 적대국뿐만 아니라 우방국에서도 진행되고 있다. 유럽 역시 자체 국제 결제 시스템을 준비하고 있다. EU 중앙은행은 EU 내 실시간 소액 결제에 필요한 참가 기관의 유동성 관리를 위한 제도 개선과 연계한 실시간 지급결제 시스템인 TIPSTARGET Instant Payment Settlement를 2018년 11월부터 가동하기 시작했다. 특히 TIPS를 국제 결제 플랫폼으로 육성하기 위해 기존의 결제 관련 규제를 변경하여 은행뿐만 아니라 비은행 모바일 결제 플랫폼에도 국제 결제 자격을 부여하는 디지털 지급결제 공동규범을 도입했다.

다양한 통화 연합의 움직임

세계 각국의 중앙은행 디지털 화폐CBDC에서도 탈달러화 움직임이 본격화되고 있으며, 그 선두에 중국이 있다. 오래 전부터 CBDC 개발에 착수한 중국은 미국을 앞서 어떠한 형태로든 기선을 제압하겠다는 생각이다. 또한 중국 정부는 2018년 러시아, 인도, 브라질, 남아공 등 브릭스 국가들과 공동으로 디지털 화폐를 개발하는 문제도 논의했다.

유럽 역시 전 영란은행 총재 마크 커니가 디지털 유로화의 패권 통화화를 주장한 데 이어, 우르줄라 폰 데어 라이엔Ursula Gertrud von der Leyen 유럽집행위원회 위원장 역시 "유로의 국제적 역할을 강화하기 원한다"라고 밝혔다. 유럽연합은 현재 회원국들이 달러의 영향력에서 벗어날 수 있는 새로운 행동 계획을 마련 중이다.

여기에 사우디아라비아가 중동 산유국에서 디지털 화폐의 맹주를 자처하고 나섰다. 사우디아라비아와 아랍에미리트UAE가 공동으로 개발한 중앙은행 디지털 화폐가 출시할 예정이며, 이러한 탈달러 움직임은 남미연합 등 경제 블록별로 전파될 가능성이 있다.

최근 우크라이나 사태로 러시아가 스위프트에서 퇴출된 가운데 중국 CIPS와 암호 화폐가 그 대안으로 주목받고 있다. 푸틴 러시아 대통령은 "러시아가 비트코인 채굴에 장점을 갖고 있다"라고 강조했다. 불과 얼마 전 러시아 중앙은행이 암호 화폐 채굴과 발행, 거래 등을 전면 금지하는 방안을 내놓은 것과 상반된 모습이다. 러시아가 암호 화폐 채굴장을 많이 보유하고 있는 만큼 암호 화폐 금지가 아닌 육성 쪽으로 입장을 바꾸어 스위프트 제재에 대응하겠다는 전략으로 풀이된다. 러시아는 2021년 기준, 세계 암호 화폐 채굴의 11%를 차지했다. 이는 중국이 암호 화폐 채굴과 거래 등을 금지하면서 채굴업자들이 러시아와 카자흐스탄으로 많이 옮겨갔기 때문이다. 이처럼 달러 이후의 디지털 화폐 세계는 통화 연합의 다양화가 급속하게 진전될 것이다.

Chapter 2

신냉전 시대의 통화 전쟁

2023년 8월 남아공에서 열린 15차 브릭스 정상회의에서 브라질, 러시아, 인도, 중국, 남아공의 기존 회원국 외에 23개 신청국 가운데 '아르헨티나, 이집트, 에티오피아, 이란, 사우디아라비아, 아랍에미리트 6개국'이 가입 승인을 받았다.

〈브릭스의 신규 6개국 가입 승인〉

기존 5개 회원국	브라질, 러시아, 인도, 중국, 남아공
신규 가입 6개국	아르헨티나, 이집트, 에티오피아, 이란, 사이디아라비아, UAE

하지만 아르헨티나는 정권 교체 후 집권한 하비에르 밀레이가 가입을 취소했고, 사우디아라비아는 아직도 가입 여부를 검토하고 있어 2024년 7월 현재 브릭스는 총 9개국이다.

2024년 10월 러시아 카잔에서 열리는 제16차 브릭스 정상회의에서는 30개국의 추가 가입 신청을 심의할 예정이다. 이렇듯 앞으로 해가 갈수록 브릭스의 지형이 크게 재편될 것으로 예상된다. 신냉전 시대를 맞아 중국과 러시아는 브릭스 경제동맹체를 확대해 미국 중심의 국제 질서에 맞서고 있다.

브릭스BRICS는 브라질Brazil, 러시아Russia, 인도India, 중국China, 남아프리카공화국 South Africa의 머리글자를 따서 부르는 명칭이다. 브릭스 경제 규모는 2024년 1월 기준, 10개 회원국의 브릭스 인구는 약 35억 명으로 전 세계 인구의 45%, 경제 규모는 약 28조 달러로 전 세계 경제의 약 28%, 석유 생산 비중은 44%에 이른다. 이미 서구의 G7(주요 7개국 모임)의 경제 규모를 넘어선 브릭스의 영향력은 점점 커지고 있다. 골드만삭스의 경제학자 짐 오닐Jim O'Neil은 이들이 2050년에는 세계 경제를 주도하는 가장 강력한 집단이 될 것이라고 전망했다.

사우디아라비아가 변수

석유수출국기구OPEC의 맹주인 사우디아라비아가 브릭스의 가입 승인을 받고서도 아직도 가입하지 않아 세계의 이목을 끌고 있다. 사우디아라비아는 최근 미국과 중국, 미국과 러시아 간 지정학적 긴장이 고조되면서 그 사이에서 해당 국가들과의 관계를 고민 중인 것으로 보인다. 과거 미국의 맹방이었던 사우디아라비아는 조 바이든 정부가 들어선 후 미국과는 다소 거리를 두고 있고, 중국 등과는 활발한 교류를 하고 있다. 더구나 중국의 중재로 사우디와 이란이 관계 정상화에 합의하자 미국의 중동 정책에 큰 차질이 빚어졌다.

그간 미국은 '아브라함 협정' 프로젝트를 추진하며 이스라엘과 중동 국가들과의 관계 정상화를 위해 노력해 왔다. 1차로 이스라엘과 아랍 에미리트UAE, 바레인이 외교 정상화에 합의했다. 아브라함 협정에 숨겨진 미국과 이스라엘의 최종 의도는 이스라엘과 사우디아라비아의 관계 정상화로 이란을 고립시키는 전략이었다. 그런데 중국의 중재로 사우디아라비아가 이란과 전격 관계 정상화에 합의함으로써 미국의 계획이 수포가 되었다. 게다가 사우디아라비아가 브릭스 가입을 검토하고 있어 향후 페트로 달러 체재도 장담할 수 없는 처지에 이르렀다. 페트로 달러 체제란 '석유는 반드시 달러로 사야 한다'는 시스템으로, 미국과 사우디가 1974년 비밀 협약을 맺어 현재까지 이어져 오는 제도이다. 협약의 내용은 사우디와 OPEC(석유수출국기구)은 석유 거래를 달러로만 결제함으로써 미국의 달러 패권을 유지해 주고, 미국은 그 대가로 사우디 왕가에 안보 우산을 제공한다는 밀약이다.

세계 최대 석유 수입국 중국이 중동 산유국과의 석유 거래를 위안화로 추진하자는 제의도 페트로 달러에 대한 위협이 되고 있다. 여기에 더해 미국과 사우디가 1974년 6월에 체결했던 50년 만기의 양국 간 '군사 경제 협정' 이른바 '페트로 달러 협정'이 사우디 측의 갱신 거부로 만료됐다. 이에 따라 사우디가 더 이상 석유를 달러로 가격을 책정할 의무가 없어졌다.

사우디가 미국과 멀어진 이유

첫째, 석유 패권이 중동에서 미국으로 이동했다는 점을 꼽을 수 있다. 과거 석유가 미국의 전략 자원이었을 때는 미국이 중동 석유 수송로에 두 척의 항공모함을 상시 배치했을 뿐만 아니라 중동의 석유 유전에도 미군을 파견해 지켜주었다. 그러다 2008년 금융 위기 이후 고유가 시대가 도래하자 미국에서는 그간 경제성이 없었던 '셰일가스 붐'이 일어났다. 기존 원유 생산에 셰일 오일과 가스 생산이 더해지면서 미국은 2018년 일일 원유 총생산량이 1,100만 배럴로 러시아와 사우디를 제치고 세계 최대 산유국이 됐다. 이로써 중동 산유국의 가치가 미국의 관심 대상에서 벗어나기 시작했다.

둘째, 미·중 패권 전쟁으로 아시아의 중요성이 높아지면서 미국의 중동에 대한 전략적 중요성이 약화된 것도 중요한 배경이다. 이로써 미국은 중동에서 발을 빼기 시작했으며, 당연히 중동 석유 수송로에 상주했던 두 척의 항공모함은 남중국해로 이동했다.

셋째, 사우디 왕실이 미국의 중동 정책에 큰 불만을 갖고 있다. 사우디가 2003년 미국의 이라크 침공을 반대했을 때부터 양국 관계는 힘들어지기 시작했다. 이라크는 사우디의 앙숙인 이란과 1980년대 8년간 전쟁을 하면서까지 이란의 '이슬람 혁명' 수출을 막았고, 특히 지정학적으로 이라크는 사우디와 이란 사이에 있는 완충국이다.

'이슬람 혁명'이란 이슬람교의 뜻에 따라 운영되는 신정일치 정치제도로 이란은 사우디 주변국들에 이슬람 혁명을 수출하고 있다. 게다가 이슬람 혁명은 왕정을 부인하고 있어 사우디 왕가로서는 이를 극히 경계하고 있다. 그동안 수니파의 맹주인 사우디는 미국과 손잡고 시아파 종주국인 이란을 견제해 왔는데, 2015년 7월 미국 오바마 정부가 앙숙인 이란과 핵 협정을 타결한 데 이어 경제 제재까지 해제하면서 돈독했던 양국 관계가 결정적으로 틀어졌다.

이후 이란은 사우디 왕실에 큰 위협이 되었다. 이란은 이슬람 혁명을 수출하며 이라크의 시아파와 민병대, 시리아의 아사드 정부, 레바논의 헤즈볼라, 이스라엘의 하마스, 예멘의 후티 반군을 지원하여 사우디의 최대 안보 위협 세력으로 떠올랐다. 특히 후티 반군이 예멘 수도 사나를 점령하자, 사우디가 주도하는 연합군은 2015년 3월부터 예멘 내전에 개입하게 되었다. 이렇게 이란과 사우디의 대리전으로 평가받는 예멘 내전은 지금까지 이어지고 있다. 이 사태로 현재까지 13만 명 이상 숨졌으며, 300만 명이 넘는 난민이 발생했다.

2018년에는 사우디 반체제 언론인 자말 카슈끄지 암살의 배후로 차기 국왕인 빈 살만 왕세자가 지목되었다. 그러나 당시 도널드 트럼프 대통령은 사우디 왕실과의 관계 유지를 위해 이를 묵인했다. 그러나 조바이든 대통령은 이 문제를 공론화하며 빈 살만을 비판했고, 이로 인해 양국 관계는 본격적으로 소원해지기 시작했다.

게다가 예멘 전쟁에서 일방적으로 사우디에 대한 지원을 철회한 바이든의 결정은 사우디가 미국과 더 멀어지게 만들었다. 이후 예멘 후티 반군이 사우디 석유 시설을 잇따라 공격했지만, 미국이 이를 모른 체한 행동은 사우디 왕족을 더욱 격분시켰다.

여기에 아프가니스탄과 시리아에서 미국이 일방적으로 철수하는 것을 보면서 사우디아라비아는 미국을 더 이상 믿기 힘든 나라로 보았다. 사우디아라비아는 미국의 든든한 보호 덕분에 왕정을 유지해 올 수 있었는데, 미국이 중동에서 발을 뺀다면 사우디는 당장 안보 불안에 노출되고 왕정 안위에 위협받을 수 있다.

페트로 달러 체제에 대한 위협 증대

사우디아라비아가 서방에 등을 돌리는 데는 미국과의 대립 외에도 근본적인 이유가 있다. 그것은 중국과 사우디의 협력 관계 증대이다. 지난 몇 년간 사우디의 무역 구조는 근본적인 변화를 겪고 있다. 이는 에너지 부문에만 국한되지 않는 중국과의 협력이 증대했기 때문이다. 사우디아라비아에 대한 중국의 누적 투자는 기하급수적으로 증가하고 있다. 사우디의 석유회사 '아람코Saudi Aramco'는 중국 석유화학 컨소시엄과 파트너십을 맺기 위해 이미 중국 석유회사와 100억 달러 규모의 계약을 체결했다. 최근 들어 사우디는 미국에서 중국으로 급격히 기울고 있다.

이전부터 미국이 용납할 수 없는 도전이 두 가지 있었다. 바로 '달러와 석유'에 대한 도전이었다. 그러나 셰일가스 채굴로 인해 미국은 석유 수입국에서 수출국으로 탈바꿈했다. 물론, 미국이 석유와 가스 수출국이 되었다고 해서 석유 수입을 전혀 하지 않는 것은 아니다. 국제 정세를 고려해 석유 수출과 수입을 동시에 병행하고 있다. 예를 들면, 미국은 1990년대에 하루에 약 200만 배럴의 사우디 원유를 수입했으나, 하루 50만 배럴로 수입량을 줄였다. 20년 동안에 걸쳐 석유 수입량의 75%를 감소시킴으로써 미국이 용서 못하는 목록에서 '석유'는 제외되었다.

하지만 달러는 석유와 달리 여전히 미국이 끝까지 외부의 도전에서 지켜내야 하는 미국의 생명줄이다. 과거 '악의 축'으로 지목됐던 나라들인 리비아, 이라크, 이란, 시리아, 베네수엘라, 북한이 모두 페트로 달러에 도전했다가 미국의 강력한 제재를 당해 나라의 운명이 바뀌거나 경제적으로 상당히 힘든 지경이 되었다. 리비아의 카다피와 이라크의 후세인은 모두 유로화로 석유를 팔겠다고 선언했다가, 곧바로 미국의 군사 개입으로 인해 권좌에서 물러나고 처형당했다.

현재 진행 중인 미국과 중국의 무역 전쟁도 페트로 달러에 대한 중국의 도전에서 시작되었다. 2018년 3월 26일, 중국 상하이 선물거래소 산하 상하이 국제에너지거래소는 위안화 표시 원유 선물거래를 시작했다. 이것이 미·중 패권 전쟁의 시발점이었다. 이러한 페트로 달러 체제에 중국과 러시아는 브릭스라는 경제동맹체를 확대하여 도전하고 있다. 더욱이 페트로 달러의 주도국이었던 사우디가 브릭스와 손잡고 페트로 달러 체제 붕괴에 앞장설지도 모른다. 이는 미국에게 심각한 도전이 되고 있다.

인도의 양다리 외교도 변수

인도의 양다리 외교도 변수로 작용하고 있다. 인도는 중국을 견제하는 '쿼드' 회원국이자 IPEF(인도태평양경제프레임워크)에 참여하여 중국 견제 대열에 동참하고 있다. 동시에 인도는 우크라이나 전쟁으로 인해 서방으로의 수출길이 막힌 러시아 원유를 저렴한 가격에 대량 수입하여 이익을 취하고 있다. 또한 무기의 대부분을 러시아로부터 수입하고 있다. 인도는 전통적으로 비동맹 외교 정책을 고수하는 나라이다. 이번에도 브릭스와 서방 세계 사이에서 철저하게 실리 외교를 추구해 이익을 도모하고 있다.

미국이 주도하는 IPEF에 참가하는 말레이시아, 태국, 인도네시아 등도 2022년 브릭스 플러스 정상회의에 참석했다. 이들도 미국과 브릭스 사이에서 실리 외교를 지향하며 양다리를 걸치는 국가들이다.

러시아·우크라이나 전쟁도 페트로 달러 위협

러시아·우크라이나 전쟁은 페트로 달러 체제가 심각하게 위협받는 계기로 작용했다. 전쟁이 발발하자 피난가는 사람들은 물론 일반인들도 만약의 경우를 대비해 비트코인 등 암호 화폐를 사들이기 시작했다. 또한, 미국이 러시아를 스위프트 시스템에서 퇴출시키자, 러시아는 "러시아산 석유 또는 천연가스를 사려면 루블화로 결제해야 한다"라고 선언했다. 이는 페트로 달러 체제의 일부 붕괴를 초래했다.

이후 러시아에 대한 제재가 지속되고 있음에도 독일 등 일부 유럽 국가들이 루블화로 러시아 석유와 가스를 은밀히 사들이고 있음이 뒤늦게 밝혀졌다. 인도 역시 우크라이나 침공 이후 러시아로부터 약 1,500만 배럴의 석유를 구매하며, 미국의 압력을 공개적으로 무시했다.

현재 인도 석유 수입의 약 17%가 러시아산 원유로 이는 우크라이나 전쟁 전의 1% 미만에서 급격히 증가한 수치이다. 이렇게 러시아산 석유의 수입이 급격히 증가한 이유는 러시아 석유를 루블화로 사는 것이 달러 표시 국제 석유가에 비해 훨씬 저렴하기 때문이다. 여기에 사우디조차도 값싼 러시아 석유를 수입해 이를 서방에 팔고 있는 실정이다.

게다가 위안화로 석유를 거래하는 사례도 증가하고 있다. 이란은 미국의 제재로 인해 서방으로의 수출 길이 막히자 중국과 위안화로 원유를 거래하고 있다. 심지어 영국의 BP British Petroleum조차도 2020년 7월 상하이 국제에너지거래소를 통해 중국에 이라크 원유 300만 배럴을 위안화로 결제했다. 러시아는 중국에 석유와 가스를 팔기 위해 '위안화 결제 시스템CIPS'을 사용하겠다고 일관되게 표명해 왔다. 세계 최대 석유 수입국인 중국의 석유 거래는 점차 위안화 결제로 확대될 전망이다.

앞으로 달러가 기축통화의 지위를 잃는다면, 페트로 달러 체제의 주역이었던 사우디아라비아가 그 기폭제가 될 가능성이 크다.

중국과 러시아, 브릭스 국제 결제망 구축에 의기 투합

2023년 브릭스 정상회의 이전부터 중국 관영 매체들이 미국에 맞서 '브릭스 국제결제망을 구축해야 한다'라는 사설을 게재해 왔다. 푸틴 대통령도 2023년 8월 브릭스 정상회의 기조연설에서 브릭스의 자급자족 독자 경제권 추진을 제의했다. 그 가운데 가장 중요한 것이 '브릭스 국제결제 시스템과 공동 통화'를 만들자고 제의한 것이다.

중국과 러시아가 의기투합한 것은 우크라이나 전쟁 이후 미국 주도의 스위프트에서 러시아의 루블화가 퇴출되었기 때문이다. 시진핑도 미국을 겨냥해 "세계 경제를 정치화, 도구화, 무기화하고 국제 금융·화폐 시스템의 주도적 지위를 이용하는 자의적 제재는 자신을 해칠 뿐만 아니라 전 세계에 재앙을 초래한다"라고 주장하며, 브릭스 회원국 간 새로운 국제 결제 시스템 구축에 동조했다. 2022년 브릭스 정상들의 '베이징 선언문'에서 회원국 중앙은행들의 지급 결제 부문 협력 강화와 금융 분야에서 정보 보안의 중요성이 강조되었다.

위안화가 임시 브릭스 공동 통화의 가능성

브릭스의 독자적인 경제권 형성과 금융 시스템 통합을 위해서는 단일 결제 플랫폼을 기반으로 하는 새로운 국제 결제 시스템의 구축이 가장 이상적이다. 하지만 막대한 비용과 시간이 소요되고, 브릭스 회원국

간 이해관계가 상이한 점 등을 감안할 때 새로운 국제 결제 시스템 구축은 쉬운 문제가 아니다. 현실적인 대안으로 회원국 중앙은행들이 자국 상업은행들로 하여금 중국의 위안화 결제 시스템에 적극적으로 참여하도록 유도하고 있다.

실제 러시아는 우크라이나 전쟁 이후 러시아 은행들이 자국의 루블화 결제 시스템SPFS 이외에 중국의 위안화 결제 시스템도 이용할 수 있도록 조치했다. 인도 역시 러시아와의 석유 무역에서 위안화를 기준통화로 하는 인·러 결제 메커니즘을 사용하고 있는 것으로 알려졌다.

2015년 출범 당시 위안화 결제 시스템 참여 기관은 중국은행 11곳과 도이체방크, HSBC, BNP파리바 등 외국은행 8곳이었다. 2024년 상반기에 참여 기관은 103개 국가의 1,280곳으로 늘어났다.

중국은 위안화 결제 시스템에 인민은행의 디지털 위안화를 연동시켜 놓은 것으로 알려졌다. 인민은행 디지털 위안화는 은행 계좌 없이도 금융 거래가 가능하다는 장점이 있다. 기존 법정 화폐는 은행에 개설한 계좌를 통해서만 유통된다. 반면 중앙은행 디지털 화폐는 보유한 돈을 전자지갑을 통해 서로 거래하거나 국가에 따라서 개인이 민간은행을 거치지 않고 직접 중앙은행에 예치할 수도 있다. 이렇게 되면 결제 및 송금 과정이 단순해지고 거래 비용이 절감되어 금융 효율이 높아진다.

Chapter 3

지속 불가능한
미국의 재정 팽창 정책

지난 40년간 미국 국채는 사놓으면 가격이 올랐다. 이는 국채 금리가 40년간 꾸준히 하락해왔음을 의미한다. 국채의 가격과 금리는 반비례한다. 그러던 국채 금리가 최근 상승 추세로 바꾸었다. 제로금리 시대를 마감하고 연준이 기준금리를 인상하기 시작한 것이 시중금리 상승의 기폭제가 된 것이다.

시중 금리가 오른다는 것은 국채 가격이 하락한다는 의미이다. 이러한 상황에서 국채를 보유하고 있으면 손실을 보기 때문에 투자자들은 국채 시장에서 발을 빼기 시작했다. 이로 인해 장기 국채는 수요 부족에 시달리기 시작했다. 실리콘밸리 은행 사태도 은행이 보유한 장기 국채의 가격 하락에서 기인했다.

팬데믹 사태가 터지면서, 미국 국채의 주요 매입자였던 세계 각국의 중앙은행들은 2020년 초부터 미국 국채 매입을 거의 중단했다. 2020년 상반기 동안 전체 미국 국채 판매액 3조 3,430억 달러 중 세계 각국 중앙은행들이 구입한 국채는 전체의

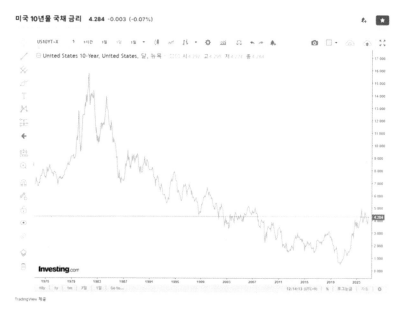

▲ 지난 50년간 미국 10년물 국채 금리 추세 (출처 : investing.com)

1.2%에 불과한 40억 달러에 그쳤다. 2022년 IMF 보고서에 따르면, 세계 각국의 외환보유고에서 달러화 비중은 지난 20년 동안 73%에서 58%로 감소했다. 달러화의 빈자리는 여러 다른 통화가 대체했는데, 그 중 중국 위안화가 25%를 차지했고, 나머지 75%는 한국 원화, 호주 달러, 캐나다 달러, 싱가포르 달러, 스웨덴 크로나 등 상대적으로 준비통화로서의 위상이 높지 않은 통화들이 차지했다.

미국은 2008년 글로벌 금융 위기 이전 8,000억 달러 내외였던 본원 통화 발행액이 2021년 초 약 8조 8,000억 달러로 10배나 급증했다. 이러한 통화량 급증 현상은 유로화와 엔화도 마찬가지였다. 2021년 초 기준 3개 통화의 합이 24조 달러에 달했다. 한 마디로 세계는 유동성 홍수에 잠겼다.

인플레이션은 언제 어디서나 화폐적 현상이다. 이렇게 많은 돈이 풀렸는데 인플레이션이 안 일어난다면 그게 더 이상한 일이었다.

팬데믹 사태 때 돈을 풀지 않은 중국

놀랍게도 코로나 팬데믹 사태 때 돈을 풀지 않은 나라가 있었다. 바로 중국이다. 중국은 팬데믹 이전만 해도 아래 그래프에서 보듯이 4대 통화 중 가장 많이 돈을 푼 나라였다. 그런데 코로나19 사태가 터지자 중국은 '코로나 봉쇄 정책'이라는 초강수를 쓰면서 미국이나 유럽, 일본처럼 유동성을 풀지 않았다.

그 결과 팬데믹 이후 중국만 인플레이션이 일어나지 않았다. 오히려 디플레이션을 걱정하는 처지가 되었다. 디플레이션이 되자 중국 국민

〈주요 중앙은행들의 총 자산〉

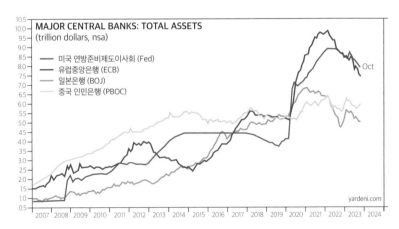

▲ 세계 4대 통화 발행 추이

은 더욱 소비를 지연시키고 있다. 기다리면 물건값이 더 싸지기 때문이다. 소비 감소가 중국 경제를 더욱 어렵게 만들고 있다.

자본주의의 틀을 바꾼 팬데믹

팬데믹 이후 미국의 통화량 공급은 연준의 통화 정책이 아닌 재무부의 재정 정책에 의해 좌우되고 있다. 즉 유동성이 월스트리트 금융권을 통해 공급되는 것이 아니라 소비자와 기업이 있는 메인스트리트에 직접 공급된다. 게다가 아래 그래프에 의하면, 팬데믹 이후 재무부가 기존 재정 집행액에 지출한 금액보다 서민들에게 직접 쏘아준 돈이 2배 이상 더 많았다. 이는 순자산이 거의 없는 하위 50%의 붕괴를 막기 위

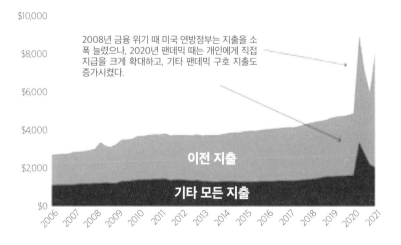

〈미국 연방정부 지출: 수십억 USD〉

2008년 금융 위기 때 미국 연방정부는 지출을 소폭 늘렸으나, 2020년 팬데믹 때는 개인에게 직접 지급을 크게 확대하고, 기타 팬데믹 구호 지출도 증가시켰다.

이전 지출

기타 모든 지출

〈미국 부의 데이터〉

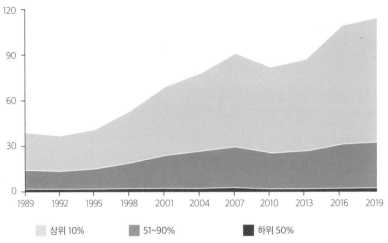

상위 10%	51~90%	하위 50%

▲ 미국 하위 50%의 자산 총액은 미국 전체 부의 2%가 안 되며, 그 가운데 하위 25%는 부채가 자산보다 많다

해 재무부가 서민들에게 실업급여, 기본소득 등 각종 복지 관련 자금을 직접 지급했기 때문이다.

재정의 3대 기능인 자원 배분, 경제 안정화, 소득 재분배 중에서 이제는 소득재분배 기능이 가장 중요해졌다. 펜데믹 사태 때 거의 자산이 없는 하위 50%의 붕괴를 막아야 했기 때문이다. 금융 자본주의가 전염병 창궐과 같은 비상시에는 '포용적 자본주의'로 바뀌어야 했다. 그러다 보니 연준이 통화 정책으로 푼 돈보다 재무부가 재정부양책으로 푼 돈이 훨씬 더 많았고, 통화 주도권이 연준에서 미국 정부로 바뀌었다.

연준이 월스트리트 금융권을 통해 살포하는 유동성은 부동산, 주식 등 자산 가격에는 큰 영향을 미쳤지만, 서민들의 물가에는 큰 영향을 미치지 않았다. 하지만 재정부양책을 통해 서민들에게 지급되는 돈의 증가는 단연코 소비자물가를 자극할 수밖에 없었다.

급격하게 늘어나는 미국 정부 부채

미국은 정부 부채가 늘어나면 국채를 발행해 달러를 발권하는 독특한 구조를 가지고 있다. 과거 영란은행 시스템을 그대로 본떠 설립되었기 때문이다.

최근 들어 미국 정부의 재정 팽창 정책이 너무 두드러지고 있다. 2020년 팬데믹 사태 때 한 번 크게 증폭한 재정부양책에 이어, 인프라 건설 등 다양한 이유로 연간 예산 규모가 계속해서 증가하고 있다. 2023회계연도의 예산은 5조 8,000억 달러였으며, 2024회계연도 예산은 6조 9,000억 달러로 19% 증가했다. 세수 증가가 연간 예산 증가 규모를 따라가지 못하므로 국채 발행이 늘어날 수밖에 없다. 이에 따라 미국 정부 부채는 2024년 7월 35조 달러를 넘어서며 그 증가세가 가파르게 상승하고 있다.

미국 정부 부채만큼의 달러 표시 자산이 전 세계에 퍼져 있는 셈이다. 과거에는 이 부채의 절반 정도를 국내에서, 나머지 절반은 해외에서 보유하고 있었다. 그러나 최근 들어 외국 중앙은행과 연기금들이 미국 국채를 덜 사들이면서, 해외 비중은 약 1/3 정도로 줄어들었다.

2023년 말, 미국 정부 부채의 GDP 대비 비중은 124.2%에 달했다.

전문기관에 따르면, 미국 정부 부채의 증가세가 감당할 수준을 넘어섰다고 한다. 부채가 급등함에 따라 이자 비용이 증가하고, 이로 인해 적자가 쌓여 또다시 부채를 늘려야 하는 눈덩이 효과snowball가 발생할 것이다. 이는 결국 재정 정책에 큰 부담이 될 것이다.

단기국채의 공급 과잉이 결국 문제

미국 국채의 수요가 예전 같지 않아 공급 과잉으로 국채 시장이 불안한 처지에 이르렀다. 그러자 미국 정부는 수요가 적은 장기국채 대신 비교적 시장 수요가 있는 6개월 미만 단기국채T-bill 발행을 늘렸다. 2023년에는 단기국채 발행 비중이 무려 84%에 달했다. 미국이라는 거대한 나라의 살림을 급전으로 꾸려나간 꼴이었다.

그러자 미국 내에서 질책의 목소리가 잇달았다. 이는 국가 신뢰도에 대한 문제라는 경고였다. 더욱이 현실적으로 더 다급한 문제가 발생했다. 2023년 하반기부터 단기 유동성 고갈 징후가 나타나기 시작한 것이다. 5.3%의 기본이자를 주는 연준의 역레포RRP(오버나이트 시장) 잔액이 2조 5,000억 달러에서 5,000억 달러 수준으로 급격하게 줄어들었다. 수익률이 좀 더 좋은 단기국채 매입 비용으로 유동성이 빨려 들어갔기 때문이다.

이렇게 단기 유동성이 말라가자 재무부도 계획을 바꿀 수밖에 없었다. 전체 국채 발행 계획에서 단기국채 발행 비중을 지난해 84%에서

25%로 줄이고, 중장기 국채 발행 비중을 그만큼 더 늘리기로 했다. 그래서 2024년 중장기 국채 발행 비중이 지난해 16%에서 75%로 늘어났다. 그 결과 중장기 국채 순 공급 물량이 2023년 1조 400억 달러 수준에서 2024년 1조 9,300억 달러로 2배 가까이 급증했다. 2024년 7월 기준 미국의 정부 부채 총액은 35조 달러에 육박한다. 미국 재무부에 따르면 2024회계연도가 시작된 지난해 10월 이후 7개월간 미 국채에 지급된 이자는 6,245억 달러로 1년 전보다 35.7% 증가했다. 매달 892억 달러를 국채 이자로 지급한 셈이니 하루 이자 지급액만 30억 달러이다. 현재 속도로 보면 미국 정부 부채는 약 100일마다 1조 달러씩 증가한다.

이렇게 중장기 국채 발행 비중이 늘어나고 보니 이제는 시장에서 중장기 국채 수요 부족이 문제였다. 이를 보완하기 위해 재무부는 2024년 2분기부터 바이백 정책을 시행하기로 했다. 즉 재무부가 발행했던 아직 만기가 안 된 국채를 시장에서 다시 사들이겠다는 뜻이다. 재무부는 보유 현금으로 시장에서 국채를 사들여 국채 시장의 수요 공급 균형을 임시변통으로 맞춘 뒤, 국채 발행 물량을 원래 계획보다 그만큼 더 늘려 발행하여 현금 잔고를 다시 보충할 계획이다. 하지만 이는 아래 벽돌을 빼서 위 벽돌을 갈아 끼우는 땜빵식 정책이다. 즉 미국 정부의 국채 관리가 그만큼 다급해졌음을 시사한다.

미국 정부, 부채 이자만 연 1조 달러 초과

2023회계연도 미국 정부의 재정 적자가 1조 6,950억 달러에 달했다. 이러한 재정적자는 막대한 부채 곧 국채 발행으로 메워지고 있다. 정부 부채에 대한 순이자만 해도 2023회계연도에 6,590억 달러로 증가했다. 미국 정부의 2025회계연도 예산에 반영된 2024년 순이자 지급액은 약 8,900억 달러로 정부 총예산 지출의 약 6분의 1을 차지한다. 그런데 이 예상조차 앞질러 2023년 10월에 이미 이자 비용만 1조 달러를 돌파했다. 미국의 현 재정 정책이 지속 불가능하다는 경고음이 나오는 이유이다.

하버드대학교 캐런 다이넌Karen Dynan 교수는 "이자 비용이 눈덩이처럼 불어나면서 큰 문제를 야기할 수 있다. 부채가 증가할수록 방위비나 인프라 예산뿐 아니라 가난한 아동을 위한 복지 등 전반적인 복지 예산도 크게 축소될 가능성이 있다"라고 경고했다.

각국 간 금리 괴리가 불러올 카오스

그간 중국은 미국과 반대 행보의 통화 정책을 펴왔다. 미국이 긴축을 시행할 때 중국은 통화 팽창 정책을 취했다. 팬데믹 시기에 통화량을 늘리지 않았기 때문에 가능했다. 오히려 기준금리 격인 1년 만기 대출우대금리LPR와 5년 만기 대출금리를 내리고 은행 지준율 축소로 시중에 유동성을 풀고 있다. 중국은 지금 부동산 시장에 빨간불이 켜진 상태이다. 중국 중앙은행이 지속적으로 금리를 내리고 지급준비율 인하로 유동성을 풀고 있음에도 부동산 경기는 살아나지 않고 주택 가격이 계속 떨어지고 있다. 약 3,000만 채가 미분양이고, 1억 채의 집이 비어 있다고 한다.

중국 경제에서 부동산과 연관 산업이 차지하는 비중이 1/4 이상 되다 보니 중국 정부로서는 경기 활성화를 위해 세계 경제와 방향을 달리할 수밖에 없다. 과연 중국이 미국보다 저금리로 자본 유출을 막아낼 수 있을지 의문이다. 특히 중국 부동산 기업들의 달러 부채의 롤오버가 쉽지 않을 전망으로 기업 부도 우려도 커지고 있다.

일본도 정부 부채 비중(GDP의 267%)이 워낙 크다 보니 마이너스 기준금리를 쉽게 못 올리고 있다가 2024년 3월 0~0.1%로 정상화의 첫걸음을 떼었다. 참고로 우리 정부 부채 비중은 45.6%이다. 게다가 일본은 세계적 기조와 달리 초완화적 통화 정책을 고수하고 있다. 10년물 국채 금리를 0.1%로 유지하기 위해 장기국채도 무한정 매입하고 있다. 이른바 YCC(수익률곡선통제) 정책이다. 상황이 이렇다 보니 엔저 현상이 심상치 않다. 일본도 이러한 왜곡된 금리 정책을 오래 끌고 가지는 못할 것이다. 이처럼 세계 주요국 간의 금리 괴리는 어떠한 종류의 혼란과 재앙을 불러올지 모르는 불확실성을 키우고 있다.

우려되는 경제 지각 변동

현재와 같은 고물가, 고금리 기조에서 전문가들이 예상하는 경제 지각 변동 리스크는 다음과 같다.

- 스테그플레이션의 발생
- 미국 국채 시장 수급 우려
- 상업용 부동산 위기
- 기업 부실 채권의 급증 등
- 변동성이 큰 엔화 환율
- 엔캐리트레이드 자금의 회귀
- CLO 파생상품 부도
- 자산시장 버블 붕괴
- EU의 재정 위기 재현 가능성
- 개발도상국의 외환 위기

그러나 진짜 위험은 그 누구도 예상치 못한 섹터에서 발생하는 돌발 악재이다.

Chapter 4

기축통화의 분권화와
통화의 다양화

현금 거래 비중이 낮은 스웨덴은 GDP 중 현금 유통 비중이 2%도 안 된다. 심지어 성당·교회에서조차 카드 리더기를 설치해 헌금을 받는다. 덴마크에서도 모든 결제의 85%가 신용카드로 이뤄진다. 이처럼 지폐와 동전이 없어지고 카드, 컴퓨터, 휴대전화와 같은 전자 장치를 기반으로 결제되고 있다.

현금 거래 없는 사회를 앞당기기 위해 벌금을 물리는 나라들도 있다. 프랑스·스페인·포르투갈 등은 일정 금액 이상 거래 시 현금 사용을 금지하고, 이를 위반하면 과태료를 부과하고 있다. 앞으로 현금 사용이 점차 줄어들면서 머지않아 '현금 없는 사회'가 도래할 것이다. 특히 각국 중앙은행이 CBDC를 발행하게 되면, 그 시기가 앞당겨질 것이다.

CBDC, 어디까지 왔나

세계 각국 중앙은행의 93%가 중앙은행 디지털 화폐CBDC를 발행을 추진하고 있다. 그 가운데 바하마와 동카리브 국가 기구 그리고 나이지리아, 캄보디아는 이미 CBDC를 도입해 쓰고 있다. 중국과 우크라이나, 우루과이는 시범 운영 중이다. 특히 중국은 3년간 시범 운영을 거쳐 이미 사회적으로 상당한 파급력을 지니고 있다. 디지털 위안화 사용 지역을 중국 인구의 5분의 1을 차지하는 23개 도시로 확대하여 상용화 실험에 속도를 내고 있다. 2021년 말 기준 중국 인구의 20%인 2억 1,600만 명이 인민은행 앱을 통해 디지털 위안화 사용을 위한 전자지갑을 만들었다.

미국 투자은행 골드만삭스는 2029년이 되면 중국인의 70%가 디지

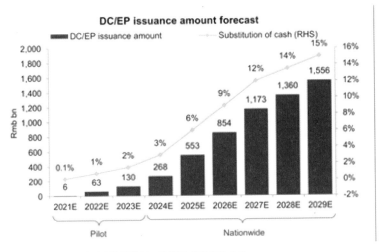

▲ 2021~2029년 디지털 위안화 발행 규모와 현금 대체 비율 추정

털 위안화를 쓰게 될 것으로 추정했다. 같은 해 디지털 위안화 총발행량이 1조 6,000억 위안에 달해 본원통화의 15%가량까지 대체할 것으로 보았다.

일본도 이미 2020년에 CBDC인 디지털 엔화를 시범 발행했다. 미국도 바이든 대통령의 행정 명령으로 개발 속도를 높이고 있다. 보스턴 연방준비은행과 MIT는 2022년 2월 초에 초당 170만 건의 거래를 처리할 수 있는 CBDC 소프트웨어 프로그램을 공개하면서, 미국은 이미 디지털 달러 기술 토대는 충분하다고 밝혔다.

연준의 '페드나우' 출시

2023년 7월 미국 연준이 '페드나우 FEDNOW'를 출시했다. 이 시스템은 연중무휴

로, 24시간 365일 실시간으로 자금 이체가 가능하다. 미국은 한국과 달리 결제 시스템이 이원화되어 있다. 소액 자금은 '차액 결제 방식'으로, 거액 자금은 '총액 결제 방식'으로 운영해 왔다. 다시 말해, 신용카드 같은 소액 결제는 이를 모아 중간 관리소를 거쳐 송금하는 방식이라서 수수료가 싼 대신 시간이 걸린다. 반면에 거액 송금은 중간 관리 없이 빠른 송금이 가능하지만, 대신 수수료가 비싸다. 예를 들어, 3영업일 이후에 입금되는 미국의 신용·직불카드 시스템은 주말이나 공휴일이 끼

면 이체하는 데 며칠 더 걸릴 수 있다. 페드나우는 이러한 시간적 제약을 없애고 실시간으로 자금 이체를 가능하게 함으로써 금융 거래 속도와 편의성을 대폭 향상시켰다. 또한, 결제 수수료도 기존의 5분의 1 수준으로 낮추었다.

페드나우의 강점은 이뿐만이 아니다. 대형 은행뿐만 아니라 모든 규모의 금융기관이 페드나우 서비스를 이용할 수 있다. 첨단 보안 기술을 통해 거래의 안전성을 보장하며, 사용자 인터페이스와 시스템 통합이 용이하도록 설계되어 사용 편의성도 강화되었다.

페드나우는 특히 중소기업과 개인 사업자에게 큰 도움이 된다. 실시간 결제 시스템은 그들의 자금 흐름을 개선해 더 빠르게 성장하고, 시장 변화에 민첩하게 대응하도록 도와준다. 또한 소비자들에게도 이점을 제공한다. 예를 들어 급여, 환불, 긴급 자금 이체 등이 실시간으로 처리되어 개인의 금융 관리가 훨씬 수월해진다.

페드나우의 도입은 금융 분야의 디지털화 추세와 밀접하게 연관되어 있다. 디지털 결제와 모바일 뱅킹의 증가는 소비자들의 결제 방식에 혁명을 일으켰으며, 페드나우는 이러한 변화를 더욱 가속화할 것이다. 또한, 이 시스템은 다른 디지털 금융 서비스와의 통합을 통해 더욱 효과적인 금융 솔루션을 제공할 수 있다.

이미 민간기관이 유사한 시스템을 운영 중임에도 연준이 페드나우를 직접 구축한 이유에 대해 일부에서는 페드나우가 미국 CBDC의 시험판이 아닌가 하는 의혹의 눈초리로 보고 있다. 하지만 연준은 이를 강력하게 부인했다.

JP모건, '예금 토큰' 개발

JP모건 체이스 은행은 2023년 9월 '예금 토큰'을 개발하고 정부의 승인을 대기 중이라고 발표했다. 예금 토큰은 기본적으로 은행이 보유한 예금의 디지털 상응물이다. 블록체인에 기록되어 발행되는 토큰으로 스테이블 코인과는 근본적으로 다르다.

발행 은행의 관점에서 볼 때, 예금 토큰은 은행의 대차대조표상의 예금 부채의 재분배일 뿐, 은행 자산의 구성에는 변화가 없다고 한다. 이는 새로운 형태의 디지털 화폐이지만, 여전히 전통 은행 시스템에 뿌리를 두고 있다.

예금 토큰의 주요 특징은 다양하게 사용할 수 있다는 점이다. 결제, 거래, 결산, 담보 제공 등에 사용될 뿐만 아니라 스마트 콘트랙트 기능을 통해 연중무휴로 중개자 없이 즉시 전송될 수 있다.

JP모건의 예금 토큰은 은행 시스템은 물론 디지털 화폐 생태계에서도 작동할 수 있다. 새로운 형태의 디지털 화폐인 예금 토큰의 성공은 전통 금융 시스템과 블록체인 간, 다양한 블록체인 플랫폼 간, 그리고 특정 블록체인 상의 다른 자산과의 상호 운용성에 달려 있다.

JP모건이 예금 토큰을 도입하는 것은 전통적인 은행 운영에 블록체인 솔루션을 통합하는 중요한 단계로 나아가는 것이다. 예금 토큰 등을 통한 지급결제 생태계가 마련되면, 토큰 증권과 자산 토큰화의 원활하고 안전한 거래를 뒷받침해 줄 것으로 기대된다. 이제 제도 금융권과 가상자산 업계의 칸막이가 해체되면서 상호 간에 업무 영역의 확장이라는 새로운 융합이 시작되고 있다.

JP모건은 예금 토큰이 안정성이나 신뢰성 측면에서 스테이블 코인을 제칠 것이라고 자신감을 보였다. 스테이블 코인과 예금 토큰의 차이점은 스테이블 코인은 은행을 거치지 않고 전자지갑 간에 이동 가능한 익명성(무기명) 지급 수단이고, 예금 토큰은 은행 간 결제를 통한 기명식 지급 수단이라는 점이다.

기축통화의 분권화와 통화 종류의 다양화

앞으로의 통화는 기존의 법정 화폐, 각국 중앙은행 CBDC, 암호 화폐, 스테이블 코인과 최근 연준과 JP모건 스탠리 은행의 디지털 화폐

〈기축통화의 수명〉

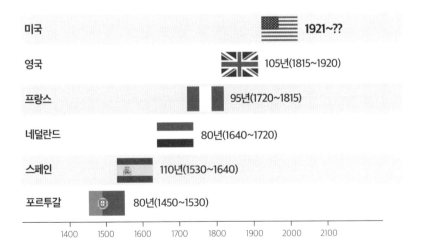

등이 벌이는 춘추전국시대가 도래했다. 아직 정부 승인을 받지 못한 예금 토큰을 제외한다면, 많은 사람이 이 가운데 CBDC와 스테이블 코인의 우세를 점치고 있다.

CBDC는 국가라는 공권력이 자본 유출과 테러 자금을 막기 위해 적극 보호하고 권장하는 통화가 될 것이다. 하지만 세계 화폐의 성격을 띠고 있는 스테이블 코인이 송금 속도와 수수료 측면에서 우월하고, 디파이와 메타버스 세계에서 유통력이 가장 좋을 것이다.

신냉전 시대로 들어서면서 기축통화는 CBDC로 바뀌는 과정에서 분권화될 것이다. 달러 이외에 디지털 유로화도 디지털 화폐 시대의 패권 통화로서의 위치를 노리고 있다. 또한 사우디아라비아가 주도하는 아랍 연맹의 통합 디지털 화폐가 선보일 가능성도 있다. 브릭스 경제동맹체와 아랍 지역 화폐가 탄생된다면, 그간 초인플레이션이나 외환 위기에 시달렸던 중남미 국가 등 지역별, 경제공동체별 통화가 탄생할 가능성도 있다. 이미 아르헨티나와 브라질은 공동 통화 연구에 합의한 바 있다.

특히 중국의 디지털 위안화가 달러의 대항마로 세력을 키울 것이다. 이렇게 되면 기축통화의 분권화, 통화 종류의 다양화가 촉진된다. 이러한 과도기를 지나며 CBDC 시장의 성장은 지하자금의 양성화를 뜻하는 점진적인 화폐개혁이 동반된다. 동시에 CBDC의 대항마인 스테이블 코인과 암호 화폐 시장 역시 커질 것이다.

Chapter 5

도도한 현대사의 흐름,
탈중앙화와 디지털화

차세대 인터넷이라 불리는 블록체인 기술이 만들어 내는 도도한 현대사의 흐름은
'탈중앙화와 디지털화'이다.

권력의 탈중앙화

전통적으로·국가와 사회는 중앙화된 구조를 바탕으로 발전해왔다. 과거 봉건 군주제
는 자산과 정보의 독점적 소유와 선택적 분배를 근간으로 체재를 유지할 수 있었다.
이에 반발하여 일어난 게 시민혁명이다. 1688년 영국의 명예혁명, 1776년 미국 독립
혁명, 1789년 프랑스 대혁명 등 세계 3대 시민혁명의 목표는 시민의 자유와 평등의
쟁취였다.

이는 동시에 중앙집중적 권력의 분산화 과정을 거쳐 궁극적으로 진행되는 탈중앙화
시도였다. 1215년 '마그나 카르타(대헌장)'는 영국의 존 왕이 귀족들의 강요에 의해 서

▲ 프랑스 2월 혁명, 1848년 2월 파리 마들렌 광장에서는 선거권 확대와 관련한 공개토론회가 개최될 예정이었지만 정부가 군대를 동원해 토론회 개최를 막고 발포하자 혁명이 발발했다.

명한 문서로, 국왕의 권리를 제한하는 내용을 문서로 명시한 것이다. 이렇듯 절대왕정에서 왕의 중앙집중적 권력이 귀족들에게 분산된 뒤 이는 다시 시민혁명을 거쳐 권력의 탈중앙화로 이행되었다. 근현대 들어 국가주의가 개인의 자유 신장으로 인해 큰 흐름이 자유주의로 바뀌는 것도 탈중앙화의 시대적 사조이다.

정보의 탈중앙화

과거에는 쿠데타가 일어나면 제일 먼저 방송국과 언론사를 점령해 정보를 독점했다.

고대로부터 절대왕정 시절에는 자기들에게 유리한 정보만 국민에게 알려줬다. 이는 군사 독재정권도 마찬가지였다. 곧 정보의 독점은 권력의 독점과 궤를 같이했다. 그래서 정보의 공개와 공유는

권력의 분산은 물론 개인의 자유와 직결되어 있다.

이제 카톡이나 페이스북, 인스타그램, 유튜브 등 개인 SNS의 발달로 쿠데타는 꿈도 꿀 수 없을 뿐만 아니라 정보 공개와 공유가 권력을 견제하는 유력한 수단이 되었다. 게다가 앞으로 검열이나 봉쇄가 불가능한 블록체인 전송 기반의 SNS가 출현하면, 중국 등 뉴스 검열 및 봉쇄망이 뚫려 민주화 사회 도래에 큰 힘이 될 것이다.

화폐도 탈중앙화 시작

케인즈에 의하면, 한 나라의 패권적 기축통화는 필연적으로 무역 전쟁을 발생시키며 무역 전쟁은 환율 전쟁을 거쳐 패권 전쟁으로 치닫게 되고, 그 끝은 물리적 전쟁의 발발이라고 했다.

또한 한 나라의 패권적 통화는 견제 세력이 미흡해 통화 팽창의 탐욕 속에 통화를 마구 찍어내고 있다. 글로벌 금융 위기 이후 14년간 달러 발행은 자그마치 1000% 이상 급증했다. 이로 인해 자산 가격이 폭등하면서 소득불평등과 부의 편중을 초래하여 중산층을 붕괴시키고 있다. 우리가 안전 자산으로 믿고 있는 달러의 가치는 지난 50년간 98%나 하락했다. 금 1온스 가격이 35달러에서 2,200달러로 상승한 것이 그 증거이다. 이러한 패권적 야망으로 인한 무역 전쟁, 통화 팽창, 인플레이션, 금권정치에 휘둘리지 않는 세계 화폐가 필요하다.

글로벌 금융 위기 와중에 탄생한 비트코인 등 가상자산은 금융의 민주화를 촉진하고 있다. 기존의 중앙화된 금융 시스템은 대다수 국가에서 정부나 은행에 의해 통제되어 유사시에 개인의 자유와 권리를 제한할 수 있다. 그러나 암호 화폐는 중앙기관의 개입 없이 개인이 자신의 자산을 관리하고 송금도 할 수 있다. 이는 민주주의의 핵심 가치 중 하나인 개인의 자유와 권리를 보호하는 데 기여한다.

더구나 앞으로는 메타버스 생태계가 인공지능과 챗GPT 등 신기술과 결합하여 가상 세계 내의 수많은 일자리와 경제활동을 창출할 것이다. 이로 인해 가상자산이 활발히 거래되며, 게임을 통해 돈을 벌거나 금융과 결합된 가상자산들이 출현하여 가상자산의 세계화, 즉 디지털 세계 화폐의 출현 가능성이 더욱 커질 것이다.

현재 대부분 나라는 자본 유출 방지와 테러 등 불법 자금 차단을 위해 국경 간 통화의 자유로운 왕래를 반대하고 있다. 하지만 이제는 시대가 서서히 바뀌고 있다. 이른바 모든 가치 위에 국가가 존재하던 국가주의에서 개인의 자유가 존중되는 세계 시민사회 곧 탈중앙화 사회가 도래하고 있다. 통화도 마찬가지이다. 국가주의 위에 성립된 중앙화 통화가 아닌 세계 어디에서나 자유롭게 쓸 수 있는 탈중앙화 세계 화폐가 미래 통화의 모습이다.

오늘날의 중앙화와 탈중앙화

오늘날의 중앙화는 정부, 대기업, 금융기관 등 권력이 집중된 소수의 주체들이 자원과 정보를 통제하는 형태를 말한다. 이는 효율적인 관

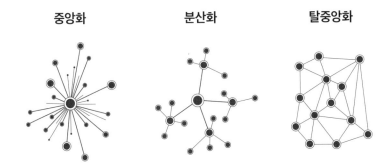

중앙화   분산화   탈중앙화

리와 안정성을 제공하나, 동시에 불평등과 독점적 권력 집중 같은 문제들을 야기한다. 특히 플랫폼을 장악하고 있는 빅테크 기업들이 이에 속한다.

최근 들어 각광받는 탈중앙화 개념은 인터넷과 블록체인 기술의 발전에 힘입어 가능해졌다. 탈중앙화는 권력과 정보와 자원의 분산을 의미한다. 이를 통해 더 많은 사람이 의사결정에 참여하고, 자원을 공정하게 이용하거나 분배받을 수 있게 된다.

탈중앙화는 다양한 장점이 있다. 먼저 투명성과 공정성이다. 중앙집중적 권력이 없기에 정보와 자원의 분배가 더 개방적이고 투명하게 이루어진다. 또한 혁신을 촉진한다. 중앙 권력에 의한 제약이 줄어들면서, 개인과 소집단이 새로운 아이디어와 사업 모델을 실험하고 시장에 진입할 수 있는 기회가 늘어난다.

탈중앙화는 사회 구조에도 큰 변화를 가져온다. 예를 들어, 블록체인 기반의 탈중앙화 금융DeFi은 전통 금융 시스템에 대한 대안을 제시하며, 금융 서비스 접근성을 높인다. 또한 탈중앙화된 소셜 미디어 플랫폼은 사용자 데이터의 소유권과 콘텐츠의 통제권을 사용자에게 돌려주며, 정보의 자유로운 흐름을 촉진할 수 있다. 이는 웹 3.0의 핵심 개념이다. 무엇보다도 인터넷과 블록체인, 인공지능 같은 기술의 발전은 탈중앙화의 실현을 가속화하고 있다. 이들 기술은 개인과 집단이 중앙 권력 없이도 협력하고, 가치를 창출할 수 있게 해준다.

그러나 탈중앙화에는 해결해야 할 새로운 과제도 있다. 예를 들어, 규제의 부재는 안전성과 신뢰성 문제를 야기할 수 있다. 또한 분산된 시스템에서는 의사결정 과정이 복잡해지고, 효율성이 저하될 수 있다. 이러한 문제들은 탈중앙화된 시스템을 설계하고 운영할 때 신중히 고려해야 한다.

결론적으로 '모든 중앙화의 탈중앙화'는 현대사회의 중요한 트렌드이다. 이는 사회와 경제 시스템에서 권력과 자원의 분산을 촉진한다. 탈중앙화는 투명성, 혁신, 공정성을 증진시켜 주지만, 동시에 새로운 과제를 던져준다. 앞으로 이러한 변화를 어떻게 관리하고 활용할지가 우리 시대의 중요한 화두가 될 것이다.

탈중앙화는 단순한 기술적 변화를 넘어서, 우리 사회의 근본적인 구조와 운영 방식에도 큰 영향을 미치고 있다. 그리고 미래에도 지속적으로 우리의 삶과 사회를 변화시킬 것이다.

모든 아날로그의 디지털화

정보의 공개와 공유는 시공을 초월한 인류의 꿈이었다. 구글의 검색 기능이나 정보 동아리인 페이스북은 이러한 인류의 꿈에 한 발자국 더 다가가도록 만들었다. 이러한 정보의 공개와 공유에 힘을 보탠 게 디지털 기술이다.

디지털 시대의 도래로 우리의 생활 방식은 근본적으로 변화하고 있다. 이러한 변화의 핵심에는 '모든 아날로그는 디지털화한다'라는 생각이 있다. 이는 정보와 자료의 처리 방식뿐만 아니라, 우리가 세상을 인식하고 소통하는 방식에도 영향을 미친다.

아날로그 형식의 정보는 물리적 형태로 존재한다. 예를 들어, 종이에 인쇄된 책, 필름에 담긴 사진 등이다. 반면, 디지털 정보는 0과 1로 이루어진 이진법 코드로 컴퓨터에서 처리되어 정보의 전송과 수신, 접근성 등을 크게 향상시켰다. 이렇게 디지털화된 데이터는 더욱 신속하게 수집, 분석되어 기업의 생산성을 높이고 의사 결정을 빠르게 내리게 한다.

또 다른 디지털화의 장점은 대량의 데이터를 쉽게 검색, 편집, 공유할 수 있다는 점이다. 이 덕분에 방대한 책이나 자료를 모아놓은 도서관 같은 물리적 공간의 제약에서 벗어날 수 있다. 그 밖에도 오래된 문서나 예술 작품을 스캔하여 디지털 형태로 보존함으로써 시간의 흐름에 따른 손상으로부터 보호할 수 있다. 이러한 디지털화의 발전으로 보안과 개인정보 보호의 중요성도 더욱 커졌다.

미래에는 아날로그 형식의 자료가 점점 더 줄어들 것이다. 디지털 기술이 더욱 발전하고, 사람들의 생활 방식이 디지털 중심으로 옮겨가기 때문이다. 특히 인공지능, 빅데이터, 클라우드 컴퓨팅과 같은 기술들이 디지털화를 가속화하여 혁신과 창의성을 북돋울 것이다. 예전에는 음악이나 영상 작품을 만들 때 아날로그 도구를 사용했으나, 현재에는 컴퓨터와 디지털 소프트웨어를 통해 더 다양하고 창의적인 작품을 만들 수 있다. 또한 인공지능과 결합한 창작 활동은 새로운 비즈니스 모델을 만든다.

디지털화는 이제 현대사회의 중요한 트렌드가 되었다. 이 변화는 많은 장점을 가지고 있지만, 동시에 여러 과제를 던지고 있다. 인공지능이 만든 동영상 '소라'에서 보듯 이제는 인간과 인공지능 작품을 구별할 수 없게 되었다. 인공지능이 만든 가짜 뉴스가 판치고 있다. 게다가 디지털 격차는 사회적 불평등을 증가시키는 요소로도 작용하고 있다. 이러한 디지털화가 가져오는 사회적, 윤리적 문제에 대해 우리는 현명하게 대처해야 한다. 결국 디지털화는 기술적 진보뿐만 아니라 우리 사회와 문화 전반에 걸친 폭넓은 변화를 의미한다.

디지털화 시대의 블록체인 부상

2000년대 초 IT 붐이 거세게 일었다가 버블이 꺼지면서 주가가 1/10로 곤두박질쳤다. 하지만 버블의 효과는 있었다. 혼란을 거치면서 옥석을 가려낸 IT 기술의 발달은 지금의 빅테크 기업들의 성장으로 이어졌다.

블록체인 기술과 디지털 화폐 세상도 IT 기술처럼 혼란과 우여곡절을 겪으면서 성장할 것이다. 디파이와 NFT, 메타버스 등이 신기술들, 이를테면 인공지능과 챗GPT 등과 어울려 큰 가능성을 보여줄 것이다. 게다가 단순 트레이딩 봇이 아닌 '인공지능 에이전트'가 디파이나 메타버스 공간에서 인간의 지시 없이 자율성을 가지고 움직이는 활약도 예상된다.

디지털화는 정보뿐만 아니라 자산의 디지털 변환을 포함하고 있다. 블록체인이 차세대 인터넷이라 불리는 이유는, 블록체인은 정보의 전달뿐 아니라 가치도 전달할 수 있기 때문이다. 블록체인으로 전송되는 가상자산이 대표적인 예이다. 이렇게 아날로그 자산을 디지털 형태로 변환하는 과정에서 블록체인은 중요한 역할을 한다. 예를 들어, 주식과 채권 등 금융자산과 실물자산을 토큰화한 증권 '토큰 증권STO' 시대가 열리고 있어 제도권 은행과 증권사가 코인 시장에 뛰어들 수밖에 없다. 이어 금융, 부동산 등 실물 자산은 물론 음원, 지적재산권, 예술 작품 등 모든 자산으로 범위를 넓혀 토큰화하는 '자산 토큰화RWA:Real World Assets' 역시 제도금융권의 가세로 급격히 떠오를 모양새다. 이러한 토큰화는 블록체인을 기반으로 자산의 소유권과 진위를 명확히 기록해 아날로그 자산의 디지털화를 투명하고 효율적으로 만들어 준다. 블랙록과 JP모건 등 거대 금융기관이 가상자산 시장에 덤벼드는 이유이다.

블록체인은 개인의 아이덴티티와 건강 기록, 거래 내역 등 중요한 데이터를 분산 저장하여 보안성과 정확성을 보장한다. 또한 사용자가 자신의 정보를 직접 통제하고, 신뢰할 수 있는 방식으로 정보 공유를 지원해 개인의 프라이버시를 보호한다. 여기에 더해 블록체인의 스마트 컨트랙트 기능은 거래를 자동화하여 빠르게 처리한다.

결론적으로 블록체인 기술은 '아날로그 자산의 토큰화, 데이터의 보안성 강화, 디지털 아이덴티티 보호, 자동화된 스마트 컨트랙트 등'을 통해 효율성과 안전성을 높인다.

데이비드 차움의 꿈, 직접 민주주의의 시현

데이비드 차움은 암호 화폐와 블록체인 기술을 활용해 "암호학으로 사람들의 사생활을 지키는 것에서 나아가 국가의 통치 방식(거버넌스)을 바꿀 수 있다고 믿는다"며, "직접 민주주의에 기여하고 싶은 것이 나의 꿈"이라고 말했다.

▲ 데이비드 차움은 향후 계획으로 블록체인 기반의 직접 민주주의 구현을 꼽았다

우리가 국회 등 간접 민주주의 방식을 취하는 이유는 일일이 국민의 뜻을 묻는 선거나 투표 제도를 유지하는 데 막대한 비용과 시간과 품이 들기 때문이다. 하지만 블록체인 기술을 이용한 전자투표는 직접민주주의를 실현할 수 있는 가능성을 열어 준다.

현재 아파트 단지 같은 작은 규모 집단에서는 중요한 일을 결정할 때 직접 투표 대신 온라인 투표를 활용하고 있다. 이런 온라인 투표는 빠르고 비용이 적게 든다. 하지만 해킹이나 조작의 우려가 있어 아직 공직선거에 도입한 나라는 없다. 앞으로 이런 문제는 해킹이나 조작이 불가능한 블록체인 기술이 해결할 수 있다. 이제 세계는 비용이 적게 들고 조작 위험이 없는 블록체인 전자투표의 활성화로 직접민주주의를 실현시킬 날도 멀지 않았다.

국가뿐만 아니라 기관이나 기업도 마찬가지이다. 중요한 사안을 결정해야 할 일이 있을 때 쉽게 블록체인 전자투표에 부쳐 익명으로 구성원 전원의 뜻을 파악할 수 있다. 투표 시마다 암호 화폐 보상을 통해 참여율도 끌어올릴 수 있다.

결론적으로, 블록체인 기술은 민주주의의 핵심 가치를 실현하는 데 중요한 역할을 할 것이다. 직접민주주의의 실현, 투명성과 공정성 강화, 사회적 불평등 감소, 중앙화된 권력의 분산은 모두 블록체인 기술이 지향하는 가치이다. 그러니 우리는 이러한 기술을 적극 활용하여 민주주의를 강화하는 데 힘서야 한다.

분권화, 다양화될 미래 통화 시장

1980년대 초 유대 통화금융 세력에 맞서 유대인 암호학자들이 뭉쳤다. 그들의 목표는 방만한 통화 정책과 금융 자본주의 그리고 금권정치를 운용하는 기득권에 맞서 인플레이션을 일으키지 않는 착한 디지털 세계 화폐를 개발하자는 것이었다.

이후 글로벌 금융 위기 와중인 2009년 1월 3일 비트코인이 출시되었다. 사카시 나카모토는 "재래 통화의 근본적인 문제는 신뢰성에 있다. 중앙은행은 통화 가치를 떨어뜨리지 않을 것이라는 믿음을 저버리지 않아야 하는데, 통화의 역사는 그 신뢰의 위반으로 가득하다"며 기존 통화금융 시스템을 비판했다.

2015년에는 이더리움이 스마트 콘트랙트 기술을 장착하고 선보이며, 암호 화폐의 가치가 다양한 방식으로 확장될 수 있음을 알렸다. 그러나 처리 속도가 느린 게 흠이었다. 최근 암호 화폐의 기술 발전이 급속하게 이루어지고 있다. 거래 처리 속도가 느리고 비싼 수수료의 비트코인과 이더리움에 도전하는 '레이어1' 코인들이 약진하고 있다. 초당 6만 건의 거래 이상을 처리하고 건당 수수료도 0.00025달러에 불과한 솔라나와 1초 안에 검증을 완결하는 아발란체 등이 대표 주자들이다.

이더리움도 6단계 업그레이드를 진행하고 있어, 이더리움뿐만 아니라 이더리움과 연계된 '레이어2' 코인들의 약진도 주목된다. 현물 ETF 발행 이슈로 물오른 비트코인도 괄목할 만한 여러 신기술인 라이트닝 네트워크, 오디널스, 인스크립션, BRC-20, 룬 프로토콜의 등장으로 사용 범위를 대폭 넓혀가고 있다. 또한 비트코인 레이어2 스택스도 나카모토 업그레이드를 통해 블록 생성 속도를 5초로 단축해 처리 속도와 디파이 환경을 획기적으로 개선하고 있다. 이런 기술 덕분에 이제 비트코인은 가치 저장 수단을 넘어 교환의 매체로서의 기능도 더하고 있으며, 디파이 시장으로의 진출도 꾀하고 있다. 이밖에 인공지능과 결합한 암호 화폐, 게임과 금융이 결합한 게임파이 코인의 등장 등 신기술 암호 화폐들이 속속 탄생하고 있다.

디지털 위안화로 치고 나가는 중국에 맞선 미국의 움직임도 예사롭지 않다. 2023년 7월에는 미국 연준이 발행한 연중무휴 실시간 지급결제 서비스 'FEDNOW'를 선보였다. 그리고 9월에는 JP모건 체이스 은행이 은행 예금을 담보로 만든 '예금 토큰'을 개발해 정부 승인을 대기 중이다. 미국에서도 제도권 디지털 화폐들이 속속 등장해 거래 속도를 높이고 비용을 절감하며 CBDC와 스테이블 코인의 견제에 나섰다.

이제 법정 통화와 CBDC 그리고 스테이블 코인 등 여러 종류 통화의 각축 속에 기축통화의 '다원화'와 통화 종류의 '다양화'가 이루어지면서 통화의 춘추전국시대가 도래하고 있다. 우리는 아직껏 경험해보지 못한 다양한 종류의 통화 시장에서 모든 아날로그가 디지털화되는 시대를 보게 될 것이다.

세계는 국가별, 지역별, 경제공동체별 CBDC를 중심으로 디지털 기축통화 역시 '분권화'의 길로 들어설 모양새다. 어느 한 나라의 일방적이고도 패권적인 통화의 시대는 서서히 저물고 있다. 여기에 민간 분야의 암호 화폐와 스테이블 코인들까지 가세하면서 통화의 종류가 '다양화'되고 있다. '분권화와 다양화'가 미래 통화 시장의 모습이다. 통화 시장에서 경쟁과 각축이 새로운 질서를 잉태할 것이다.

"모든 것의 가격을 알면서도 그 어떤 것의 가치도 알지 못한다"라는 시인 오스카 와일드의 경구가 있다. 우리가 역사의 흐름을 통찰할 수 있다면, 우리가 눈을 들어 좀 더 멀리 내다볼 수 있다면, 혼란 속에서도 역사는 전진한다는 믿음이 있다면, 패러다임 변화를 좀 더 실감 나게 느낄 수 있다면, 미래를 이끌 세계 통화의 가치를 알아볼 수 있다. 더욱이 앞으로 클릭 한 번으로 외국 디지털 화폐를 사고파는 시대가 오면, 패권국이 일방적으로 기축통화를 공급하던 공급자 중심 시대에서 세계 시민들이 선호하는 통화를 직접 선택하는 소비자 중심 시대로 바뀔 가능성이 있다.

우리가 주목해야 할 점은 이러한 통화 혁명의 변곡점에 우리가 서 있다는 사실이다. 변화에 끌려가지 않으려면 변화를 앞서서 이끌어야 한다.

"미래를 가장 확실히 예측할 수 있는 방법은 미래를 스스로 만드는 것이다."

피터 드러커가 통화 혁명의 변곡점에 서 있는 우리에게 던지는 말이다.

CURRENCY
REVOLUTION

모든 돈의 미래 비트코인

초판 1쇄 발행 2024년 11월 29일
초판 4쇄 발행 2025년 1월 24일

ⓒ 홍익희, 2024

지은이   홍익희
펴낸곳   거인의 정원
출판등록 제2023-000080호(2023년 3월 3일)
주소   서울특별시 강남구 영동대로 602, 6층 P257호
이메일   nam@giants-garden.com

ISBN 979-11-93869-12-3 (03320)